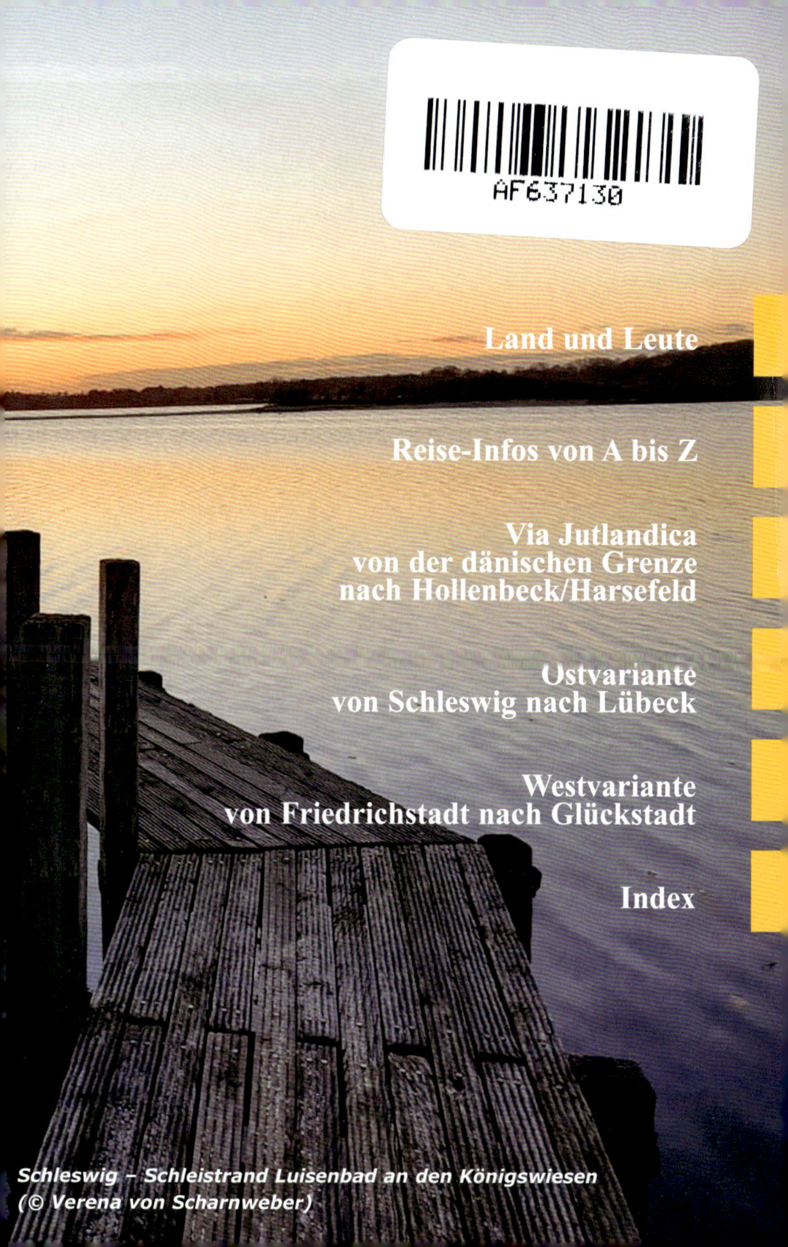

Schleswig – Schleistrand Luisenbad an den Königswiesen
(© Verena von Scharnweber)

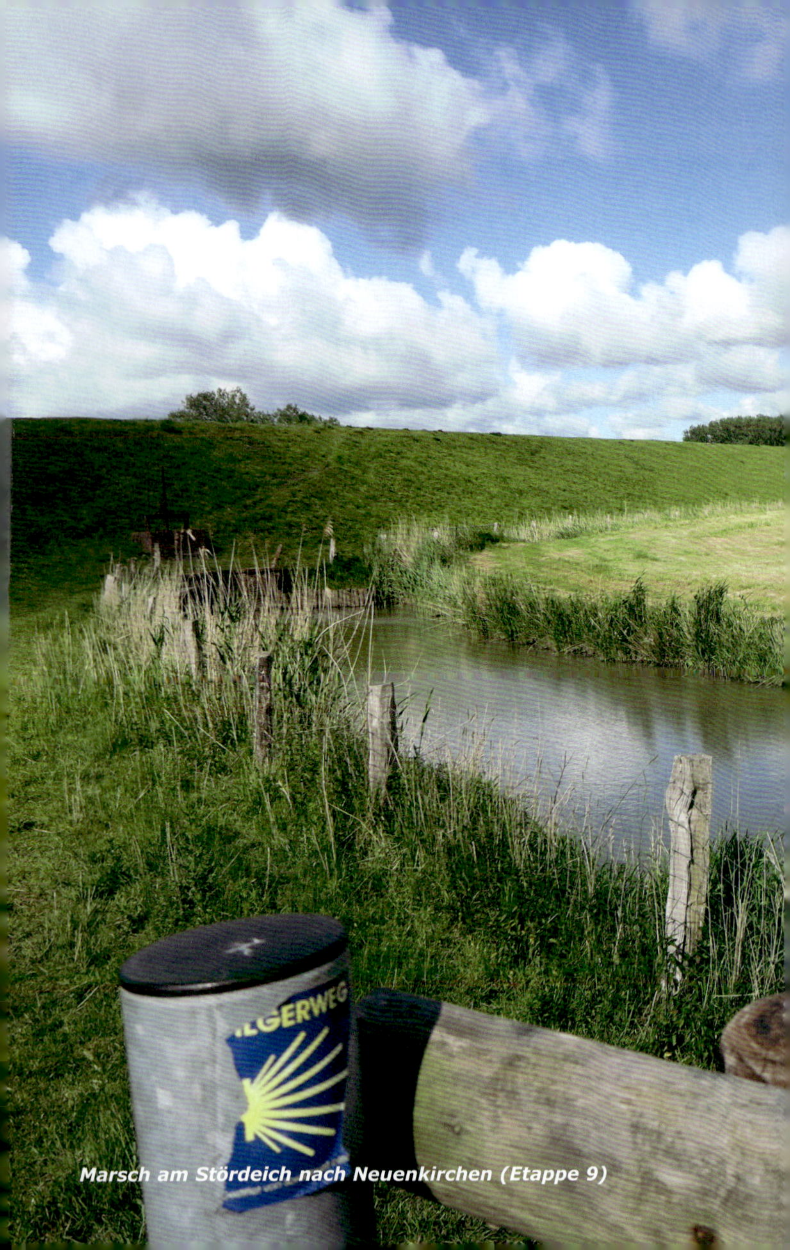

Marsch am Stördeich nach Neuenkirchen (Etappe 9)

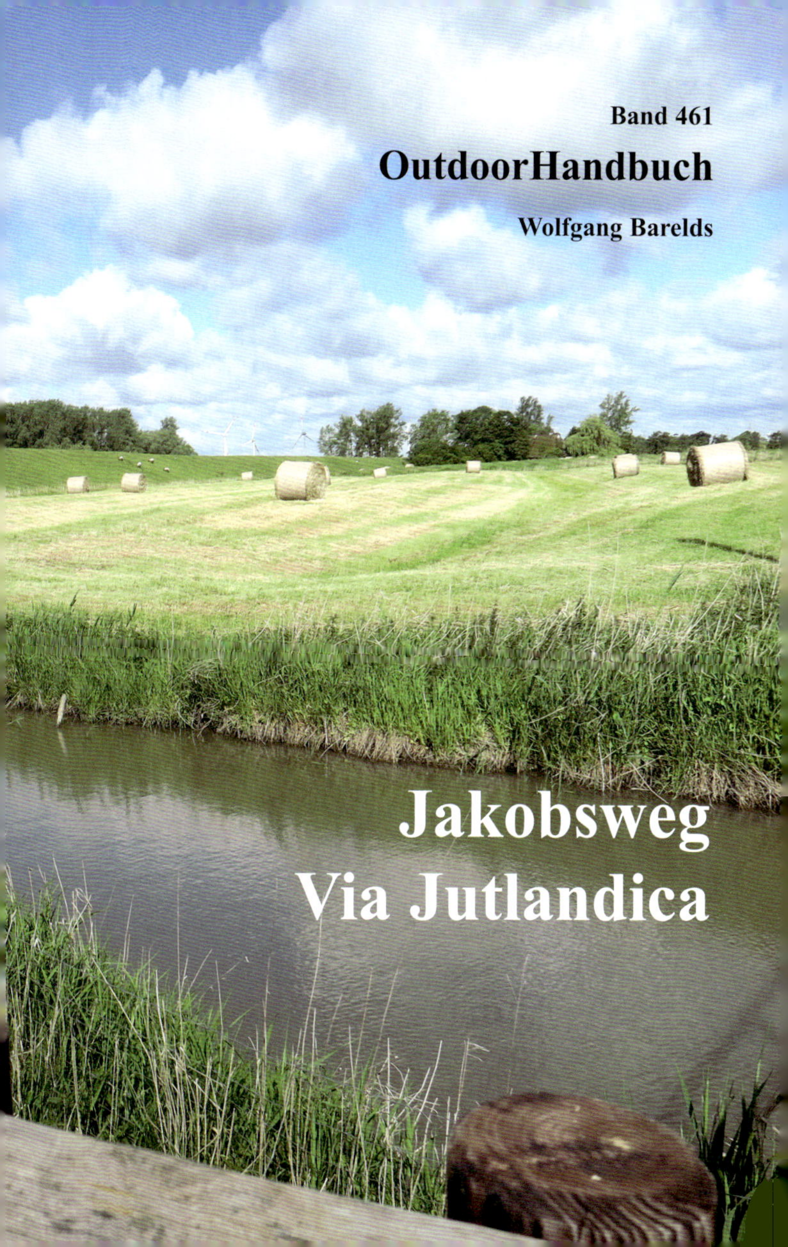

Band 461

OutdoorHandbuch

Wolfgang Barelds

Jakobsweg Via Jutlandica

Jakobsweg Via Jutlandica

Der Autor und der Verlag sind für Lesertipps und Verbesserungen (besonders per E-Mail) unter Angabe der Auflagen- und Seitennummer dankbar.

Dieses OutdoorHandbuch hat 288 Seiten mit 108 farbigen Abbildungen sowie 38 farbigen Kartenskizzen im Maßstab 1:100.000, 11 farbigen Stadtplänen und einer farbigen, ausklappbaren Übersichtskarte. Es wurde auf chlorfrei gebleichtem, FSC®-zertifiziertem Papier gedruckt, in Deutschland klimaneutral hergestellt und transportiert und wegen der größeren Strapazierfähigkeit mit PUR-Kleber gebunden.

FSC
www.fsc.org
MIX
Papier aus verantwortungsvollen Quellen
FSC® C009051

Klimaneutral
Druckprodukt
ClimatePartner.com/10951-2106-1006

Dieses Buch ist im Buchhandel und in Outdoor-Läden erhältlich und kann im Internet oder direkt beim Verlag bestellt werden.

OutdoorHandbuch aus der Reihe „Der Weg ist das Ziel", Band 461

ISBN 978-3-86686-650-8 1. Auflage 2021

Text: Wolfgang Barelds
Fotos: Idhuna Barelds (wenn nicht anders angegeben)
Karten: Heide Schwinn
Lektorat: Anna-Lena Ebner
Layout: Manuela Dastig

Gesamtherstellung: gutenberg beuys feindruckerei

Dieses OutdoorHandbuch wurde konzipiert und redaktionell erstellt vom:

Conrad Stein Verlag GmbH, Kiefernstr. 6, 59514 Welver,
☎ 023 84/96 39 12,
info@conrad-stein-verlag.de,
www.conrad-stein-verlag.de

Besuchen Sie uns bei Facebook & Instagram:

www.facebook.com/outdoorverlag

www.instagram.com/outdoorverlag

Titelfoto: St.-Laurentius-Kirche in Lunden (Etappe W-1)

Inhalt

Westvariante von Friedrichstadt nach Glückstadt 230

Index 282

Einleitung

Die Via Jutlandica ist ein wichtiger nordeuropäischer Zubringer zum Jakobsweg nach Santiago de Compostela und als solcher Teil des entsprechenden Netzwerkes. Der Name „Jutlandica" deutet auf den dänisch-deutschen Charakter hin: Die Via Jutlandica (abgekürzt „VJ") beginnt dort, wo die aus Hirtshals und Frederikshavn kommende Danske Pilgrimsrute des dänischen Festlands (Jütland) an der deutschen Grenze aufhört, und führt von dort südwärts mit mehreren Varianten durch Schleswig-Holstein. Je nach Variante trifft der Weg in Lübeck oder bei Harsefeld auf den aus östlicher Richtung kommenden Jakobsweg Via Baltica und folgt diesem weiter über Bremen und das Rheinland Richtung Süden. Dieses Buch beschreibt die Zentralroute der VJ von Kruså bei Flensburg bis nach Niedersachsen, dazu kommen die Westvariante durch Dithmarschen und die Ostvariante durch die Ostholsteinische Schweiz. Die Zentralroute durch Schleswig-Holstein folgt mit dem dänischen Zubringer großteils dem Ochsenweg, einem 4.000 Jahre alten Heer- und Handelsweg (in Dänemark Hærvej). Seine Blütezeit erlebte der Weg im 16. bis 18. Jh. als Transportstrecke für Rinder, daher der Name.

Die Wege führen durch die unterschiedlichen Landschaften des wasserreichen, nördlichsten Bundeslandes zwischen den Meeren, das von den Gletschern der letzten Eiszeiten geprägt ist. Die Zentralroute folgt überwiegend dem Geestrücken mit seinen stellenweise sandigen Böden und quert im Süden die Elbmarschen, die Ostroute führt durch die von eiszeitlichen Moränen sowie Seen geprägte, hügelige Ostholsteinische Schweiz und die Westroute durch die großteils flachen Marschen der Nordsee und Ostsee mit stellenweise einer Endmoräne.

Die Beschaffenheit der Wege und Infrastruktur ist unterschiedlich: In ländlichen Regionen – insbesondere vor Schleswig und nach Rendsburg sowie in Dithmarschen – ist eine genaue Vorplanung wegen der geringen Zahl von Übernachtungsgelegenheiten nötig; eine Alternative sind sehr lange Etappen, Rad- oder auch Standortpilgern. Mehr dazu bei den entsprechenden Stichworten im allgemeinen Infoteil. Bei einem kann dieses Buch allerdings nicht helfen: Beim Pilgern den Weg zu sich selbst zu finden.

(Nicht nur) Beim Pilgern gilt: Der Weg ist das Ziel. Dessen Verlauf ändert sich (☞ Updates) und wird dadurch zunehmend attraktiver durch Meiden von Straßen. Die Westvariante soll ab 2021 nordwärts verlängert werden und schließlich durch Eiderstedt und Nordfriesland bis zur dänischen Grenze führen.

Zum Abschluss des Vorwortes ein Dankeschön für die fachliche und logistische Unterstützung bei der Recherche bei:

- ▷ Ute & Fred Hasselbach, Christa & Martin Gottschewski, Wolfgang Mohr und Bernd Lohse für Infos und Hinweise rund um die Via Jutlandica
- ▷ Familien Löblein, Weilkiens, Riecken und Schwartz für die logistische Unterstützung bei der Recherche
- ▷ zahlreichen Betreiberinnen und Betreibern von Unterkünften für die geduldigen Antworten auf Fragen

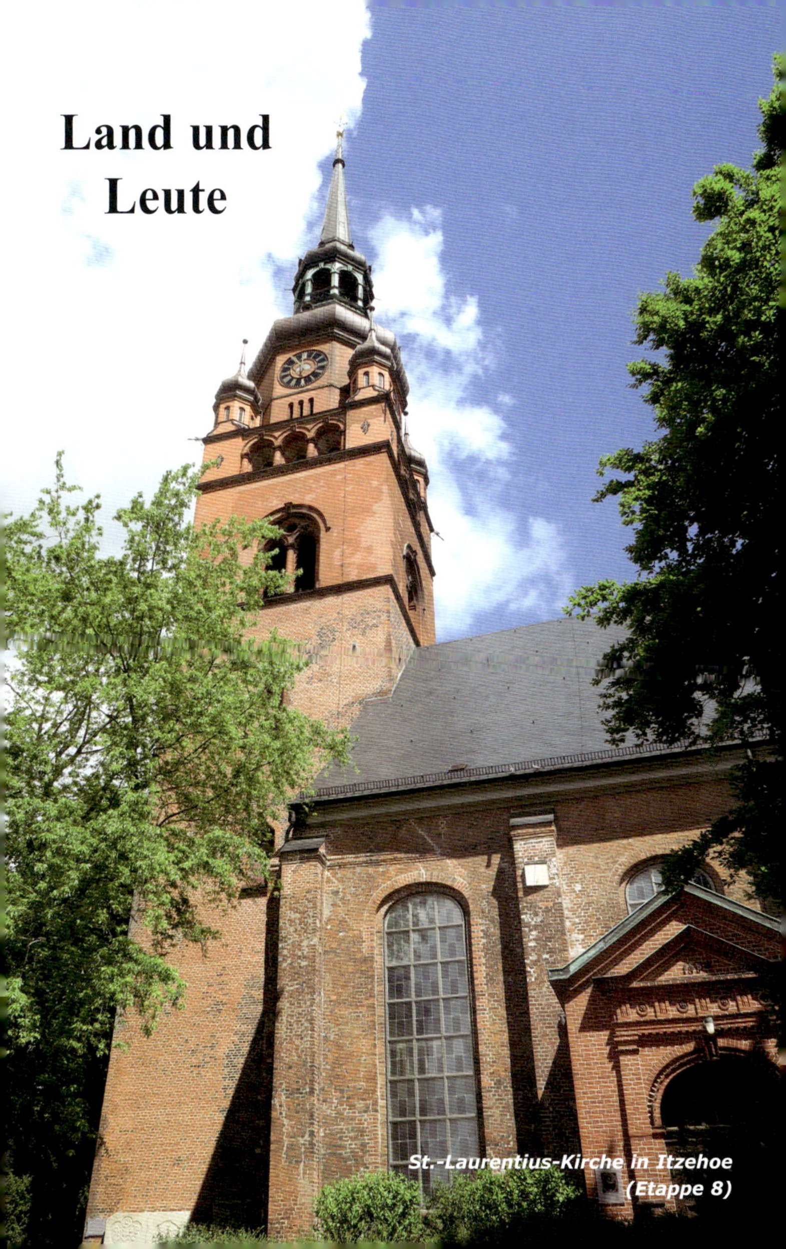

St.-Laurentius-Kirche in Itzehoe
(Etappe 8)

Geografie

Schleswig-Holstein – das Land zwischen den Meeren – ist nicht nur an der Küste wasserreich, sondern mit seinen vielen Seen sowie Kanälen und Flüssen auch im Binnenland. Das nördlichste Bundesland gilt als Drehscheibe nach Skandinavien und ist insbesondere mit seinem Nachbarn Dänemark geschichtlich und wirtschaftlich eng verbunden, aber auch politisch mit Sitzen der dänischen Minderheit im Landtag (SSW). Die meisten Einwohnerinnen und Einwohner verteilen sich auf die größten Städte Kiel, Lübeck, Flensburg und Neumünster, während die Bevölkerungsdichte in Dithmarschen relativ gering ist.

Geologie

Schleswig-Holstein gilt als „Schuttablade" skandinavischer Gletscher. Diese haben die Dreiteilung der Landschaftsgestalt bewirkt: Das ostholsteinische Hügelland (Endmoräne), die Geest in der Mitte und die Marsch an der Westküste. Auf dem heutigen Nordseegrund lebten vor vielen Tausend Jahren Menschen. Erst nach dem Abschmelzen der Eismassen ab 8000 v. Chr. stieg der Meeresspiegel wieder und reichte schließlich bis an den Geestrand heran. Hier lagerten sich

Bewaldete Endmoräne der Fröruper Berge (Etappe 2)

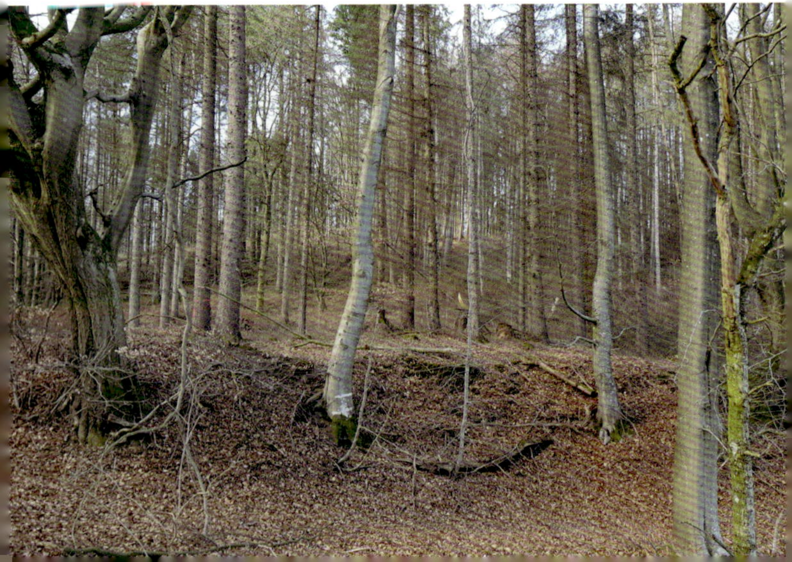

Sande und Tone ab. So entstand die Marsch als jüngste Landschaftsform. Der dabei entstandene Sandwall (Nehrung) ist noch heute sichtbar, z. B. bei St. Michaelisdonn (*Donn* = „Düne“).

Die hohe Geest besteht aus Resten, sogenannten Altmoränen, länger zurückliegender Eiszeiten wie dem Saale-Eisvorstoß vor 100.000 Jahren. Diese Gletscher reichten nicht ganz bis an die Westküste heran. Geschiebemergel und Sande sammelten sich aber vor deren Zungen an und bilden heute unfruchtbare Sanderflächen.

Geschichte

Viele vorgeschichtliche Steingräber weisen auf eine frühe Besiedlung Schleswig-Holsteins hin, die auf die Steinzeit zurückgeht. Einiger dieser jahrtausendealten Gräber liegen entlang der VJ.

Eine wichtige Bedeutung fiel der Siedlung Haithabu bei Schleswig im frühen Mittelalter als einer der wichtigsten Handelsplätze zur Wikingerzeit am Südrand der von Wikingern kontrollierten Gebiete zu, wo sich mehrere Handelswege kreuzten. In den vergangenen Jahrhunderten war Schleswig-Holstein öfter Spielball zwischen dänischen und deutschen Ansprüchen: Seit dem 11. Jh. bildete die Eider die Südgrenze des dänischen Herrschaftsbereiches. Viele der um 1200 gegründeten Klöster mit ihrem enormen Landebesitz prägten das Land mit Kultivierungsmaßnahmen. Vor der Reformation im 16. Jh. war ein Drittel des Landes im Besitz von Kirchen und Klöstern (ohne Westküste).

1460 wurde der dänische König Christian I. zum Herzog von Schleswig und Grafen von Holstein gewählt. Diese Vereinigung der beiden Regionen währte nicht lange, da bereits 30 Jahre später die Erbteilung das Land in mehrere Verwaltungsdistrikte zerlegte. Seit 1581 gab es zwei regierende Herzöge: Einer residierte auf Schloss Gottorf und der andere war zugleich König von Dänemark. Wirtschaftliche Auseinandersetzungen zwischen den beiden führten zur zeitgleichen Gründung zweier geplanter Handelsstädte: Glückstadt im Jahr 1619 als südliche Bastion des dänischen Reiches unter Christian IV. und zwei Jahre später Friedrichstadt durch den Gottorfer Herzog Friedrich II. Zwischen 1773 und 1864 gehörten beide Herzogtümer wieder zum Königreich Dänemark.

Preußen und Österreich intervenierten als Folge international nicht zu akzeptierender dänischer Verfassungspläne für Schleswig. Nach mehreren Schlagabtauschen (u. a. Oversee, Idstedt, ☞ Etappen 2, 3) wurde Schleswig-Holstein im Wiener Frieden 1864 unter preußisch-österreichische Verwaltung gestellt. Von historischer Bedeutung ist das Jahr 1867, als Schleswig-Holstein nach dem preußisch-österreichischen Krieg in den preußischen Staat eingegliedert wurde.

Pilgern auf Jakobswegen/in Europa

Schon seit Jahrhunderten reisen Menschen aus religiösen Motiven zu heiligen Städten wie im christlichen Abendland nach Rom, Lourdes oder Santiago de Compostela oder im arabischen Raum nach Mekka. Pilgerorte entstanden in Europa üblicherweise an den (angeblichen) Gräbern wichtiger Apostel wie dem heiligen Jakob in Santiago de Compestela.

Dorthin reisten die Jakobspilgerinnen und Jakobspilger nachweislich seit dem 11. Jh. (vermutlich aber schon früher). Zu dem Hauptstrang dieses Jakobs(pilger)weges führten aus vielen Teilen Europas Zubringerwege – wie die Via Jutlandica aus Skandinavien. Die Haupt- und Zuwege bilden in ganz Europa ein Netz alter Pilgerwege, die großteils entlang alter Handelswege verliefen, denn die Pilgerinnen und Pilger folgten damals in Ermangelung von Alternativen den wenigen durchgängigen Verkehrsrouten – und das waren die Handelswege. In Abständen von einem Tagemarsch entstanden Herbergen bzw. Verpflegungsstation für Mensch und Tier (Pferde) sowie Orte an Kreuzungen und Furten. Kirchen, Klöster und Krankenhäuser entlang des Weges waren wichtige Anlaufpunkte auf dem Pilgerweg.

Deren Zahlen wuchsen im späten Mittelalter (11./12. Jh.) sprunghaft, beschleunigt u. a. durch Entwicklungen in der christlichen Lehre von Heil und Erlösung sowie das Entstehen von Städten vor allem entlang des Camino de Santiago in Nordspanien. Ausgrabungen von in mittelalterlichen Gräbern gefundenen Jakobsmuscheln belegen weit zurückreichende Pilgerströme aus Nordeuropa. Einen weiteren Boom erlebte das Pilgerwesen im 15. Jh. durch die Einführung besonderer Gnadenjahre, in denen ein vollkommener Ablass gewährt wurde: Die Pilgerzahlen vervielfachten sich, auch aus Skandinavien und Ostmitteleuropa.

In den folgen Jahrhunderten gab es analog zur welt- und religionsgeschichtlichen Wetterlage Aufs und Abs. In der jüngeren Neuzeit entwickelte sich das Pilgern sprunghaft, wobei in Deutschland die Jakobswege erst ab den 1990er-Jahren ausgewiesen wurden. Besonders stiegen die Pilgerzahlen hierzulande nach Erscheinen des Buches „Ich bin dann mal weg" von Hape Kerkeling 2006. Dank der Pilgerpässe liegen genaue Pilgerzahlen vor: Pilgerten 1989 gerade mal 5.760 (registrierte) Gläubige nach Santiago de Compostela, waren es 2019 347.538.

Der Begriff „Jakobsweg" wird umgangssprachlich für zahlreiche Pilgerwege verwendet, auch wenn eine 1985 vom Europarat eingesetzte Expertenkommission eine eindeutige Nomenklatur vorgeschlagen hat, wonach nur die nordspanische Hauptverkehrsachse nach Santiago de Compostela „Camino de Santiago" (Jakobsweg) zu benennen ist, während alle anderen Routen (wie die VJ) als „Wege der Jakobspilger" bezeichnet werden sollen.

Zeichen der Jakobspilgerinnen und Jakobspilger ist die gleichnamige Muschel, Logo des Weges auf den meisten Wegweisern, üblicherweise ergänzt mit einem gelben Pfeil. Die **Jakobsmuschel** hatte nicht nur symbolische, sondern auch praktische Bedeutung: zum Wasserschöpfen.

Entlang der Pilgerrouten gab und gibt es viele Orte, wo man Ruhe für Gebete zu Gott und für sich selbst findet: Kirchen oder andere Stätten – und seien es besondere Stellen in der Landschaft, die zur inneren Einkehr einladen. Diese muss jeder für sich selbst entlang des Weges entdecken und daher sind solche nicht erwähnt im Routenteil, anders als „echte" (kulinarische) Einkehrgelegenheiten (die seltener sind).

Richtige „Hardcore"-Pilgerinnen und -Pilger waren/sind zu Fuß unterwegs, getreu dem Motto „Pilgern ist Beten mit den Füßen". Aber damals (Kutschen) wie heute (Fahrrad) wurden bzw. werden auch Hilfsmittel verwendet, so ist Pilgern per Rad keine Seltenheit (☞ Radpilgern).

Das heutige Netz von Jakobswegen wird in den meisten europäischen Ländern von Jakobsgesellschaften koordiniert, die sich um Einrichtung, Erforschung und Pflege der Jakobswege kümmern, in Deutschland ist das die Deutsche St. Jakobus-Gesellschaft e. V. (DSJG), 💻 www.deutsche-jakobus-gesellschaft.de.

Pilgerausweis, Radpilgern, Standortpilgern ☞ Reise-Infos von A-Z

Pilgerweg Via Jutlandica

Für den Norden Deutschlands wie auch für die skandinavischen Länder fehlte lange Zeit eine durchgängige Anbindung an das Netz der Jakobswege im Rheinland. Seit 2005 wurde diese Lücke mit der Entwicklung von Zubringerwegen aus Nord(ost)europa geschlossen: mit der 700 km langen Via Baltica von Usedom nach Osnabrück und der Via Jutlandica durch Schleswig-Holstein, die am 20.10.2017 nach 500 Jahren nach gründlicher Vorarbeit und Suche nach der bestmöglichen Route wieder (neu) eröffnet wurde – mithilfe eines jahrelangen Studiums alter Dokumente und archäologischer Ausgrabungen, v. a. (Jakobs-) Muschelunden.

Der dänische Zubringer verläuft entlang des bereits gut vermarkteten Heerweges/Ochsenweges mit einer 500 km langen Wander- und 450 km langen Radroute zwischen Hirtshals/Frederikshavn und Padborg durch Dänemark.

💻 www.haervej.de

Ein Verzeichnis für Unterkünfte bzw. Pilgerherbergen in diesem dänischen Teil gibt es im Internet:

💻 haervejsherberger.dk (Dänisch & Englisch)

Der deutsche Teil – Gegenstand dieses Wanderführers zusammen mit den Varianten – folgt entlang der Zentralroute großteils dem Ochsenweg sowie den europäischen Fernwanderwegen E1 und E6. Der besonders gut bei Lürschau (Etappe 3) und Kropperbusch (Etappe 5) erhaltene Ochsenweg führt von der dänischen Grenze über Rendsburg nach Hamburg und zweigt bei Hohenlockstedt vom Verlauf der VJ ab.

Für die Pflege und Erhaltung der Jakobswege in Norddeutschland sind die Deutsche St. Jakobus-Gesellschaft Region Nord und der Freundeskreis der Jakobswege in Norddeutschland zuständig,

www.jakobswege-norddeutschland.de

Jakobsweg-Markierung bei Stade-Hagen

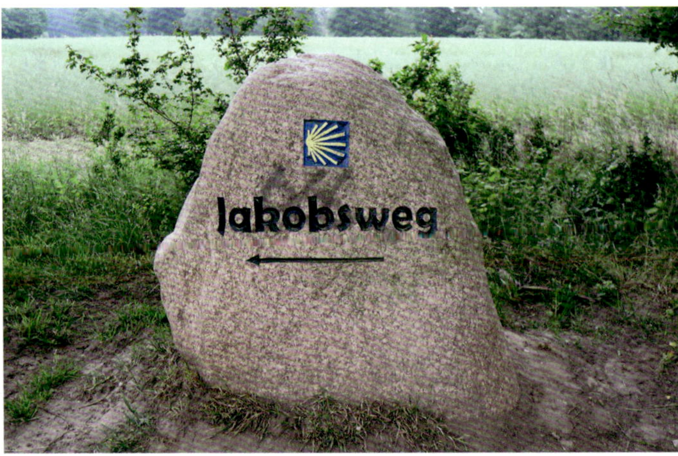

Routenführung und Varianten der Via Jutlandica

Als nördlichster der deutschen Jakobswege führt die VJ von der dänischen Grenze nahe Flensburg südwärts nach Schleswig, wo die östliche Variante abzweigt und einem alten Hansehandelsweg folgend entlang der Schlei über Eckernförde und Kiel durch die ostholsteinische Seenlandschaft nach Lübeck führt und dort auf die Via Baltica (aus Usedom) und Via Scandinavica (aus Puttgarden) trifft. Die Zentralroute macht südlich von Schleswig einen Schlenker zum Haddebyer Noor mit der Kirche des Missionars Ansgar und der Wikingersiedlung Haithabu und folgt kurz darauf dem Ochsenweg südwärts durch Kropperbusch und Rendsburg bis kurz vor Hohenlockstedt. Während der Ochsenweg von hier über Elmshorn nach Hamburg führt, schwenkt die VJ westwärts Richtung Itzehoe mit einem alten Kloster und folgt danach der Stör zur Elbe bei Glückstadt, wo mit der Fähre ins niedersächsische Wischhafen übergesetzt wird. Die VJ führt weiter nach Stade und folgt von dort großteils dem Pilgerweg Via Romea bis Hollenbeck/Harsefeld, wo die Via Baltica erreicht wird, die weiter nach Osnabrück mit Anschluss an die rheinischen Jakobswege führt.

Die nach langer Vorarbeit des Arbeitskreises Dithmarscher Jakobsweg 2013 eröffnete Westvariante beginnt an der Eider bei Friedrichstadt und führt über Heide, Meldorf und Brunsbüttel durch Dithmarschen und nach dem Übersetzen über den Nord-Ostsee-Kanal entlang der Elbe bis kurz vor Glückstadt, wo die Zentralroute der VJ erreicht wird. Eine Verlängerung der Westvariante entlang des westlichen Ochsenweges durch Nordfriesland bis ins dänische Ribe war/ist in Planung bzw. mit der Einrichtung des „inoffiziellen" Nordsee-Pilgerweges von Lunden nach Tondern mit 6 Etappen umgesetzt, der allerdings nicht entlang historischer Wege führt und nicht markiert, dafür aber gut beschrieben ist (☞ Literatur).

Ochsenweg

Im Jahr 974 gab es erste Erwähnungen eines Heerweges (dänisch Hærvejen) entlang des Geestrückens zwischen Norddänemark und Schleswig. Aber vermutlich wurde diese Verkehrsader bereits in der Bronzezeit genutzt. Später etablierte sich die Bezeichnung „Ochsenweg". Zwischen dem 14. und 19. Jh. wurden jährlich bis zu rund 50.000 Ochsen aus Dänemark in den Süden Schleswig-Holsteins zum Ziel Wedel mit dem damals bedeutendsten Ochsenmarkt getrieben. Mit dem Eisenbahnbau endete der Viehtrieb: Die großteils entlang des Ochsenweges verlaufende Bahn übernahm den Viehtransport.

Anders als der dänische Name *Hærvej* („Heerweg") vermuten lässt, marschierten Soldaten selten über diese Trasse, sondern eher Händler, Handwerker, Habenichtse, hoher Adel und die ersten aus den nordischen Ländern kommenden Pilgerinnen und Pilger zu den heiligen Stätten Jerusalem, Rom und Santiago de Compostela. Vor allem im Spätmittelalter wurde das Pilgern eine ausgesprochene Modeerscheinung. Der dänische König Christian IV., unter dem das dänische Königreich im 17. Jh. seine größte Ausdehnung erreichte, richtete einen regelrechten Liniendienst auf dem Ochsenweg mit Pferdekutschen für Post- und Personenverkehr, die zwischen Kopenhagen und Hamburg pendelten, ein.

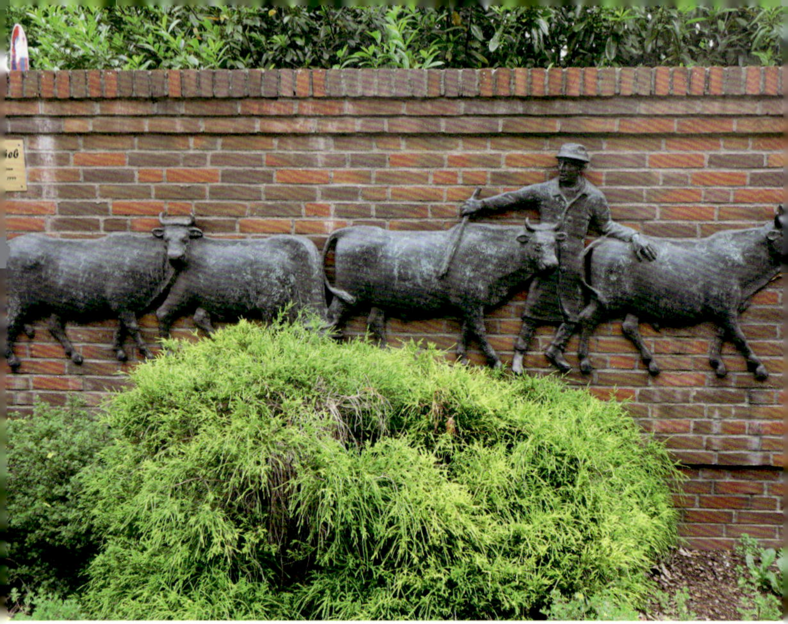

Ochsenweg – Viehauftrieb-Skulptur in Kropp

Der Ochsenhandel brach im Laufe des 17. Jh. infolge mehrerer Kriege vorübergehend ein, als abwechselnd dänische, schwedische, brandenburgische und polnische Armeen durch das Land zogen und plünderten.

Heute wird der Ochsenweg als völkerverbindende Radroute zwischen Dänemark und Deutschland vermarktet. In Dänemark verläuft der Weg teilweise noch auf der ursprünglichen Trasse, so bei Oksekær mit kleinen Brückenbauten wie der Granitquaderbrücke Gejlå Bro von 1818.

Der Ochsenweg und die VJ verlaufen nicht immer auf gleichen Pfaden, z. B. teilen sich Ochsen- und Pilgerweg in Schleswig und kommen in Kropp wieder zusammen. Der Ochsenweg verläuft hier westlich über das Danewerk, die VJ um das Haddebyer Noor. Und schließlich gabeln sich der Ochsen- und Pilgerweg bei Jevenstedt: Die westliche Variante führt zusammen mit dem Pilgerweg nach Edendorf bei Itzehoe, während die Hauptroute über Neumünster und Uetersen nach Wedel bei Hamburg führt, eine – allerdings über viel Straßen führende – „inoffizielle" (und nicht beschriebene) Option für Pilgernde Richtung Hamburg.

Das nördlichste Bundesland ist evangelisch

Schleswig-Holstein ist überwiegend evangelisch, und so ist es kein Wunder, wenn die gelegentlich als Pilgerunterkunft aufgeführten Gemeindehäuser, Pastorate etc. überwiegend zur (lutherisch-)evangelischen Nordkirche gehören, auch wenn in der Regel natürlich auch Pilgerinnen und Pilger anderer Konfessionen (oder solche, die konfessionslos sind) dort nächtigen können. Das nur als Hinweis, weil in der Vergangenheit einige (katholischen) Pilgerinnen und Pilger etwas verwirrt waren. O-Ton einer Gemeindereferentin bei der Recherche: „Die südlichen Geister rechnen nicht damit, dass sie hier oben keine ... katholische Unterkunft antreffen ..."

Jevenstedt – Kirchengemeinde (Etappe 6)

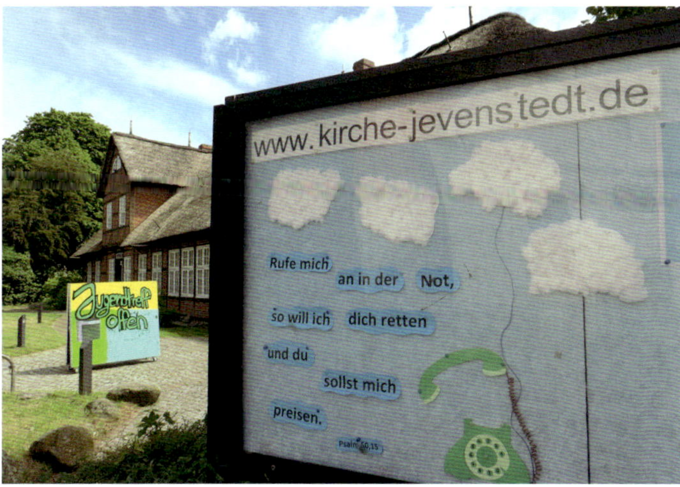

Reise-Infos von A bis Z

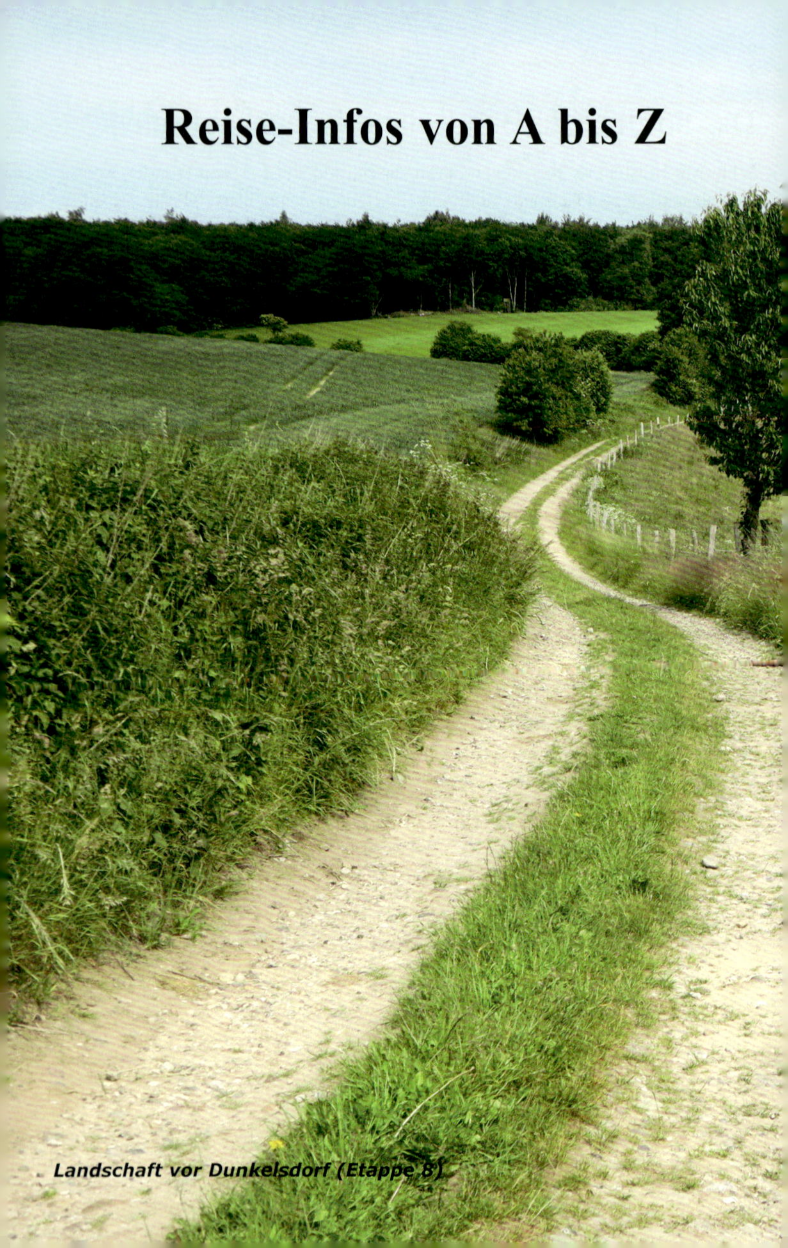

Landschaft vor Dunkelsdorf (Etappe 8)

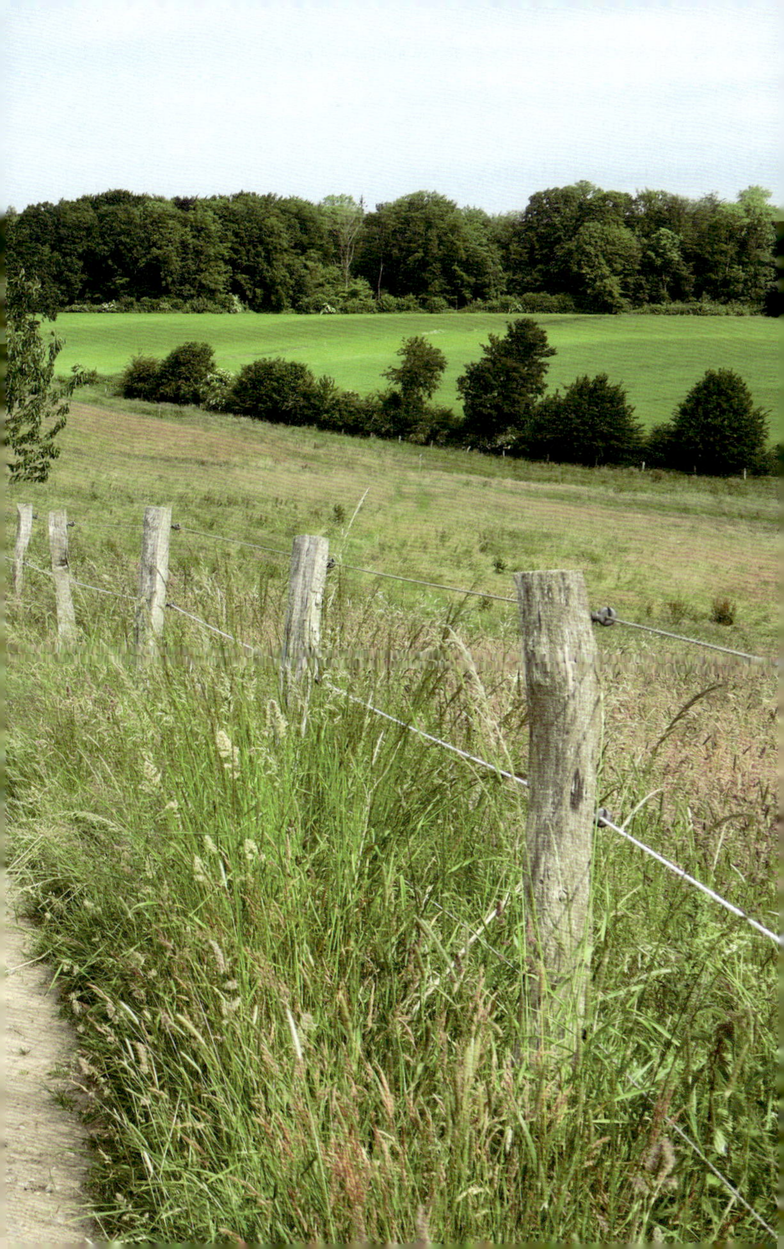

Anreise

Anreise per Bahn

Von Hamburg aus führen mehrere Bahnstränge nach Schleswig-Holstein: Die Zentralroute nordwärts, wo sie sich in einen Zweig via Schleswig nach Flensburg und einen nach Kiel trennt, die Marschenbahn via Glückstadt und Heide Richtung Sylt und die Strecke nach Lübeck mit Abzweigung via Plön nach Kiel. Dazu kommen etliche Querverbindungen, sodass alle größeren Orte im Land gut mit der Bahn erreichbar sind.

Infos und Buchungsmöglichkeit:

- www.bahn.de, Website der Bahn, hier sind seit 2020 auch Buchungen des Nahverkehrs innerhalb Schleswig-Holsteins möglich.
- www.nah.sh, Mobilitätsportal des öffentlichen Nahverkehrs in Schleswig-Holstein mit u. a. Verbindungsanzeige und Buchungsoption

Orte an der Via Jutlandica entlang Bahnstrecken:

Strecke	**Orte entlang der VJ**	**Etappen**
Hamburg – Rendsburg – Flensburg (– Padborg/DK)	Padborg, Flensburg, Schleswig, Rendsburg	1, 3 bis 5
Hamburg – Itzehoe – Heide – Friedrichstadt	Itzehoe, Friedrichstadt, Lunden, Heide, Meldorf, St. Michaelisdonn, Glückstadt	8, 9, W-1 bis W-6
Flensburg – Eckernförde – Kiel	Eckernförde, Gettorf, Kiel	1, O-3, O-4, O-5
Kiel – Plön – Lübeck	Kiel, Raisdorf, Preetz, Plön	O-4 bis O-6, O-8
Rendsburg – Kiel	Rendsburg, Kiel	5, 6, O-4, O-5
Neumünster – Hohenwestedt – Heide – Büsum	Hohenwestedt, Heide	7, 8, W-2, W-3
Hamburg – Buxtehude – Stade	Stade	11
Buxtehude – Harsefeld – Bremerhaven	Harsefeld	12

Anreise per Auto

Alle Wege aus dem Süden nach Schleswig-Holstein führen über die Elbe mit dem staugefährdeten Nadelöhr Hamburger Elbtunnel. Eine Alternative ist die Elbfähre Glückstadt – Wischhafen (☞ Etappe 10), aber von einem „Geheimtipp" kann man hier angesichts oft langer Autowarteschlangen auch nicht sprechen ...

Ausrüstung

Pilgererfahrene wissen, was mitmuss. Wer nicht so oft unterwegs ist oder gerne vorher Punkte abhakt, findet unten eine grobe Ausrüstungsliste mit Empfehlungen.

Für alle Fälle gilt (für Fußpilgerinnen und Fußpilger): so wenig wie möglich. Jedes unnötige Gramm erschwert das Wandern, viel mehr als 10 kg sollten es nicht sein. In manchen Pilgerratgebern werden 10 % des Körpergewichts als maximale Last empfohlen, aber dann muss man schon etwas Übung beim Packen haben. Bei Verwendung eines Pilgerwagens statt des üblichen Rucksacks kann es natürlich auch etwas mehr sein.

Sollten Sie doch etwas vergessen haben, kein Problem: Sie passieren unterwegs mehrere Städte mit guten Einkaufsmöglichkeiten, in größeren Orten wie Flensburg, Schleswig, Rendsburg, Itzehoe, Stade, Eckernförde, Kiel oder Heide auch mit Outdoor- bzw. Sportgeschäften

Die folgende grobe Ausrüstungsliste behandelt die Punkte Wanderstiefel, Regenzeug und Erste Hilfe ausführlicher.

Obligatorisch

Auf jeden Fall sollten bei jeder Wanderung dabei sein:

- ☐ gut sitzende Wanderstiefel, möglichst knöchelhoch (s. u.)
- ☐ leichte und leicht auswaschbare Kleidung
- ☐ Regenzeug (s. u.)
- ☐ Erste-Hilfe-Set (s. u.)
- ☐ Sonnenschutz: Sonnenbrille, Sonnenmütze, Sonnencreme (empfohlen: im Sommer mind. Faktor 20)
- ☐ Wasserflasche (mind. 1 Liter)
- ☐ Energiereserve in Form von Müsliriegel, Trockenobst, Nüssen
- ☐ Taschenmesser, Multitool o. Ä.
- ☐ Wanderreisebuch
- ☐ Pilgerausrüstung: Pilgerausweis, aktuelle Unterkunftsliste, Muschel
- ☐ Smartphone oder Handy mit geladenem Akku bzw. Ladekabel
- ☐ Wanderkarte auf Papier oder digital; bei Verwendung von GPS: Powerbank für Smartphone

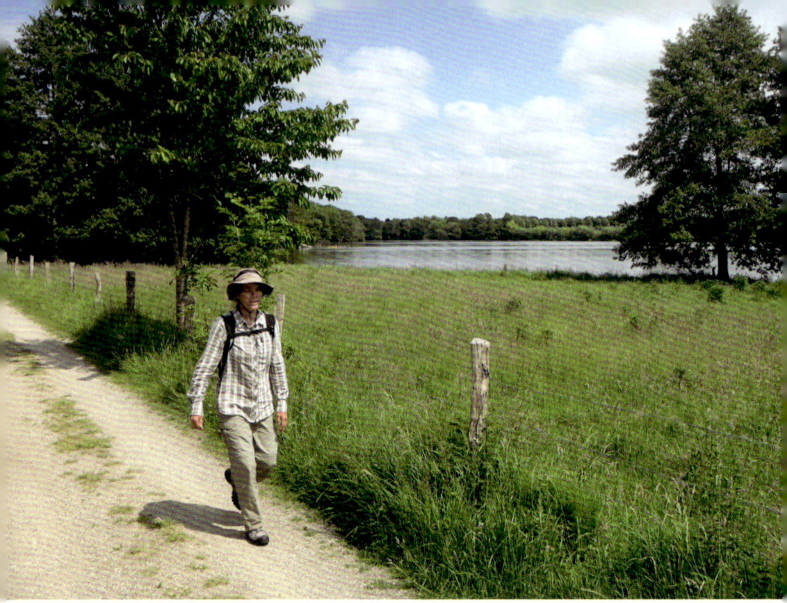

Auf ausreichenden Sonnenschutz achten – Wandern vor Bosau

In besonderen Fällen:

- ☐ bei Unterkunft in Pilgerherbergen: Isomatte, Schlafsack (und zeitige Anmeldung nicht vergessen!)
- ☐ zum Campen: Zelt, Isomatte, Schlafsack, ggf. Kochgeschirr und Kocher
- ☐ mit dem Rad: Radreparaturset, Ersatzteile nicht unbedingt nötig, da es unterwegs viele Radläden gibt (aufgeführt im Routenteil)

Wanderstiefel/-schuhe

Wanderstiefel oder Trekkingschuhe müssen gut sitzen, damit keine Reibungsstellen entstehen, durch die sich leicht Blasen bilden können. Vor allem lederne Wanderstiefel sollten „eingelaufen" sein, was man am besten mit leichten, kurzen Touren zu Hause macht. Denn Blasen bilden sich vor allem an Stellen, wo sich der Stiefel noch nicht der Form des Fußes oder Knöchels angepasst hat. Wenn sich dennoch die ersten Scheuerstellen bilden, ist man mit Hansaplast oder einem in der Apotheke erhältlichen Blasenstick gut bedient. Bei bereits vorhandenen Blasen sind Blasenpflaster erste Wahl (z. B. Compeed), die in fast allen Apotheken in verschiedenen Größen erhältlich sind.

Knöchelhohe Wanderstiefel oder flachere Trekkingschuhe? Hier scheiden sich die Geister. Zweifellos bieten knöchelhohe Wanderstiefel mehr Halt, andererseits gibt es im flachen Schleswig-Holstein natürlich kaum alpine Passagen, wo hochgebirgstaugliche Stiefel erforderlich wären.

Ausrüstung bei Regen

Dauerregen an der Küste ist eher eine Seltenheit, aber wenn es regnet, können es heftige Schauer sein, von daher ist eine passable Regenausstattung obligatorisch; hier hat jeder seine eigenen Favoriten.

Regenausrüstung mit den jeweiligen Vor- und Nachteilen:

- ▷ Normale Regenjacke (oft auch Goretex): schnell anziehbar, allerdings schwitzt man nach längerer Zeit kräftiger (auch bei Goretex), weil Schweiß nur bedingt entweichen kann.
- ▷ Regenhose: hält die Beine trocken sowie die Stiefel, weil kein Wasser in die Stiefel hereinlaufen kann. Nachteil wie oben: Die Hose wird schnell von innen feucht, weil Schweiß kondensiert. Ein weiterer Nachteil: Viele Regenhosen sind umständlich an- und auszuziehen. Nicht selten hat der Regen aufgehört, wenn man seine Regenhose gerade mühsam angezogen hat.
- ▷ Regenüberzug für Rucksack: schützt die Ausrüstung vor Regen. Bei vielen Rucksackmodellen ist ein Regenüberzug integriert. Bei Verwendung eines Regenponchos oder eines sehr weiten Regenschirms erübrigt sich der Rucksackregenüberzug.
- ▷ Regenponcho: sieht nicht elegant aus, hat aber den Vorteil, dass er mitsamt Ausrüstung sehr gut vor Regen schützt und gleichzeitig wegen seiner weiten Form für mehr Durchlüftung sorgt, d. h., Sie schwitzen nicht so schnell und haben innen weniger Kondenswasser.
- ▷ Regenschirm: Der „Klassiker“ schützt Sie (und die Ausrüstung) gut vor Regen, wobei für genügend Durchlüftung gesorgt ist, Sie schwitzen also weniger. Außerdem haben Sie einen trockenen „Raum“ vor sich, etwa für Wanderkarte, Wanderführer, Smartphone. Der Schirm ist schnell aus- und eingeklappt, d. h., Sie sind auch bei kurzen Regenschauern äußerst flexibel – anders als etwa bei Regenhosen und -ponchos. Outdoorläden bieten sturmerprobte und langlebige Schirme für unterwegs an. Allerdings ist der Einsatzbereich von Schirmen eingeschränkt: Bei starkem Wind oder bei kleinen Pfaden im Unterholz mit Sträuchern ist der Schirm keine echte Hilfe.

☺ Ideal ist eine Kombination aus leichter, regenundurchlässiger, beschichteter Outdoorjacke (Goretex o. Ä.) mit Schirm. Für ganz harte Fälle, d. h. sehr viel Regen, ist der Regenponcho eine erprobte Lösung.

Zeckenrisiko?

Erstmal Entwarnung: Schleswig-Holstein gilt nach der Karte des Robert Koch-Instituts weitgehend nicht als FSME-Risikogebiet und die Gebiete, durch welche die VJ inkl. der Nebenvarianten verläuft, sind/waren 2020 durchweg keine Risikogebiete. Wohl aber tauchen Einzelerkrankungen von FSME infolge infizierter Zecken auf. Zecken gelten als Feind aller Outdoorfreundinnen und -freunde, tragen sie doch viele Krankheiten in sich, von denen die bekanntesten Borreliose und FSME sind.

Borreliose ist eine von Bakterien übertragene Krankheit, die viele Symptome (Unwohlstein, Kopfschmerzen etc.) haben kann und sich schwierig diagnostizieren lässt. Charakteristisch ist oft eine ringförmige Hautrötung um die Einstichstelle einige Tage bis Wochen nach der Infizierung durch eine Zecke. In späteren Stadien kann es zur Gesichtslähmung, Hirnhautentzündung oder Herzproblemen kommen. Daher im Verdachtsfall ärztliche Hilfe suchen! In Deutschland sind rund ein Viertel aller Zecken mit Borrelien infiziert, allerdings im ganzen Land. Eine Impfung ist nicht möglich – anders als bei FMSE.

FSME steht für „Frühsommer-Meningoenzephalitis“. Diese Erkrankung des zentralen Nervensystems, die sich ebenfalls in einer Hirnhautentzündung äußern kann, wird von einem Virus ausgelöst, der beim Menschen vor allem von Zecken übertragen wird. Die ersten Symptome gleichen denen einer Grippe. Da FSME nicht behandelt werden kann, ist eine vorherige Impfung sinnvoll – wenn man sich in einem Risikogebiet mit hoher Verbreitung der FMSE aufhält, wozu Schleswig-Holstein glücklicherweise nicht gehört.

Hinsichtlich der **Vorbeugung vor Zecken(bissen)** werden folgende Punkte empfohlen:

▷ möglichst wenig Aufenthalt im hohen Gras
▷ lange und vor allem geschlossene Kleidung
▷ helle Kleidung
▷ ggf. Insektenschutzmittel
▷ Absuchen des Körpers im Anschluss an den Aufenthalt in der Natur, vor allem an dünnen und warmen Hautpartien

💻 www.zecken.de

Erste Hilfe & Medikamente

☐ Blasenpflaster, -stick
☐ Verbandszeug (Mullbinde und Hansaplast)
☐ Desinfektionsmittel
☐ Pflaster
☐ Zeckenzange oder -karte

- ☐ Aspirin- oder Paracetamoltabletten
- ☐ Salbe gegen Insektenbisse/-stiche
- ☐ Mullbinde und Hansaplast

☺ Abschließend noch ein allgemeiner Hinweis: Sie sollten im Winterhalbjahr an Samstagen möglichst auffällige farbige Kleidung tragen, denn zu diesen Zeiten wird eifrig gejagt.

Einkaufen

Unterwegs gibt es in allen größeren Orten Einkaufsgelegenheiten für Lebensmittel, die im Routenteil bei den Orten aufgeführt sind (Supermärkte, Discounter, Bäcker). Outdoorläden bzw. Sportgeschäfte mit Outdoorausrüstung gibt es in allen größeren Städten wie Flensburg, Schleswig, Rendsburg, Itzehoe, Stade, Eckernförde, Kiel oder Heide. Die Öffnungszeiten sind dann angegeben, wenn sie von den „normalen" Supermarktöffnungszeiten abweichen, also bei kleinen Dorfläden, Radläden (teilweise nur wenige Tage geöffnet) oder in Dänemark, wo Supermärkte täglich geöffnet sind.

Hofverkauf bei Hodorf (Etappe 9)

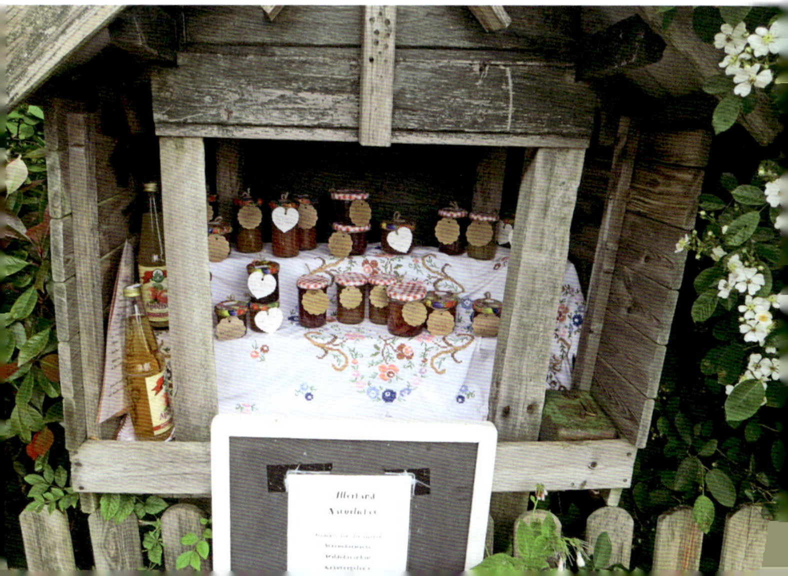

Essen und Trinken

Die Dichte an Einkehr- und Einkaufsgelegenheiten ist je nach Etappe sehr unterschiedlich. Die Öffnungszeiten mancher Einkehrgelegenheiten variieren erheblich im Jahresverlauf – im Winterhalbjahr (November bis März) sind einige Lokalitäten gar nicht oder nur am Wochenende geöffnet. Aber auch im Sommer sind viele Einkehrgelegenheiten nur an wenigen Tagen der Woche geöffnet oder/und tagsüber geschlossen.

Wegen des großen gastronomischen Angebots in Städten sind dort nur wenige Lokalitäten als Beispiele angegeben. Die Auswahl erfolgte nicht etwa danach, wo der Autor eingeladen wurde, sondern es sind bevorzugt Betriebe angegeben, die sich für Pilgerinnen und Pilger gut eignen, weil sie entweder direkt am Weg liegen, in irgendeiner Form originell sind oder sich mit regionalen/biologischen Produkten abheben bzw. von den Öffnungszeiten her auch ansprechend sind (daher wurden einige nur am Wochenende geöffnete Gasthäuser nicht aufgeführt).

Fern(rad)wanderwege

Die VJ folgt stellenweise anderen (Rad-)Wanderwegen, die in der folgenden Übersicht aufgeführt sind.

Fernwander(rad)wege entlang der Strecke

Name	von ... bis ...	Logo	km	Etappen der VJ
Wanderwege				
Gendarmenweg/ Gendarmstien (DK)	Padborg – Flensburger Förde – Skovby	blauer Gendarm auf weißem Grund	84	1
Pilgerroute (DK/D)	Veljen – Kruså – Rendsburg	blaue Fußsohlen auf gelbem Grund	200	1 bis 5
Deutscher Abschnitt E1	Flensburg – Schleswig – Kiel – Lübeck – Hamburg – Siegen – Frankfurt a. M. – Schwarzwald – Bodensee	weißes Kreuz auf schwarzem Grund	1.900	1 bis 3, O-1 bis O-6

Name	von ... bis ...	Logo	km	Etappen der VJ
Wanderwege				
Deutscher Abschnitt E6	Flensburg – Schleswig – Kiel – Lübeck – Lauenburg – Harz – Göttingen – Coburg – Bayerischer Wald	weißes Kreuz auf schwarzem Grund und liegendes grünes Dreieck	1.455	1 bis 3, O-1 bis O-6
Elbe-Weser-Weg (E9)	Wischhafen – Bremerhaven	gelbe Aufschrift „E9" auf blauem Grund mit EU-Sternen	111	10
Via Romea (D, AUT, I)	Stade – Würzburg – Mittenwald – Brenner – Venedig – Rom	Hirtenstab und Schriftzug „VIA ROMEA" auf blauem Grund	1.900	11, 12
Radwege				
Ochsenweg / Hærvej (DK/D)	Viborg (DK) – Rendsburg – Itzehoe/Neumünster – Uetersen – Wedel	kimbrische Halbinsel = Landfläche zwischen Nord- und Ostsee	245	1 bis 8
Mönchsweg (D)	Fehmarn – Itzehoe – Bremen	sakrales Logo in weiß-blau mit Kirche in Fenster	530	9, O-6
Wikinger-Friesen-Weg (D)	St-Peter-Ording – Schleswig – Kappeln	Bug eines Wikingerschiffs	300	O-1, W-1

GPS

Wenn Sie ein eigenes Outdoor-GPS-Gerät oder Smartphone mit entsprechender Funktion/App haben, ist das hilfreich, aber kein Muss, da die VJ überwiegend gut ausgeschildert ist.

Wenn Sie es ganz bequem mögen, können Sie die GPS-Tracks zur VJ und allen Varianten und Radalternativen auf der Website des Verlages (💻 www.conrad-stein-verlag.de) downloaden.

📖 **GPS** *Grundlagen · Tourenplanung · Navigation* von Michael Hennemann, Conrad Stein Verlag, ISBN 978-3-86686-495-5, € 9,90

Hund/Pilgern mit Hund

Sehr viele Unterkünfte nehmen Hunde auf. Sie sind mit dem entsprechenden Symbol 🐕 gekennzeichnet und die Zusatzkosten sind aufgeführt. Diese können erheblich variieren: von stolzen € 19 – mehr als andernorts eine Übernachtung für Frauchen oder/und Herrchen – bis gratis. Bei Letzterem kam von der betreffenden Unterkunft noch folgender Hinweis: „Der Hund kostet nichts, muss aber selbst verpflegt werden." Allerdings sollten Sie mit dem Vierbeiner rücksichtsvoll gegenüber anderen Gästen und der Ausstattung umgehen, sonst gibt es mehr Fälle wie diesen in Glückstadt: „Nein, seit zwei Jahre nicht mehr (Aufnahme von Hunden in Unterkunft), da die Besitzer Ihre Hunde ins Bett nehmen ..."

Information

Für Schleswig-Holstein gibt es eine zentrale Touristinfo mit Sitz in Kiel:

- Tourismus-Agentur Schleswig-Holstein GmbH, Wall 55, 24103 Kiel,
  💻 www.sh-tourismus.de

Als nächste Ebene informieren regionale Tourismusverbände über bestimmte Gegenden:

- Großteil der VJ-Zentralroute: Schleswig-Holstein Binnenland Tourismus e. V., Große Nübelstraße 31, 25348 Glückstadt, ☎ 048 21/94 96 32 60,
  ✉ info@schleswig-holstein-binnenland.de, 💻 www.sh-binnenland.de
- Teile der VJ-Ostroute: Zweckverband Tourismuszentrale Holsteinische Schweiz, Bahnhofstraße 5, 24306 Plön, ☎ 045 22/50 95-0,
  ✉ info@holsteinischeschweiz.de, 💻 www.holsteinischeschweiz.de
- Großteil der VJ-Westroute: Dithmarschen Tourismus e. V., Markt 10, 25746 Heide,
  ☎ 04 81/212 25 55, ✉ info@echt-dithmarschen.de, 💻 www.echt-dithmarschen.de

Für speziellere Anfragen wenden Sie sich an die Touristinfos in den Orten entlang der Strecke, die im Routenteil mitsamt den Öffnungszeiten angegeben sind.

Internetadressen

Websites zum Jakobsweg

Zum Jakobsweg bzw. der VJ gibt es ein nur schwer durchschaubares Angebot an Websites, darunter offizielle bzw. welche von gemeinnützigen Vereinen, private von Idealistinnen und Idealisten (sehr oft Berichte) sowie rein kommerzielle mit Shop im Mittelpunkt. Wer „Jakobsweg" googelt, findet mehr als 4 Mio. Treffer!

Davon geben mehrere den Anschein, *das* „offizielle“ Portal zu sein.

Ein knapper Überblick bzw. eine Auswahl wichtiger bzw. informativer Websites zum (norddeutschen) Jakobsweg:

- www.deutsche-jakobus-gesellschaft.de, Website der Deutschen St. Jakobus-Gesellschaft e. V. mit Infos über Pilgerausweis etc.
- www.jakobswege-norddeutschland.de, Website zu Pilgerwegen für Jakobswanderinnen und -wanderer in Norddeutschland vom Freundeskreis der Jakobswege in Norddeutschland in Zusammenarbeit mit den Jakobsfreunden Norddeutschland; informativ
- www.via-jutlandica.com, Website zur VJ; Hrsg. und Design wie bei obiger Website
- www.pilgern-im-norden.de, sehr informatives Portal zum Pilgern des Pilgerbüros der Kirche St. Jacobi in Hamburg
- www.jakobswegfreun.de, informative Website von Martin Gottschewski, Beauftragter der Deutschen St. Jakobus-Gesellschaft für die Region Norddeutschland
- www.caminotogo.de, Website des gottschewski-verlags von Christa und Martin Gottschewski mit Infos & Literatur zum nördlichen Teil und zur Ostroute der VJ, darunter ausführlicher Pilgerführer und ein laufend aktualisiertes Unterkunftsverzeichnis

Weitere Websites

- www.geschichte-s-h.de/ochsenweg, Geschichte Schleswig-Holsteins und besonders des Ochsenweges
- www.haervej.de, Infos zum Heerweg/Ochsenweg in Dänemark mit 500 km langer Wanderroute
- www.pilgern-an-der-nordsee.de, Website zum Pilgerweg von Lunden nach Tondern in 6 Etappen
- www.nordkirche.de, Website der Evangelisch-Lutherischen Kirche in Norddeutschland mit vielen Infos, bis hin zu den einzelnen Kirchengemeinden und oft ausführlichen Infos zu den Kirchen: > Über uns > Kirchenkreise > Kirche am Ort/Gemeinden > Unsere Kirche

Praktische Websites für unterwegs

- www.yr.no, www.wetteronline.de, www.wetter.com u. a., recht gute Wettervorhersagen, bei Ersterer ohne Werbung (dafür auf Englisch)
- www.bahn.de, www.nah.sh, öffentlicher Nahverkehr inkl. Busverbindungen

Klima und Reisezeit

Das Klima in Schleswig-Holstein ist bedingt durch die Lage zwischen den Meeren ausgesprochen maritim – mit jährlich weniger extremen Temperaturschwankungen als im Binnenland, d. h., die Sommer sind vergleichsweise kühl und Winter eher mild. Das Wasser der Meere und Seen trägt hier zum Ausgleich bei. Der jährliche Gesamtniederschlag ist mit rund 750 mm etwas höher als im Binnenland, aber hier sind die Unterschiede auch innerhalb des nördlichsten Bundeslandes beträchtlich, zwischen rund 850 mm an der Westküste und 550 mm auf Fehmarn.

Ausgewählte Klimadaten in der Mitte Schleswig-Holsteins (Rendsburg):

	Jan	Feb	März	April	Mai	Juni	Juli	Aug	Sep	Okt	Nov	Dez
Ø **Temperatur** (°C)	0,5	0,5	3	7	11,5	14,9	16,6	16,3	13,6	9,5	4,8	1,9
Ø **Sonnenstunden/Tag**	2	2	3	6	7	9	7	7	5	2	2	1
Ø **Regentage/Monat** (mind. 1 mm pro Tag)	13	10	12	10	9	10	12	11	11	12	15	13
Ø **Niederschlagsmenge** (mm pro Jahr)	69	47	51	49	55	67	82	86	78	74	84	79

Gewandert werden kann im Prinzip ganzjährig, wobei als angenehm die Zeit zwischen Anfang April und Ende Oktober zu bezeichnen ist. Dann sind auch die

Sankelmarker See im Winter

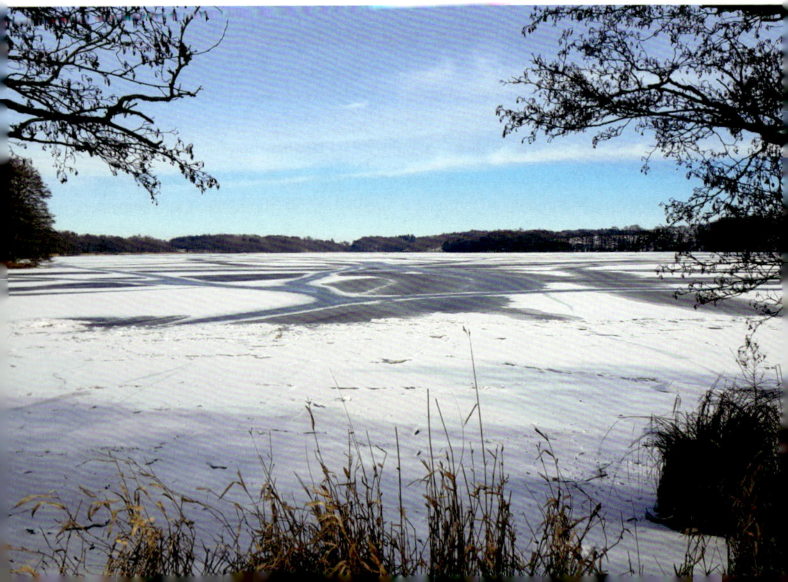

meisten Einkehrgelegenheiten, Campingplätze und Museen geöffnet, wohingegen in der Wintersaison öfter mit geschlossenen Türen gerechnet werden muss. Andererseits ist die Unterkunftssituation zur Hauptreisezeit im Sommer in Urlaubsregionen angespannt und Gäste für nur eine Nacht haben dann nicht die höchste Priorität ...

Landkarten

In diesem Buch sind zwar einige Skizzen angegeben, mithilfe derer der Weg und die wichtigsten Punkte zu finden sind, aber natürlich ersetzen sie keine gute Landkarte bzw. keinen besseren Stadtplan.

Schleswig-Holstein

Wander- und Freizeitkarten 1:50.000 (jeweils € 7,50), herausgegeben vom Landesamt für Vermessung und Geoinformation Schleswig-Holstein:

- ▷ 2 – Husum – Heide (Westroute), 2021, ISBN 978-3891307229
- ▷ 3 – Meldorf – Brunsbüttel (Westroute), wird 2021 neu aufgelegt
- ▷ 4 – Flensburg – Kappeln (Etappen 1-3), 2020, ISBN 978-3891307243
- ▷ 5 – Schleswig – Eckernförde (Etappen 3-5), 2020, ISBN 978-3891307250
- ▷ 6 – Rendsburg – Neumünster (Etappen 6-8), wird 2021 neu aufgelegt
- ▷ 7 – Itzehoe – Pinneberg (Etappe 9), 2019, ISBN 978-3891307267
- ▷ 8 – Kiel – Plön (Ostroute), 2016, ISBN 978-3891307281
- ▷ 9 – Bad Segeberg – Lübeck (Ostroute), 2018, ISBN 978-3891307298

Karten Niedersachsen

Der kurze Abschnitt der VJ in Niedersachsen wird gut abgedeckt durch die Kompass-Wanderkarte 726: Hamburg, Altes Land, 1:50.000, ISBN 978-3990446133, € 11,99. Dort ist die VJ eingezeichnet, außerdem deckt die Karte die Elbmarsch in Schleswig-Holstein mit ab, sodass Karte 7 für SH überflüssig ist.

Alle Karten sind erhältlich über 💻 www.geobuchhandlung.de oder 💻 www.mapfox.de.

Digitale Karten

Wer ein GPS-Gerät bzw. Smartphone mit entsprechenden Funktionen hat, interessiert sich eher für digitale Karten. Wenn man sein Smartphone zur Orientierung einsetzt, wird meistens Google Maps oder Bing Maps verwendet bzw. daraus abgeleitete Karten.

☺ Praktischer und schneller ist eine Karte, die sich auf das Gerät (z. B. Garmin) bzw. in die App laden und damit auch offline nutzen lässt.

Digitale Karten gibt es käuflich (z. B. bei den topografischen Landesämtern oder Garmin) sowie gratis als OSM im Internet: OSM steht für „Open Street Map" und funktioniert für Karten ähnlich wie Wikipedia für Wissen. Nutzerinnen und Nutzer arbeiten bzw. aktualisieren für andere Nutzerinnen und Nutzer. Auf diese Art ist inzwischen ein Kartenwerk entstanden, das für viele Gebiete die käuflichen digitalen Karten in den Schatten stellt und zudem meistens aktueller ist.

💻 http://wiki.openstreetmap.org

☺ Auf 💻 www.wanderreitkarte.de gibt es übersichtlich (gratis) Karten für Deutschland und große Teile Europas. Die Karten basieren auf OSM.

Die digitalen Karten lassen sich für das GPS-Gerät laden sowie für GPS-Software am Computer zum Planen.

💻 Apps mit guten Karten: Topo, Comoot, Bergfex, Locus

☺ Die Kartenempfehlungen wurden von der Geobuchhandlung Kiel überprüft 💻 www.geobuchhandlung.de

Literatur

Als Ergänzung zu diesem Wanderführer bzw. zur Vorbereitung sind folgende Bücher zu empfehlen:

📖 Christa und Martin Gottschewski: Willkommen auf dem Jakobsweg – Via Jutlandica, Der Norden, ISBN 978-3-948125-02-8. Ausführlicher und oft aktualisierter Führer zu den nördlichen Etappen bis Schleswig, bestellbar über 💻 www.caminotogo.de

♦ Christa und Martin Gottschewski: Willkommen auf dem Jakobsweg – Via Jutlandica, Die Ostroute, ISBN 978-3-948125-01-1. Ausführlicher und oft aktualisierter Führer zur östlichen Variante, bestellbar über 💻 www.caminotogo.de

♦ Broschüre Pilgern an der Nordsee, erhältlich für € 4,95 in Buchhandlungen, Tourismuszentralen und Kirchengemeinden vor Ort. Die Broschüre beschreibt mit Text, Karte und Unterkünften die 6 Etappen des Nordsee-Pilgerweges zwischen Lunden und Tondern.

- 📖 bikeline-Radtourenbuch, Heerweg/Ochsenweg, Verlag Esterbauer GmbH, 2019, ISBN 978-3850007658. Radwanderführer zum Heerweg/Ochsenweg durch Schleswig-Holstein und Dänemark
- ♦ Flensburger Regionale Studien Band 12, Von Wegen ..., 2002, ISBN 978-3923487035. Wissenschaftlich fundiertes, aber allgemein verständliches Werk über den Ochsenweg
- ♦ Dieter Brumm: Der Ochsenweg, Husum 2008, ISBN 978-3898763851. Ausführliches Werk über Kultur, Geschichte und Natur am Ochsenweg

Markierung

Die Via Jutlandica ist wie andere Jakobswege mit dem üblichen Logo dieser Pilgerwege markiert: einer Jakobsmuschel auf blauem Grund, wenn nötig zusätzlich mit einem gelben Pfeil. Ehrenamtliche kümmern sich um die Wartung der Wege bzw. erneuern bei Bedarf die Markierungen. Schon das erstmalige Kennzeichnen war aufwendig: 38 Kommunen entlang des Weges mussten um Genehmigungen gebeten werden.

Trotz allen Aufwands sind die Markierungen nicht ganz flächendeckend. So sind sie bei Privatgrundstücken manchmal nicht möglich und auch in Städten gibt es stellenweise Lücken.

Mithilfe von Karten, GPS-Tracks und Wanderführern wie diesem findet man sich jedoch zurecht.

Markierungen für Ochsen- und Jakobsweg bei Rastplatz Sargburg südlich von Hohenwestedt

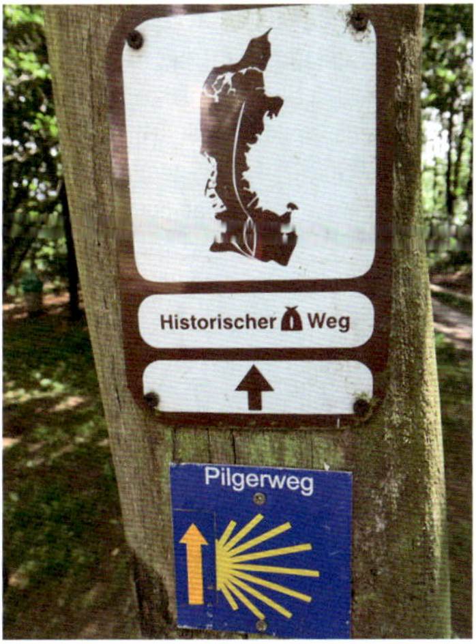

Medizinische Versorgung

In allen größeren Orten gibt es Krankenhäuser und in allen Städten sowie vielen größeren Siedlungen Apotheken. Diese sind im Routenteil bei der Nennung der Orte mit dem Symbol ⊞ für Krankenhaus und ⚕ für Apotheke dargestellt, sind aber nicht jeweils im Adressteil namentlich aufgeführt.

Notruf

Notruf: ☏ 112
Ärztlicher Bereitschaftsdienst: ☏ 116, 117

Pilgerausweis

Entlang der VJ nehmen viele Kirchengemeinden und Freunde der Jakobspilger gegen Vorlage eines Pilgerausweises für eine Nacht Pilgerinnen und Pilgern auf (☞ Unterkunft). Diesen kann man sich von einigen Unterkünften, Kirchengemeinden und einigen Touristinfos abstempeln lassen, dazu wird das Datum der Übernachtung eingetragen. Da sich die Stellen öfter ändern, sind sie im Routenteil nicht extra aufgeführt, aber Kirchengemeinden haben in der Regel immer Pilgerstempel.

Den Pilgerausweis können Sie vorab beim Freundeskreis der Jakobswege in Norddeutschland beantragen:

- Freundeskreis der Jakobswege in Norddeutschland, Wiesengrund 11, 24794 Borgstedt, ☏ 043 31/380 01, 01 74/912 83 59,
  info@jakobswege-norddeutschland.de,
  www.jakobswege-norddeutschland.de/pa_antrag.pdf

Bitte beachten Sie beim Beantragen des Pilgerausweises:

▷ Zeitig bestellen; mindestens etwa eine Woche vor Aufbruch. Für dringende Fälle ist auch eine Expresssendung möglich, die Kosten zahlt der Empfänger.

▷ Anträge per Mail sollten vorab telefonisch unter 01 74/912 83 59 angekündigt werden.

Post

Reine Postämter gibt es nur noch wenige und wenn, dann in größeren Städten. Aber in kleineren Städten sowie auf dem Land haben viele Läden Postagenturen. Alle Orte, wo Postdienstleistungen erhältlich sind, erkennen Sie an dem Symbol .

Radpilgern

Viele Etappen sind – fast durchgehend – mit dem Rad befahrbar. Bei manchen ist eine gewisse Geländeeignung erforderlich (unbefestigte Wege, teilweise auf Gras oder Waldboden). Wenn Sie mit einem schweren Rad oder E-Bike unterwegs sind, sollten Sie hier im Zweifelsfall lieber auf parallel verlaufende Radwege ausweichen. Sie finden im Routenteil Hinweise für Radfahrerinnen und Radfahrer, gekennzeichnet mit 🚲, sowie in vielen Orten die Adressen und Öffnungszeiten von Radläden bzw. -werkstätten, gekennzeichnet mit 🔧.

✋ Sind bei einer Etappe keine speziellen Hinweise für Radfahrerinnen und Radfahrer angegeben, können diese bis auf wenige kurze Ausnahmen durchgehend mit dem Rad befahren werden.

Bei der Entscheidung für oder gegen das Rad sollten vorab die Vor- und Nachteile sorgsam gegeneinander abgewogen werden, abgesehen davon, dass manche Puristinnen und Puristen das Pilgern nur per Pedes akzeptieren. Die Wege sind im nördlichsten deutschen Bundesland streckenweise etwas monoton bzw. führen kilometerlang über manchmal schnurgerade Strecken bzw. Straßen (zum Glück fast immer mit wenig Verkehr). Das betrifft vor allem die Westvariante durch Dithmarschen, das mit seiner überwiegend flachen Landesnatur und wenig reinen Wanderwegen eher ein Eldorado für Radlerinnen und Radler als für Wanderinnen und Wanderer ist.

Die landschaftlich schönsten bzw. abwechslungsreichsten Abschnitte bleiben mit dem Rad oft eher verschlossen, es sei denn, man ist sehr „geländegängig" bzw. auch mal bereit, das Rad vorsichtig über kleine Pfade zu schieben oder sogar über Stufen zu tragen. Auf der anderen Seite genießt man per Rad wegen des größeren Aktionsradius mehr Flexibilität, etwa bei der Unterkunftssuche und Verproviantierung.

Eine Übersicht wichtiger Vor- und Nachteile des Wanderns bzw. Radfahrens:

🚶 Zu Fuß: Manche längere (geradeaus führende) Strecken sind etwas monoton bzw. langatmig, dafür können Sie hier richtig „entschleunigen" und zu sich selbst finden. Das Wandern ist dort also eher meditativ. Und man hat mehr Blick für das Detail.

🚲 Rad: Man bewältigt längere etwas monotone Strecken schneller und hat dadurch einen größeren Aktionsradius. Auch ist man flexibler bzgl. Unterkunftssuche, Einkehr und Einkauf, weil man leichter einen Umweg machen kann. Nachteil: Ihnen bleiben manche schönen Abschnitte versperrt, denn die Wege durch besonders schöne Landschaften sind manchmal mit dem Rad gar nicht oder zumindest nur sehr schwer machbar und manchmal auch nicht legal (es sei denn, man schiebt).

Übersicht über Streckenlängen der Etappen für Radfahrerinnen und Radfahrer

Nr.	Strecke	Rad-km
1	Niehuus – Oeversee	27,4
2	Oeversee – Idstedt	17,6
3	Idstedt – Schleswig	12,3
4	Schleswig – Kropp	17,5
5	Kropp – Rendsburg	20,6
6	Rendsburg – Spannan	14,2
7	Spannan – Hohenweststedt	22,1
8	Hohenweststedt – Edendorf/Itzehoe	27,4
9	Edendorf – Glückstadt	25,5
10	Glückstadt – Bützfleth	25,8
11	Bützfleth – Deinste	16,8
12	Deinste – Hollenbeck bei Harsefeld	12,6
	Länge Hauptroute (ohne Varianten)	**239,8**
O-1	Schleswig – Missunde	16,9
O-2	Missunde – Eckernförde	16,2
O-3	Eckernförde – Gettorf	16,4
O-4	Gettorf – Kiel	21,9
O-5	Kiel Preetz	17,1
O-6	Preetz – Plön-Bosau	27,2
O-7	Bosau – Ahrensbök	18,4
O-8	Ahrensbök – Lübeck	21,1
	Länge Ostroute	**155,2**
W-1	Friedrichstadt – Lunden	12,0
W-2	Lunden – Heide	23,0
W-3	Heide – Meldorf	18,0
W-4	Meldorf – St. Michaelisdonn	16,7
W-5	St. Michaelisdonn – Brunsbüttel	19,0
W-6	Brunsbüttel – Glückstadt	25,0
	Länge Westroute	**113,7**

Schwierigkeit und Wegbeschaffenheit

Die VJ verläuft auf so naturnahen Wegen wie möglich, was natürlich in einer weitgehend aufgeräumten Kulturlandschaft wie Schleswig-Holstein auch längere Passagen auf Straßen einschließt, die dann aber entweder klein oder/und verkehrsarm sind oder zumindest einen Radweg an der Seite haben.

Es dominieren Feld- und Forstwege sowie kleinere Straßen, manchmal auch kleinere Pfade durch Wald oder entlang Wasserläufen.

Die Zentral- und Ostvariante bieten vereinzelt überraschend abwechslungsreiche Wanderabschnitte, abgesehen von längeren Abschnitten entlang des Deichs zwischen Itzehoe und Stade, dafür genießt man dort Ruhe und einen weiten Blick über die Flussmarschen – ideal zum Abschalten und Entschleunigen.

Schleswig-Holstein ist zwar weitgehend flach, was aber nicht heißt, dass es überhaupt keine Steigungen gibt. Dank der Arbeit von Gletschern, die einige Moränen aufgeschüttet haben, erwarten Sie bei einige Etappen sehr moderate und wenig steile An- sowie Abstiege von maximal etwa 50 Höhenmetern.

Telefon & Internet

Mobiltelefon

Verlassen Sie sich nicht immer auf Ihr Handy bzw. Smartphone! In dünn besiedelten Gebieten gibt es Abschnitte, wo der Netzempfang schwierig sein kann.

Internet

Fast alle Unterkünfte (mit Ausnahme von Ferienwohnungen) sowie einige Einkehrgelegenheiten und Bahnhöfe bieten WLAN an für mobiles Internet – oft gratis.

Unterkunft

In diesem Wanderführer sind primär kommerzielle Unterkünfte aufgeführt. Daneben gibt es Pilgerunterkünfte von Kirchengemeinden und Privatpersonen (), von denen hier aus Datenschutzgründen nur ein Teil aufgeführt ist (s. u.).

Beachten Sie, dass aufgrund der Coronakrise viele Unterkünfte eingeschränkt und manche überhaupt nicht zur Verfügung stehen, das betrifft v. a. die Pilgerunterkünfte von Privatpersonen und Kirchengemeinden. Außerdem ist zu befürchten, dass als Folge der Pandemieschutzmaßnahmen einige kommerzielle Unterkünfte die lange Durststrecke nicht überstanden haben und nach Drucklegung geschlossen sind.

Sie finden im Routenteil an den entsprechenden Stellen die Unterkünfte mit allen wichtigen Infos (inkl. Aufnahme von Hunden) und Mindestpreisen (Richtpreise, ohne Gewähr). Die Angabe der Unterkünfte in den Etappenorten erhebt keinen Anspruch auf Vollständigkeit; insbesondere bei größeren Orten mit mehreren (austauschbaren) Hotels sind beispielhaft nur einige angegeben. Kriterien bei der Auswahl waren neben der Lage die Eignung für Wanderinnen und Wanderer (wenn möglich eher kleinere Unterkünfte sowie bevorzugt hundefreundlich). Außerdem wurden – soweit möglich – Unterkünfte im mittleren bis unteren Preissegment ausgesucht.

Die Zahl der früher häufigen Frühstückspensionen und Privatzimmervermietungen sowie der kleinen Gasthöfe ist deutlich zurückgegangen, dafür haben einige Hotels aufgerüstet (auch preislich) und es werden sehr viele Ferienwohnungen vermietet (v. a. statt der früheren Privatzimmer), von denen aber nur sehr wenige für eine Nacht gemietet werden können. Wenn diese günstig liegen und für eine Nacht vermietet werden (teilweise nur in der Nebensaison), sind diese aufgeführt (Auswahl) mit dem Kürzel .

Am unteren Ende der Preisskala rangieren Monteurunterkünfte, oft sehr einfache Zimmer mit Gemeinschaftsküche, die für Pilgerinnen und Pilger nicht unbedingt ideal und daher nur mangels Alternativen angegeben sind.

Bett&Bike-Betriebe sind besonders radfreundliche Unterkünfte, z. B. mit (abschließbarem) Unterstand für das Rad.

Pilgerunterkunft

Pilgernden (mit Ausweis) wird in einigen Gemeindehäusern sowie von einigen privaten Gastgeberinnen und Gastgebern Unterkunft gewährt. Eine vorige Anmeldung ist erforderlich, vor allem in Gemeindehäusern möglichst langfristig vorher, zumal die Aufnahmekapazität begrenzt ist. Neben einem Pilgerpass ist in einigen kirchlichen Gemeindehäusern ein Empfehlungsschreiben von der Pastorin oder dem Pastor der eigenen Kirchengemeinde erwünscht. Bei Überbuchung haben Fußpilgerinnen und -pilger in der Regel Vorrang vor denen mit Rad. Die Übernachtung in diesen nichtgewerblichen Unterkünften ist offiziell oft gratis, aber eine kleine Spende versteht sich von selbst (mindestens € 5).

Ausstattung: Eine Toilette und einfache Waschgelegenheit sind fast immer vorhanden, manchmal auch Dusche und Küche. Bettwäsche und Isomatte sind in der Regel mitzubringen. Falls nicht, sollte die Bettwäsche morgens abgezogen werden. Generell gilt: Sie sollten die Unterkunft am nächsten Morgen sauber hinterlassen!

Bei den Gemeindehäusern der Kirchen kann man sich meistens auch die Pilgerausweise abstempeln lassen. Bei privaten Pilgerunterkünften sind oft Bettwäsche und Handtuch vorhanden, meistens gegen eine geringe Gebühr (ca. € 5 p. P.).

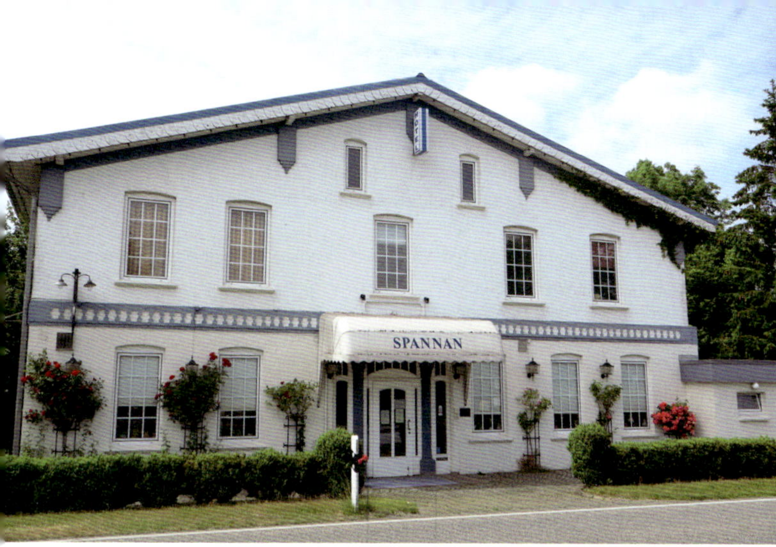

Historisches Landhaus Spannan (Etappe 6)

Die Pilgerunterkünfte in diesem Buch sind nur eine kleine Auswahl. Die offiziellen und aktuellen **Unterkunftsverzeichnisse** für Pilgerinnen und Pilger sind bei den Jakobsweggesellschaften erhältlich – gegen Angabe des Namens und Daten zur Pilgertour sowie Spende:

▷ alle drei Varianten: 💻 www.jakobswege-norddeutschland.de/202701.html
▷ nördlicher Teil von Dänemark nach Schleswig (Etappen 1-3) sowie Ostroute: 💻 www.caminotogo.de/herbergslisten
▷ Westvariante durch Dithmarschen: 💻 www.dithmarscher-landeskunde.de > Projekte > Jakobsweg > Pilgerunterkünfte (Verzeichnis online)

Jugendherbergen und Hostels

Jugendherbergen sind in Schleswig-Holstein relativ häufig und in folgenden Orten entlang der VJ anzutreffen: Flensburg, Schleswig, Glückstadt, Stade, Eckernförde, Kiel, Plön, Lübeck, Friedrichstadt, Heide.

💻 www.djh.de

Angegeben ist der Mindestpreis, Erwachsene zahlen zusätzlich € 5,50 pro Nacht. Voraussetzung ist immer ein DJH-Ausweis, der auch in der JH erworben werden kann. Bettwäsche und Frühstück sind im angegebenen Preis inklusive.

Neben Jugendherbergen gibt es bzgl. Preis und Ausstattung vergleichbare Budgetunterkünfte (Hostels) in großen Städten wie Flensburg, Kiel und Lübeck.

Camping

Wer mit Zelt unterwegs ist, findet neben größeren kommerziellen Campingplätzen auch private Gelegenheiten zum Zelten, etwa auf Flächen der Stiftung Naturschutz (s. u.) oder bei privaten Pilgergastgeberinnen und -gastgebern.

Viele Campingplätze bieten Wohnmietwagen oder kleine Hütten an, sodass man dort auch ohne eigenes Zelt nächtigen kann. Die meisten größeren Plätze verfügen über WLAN. Waschmaschine und -trockner stehen oft auch zur Verfügung, genauso wie eine Kochgelegenheit. Richtwert für Campingplatzgebühren: zwei Personen zahlen mit einem Zelt etwa € 12 bis 15.

Die Stiftung Naturschutz koordiniert ein Projekt, um (Rad-)Wanderinnen und Wanderer die Möglichkeit zu geben, auf einigen (ca. 20) Flächen in Schleswig-Holstein für eine Nacht frei zu kampieren, unter Beachtung besonderer Bestimmungen. Die Plätze haben teilweise Sitzgelegenheiten, aber keine sanitären Einrichtungen, Müll muss mitgenommen werden, eine Anmeldung ist nicht erforderlich. Infos finden Sie unter 💻 www.wildes-sh.de/die-regeln.

Entlang der VJ finden Sie solche Plätze bei Harrislee (Zentralroute), Kosel (Ostroute) und St. Michaelisdonn (Westroute).

♦ Kontakt: Stiftung Naturschutz Schleswig-Holstein, ☎ 04 31/21 09 01 01, 🖂 info@sn-sh.de, 💻 www.stiftungsland.de

Standortpilgern

Angesichts der stellenweise dünnen Auswahl an Übernachtungsmöglichkeiten, aber ordentlichen Verkehrsverbindungen ist Standortpilgern eine Alternative, bei der man mehrere Etappen von einer festen Unterkunft aus geht. Im Folgenden einige günstige Standorte mit vielen guten Verkehrsverbindungen, wobei dann möglichst Unterkünfte mit guter Bahn-/Buserreichbarkeit gewählt werden sollten:

▷ Zentralroute: Flensburg, Schleswig, Rendsburg, Itzehoe, Stade
▷ Ostroute: Schleswig, Eckernförde, Kiel, Plön, Lübeck
▷ Westroute: Heide, Meldorf, Itzehoe, Glückstadt

Updates

Es gibt immer wieder Änderungen auf dem Weg. Der Conrad Stein Verlag veröffentlicht deshalb Updates zu diesem Buch, die direkt vom Autor oder von Leserinnen und Lesern dieses Buches stammen. Bitte schauen Sie vor der Abreise auf die Verlagshomepage 💻 www.conrad-stein-verlag.de. Der links abgebildete QR-Code bringt Sie direkt dorthin.

Verkehrsmittel

Während das Bahnnetz recht häufig bedient wird, bietet sich bei Busverbindungen auf dem Land ein anderes Bild, sofern es sich nicht um eine Buslinie zwischen größeren Orten handelt. Viele kleinere Orte auf dem Land werden nur sehr selten bedient (am Wochenende oft gar nicht oder als Anrufbus).

Bei einigen Etappen muss die Fähre genutzt werden (Etappen 9, 10, O-4, O-5, W-6), einmal ist auch eine Abkürzung mit dem Schiff möglich – über den Plöner See von Plön nach Bosau (Etappe O-6).

Im Routenteil sind viele Bahnhöfe und Bushaltestellen mit sinnvollen Verbindungen angegeben, sodass Sie die Touren ggf. abkürzen oder zu einer festen Unterkunft zurückfahren können (☞ Standortpilgern).

Bushaltestelle am Bahnhof Flensburg

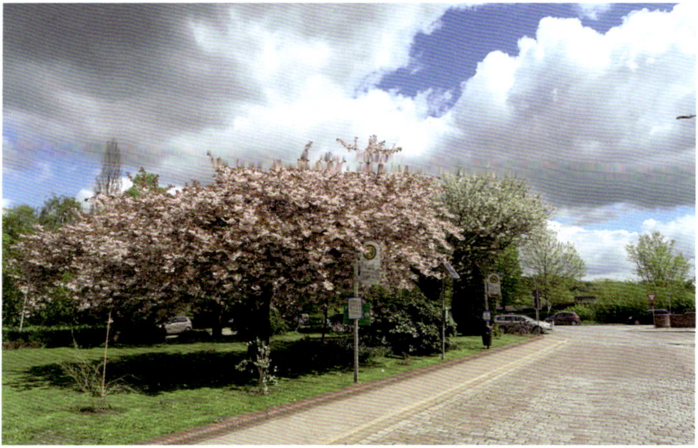

☺ Alle Verbindungen des öffentlichen Nahverkehrs inkl. Busverbindungen lassen sich auf der Website der Bahn und des Nahverkehrsverbundes Schleswig-Holstein recherchieren: 💻 www.bahn.de, 💻 www.nah.sh.

🚌 Bei Orten mit Bahnhöfen sind Bushaltestellen in der Regel nicht noch einmal extra aufgeführt, weil die meisten Busse auch Bahnhöfe ansteuern. Die meisten Überlandbusse in Schleswig-Holstein werden von der Bahntochter Autokraft betrieben, deren Fahrpläne online abrufbar sind: 💻 www.dbregiobus-nord.de.

Via Jutlandica von der dänischen Grenze nach Hollenbeck/Harsefeld

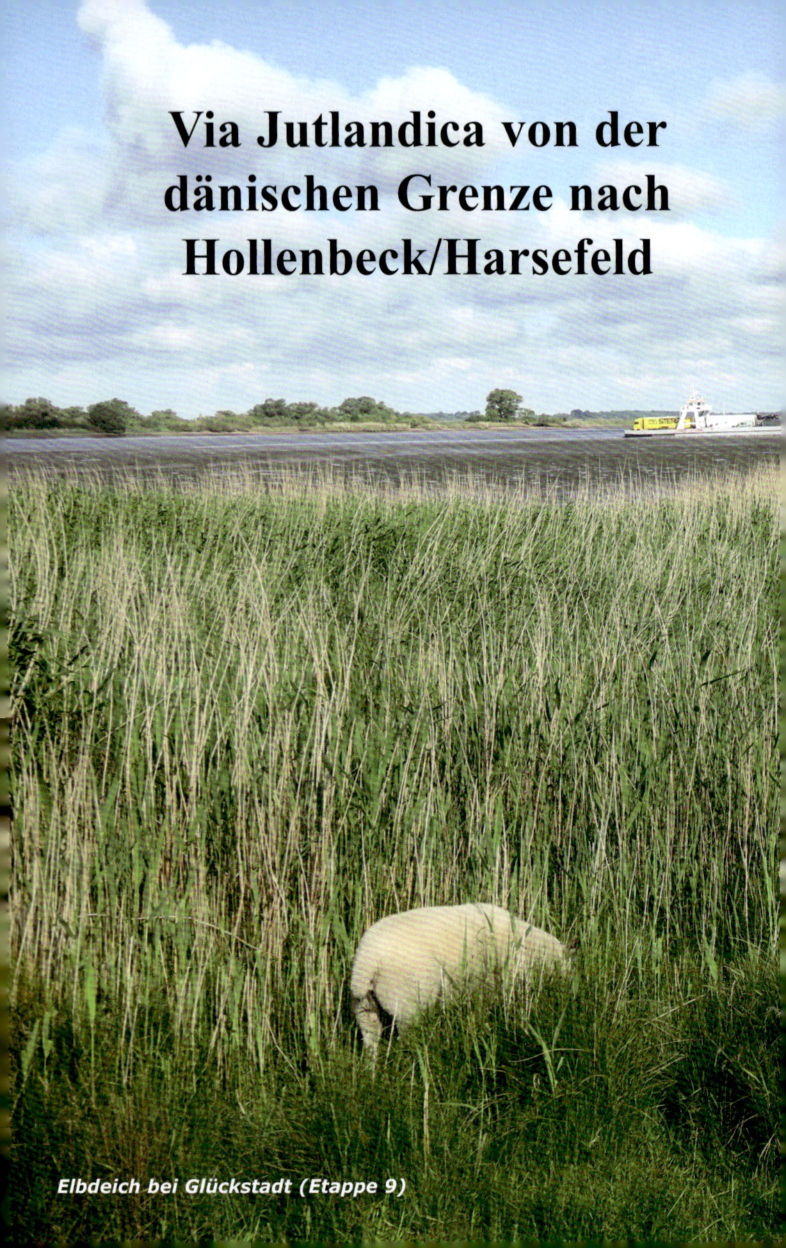

Elbdeich bei Glückstadt (Etappe 9)

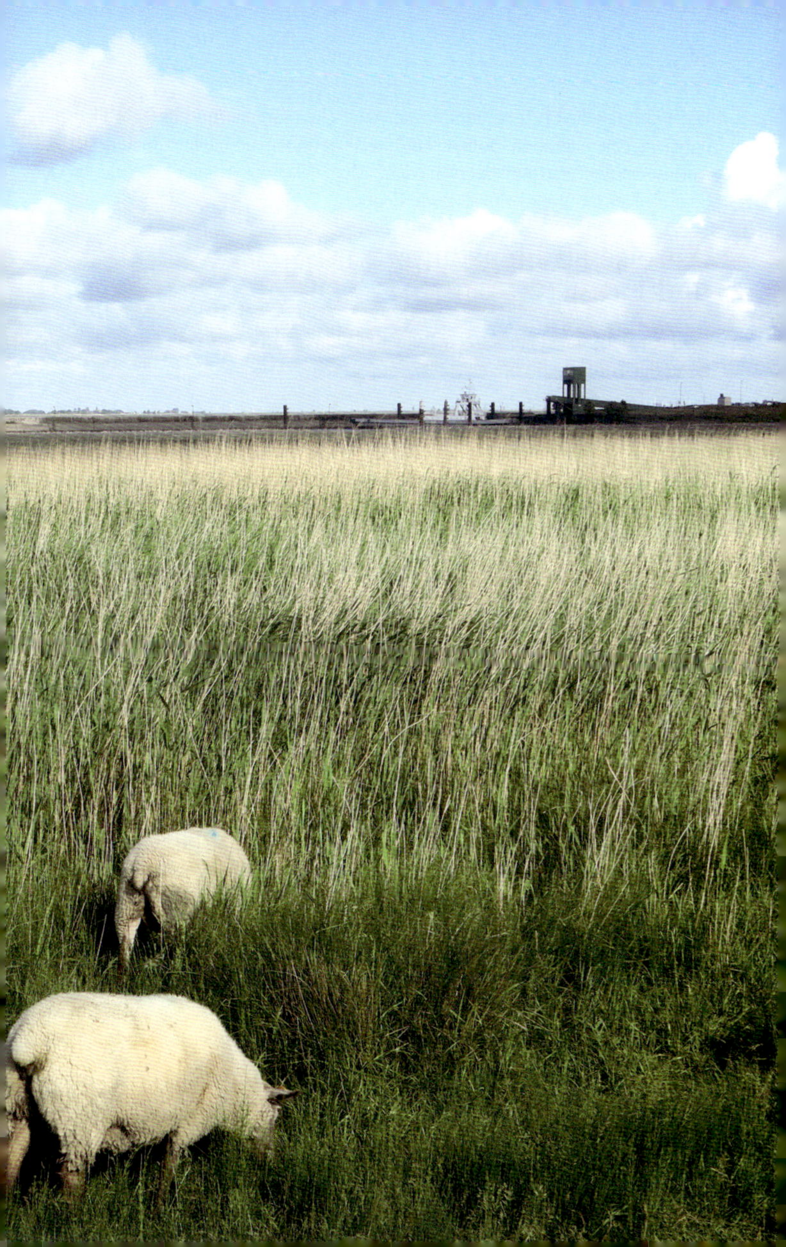

Die Via Jutlandica (VJ) beginnt an der dänischen Grenze und umgeht Flensburg dabei in einem großen Bogen. Für die Pilgerinnen und Pilger bieten sich zur Anreise an den Startpunkt verschiedene Möglichkeiten, die hier beschrieben werden: ab Flensburg und Kruså sowie Padborg.

Anreise ab Flensburg (➲ 13 km) und Kruså (➲ 2 km)

Da Flensburg für einen kurzen Aufenthalt lohnend ist, sei eine kurze Beschreibung der Fördestadt vorangestellt.

Flensburg

90.000 Ew., 24937

- **i** Touristinformation Flensburg, Nikolaistraße 8, ☏ 046 1/909 09 20, info@flensburger-foerde.de, flensburger-foerde.de, zwischen Bahnhof und Hafen, Mo-Fr 9:00-18:00, Sa 10:00-14:00
- Zahlreiche Hotels buchbar über Touristinfo: www.flensburger-foerde.de > Suchen & Buchen. Zu allen Übernachtungspreisen kommt in Flensburg eine Bettensteuer (auf Amtsdeutsch: Beherbergungsabgabe) in Höhe von 7,5 % des Bruttoübernachtungspreises hinzu.
- ♦ Flensbed Hostel & Boardinghouse, Bahnhofstraße 28, ☏ 04 61/80 72 85 10, www.flensbed.de, günstige Lage zwischen Bahnhof und Zentrum (jeweils 400 m), EZ ab € 49, DZ ab € 59, ohne F
- JH Flensburg, Fichtestraße 16, ☏ 04 61/377 42, flensburg@jugendherberge.de, www.flensburg.jugendherberge.de, JH mit 178 Betten in ruhiger Lage im Park östlich des Hafens, etwa 2,5 km vom Zentrum, € 5, EZ ab € 45, Bett im Mehrbettzimmer ab € 27, inkl. F, ganzjährig
- ♦ Hostel Flensburg, Zur Exe 23, ☏ 04 61/909 08 33, www.hostel-flensburg.de, günstige Übernachtungsgelegenheit, gut gelegen zwischen Bahnhof und Zentrum, DZ ab € 50, EZ ab € 35, zzgl. F (€ 7)
- ♦ Pilgerherberge Anne und Björn Grasmück, Kanzleistraße 9, ☏ 04 61/168 98 87, 01 52/29 40 21 06, bjoern.grasmueck@posteo.de, 2 Zi stehen zur Verfügung, auch Zelten möglich, auf Wunsch mit Verpflegung, mit oder ohne Familienanschluss, private Unterkunft gegen Spende am Rand der Altstadt, 15 Min. Fußweg vom Bahnhof, 10 Min. Fußweg vom ZOB entfernt
- ♦ Uta und Markus Muth, Adresse auf vorige Anfrage, ☏ 04 61/630 89, m.u.muth@web.de, Unterkunft für bis zu 2 Pers., östlich der Förde, 8 km entfernt vom Start der VJ, nur mit Pilgerausweis, ⊙, Ü gegen Spende

biosager, Heinrichstraße 12-14, www.biosager.de, Mo-Fr 8:00-19:00, Sa 8:00-13:00, Bio- und regionale Produkte, relativ zentral nahe Hafermarkt

Radladen mit Werkstatt: Mega Bike Flensburg, Speicherlinie 42/Große Straße 12, 04 61/244 38, www.megabike24.de > Flensburg, Mo-Fr 10:00-18:00, Sa 10:00-13:00, zentrale Lage

ZOB zwischen Bahnhof und Zentrum. Hier halten auch die u. a. nach Kupfermühle und Kruså (nahe dem Startpunkt der VJ) fahrenden Buslinien 1 und 7, www.aktiv-bus.de.

Bahnhof mit stündlichen Regionalbahnverbindungen Richtung Hamburg und Kiel sowie zweistündlich mit dänischem IC nach Padborg nahe dem Startpunkt (recht teuer: 10 Min. Bahnfahrt für rund € 10!)

Die Grenzstadt Flensburg liegt am Ende der 43 km langen gleichnamigen Förde. Seine Blütezeit erlebte der Hafenort von 1400 bis 1600 durch den Transithandel, initiiert von Holländern zur Umgehung der großen Hansestädte. Dänemark konnte mit holländischer Hilfe das Monopol des Hansehandels zwischen Ost- und Nordsee brechen. Eine zweite Blüte erlebte Flensburg in der zweiten Hälfte des 18. Jh.: Flensburg wurde nach Kopenhagen die zweitwichtigste

Hafen von Flensburg mit St. Jürgen Kirche im Hintergrund

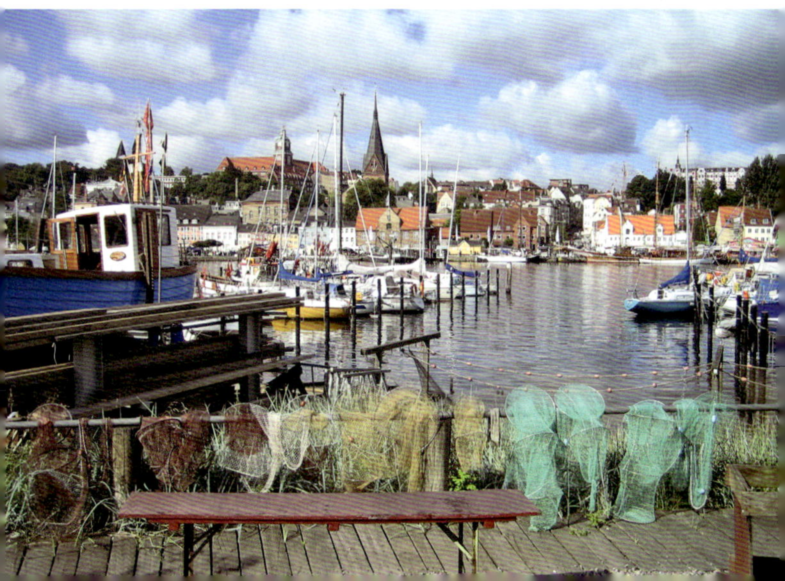

Handelsstadt Dänemarks mit Handelsströmen bis zur Karibik. Am wichtigsten war der Import von Zucker, der verarbeitet als Rum wieder exportiert wurde. Flensburg zählte rund 20 Rumhäuser. Heute sind es gerade mal zwei. Nach der Niederlage des mit Dänemark verbündeten Napoleons ging es abwärts. Am Hafen erinnern noch einige Ecken an früher, so der Oluf-Samsong-Gang mit alten Häusern und Speichern, wo früher mit Salz, Heringen, Zucker und Rum gehandelt wurde.

Wahrzeichen von Flensburg ist das **Nordertor**, der einstige nördliche Abschluss Flensburgs. Als wichtige Handelsstadt gab es früher an allen wichtigen Ausfallstraßen Stadttore. Der 1595 erbaute Renaissancebau ist das letzte erhaltene Stadttor Flensburgs. Das Tor wird über dem Flensburger Wappen von der Inschrift „Friede ernährt, Unfriede verzehrt" geschmückt. Pläne zum Ende des 19. Jh., das als Verkehrshindernis eingestufte Nordertor abzureißen, wurden glücklicherweise nicht umgesetzt. Heute wird das Nordertor für Trauungen genutzt. Direkt an das Nordertor grenzt das Wissenschaftsmuseum Phänomenta.

Nordertor – Flensburgs Wahrzeichen

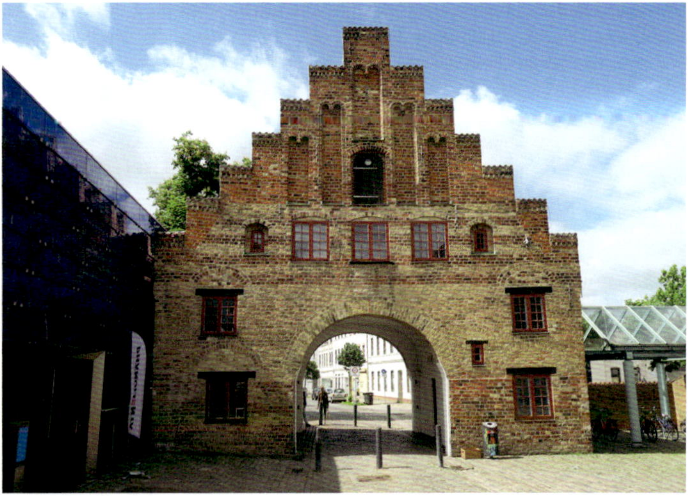

✝ **St. Nikolai**, die größte Kirche Flensburgs, wurde im 15. Jh. an der Stelle einer Vorgängerkirche erbaut. In dem 90 m hohen Turm mit seinem neogotischen Turmhelm hängen seit 1909 17 Glocken, die täglich zum Glockenspiel läuten: 9:00, 12:00, 15:00, 18:00 und 21:00. St. Nikolai ist bekannt für die Orgel mit

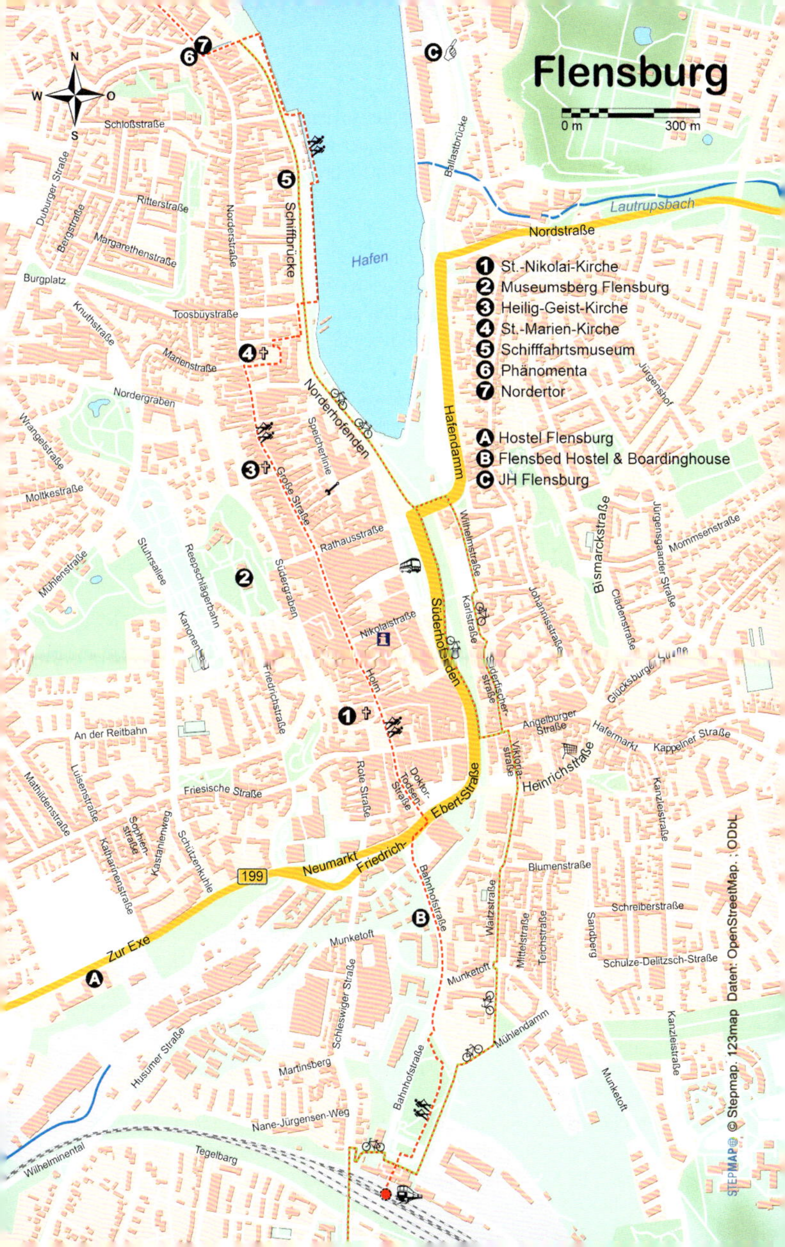

Flensburg
0 m
300 m
N
S
W
O
1 St.-Nikolai-Kirche
2 Museumsberg Flensburg
3 Heilig-Geist-Kirche
4 St.-Marien-Kirche
5 Schifffahrtsmuseum
6 Phänomenta
7 Nordertor
A Hostel Flensburg
B Flensbed Hostel & Boardinghouse
C JH Flensburg
Hafen
Lautrupsbach
Nordstraße
Ballastbrücke
Schloßstraße
Duburger Straße
Bergstraße
Ritterstraße
Margarethenstraße
Burgplatz
Norderstraße
Schiffbrücke
Toosbüystraße
Knuthstraße
Marienstraße
Nordergraben
Norderhofenden
Hafendamm
Speicherlinie
Große Straße
Wrangelstraße
Moltkestraße
Rathausstraße
Stuhrsallee
Mühlenstraße
Reepschlägerbahn
Südergraben
Kanonenberg
Nikolaistraße
Süderhofenden
Holm
Friedrichstraße
Wilhelmstraße
Karlstraße
Johannisstraße
Bismarckstraße
Jürgensgaarder Straße
Mommsenstraße
Jürgenshof
Clädenstraße
Glücksburger Straße
Süderfischerstraße
Angelburger Straße
Hafermarkt
Kappelner Straße
Viktoriastraße
Heinrichstraße
An der Reitbahn
Luisenstraße
Mathildenstraße
Friesische Straße
Rote Straße
Doktor-Todsen-Straße
Ebert-Straße
Friedrich-
Neumarkt
199
Sophienstraße
Kastanienweg
Katharinenstraße
Schützenkuhle
Kanzleistraße
Blumenstraße
Schreiberstraße
Sandberg
Schulze-Delitzsch-Straße
Bahnhofstraße
Waitzstraße
Mittelstraße
Teichstraße
Munketoft
Zur Exe
Schleswiger Straße
Mühlendamm
Husumer Straße
Martinsberg
Nane-Jürgensen-Weg
Wilhelminental
Tegelbarg
STEPMAP
© Stepmap, 123map Daten: OpenStreetMap, ODbL

einer Renaissancefassade des Bildhauers Heinrich Ringerigk. Das Instrument selbst wurde vom dänischen Hoforgelbauer Nicolaus Maaß im Auftrag des dänischen Königs 1604-09 erbaut und 100 Jahre später von Arp Schnitger barock erweitert.

✞ Die **St.-Marien-Kirche** geht auf das 13. Jh. zurück und gilt damit als älteste Kirche Flensburgs. Auch hier wirkte der Bildhauer Heinrich Ringerigk – und zwar an dem Altar. Auffällig sind die spätmittelalterlichen Deckenmalereien sowie das für Seefahrerkirchen typische Votivschiff.

✞ Die **Heilig-Geist-Kirche** trägt als Hauptkirche der Südschleswigerinnen und Südschleswiger, d. h. der in Schleswig-Holstein lebenden dänischen Minderheit, auch eine dänische Bezeichnung: *Helligandskirken.*

Bei der Renovierung dieser zweischiffigen gotischen Hallenkirche wurden 1926 spätmittelalterliche Kalkmalereien unter zehn Schichten Putz entdeckt.

⌘ Die **Phänomenta** ist ein modernes, interaktives naturwissenschaftliches Museum am Nordertor.

♦ Norderstraße 157-163, 💻 www.phaenomenta-flensburg.de, 🚪 Mi, Sa & So 12:00-18:00, in den Sommerferien auch Di & Do 12:00-18:00, Eintritt € 12

⌘ Das Flensburger **Schifffahrtsmuseum** zeigt in einem alten Zollpackhaus Ausstellungen mit Exponaten rund um die Schifffahrt. Das Rum-Museum im Keller dokumentiert den Rum- inkl. Sklavenhandel. Gegenüber liegen im Museumshafen alte Segler.

♦ Schiffbrücke 39, 💻 www.schifffahrtsmuseum-flensburg.de, 🚪 Di-So 11:30-17:00, Eintritt € 6

⌘ Der **Museumsberg Flensburg** zeigt in mehreren Gebäuden Kunst vom 13. bis 20. Jh. auf einer Gesamtfläche von 3.000 m² – es ist eines der größten Museen Schleswig-Holsteins.

♦ Museumsberg 1, 💻 www.museumsberg-flensburg.de, 🚪 Di-So 11:30-17:00, Eintritt € 8

Von Flensburg gelangen Sie wie folgt zum Startpunkt der VJ an der deutsch-dänischen Grenze:

🚌 per Bus nach Kruså, 2 km vor dem Start, und von dort zum Startpunkt westwärts auf dem Gendarmensti: täglich alle 20 Min. mit Stadtbus von/nach Flensburg (Mo-Fr Linie 7, Sa & So Linie 1), 💻 www.aktiv-bus.de

Mit dem Fahrrad (➲ 10 km vom Bahnhof Flensburg zum Startpunkt): Vom Bahnhof Flensburg fahren Sie über Am Mühlenteich, rechts in den Mühlendamm, dann links in die Waitzstraße und später Angelburger Straße und zuletzt rechts über die Straße Süderhofenden zur Förde und linksseitig an dieser entlang bis nach Wasserleben (km 7). Dort geht es links Richtung Grenzübergang und Kupfermühle, aber vorher links auf der Alten Zollstraße entlang des Radweges über die Autobahn und dahinter links auf dem Radweg Alter Kirchweg in westliche Richtung zunächst durch Wald. 1 km nach einer Hochspannungsleitung zur Rechten fahren Sie rechts in den Schlossberg, der nach Niehuus führt, wo Sie auf die VJ treffen (bei km 1,2).

Zu Fuß als eigenständige Etappe (➲ 13 km vom Bahnhof Flensburg zum Startpunkt), als nächste Übernachtungsorte würden sich dann die zu Beginn von Etappe 1 genannten Optionen in Niehuus oder Handewitt anbieten: Vom Bahnhof Flensburg gehen Sie auf der Bahnhofstraße und später Doktor-Todsen-Straße nordwärts zur Innenstadt und dort geradeaus in die Fußgängerzone Holm. Bei der Kirche St. Marien gehen Sie rechts hinunter zur Förde und folgen dort links der Uferpromenade am Schifffahrtsmuseum vorbei. Kurz dahinter geht es wieder links aufwärts und rechts entlang der Norderstraße durch das Nordertor mit der Phänomenta. Kurz darauf gehen Sie rechts hinunter Richtung Förde (Grönlandgang), biegen kurz davor links in die Werftstraße ab, gehen nach 150 m rechts in den Radweg, nach 250 m geradeaus und folgen im Weiteren den Wegen so ufernah wie möglich.

Ab dem Ostseebad (km 5) ist auf einem kombinierten Rad-/Fußweg direkt am Ufer Genusswandern angesagt. In Wassersleben (km 7) entfernt sich der Weg vom Ufer, ehe Sie rechts der Dammweg zurück zur Förde führt, wo Sie bei einer Holzbrücke den Grenzübergang Schusterkate passieren und 200 m danach den gut markierten Gendarmenpfad erreichen, dem Sie links entlang der Kruså und vorbei am Industriedenkmal Kupfermühle folgen.

Kupfermühle

260 Ew., 24955, B&B ⌘

B&B Alte Direktionsvilla Kupfermühle, Grenztal 2, ☎ 04 61/49 29 95 19, meinhotel@ok.de, www.hotelinflensburg.de, Unterkunft in historischem Gebäude nahe der Grenze auf deutscher Seite,
DZ ab € 74, EZ ab € 53, zzgl. F (€ 8 p. P.)

✕ Kupferklause, Zur Kupfermühle 16, ☎ 04 61/79 31, Di-So 17:00-23:00

Café Lafé, Zur Kupfermühle 17, 01 71/772 30 01, Fr-So 9:00-18:00

Bushaltestelle „Kupfermühle“, täglich alle 20 Min. mit Stadtbus von/nach Flensburg (Mo-Fr Linie 7, Sa & So Linie 1), www.aktiv-bus.de

Der Fluss Kruså mit seinem natürlichen Gefälle wurde etwa seit 1600 zur Anlage eines Hammerwerks zur Metallverarbeitung genutzt, das nach einem Brand als Kupfermühle wiederaufgebaut und bis 1962 betrieben wurde.

⌘ Das Industriemuseum Kupfermühle dokumentiert die Entwicklung des Ortes und der Crusauer Kupfer- und Messingfabrik, einst eine der größten Industrieanlagen des dänischen Königreichs und Herzogtums Schleswig.

♦ Messinghof 3, www.industriemuseum-kupfermuehle.de, Mai bis Oktober Mi-So 13:00-17:00, November bis April Sa-So 13:00-17:00, Eintritt € 5

Altes Wasserrad im Industriemuseum Kupfermühle

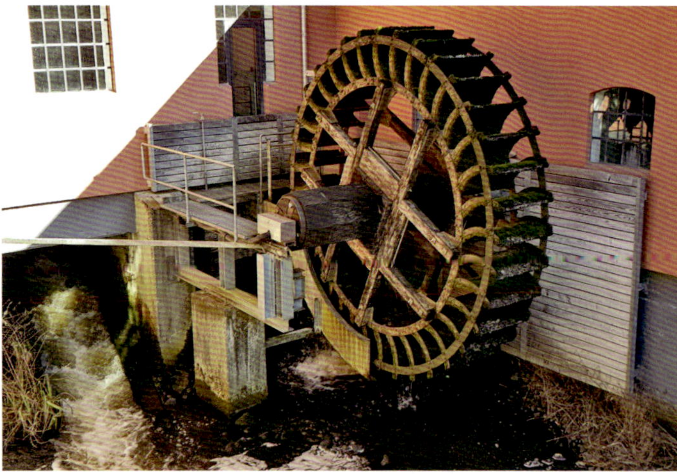

Sie folgen dem Gendarmensti (Info ☞ Etappe 1) nordwestwärts Richtung Padborg und queren nach 2,2 km die B200 beim Grenzübergang mit (einfachen) Einkehrgelegenheiten, Bushaltestelle und öffentlichem WC südlich von Kruså.

Kruså

1.500 Ew., DK 6340,

Kruså Camping, Åbenråvej 7, +45 74 67/12 06, info@krusaacamping.dk, www.krusaacamping.dk, dänischer Campingplatz 800 m von der Grenze mit direkter Busverbindung von/nach Flensburg, frei, Zelt dkr 30 (= € 4), je nach Saison dkr 85-135 p. P. (= € 12-19), Hütte für bis zu 4 Pers. dkr 300-400 (= € 42-54), immer zzgl. Personengebühr, ganzjährig

♦ Frigård Camping Kollund, Kummelefort 14, ☏ +45 74 67/88 30, fricamp@fricamp.dk, www.fricamp.dk. 4-Sterne-Platz mit Hütten, 300 m von der Flensburger Förde und 3 km östlich von Kruså und der Grenze entfernt, gratis, p. P. dkr 98 (= € 13), Hütte ab dkr 325 (= € 44) pro Nacht (in Hauptsaison mind. 2 Nächte), ganzjährig

✕ Moby Dick, Flensborgvej 14b, am Grenzübergang, täglich 9:00-18:00

♦ La Perla, Flensborgvej 24, am Grenzübergang, www.la-perla.dk, täglich 11:00-22:00

Rema1000, Harkærvej 3, täglich 7:00-21:00, norwegischer Discounter am Ostrand von Kruså

Bushaltestelle Kruså, an der Grenze südlich des Ortes, 1 km vom Start der VJ, täglich alle 20 Min. mit Stadtbus von/nach Flensburg (Mo-Fr Linie 7, Sa & So Linie 1), www.aktiv-bus.de

Kruså ist Grenzort zu Deutschland, der gleichnamige Fluss bildet hier den natürlichen Grenzverlauf und führte zur Ansiedlung eines Hammerwerks (☞ Kupfermühle).

Der Gendarmensti führt am Parkplatz vorbei weiter westwärts (Transitgården, später Waldweg). Nach 3 km erreichen Sie den Startpunkt der VJ beim Grenzübergang Rønsdam.

Anreise ab Padborg zur VJ nach Niehuus

(➲ 2,7 km bis km 0,8 der VJ oder 1,5 km bis km 2,7 der VJ)

Padborg

4.300 Ew., DK 6330

Padborg Hotel, Oksevej 2, ☏ +45 50 10 63 30, hotel@padborghotel.dk, www.padborghotel.dk, Hotel 500 m südlich des Bahnhofs, DZ ab etwa € 68, EZ ab etwa € 50

dänische Supermärkte Super Brugsen (Bovvej 9) und Netto (Nørregade), beide in Bahnhofsnähe, täglich

Padborg ist per Bahn stündlich mit Flensburg verbunden.

Vom Bahnhof Padborg gehen Sie südwärts zwischen den Bahnsteigen entlang, halten sich nach der Treppe links und biegen nach Querung der Bahngleise rechts in den südwärts führenden Haraldsvej ab. Am Ortsende haben Sie zwei Möglichkeiten:

▷ 1,9 km nach Niehuus (km 0,8 der VJ): Bei dieser längeren, aber schöneren Variante – auf dem Gendarmenpfad – biegen Sie links in einen Waldweg ein und folgen bei Erreichen einer Straße der Østergade zu einem Parkplatz, wo Sie weiter dem Waldweg zunächst nordwärts folgen. Am Waldende oberhalb des Niehuuser Sees halten Sie sich rechts und erreichen nach einer Rechtskurve und Querung des Grenzflusses Kruså beim Hügel der alten Burg Niehuus km 0,8 der VJ.

▷ 700 m bis Berghof (km 2,7 der VJ): Diese kürzere Variante führt Sie am Ortsende von Padborg geradeaus, ehe die kleine Straße Feldmark auf die VJ zuführt.

Etappe 1: Niehuus – Oeversee

➲ 27,9 km, ⧖ 7 Std., ↑ 74 m, ↓ 71 m, ⇧ 15-55 m

0,0 km	⇧ 25 m	deutsch-dänische Grenze nahe Niehuus (Kruså ➲ 2,7 km BANK)
2,7 km	⇧ 45 m	Abstecher nach/Zuweg von Padborg (➲ 0,5 km BANK)
3,7 km	⇧ 45 m	Abstecher nach Harrislee (➲ 1,8 km **B&B** BANK ✝)
6,8 km	⇧ 40 m	Schäferhaus
13,0 km	⇧ 36 m	Handewitt **D&B** BANK ✝
23,1 km	⇧ 35 m	Barderup (➲ 0,3 km, ➲ 3 km **B&B**)
27,0 km	⇧ 30 m	Abstecher zum Oeversee-Schlachtdenkmal (➲ 0,3 km ⌘)
27,9 km	⇧ 30 m	Oeversee BANK ✝

Von der dänischen Grenze geht es durch das Tal des gleichnamigen Grenzflusses Kruså, einem naturgeschützten FFH-Gebiet. In großem Bogen umgehen Sie Flensburg und wandern südlich von Handewitt durch eines der größten Waldgebiete der Region, ehe die VJ bis Oeversee über freies Gelände führt, stellenweise leider auch durch Gewerbegebiete und über bzw. neben Verkehrswegen wie der A7. Nach dem Sankelmarker See erreichen Sie Oeversee.

Die VJ beginnt an der dänischen Grenze unweit von Padborg beim Grenzübergang Rønsdam, 2,7 km südwestlich von Kruså.

🚲 Diese Etappe ist per Rad an manchen Stellen machbar (➲ 20,2 km), aber nicht ideal. Das größte Obstakel ist das Naturschutzgebiet Schäferhaus zwischen Harrislee und Handewitt, das sich nördlich via Ellunder Weg, Wiesenweg,

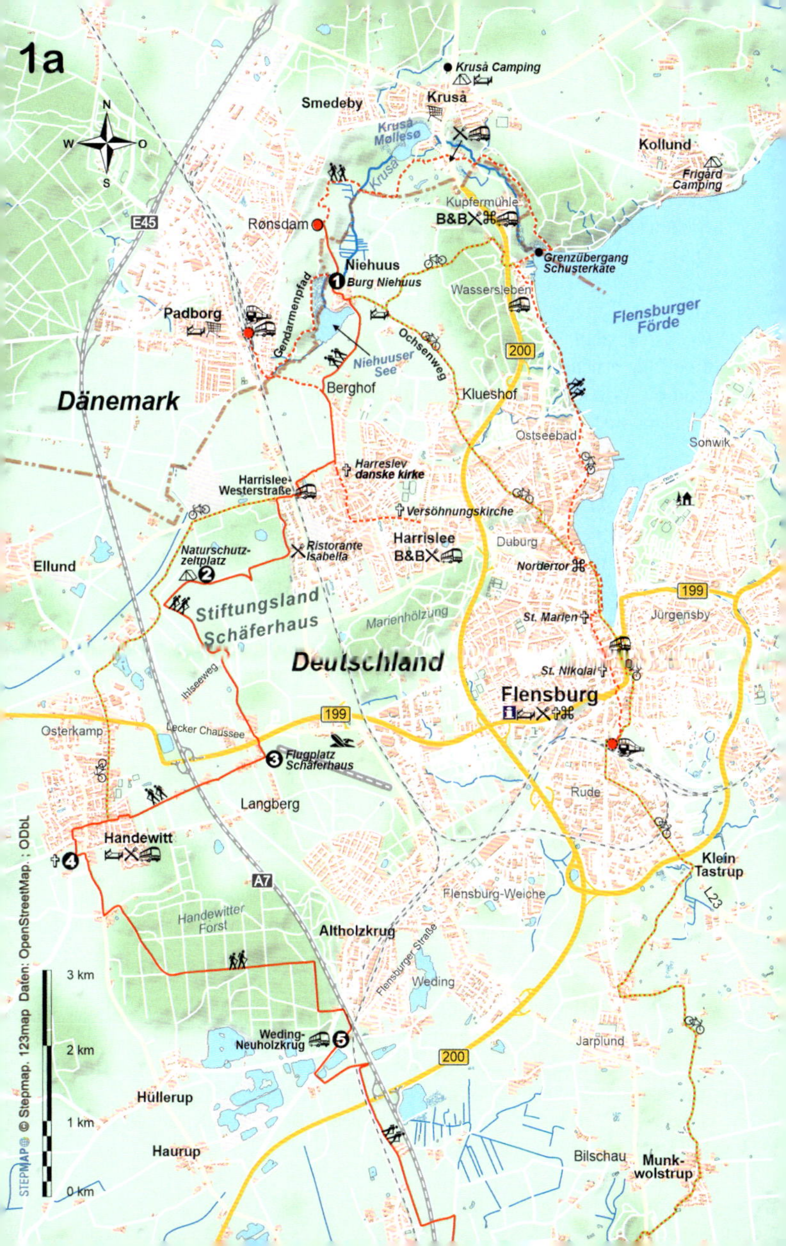
1a
Kruså Camping
Smedeby
Kruså
Kruså Møllesø
Kollund
Frigård Camping
Rønsdam
Kupfermühle
B&B
Niehuus
Burg Niehuus
Grenzübergang Schusterkate
Wassersleben
Flensburger Förde
Padborg
Gendarmenpfad
Ochsenweg
Niehuuser See
Berghof
Klueshof
Dänemark
Ostseebad
Sonwik
Harreslev danske kirke
Harrislee-Westerstraße
Versöhnungskirche
Naturschutz-zeltplatz
Ristorante Isabella
Harrislee
B&B
Duburg
Ellund
Nordertor
Stiftungsland Schäferhaus
Marienhölzung
St. Marien
Jürgensby
Deutschland
St. Nikolai
Ihlseeweg
Flensburg
Osterkamp
Lecker Chaussee
Flugplatz Schäferhaus
Langberg
Rude
Handewitt
Klein Tastrup
Flensburg-Weiche
Handewitter Forst
Altholzkrug
Flensburger Straße
Weding
Weding-Neuholzkrug
Jarplund
Hüllerup
Haurup
Bilschau
Munk-wolstrup
E45
200
199
A7
L23
3 km
2 km
1 km
0 km
STEPMAP © Stepmap. 123map Daten: OpenStreetMap.: ODbL

Gottrupeler Weg und Ellunder Straße nach Handewitt umfahren lässt. Von dort geht es weiter auf der VJ, die ab dort großteils mit dem Rad befahren werden kann (notfalls kurze Passagen schieben). Eine Alternative wäre der weiter östlich nach Oeversee verlaufende Ochsenweg mit durchgehender Radwegbeschilderung ab Niehuus durch Flensburg, Munkwolstrup und vorbei am Sankelmarker See nach Oeversee.

Für ein kurzes Stück führt die VJ in südliche Richtung zusammen mit dem Gendarmenpfad, der sich nach Querung der Kruså vor dem alten Burghügel der im 14. Jh. errichteten Burg Niehuus ❶ nach rechts verabschiedet (km 0,8), während die VJ durch das durch eiszeitliche Schmelzwasser entstandene Niehuuser Tunneltal weiter nach Niehuus führt.

Gendarmenpfad

Der rund 80 km lange Gendarmenpfad (dänisch *Gendarmensti*, mit Artikel *Gendarmenstien*) führt in 5 Etappen entlang der deutsch-dänischen Grenze von Padborg ostwärts an der Flensburger Förde entlang. Das Logo mit dem blauen Gendarmen auf weißem Grund erinnert an die früheren Patrouillengänge dänischer Gendarmen.

🚲 Radfahren ist auf dem Gendarmenpfad erlaubt, aber Fußgängerinnen und Fußgänger haben Vorrang.

Niehuus 140 Ew., ✉ 24955, 🛏

🛏 Niehuuser Annenhof, Niehuuser Straße 25, ☎ 04 61/50 50 83 30, 💻 www.niehuuser-annenhof.de, FeWo für bis zu 6 Pers., in Nebensaison möglich für eine Nacht, sonst auf Anfrage, 🐕 € 8, € 85 zzgl. Bettwäsche (€ 6,50 pro Satz) und Handtücher (€ 3,50)

♦ Anneli Wende, Schloßberg 1, ☎ 04 61/711 62, 💻 www.annelis-fewo.de, FeWo für 2-4 Pers. mit Terrasse und Pool im Garten, 300 m östlich von Niehuus und damit des Weges, 🐕 € 10, ab € 60 pro Tag

In Niehuus biegen Sie rechts in die südwärts führende Berghofstraße ab und passieren den bis zu 2,40 m tiefen Niehuuser See, Mittelpunkt eines Naturschutzgebietes. Südlich des Sees halten Sie sich kurz nach der von rechts kommenden Einmündung der Straße Feldmark mit dem direkten kurzen Zubringer aus Padborg rechts (km 2,7) und folgen der Berghofstraße an den Rand von Harrislee, das die VJ aber nur streift.

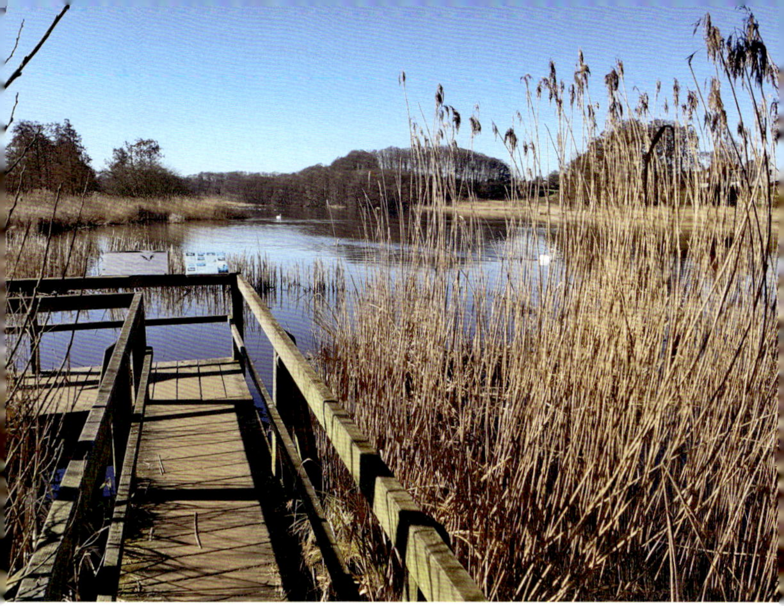

Niehuuser See

↳ **Abstecher nach Harrislee** (⮌ 2 x 1,8 km)

Für einen Abstecher nach Harrislee folgen Sie der Berghofstraße geradeaus, rechts vorbei an der 1994 errichteten ✝ Harreslev danske kirke, der evangelisch-lutherischen Kirche der im Landesteil Schleswig lebenden dänischen Volksgruppe. Weiter geht es auf folgenden Straßen zur Ortsmitte: Südwärts über Westerstraße und Bahnhofsweg, danach ostwärts über Pattburger Bogen und Süderstraße.

Harrislee 11.600 Ew., ✉ 24955, B&B

B&B Gästehaus Harrislee, Andrea Lieb, Süderstraße 64, ☎ 04 61/97 89 99 79, info@gaestehausharrislee.de, www.gaestehausharrislee.de, in Ortsmitte, Tarif nach Absprache

Hygge unverpackt, Süderstraße 81, www.hygge-unverpackt.de, Mo-Fr 9:00-18:30, Sa 9:00-14:30, 2020 eröffneter Laden mit vielen regionalen Produkten ohne Verpackungsmüll

Edeka Matthiesen, Am Markt 7-9, Supermarkt 1,8 km vom Weg

Radladen mit Werkstatt, Räderwerft, Pattburger Bogen 21, ☎ 04 61/505 22 55, info@raederwerft.de, www.raederwerft.de, Di-Fr 10:00-18:34 (!), Sa 10:00-13:00, nach eigenen Angaben das nördlichste Fahrradgeschäft Deutschlands, am Westrand von Harrislee, 1 km vom Weg

Die Buslinie 1539 bedient mehrere Haltestellen im Ort – u. a. „Pattburger Bogen" – halbstündlich von/nach Flensburg, am Wochenende stündlich, www.aktiv-bus.de.

Die **Versöhnungskirche** wurde 1928 aus rotem Backstein im damals üblichen Heimatschutzstil errichtet. Die fünf figürlichen Glasfenster sind Werke der Flensburger Künstlerin Käte Lassen.

Weiter geht es rechts am nördlichen Ortsrand von Harrislee entlang (Bürgermeister-Iversen-Bogen, dann geradeaus Petersilienweg) und am Ende bei einer Bushaltestelle rechts über die Bahn (Westerstraße).

Haltestelle „Harrislee-Westerstraße" mit halbstündlichen bis stündlichen Verbindungen durch Linie 1537 Richtung Handewitt und Flensburg, www.aktiv-bus.de

Kurz nach der Bahnquerung biegen Sie hinter dem Gewerbegebiet nach links ab, wo Sie kurz darauf die nach links schwenkende Straße Am Oker verlassen und geradeaus südwärts dem Weg am Waldrand folgen und an dessen Ende rechts in den Schäferweg abbiegen.

Wenn Sie links in den Schäferweg abbiegen, erreichen Sie eine Einkehrmöglichkeit.

Ristorante Isabella, Am Oxer 35a, www.ristorante-isabella.de,
Mo-So 11:30-14:30 und 17:00-22:30, Italiener im Gewerbegebiet bei Abzweigung des Schäferweges, 100 m vom Weg

Die VJ führt westwärts durch das **Stiftungsland Schäferhaus**, einen ehemaligen Truppenübungsplatz, der nach dem Rückzug des Militärs 1998 von der Stiftung Naturschutz Schleswig-Holstein erworben wurde und heute mit einer niedrig bewachsenen Gesamtfläche von 420 ha ein wenig an eine afrikanische Savannenlandschaft erinnert – mit dem Unterschied, dass hier statt Gnus und Zebras Galloways und Konikpferde grasen.

Nach 600 m halten Sie sich bei einer Schutzhütte links und nach 100 m scharf rechts, um nach 500 m eine Zeltgelegenheit ❷ zu passieren (km 6,8).

Naturschutzzeltplatz Stiftungsland Schäferhaus,
www.wildes-sh.de/uebernachtungsplaetze > Schäferhaus, einsamer, einfacher Platz für 1-2 kleine Zelte im Stiftungsland Naturschutzgebiet (frei), markiert mit hölzernen symbolischen Ochsenhörnern, kein Wasser, keine Toilette, Anmeldung nicht erforderlich, Verhaltensregeln unter www.wildes-sh.de/die-regeln

10 Gehminuten nach der Zeltgelegenheit folgen Sie der VJ links in südöstliche Richtung durch das Schutzgebiet, gehen bei der Kreuzung mit dem Ihlseeweg 100 m nach rechts, um dann links dem asphaltierten Radweg Stadweg mit einem Solarpark zur Rechten südwärts zu folgen. Nach Querung der Lecker Chaussee und der B199 biegen Sie in Oberlangberg mit links dem überschaubaren Flensburger Flugplatz Schäferhaus ❸ (km 10,3) nach rechts ab und gehen immer geradeaus in westliche Richtung, zuletzt auf unbefestigtem Weg unter der A7 hindurch.

Die VJ führt weiter geradeaus wechselnd über Grasweg und Straße vorbei an einem Pferdehof zur Handewitter Siedlung Osterkamp, wo Sie zunächst kurz rechts gehen und dann zweimal links. Danach biegen Sie bei einer Wegsperre für Autos rechts in den Osterkamp ab und gehen weiter geradeaus in die Ortsmitte, zuletzt auf der Siedlungsstraße. Sie queren die Hauptstraße und folgen dem Petersilienweg geradeaus, um in einer Rechtskurve links den Fußweg zur Westerstraße zu nehmen. Kurz dahinter liegt die Kirche von Handewitt ❹ (km 13).

Handewitt

11.100 Ew., 24983, B&B

Gasthof Handewitt, Osterstraße 2, 046 08/971 68 00, info@gasthofhandewitt.de, www.gasthofhandewitt.de, Gasthof in Ortsmitte, € 10, EZ ab € 70, Restaurant Di-So ab 15:00

ibis budget, Scandinavian Park 9, 046 08/971 65 70, www.all.accor.com > Handewitt, 2005 erbautes Budgethotel der französischen Accorkette mit 77 Zi im Gewerbegebiet nördlich von Handewitt, 1,5 km nördlich von der Ortsmitte und vom Weg, € 10, Zimmer ab € 62, zzgl. F

♦ Andresen, Osterstraße 12, 046 08/61 93, www.mein-monteurzimmer.de/106313/monteurzimmer/handewitt-andreas-andresen, preisgünstige Unterkunft primär für Handwerkerinnen und Handwerker, 6 Zimmer und FeWo, östlich der Ortsmitte, auf Anfrage, EZ ab € 24

Gemeindehaus Handewitt, Westerstraße 6, Kontakt: Kirchenbüro: 046 08/224, Pastorat: 046 08/60 71 91, ein Raum zur Übernachtung in Ortsmitte, WC/Dusche und Küche, , Ü gegen Spende

Medelbyer Landbäckerei, Hauptstraße 6, Mo-Fr 6:30-12:30 und 14:30-18:00, Sa 6:30-12:00, So 7:30-10:30, Bäckerei im Zentrum

mehrere Supermärkte und Discounter rund um den Kreisverkehr im Gewerbegebiet nördlich von Handewitt, u. a. Edeka (Wiesharder Markt 3)

Die Buslinie 1569 bedient mehrere Haltestellen im Ort – u. a. „Handewitt-Amt" – halbstündlich von/nach Flensburg, am Wochenende stündlich, www.aktiv-bus.de.

✞ Die Kirche Handewitt wurde im 19. Jh. neugotisch mit hölzernem Tonnengewölbe errichtet, nachdem der mittelalterliche Vorgängerbau nach einem Blitzschlag abgebrannt war. Der stehen gebliebene alte Turm wurde in den Neubau integriert. Im Innern gehen das Kruzifix, der Taufstein aus Granit und die gotischen Messingleuchter auf die Vorgängerkirche zurück.

Kirche Handewitt

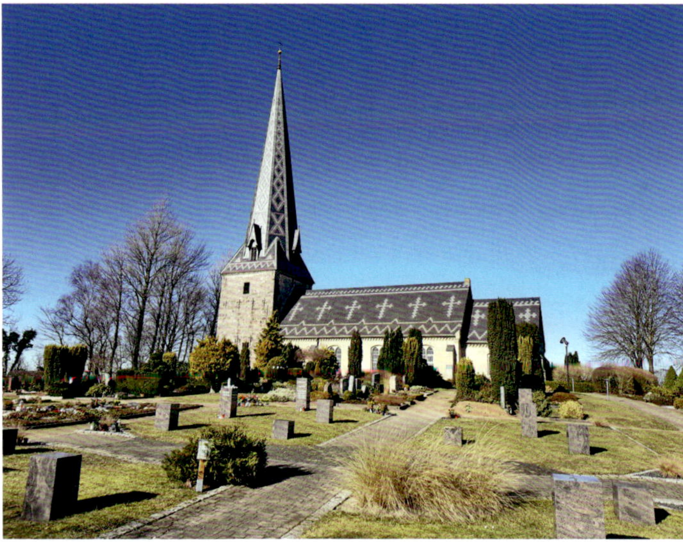

Handewitt verlassen Sie südwärts auf dem Radweg neben der Landstraße (Kirchberg) und biegen 800 m nach der Kirche nach links ab (Handewitt Busch). Nach 250 m biegen Sie rechts in den 600 ha großen Handewitter Forst und gehen geradeaus Richtung Südost. Nach 1,1 km halten Sie sich bei einem Rastplatz halb links und folgen dem Forstweg eine halbe Stunde immer geradeaus bis kurz vor die Autobahn, wo Sie sich rechts halten und danach links. Nahe der A7 erreichen Sie die Flensburger Landstraße ❺ (km 19,2), der Sie 10 Gehminuten nach rechts an Teichen vorbei folgen.

🚌 Haltestelle „Weding-Neuholzkrug“ mit wenigen Verbindungen mehrerer Linien täglich von/nach Flensburg, 💻 www.aktiv-bus.de

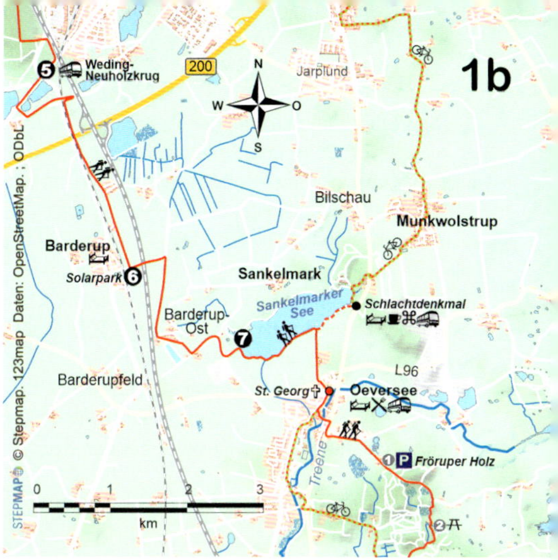

500 m nach dem Kreisverkehr biegen Sie nach links ab und folgen kurz darauf der Straße nach links, ehe Sie vor der A7 rechts in den Margarethenweg einbiegen und diesem südwärts zwischen Bahngleisen und der A7 nach Barderup folgen.

Margarethenweg oder Schwarzer Weg

Der Margarethenweg verdankt seinen Namen der dänischen Königsgemahlin Margarete Sambiria (1230-1282), die einer Sage nach dort auf der Flucht entlanggeritten sein soll – wie bei ihr üblich mit Pferden, deren Hufe umgekehrt mit Hufeisen beschlagen waren, damit niemand aus den Hufspuren ihren Verbleibsort erfahren konnte. Aufgrund ihres vermeintlich dunklen Charakters wurde die Königsgemahlin, die eine sonst nur bei Männern übliche Erziehung mit Reitunterricht und Einweisung in die Kriegsführung genossen haben soll, wie auch der Weg mit dem Attribut „schwarz“ versehen.

Die VJ führt östlich an Barderup vorbei, in das bei der Kreuzung vor dem Solarpark Barderup ❻ (km 23,1), wo 90.000 Panels auf einer Fläche von 40 ha bis zu 23 MW Strom erzeugen können – umgerechnet genug für 6.000 Haushalte –, ein Abstecher (➲ 300 m) nach rechts möglich wäre.

Barderup

24988, B&B

Ferien im Holzhaus, Jutta Jacobsen, Dörpstraat 17, jacobsen-barderup@t-online.de, hölzernes Ferienhaus im Norden von Barderup jenseits der Bahnlinie (0,7 km von VJ), wo bei Verfügbarkeit auch einzelne Zimmer für 1 Nacht vermietet werden, für 1 Pers. ab € 30, 2 Pers. € 50

B&B (mit Fahrrad) Ferienhof Budach, Wanraiweg 50, ☏ 046 30/818, info@ferienhof-budach.de, www.ferienhof-budach.de, 8 Zi/FeWo auf Bauernhof etwas abseits vom Weg (ca. 3 km), aber auf jeden Fall eine Option für Radfahrerinnen/Radfahrer, Küche, DZ ab € 35, EZ mit Etagendusche ab € 25, zzgl. F (€ 7 p. P.) und Handtuchmiete (€ 2,50), FeWo für 2 Pers. € 48

Die VJ führt links entlang der Straße Över de Brüchen über die A7 und dahinter rechts, vorbei an dem Solarpark. Bei einer Bushaltestelle ignorieren Sie die links abzweigende Straße und folgen nach 10 m der Straße Barderup-Ost durch die Linkskurve. Rechts liegt ein bis zu 7 m tiefer Forellensee. Die Straße mündet in den Sankelmarker Weg ein, dem Sie nach 150 m durch die Linkskurve folgen, links vorbei an einem Hof und Sandabbaugelände. Nach 5 Gehminuten biegen Sie nach rechts ab und nach 250 m ostwärts nach links.

Vor dem **Sankelmarker See** ❼ (km 25,9) gehen Sie rechts, am Südufer des 66 ha großen Sankelmarker Sees entlang, entstanden am Ende der Weichseleiszeit (vor rund 12.000 Jahren) wie die meisten Seen Schleswig-Holsteins (📷 Seite 32). Nach 1,2 km Uferweg biegen Sie rechts (südwärts) ab nach Oeversee und gehen vorbei an einem Ausguck auf den See.

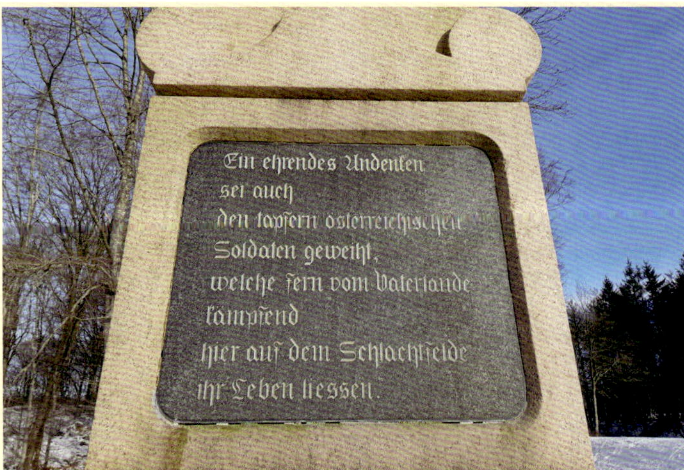

Österreichisches Schlachtdenkmal am Sankelmarker See

Abstecher zum Schlachtdenkmal, Hotel und Café (➲ 2 x 0,3 km)
Geradeaus führt der Uferweg zu einer Einkehrgelegenheit an der B76, wo beidseitig ⌘ Denkmäler an die beteiligten Kriegsparteien der Schlacht von Oeversee erinnern.

Hotel Seeblick am Sankelmarker See, Bundesstraße 76 6-8, 01 77/466 37 99, hoteloeversee@gmail.com, hotel-seeblick-am-sankelmarker-see.de,

Hotel an B76 oberhalb des Sees, 150 m nordöstlich von den Denkmälern, nach Absprache, DZ ab etwa € 98, EZ € 70, inkl. F

Café Kiek In, B76, 046 30/51 60, www.kiekinoeversee.de, täglich 13:00-17:00, in Wintermonaten Mo geschlossen

Haltestelle „Sankelmark-Akademiezentrum“ an der B76 250 m nordöstlich vom Café mit zweistündlichen Verbindungen durch Linie R150 nach Flensburg und Schleswig, www.aktiv-bus.de

Erstes Feldlazarett des Roten Kreuzes in Oeversee

Bei der Schlacht von Oeversee gerieten 1864 die zurückziehenden Dänen in schweres Artilleriefeuer der mit Preußen verbündeten Österreicher; insgesamt fielen mehr als 1.200 Soldaten. Der Historische Krug in Oeversee diente dabei als Stabsquartier der Österreicher und zugleich als erstes Feldlazarett des Roten Kreuzes, das wenige Monate vorher gegründet worden war. In Oeversee erinnert der Grazer Platz namentlich an den Ort der Heimatgarnison der beteiligten österreichischen Einheiten.

Oeversee 3.400 Ew., 24988, BANK

Gasthaus Salz & Pfeffer, Stapelholmer Weg 43, 046 38/894 50, www.gasthaus-salzundpfeffer.de, Hotel mit 33 Zi nahe dem Mühlenteich, der Koch ist laut Eigenwerbung einer der „besten Köche Norddeutschlands und Träger des Ordens Cordon Bleu du Saint Esprit“. € 6, DZ ab € 98, EZ ab € 49, inkl. F, Mo-Sa Rezeption 15:00-20:00, Küche 18:00-21:00

♦ Historischer Krug, Grazer Platz 1, 046 30/94 00, info@historischer-krug.de, www.historischer-krug.de, der Name verspricht nicht zu viel historische Bedeutung: Der ehemalige, seit 1624 königlich dänisch privilegierte Krug diente bei der Schlacht von Oeversee den Österreichern als Stabsquartier (Info zum Ort). Nach Brand des Haupthauses waren zuletzt (2020) nur Übernachtungen mit F möglich. € 10, DZ ab € 134, EZ ab € 84, Restaurant täglich ab 12:00

Gemeindehaus der Kirchengemeinde St. Georg Oeversee, Treeneblick, Kontakt: Pastorat, Pastorin Ulrike Joos und Frau Martho im Gemeindebüro, Stapelholmer Weg 29, 046 30/932 37, kirchenbuero@oeversee-jarplund.kk-sf.de, Küche, Toilette, Waschbecken, keine Dusche, Ü gegen Spende

Nahkauf Petersen, Stapelholmer Weg 74, www.nahkauf-oeversee.de, Mo-Fr 6:30-12:30 und 14:00-18:30, Sa 6:30-13:00, Dorfkaufmann im Süden der Ortschaft – letzte Einkaufsgelegenheit vor Schleswig

Haltestelle „Oeversee L138“ am Historischen Krug mit zweistündlichen Verbindungen durch Linie R150 nach Flensburg und Schleswig, weitere Verbindungen ab „Oeversee-Markt“, www.aktiv-bus.de

Oeversee liegt verkehrsgünstig an einem wichtigen Übergang über die Treene, an dem sich früher zwei wichtige Handelswege kreuzten: der Ochsenweg und der Stapelholmer Weg, der an der Treene entlang zum alten Nordseehafen Hollingstedt mit Verbindung via Danewerk nach Haithabu führte. Der Ortsname Oeversee ist durch die Schlacht am Historischen Krug 1864 zwischen Dänen und den mit Preußen verbündeten Österreichern in die schleswig-holsteinische Geschichtsschreibung eingegangen (s. o.).

✞ Die romanische Kirche St. Georg wurde im 12. Jh. aus Felsteinen als Wehrkirche mit massivem, rundem Turm und nach Norden gerichteten Schießscharten gebaut, geweiht dem heiligen Georg (St. Jürgen), dem Schutzpatron der Reisenden, woraus sich die Bedeutung Oeversees als Raststätte für Pilgerinnen und Pilger erschließt. Im Inneren ist die Renaissancekanzel aus dem 17. Jh. aus der Werkstatt des Flensburger Holzschnitzers Heinrich Ringerinck beachtenswert. Die Gewölbemalereien wurden 1965 freigelegt.

täglich 8:00-16:00

St.-Georg-Kirche, Oeversee

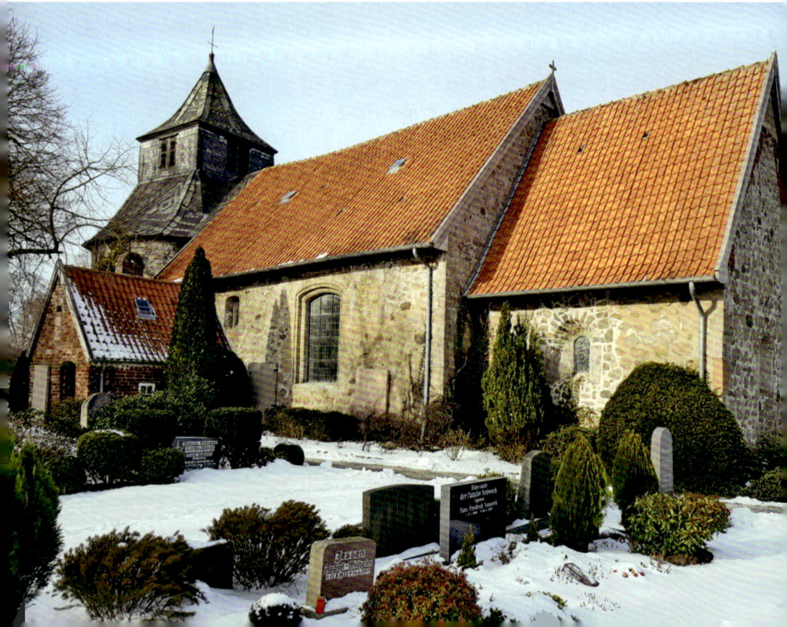

Etappe 2: Oeversee – Idstedt

17,7 km, 4 Std. 30 Min., 72 m, 84 m, 20-55 m

0,0 km	30 m	Oeversee BANK
6,5 km	55 m	Süderschmedeby **B&B**
9,5 km	33 m	Sieverstedt
13,6 km	34 m	Abzweigung zum Poppostein (⌘)
16,8 km	23 m	Schutzhütte am Ortsanfang von Idstedt **B&B**
17,7 km	22 m	Idstedt **B&B** (1,5 km ⌘)

Diese Etappe über eine Endmoränenlandschaft mit einigen An- und Abstiegen entführt in die (Vor-)Geschichte mit stein- und bronzezeitlichen Gräbern. Der Start- sowie Endpunkt stehen jeweils für bedeutende Schlachten in der bewegten Landesgeschichte des 19. Jh., als Dänen und Deutsche (bzw. Preußen mit Unterstützung der Österreicher) sich um das Land zwischen den Meeren stritten: Oeversee 1864 (mit Preußen verbündete Österreicher gegen zurückziehende Dänen), Idstedt 1850 (Dänen besiegten Schleswiger-Holsteiner).

Landschaft bei den Fröruper Bergen

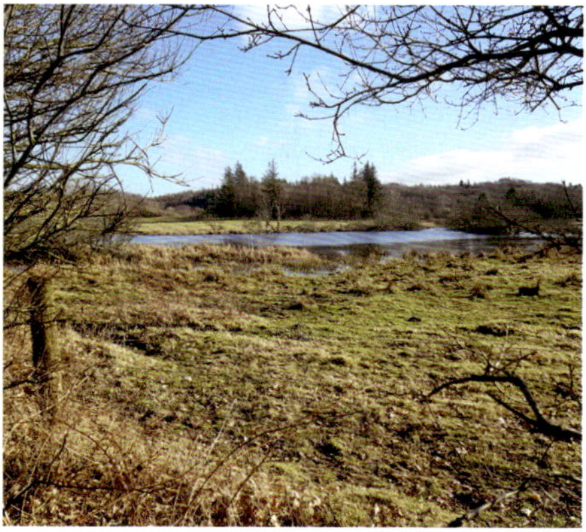

Der erste Teil durch die Fröruper Berge ist eher radungeeignet und kann westwärts auf der ausgeschilderten Trasse des Ochsenweg-Radweges (Mühlenweg, Frörupsand, Fröruphholz) umfahren werden; nach 3 km wird die VJ südlich des Fröruper Holzes wieder erreicht.

Von der Kirche in Oeversee geht es auf dem Stapelholmer Weg nach rechts zum Markplatz, dort links (Treenetal) über die Treene und kurz darauf für 150 m rechts entlang der B76, ehe Sie links Oeversee über den Krokamp verlassen, vorbei an einem Wohnmobilhändler. Nach 5 Gehminuten halten Sie sich bei einer Gabelung rechts (Großsolter Weg) und erreichen bei einem Parkplatz den Fröruper Holz ❶ (km 1,6), wo der Wegverlauf mit mehreren

Abzweigungen eine gewisse Aufmerksamkeit erfordert, aber die Markierungen sind deutlich. Zunächst folgen Sie der Straße und halten sich bei Gabelungen am Waldrand rechts. 250 m nach einem kleinen Parkplatz queren Sie über eine kleine Brücke einen Bach und passieren kurz darauf einen ⩟ Rastplatz an einem Teich ❷ (km 2,7). Danach halten Sie sich rechts und folgen der VJ bei folgenden Abzweigungen geradeaus, ehe Sie sich nach Querung eines Forstweges (km 3,2) dreimal rechts halten und schließlich das Gehölz an dessen Südwestrand verlassen, indem Sie nach rechts abbiegen. 5 Gehminuten nach Ende des Waldes erreichen Sie die kleine Straße Ballbek mit ↬ rechts einer Übernachtungsgelegenheit; der Weg führt aber links weiter.

B&B Gästehaus Ihlsee, Holger Petersen, Ballbek 8, 📱 01 76/75 83 77 70, ✉ petersenholger@icloud.com, 💻 www.mein-monteurzimmer.de/104616/monteurzimmer/sieverstedt-gaestehaus-ihlsee, Zimmer primär für Handwerkerinnen und Handwerker, Küche, Garten, kein F, DZ ab € 40, EZ ab € 25

Bei einer Gabelung halten Sie sich rechts und erreichen kurz darauf das Dorf Süderschmedeby ❸ (km 6,2), das Sie entlang der Schmedebyer Straße südwärts queren. Der Ortsname „Schmiededorf" und Eisenschlackenfunde weisen auf eine lange Tradition der Eisenverhüttung (seit der römischen Kaiserzeit) mit einem starken Waldeinschlag zur Folge hin: Für 1 kg Eisen waren rund 760 kg Eichenholz nötig.

Süderschmedeby

✉ 24885, B&B ⛺ ☕ 🥖 🚌

⛺B&B Wohnmobilpark Süderholz, Süderholz 11, ☎ 046 38/21 38 41, 💻 www.campingplatz-suederholz.de, preisgünstiger Platz mit 35 Stellplätzen am Waldrand südlich des Ortes, etwa 600 m vom Weg, Infos und Anmeldung nur telefonisch, 🐕 € 0,50, Zelt € 2,50, 1 Pers. € 3,50, Gästezimmer ab etwa € 20 p. P., 🚪 Ostern bis September

☕ 🥖 Bäckerei-Konditorei Hansen, Flensburger Straße 7, 🚪 Mo-Fr 6:30-11:00, Sa 6:30-12:00, So 7:30-10:30, Bäckerei-Café in Dorfmitte am Weg

🚌 Haltestelle „Flensburger Straße" mit zweistündlichen Verbindungen durch Linie R150 nach Flensburg und Schleswig, 💻 www.dbregiobus-nord.de, weitere Verbindungen ab „Süderschmedeby-Feuer", 💻 www.aktiv-bus.de

↬ Sie können auch in einer Ferienwohnung in Tarp übernachten, es besteht ein Abholservice.

🛏 Eulennest, Vogelbeerweg 2, ☎ 046 38/222 43 00, ✉ info@fewo-eulennest.de, 💻 www.fewo-eulennest.de, 5 km westlich in Tarp, 🚗 Abholung möglich, FeWo für 2 Pers. € 84 für eine Nacht, zzgl. F (€ 14 p. P.)

Die Schmedebyer Straße führt hinter Süderschmedeby vorbei am Weiler Krittenburg abwechselnd durch Feld und Wald in südöstliche Richtung nach Sieverstedt, wo Sie zur früh sichtbaren Kirche ❹ wandern (km 9,5).

Sieverstedt

1.600 Ew., ✉ 24885, ✝

✝ Die St.-Petri-Kirche wurde im Mittelalter (ab 1050) auf einem Hügel am Kreuzungspunkt zweier Hauptwege aus Feldsteinen erbaut, vermutlich an der Stelle einer früheren Holzkirche. Die einstmals nur aus einem Schiff bestehende Kirche hatte früher wie bei anderen Sakralbauten üblich getrennte Eingänge für Frauen (Nord) und Männer. Das Vorhaus wurde später angebaut – zum Aufbewahren von Waffen und Leichen. Auffällig sind der Holzturm sowie der Kamin neben dem Altar.

bis 17:00

Die Straße Am Schwimmbad führt Sie in südöstliche Richtung

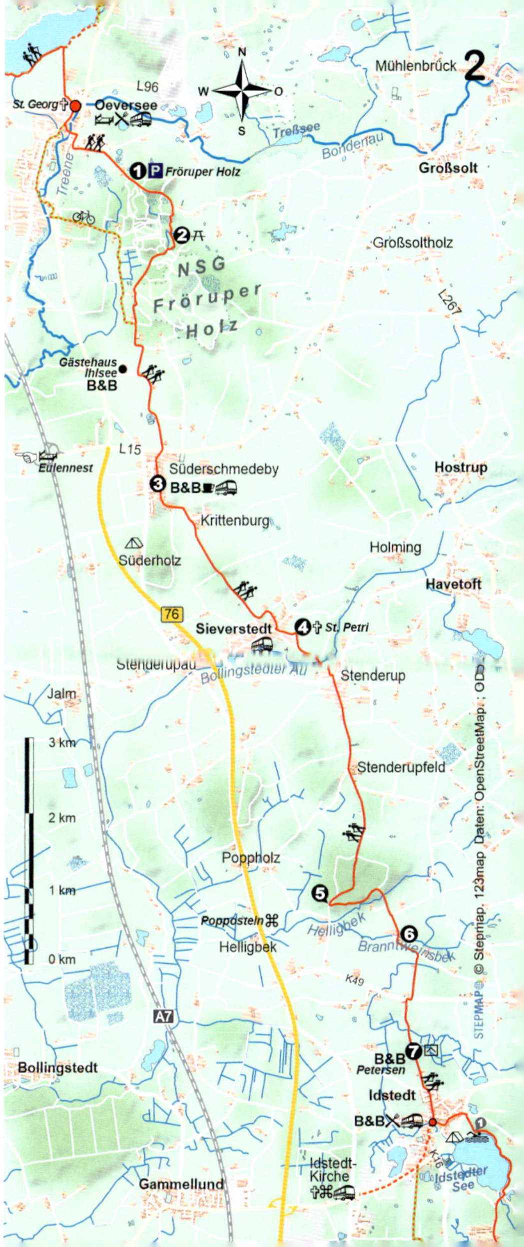

hinaus aus Sieverstedt und über die Bolingstedter Au nach Stenderup, das Sie südwärts entlang der Straße Oberdorf und später Stenderupfeld verlassen. Bei einer Gabelung (km 11,6) halten Sie sich links, 250 m danach knickt die Straße Stenderupfeld nach links; Sie aber folgen der VJ und dem Fernwanderweg E1 geradeaus am Waldrand entlang und später, nach einer scharfen Linkskurve im Elmholz ❺ (km 13,6) und einem Rechtsabzweig, über die Bäche Helligbek und kurz darauf Branntweinsbek ❻.

Der Helligbek verdankt seinen Namen dem 700 m weiter westlich liegen Poppostein nahe der L137, für den es leider keinen sinnvollen Zubringerweg gibt.

⌘ Poppostein/Helligbek und Blauzahns Taufe

Der Poppostein südlich von Sieverstedt bezeichnet den Deckstein eines 2,4 m langen jungsteinzeitlichen Hünengrabs, das durch die Sage vom Bischof Poppo bekannt wurde, der hier heidnische Menschen getauft haben soll, darunter den dänischen Wikingerkönig Harald Blauzahn (910-987). Von der Taufe leitet sich der Name des Baches ab: Helligbek bedeutet so viel wie „heiliger Bach". Eine schöne Geschichte, deren wahren Kern Historikerinnen und Historiker allerdings bezweifeln, die die Namensherkunft eher in dem niederdeutschen Wort „Poppe" für „Puppe" mit der Bedeutung eines Kindes sehen. Demnach wäre der Poppostein eher ein Brautstein gewesen, bei dem mit einem Eheschwert wie damals nach einem Brauch bei der Eheschließung üblich Funken für Feuer geschlagen wurden, was die vielen (17) Kerben in dem Poppostein erklären würde.

Poppostein

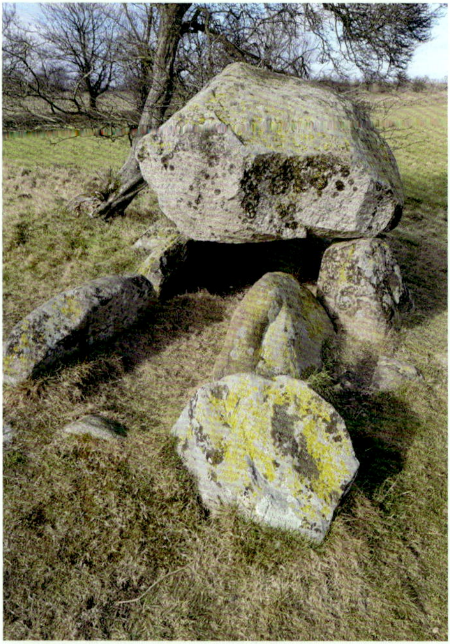

Nach den zwei Bachquerungen gehen Sie entlang des Grünen Weges durch die Linkskurve und kurz darauf rechts zur Kreisstraße (km 16), folgen dieser 50 m nach rechts und biegen dann links ab in den Radweg (Röhmke). Nach 10 Gehminuten kommen Sie an einer Schutzhütte ❼ und rechts einer Übernachtungsgelegenheit (☞ Idstedt) vorbei und gehen weiter geradeaus nach Idstedt.

Idstedt

900 Ew., ✉ 24879, B&B ✕ ⛺ 🏊 🚌

B&B Monika Petersen, Röhmke 5, ☎ 046 25/18 11 58, ✉ pension-petersen@t-online.de, kleine Unterkunft mit 3 Zi, 500 m nördlich von Idstedt direkt am Weg, DZ € 60, EZ € 40, inkl. F

♦ Es gibt weitere Privatzimmer in Idstedt, die nach Angaben des Bürgermeisters bald auf der Website des Ortes gelistet sein sollen: 💻 www.idstedt.de.

⛺ Geplant ist ab Oktober 2021 die Einrichtung eines Naturlehrpfads am Idstedter See mit 2 Übernachtungshütten (voraussichtlich ohne Anmeldung).

✕ Gasthaus Zur Alten Schule, Schulberg 2, ☎ 046 25/75 77, nach der Sanierung soll das Gasthaus im August 2021 neu eröffnet werden.

🚌 ab Haltestelle „Idstedt-Neuberender Weg“ Linien 1516 und 1615 von/nach Schleswig, Mo-Fr etwa stündlich, Sa & So seltener, 💻 www.dbregiobus-nord.de

Idstedt – Obelisk & Kirche

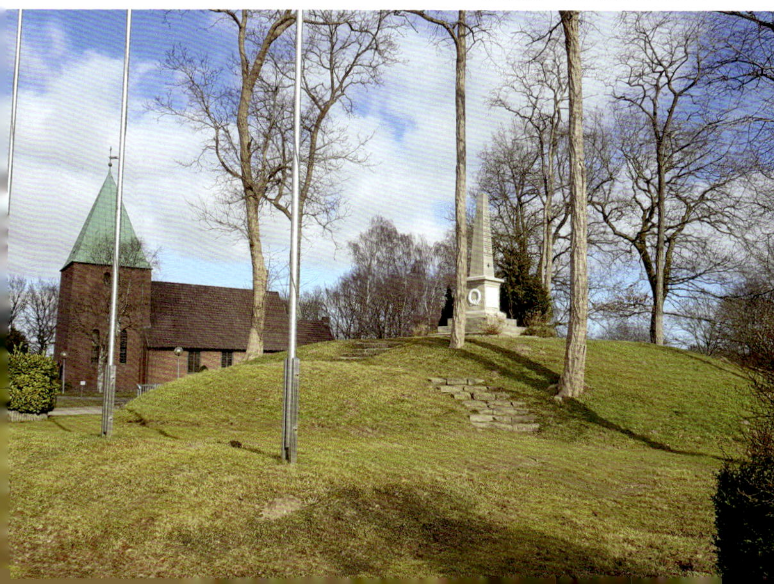

Wie Oeversee ist der Name Idstedt ein Synonym für Landesgeschichte: Idstedt war im 19. Jh. Schauplatz einer Schlacht zwischen (26.000) schleswig-holsteinischen und (37.000) dänischen Soldaten als Folge der Schleswig-Holsteinischen Erhebung. Nach den zwei vorangegangenen Jahren mit mehreren Gemetzeln hatte sich der Deutsche Bund unter preußischer Führung zurückgezogen, sodass die Schleswig-Holsteiner auf sich gestellt waren und die Schlacht bei Idstedt im Juli 1850 gegen die zahlenmäßig überlegenen Dänen verloren.

Abstecher nach Idstedt-Kirche mit Museum und Bushaltestelle (➲ 2 x 1,5 km) Entlang des Radweges neben der Dorfstraße erreichen Sie nach 1,5 km südwestlich von Idstedt die ✞ Gedächtniskirche, einen Backsteinbau von 1936.

⌘ Die Idstedt-Gedächtnishalle neben der Kirche informiert über die Schleswig-Holsteinische Erhebung von 1848/1851 und die Schlacht bei Idstedt, an die nebenan ein 4,5 m hoher Obelisk erinnert.

♦ April bis Oktober Fr-So 11:00-17:00, Eintritt € 3

Haltestelle „Idstedt-Kirche" mit u. a. zweistündlichen Verbindungen durch Linie R150 nach Flensburg und Schleswig, www.dbregiobus-nord.de

Etappe 3: Idstedt – Schleswig

➲ 12,4 km, ⌛ 5 Std., ↑ 60 m, ↓ 78 m, ⇧ 1-50 m

0,0 km	⇧ 22 m	Idstedt **B&B** ✕ (➲ 1,5 km ✞ ⌘)
5,8 km	⇧ 29 m	Abzweigung zur Idstedter Räuberhöhle (➲ 0,4 km ⌘, ➲ 0,2 km)
6,8 km	⇧ 31 m	Abzweigung zum Hotel Ruhekrug (➲ 1,7 km)
9,4 km	⇧ 45 m	Abzweigung zum Gewerbegebiet Schleswig-Nord (➲ 0,4 km)
11,3 km	⇧ 23 m	Barockgarten vom Schloss Gottorf ⌘ (➲ 0,2 km)
12,4 km	⇧ 23 m	Schleswig, Einfahrt zu Schloss Gottorf **B&B** ✕ BANK ✞ ⌘

Nach Verlassen von Idstedt mit seinem See wandern Sie fast ausschließlich durch Wald nach Schleswig. Die an der Schlei gelegene alte Residenzstadt erreichen Sie stilecht über das ehrwürdige Schloss Gottorf, nachdem Sie zuvor durch dessen Park gewandert sind. In Schleswig trennt sich die VJ in die Zentral- und Ostvariante.

🚲 Diese Etappe führt für Radfahrerinnen und Radfahrer fast durchgehend über eine andere Trasse nach Schleswig: entlang der ausgeschilderten Ochsenweg-Radroute, die nur ein kurzes Teilstück mit der VJ zusammen verläuft (vor dem Abstecher zur Idstedter Räuberhöhle), welche ansonsten über viele kleinere – eher radungeeignete – Wege führt. Anders als die VJ führt der Ochsenweg erst in die Innenstadt von Schleswig und dann zum Schloss Gottorf.

Die Dorfmitte von Idstedt verlassen Sie in südöstliche Richtung über die Dorfstraße, queren die Hauptstraße und gehen kurz geradeaus (Osterfeld), um beim Parkplatz dem Weg am Waldrand zum Idstedter See zu folgen, den Sie links umgehen.

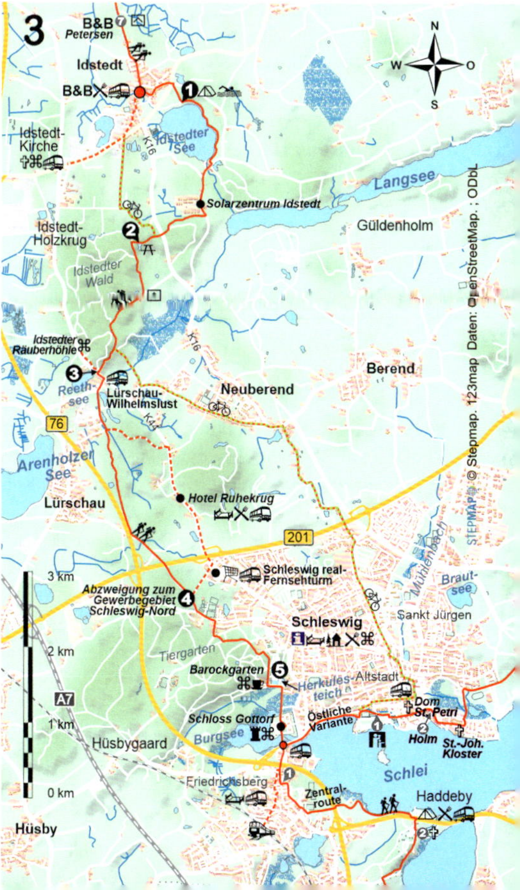

〰 Eine Badegelegenheit befindet sich am Nordufer des Idstedter Sees ❶ (km 0,8).

100 m nach Verlassen des Sees an dessen Südende (km 2) biegen Sie rechts in die Straße Osterfeld ab, passieren nach 5 Minuten das Solarzentrum Idstedt auf dem Gelände der ehemaligen Bundeswehrkaserne Karrenberg und biegen dahinter rechts in den Waldweg ab. Diesem folgen Sie nach Querung einer Straße (Neuberender Weg/K16) westwärts, ehe Sie sich 100 m nach einem Teich mit ⩚ Bank ❷ links halten (km 3,9).

Bei der T-Kreuzung am Waldrand hinter einer

⍓ Schutzhütte (km 4,7) folgen Sie dem Idstedtwege rechts durch den Idstedter Wald zu einem Parkplatz **vor** einer Straße ❸ (km 5,8).

Abstecher zum Großsteingrab Idstedter Räuberhöhle (➲ 2 x 0,4 km)
Zum bekannten Großsteingrab Idstedter Räuberhöhle nehmen Sie am Parkplatz vor der Kreisstraße den rechts abzweigenden Weg in den Wald und halten sich bei allen Abzweigungen links. Nach 5 Minuten erreichen Sie das Steingrab mit Bank zur Rast; zurück geht es auf demselben Weg.

⌘ Die Idstedter Räuberhöhle ist ein gut erhaltenes, rund 5.000 Jahre altes Steingrab der steinzeitlichen Trichterbecherkultur auf einem 2,5 m hohen Rundhügel. Drei Decksteine überspannen eine 4 x 2 m große und 1,5 m hohe Kammer. Der einzige bekannte Fund ist eine 1962 entdeckte Feuersteinaxt. Der heutige Name des Grabes geht auf eine Sage zurück, nach der Räuber das Grab als Ausgangspunkt für Überfälle auf Reisende der nahen Haupthandelsstraße genutzt haben sollen.

Die VJ folgt der Kreisstraße für 100 m nach links und zweigt dann vor einer Bushaltestelle nach rechts ab (Wilhelmslust).

Haltestelle „Lürschau Wilhelmslust" mit vielen Verbindungen von/nach Schleswig (u. a. R150, 1615, 1516), www.dbregiobus-nord.de

Nach 150 m halten Sie sich bei einer Gabelung links und folgen dem Radweg (Böckberg) in südliche Richtung vorbei an Baggerseen. Bei der Kreuzung mit dem Schulweg am Waldrand geht es weiter geradeaus, es sei denn, eine Übernachtung im 1,7 Gehkilometer südöstlich liegenden Hotel Ruhekrug ist geplant.

Abstecher zum Hotel Ruhekrug (➲ zusätzlich 0,5 km, bis zum Hotel 1,7 km)
Das 1 km östlich vom Wegverlauf der VJ liegende Hotel Ruhekrug ist durch eine östliche Variante wie folgt erreichbar: Bei der Kreuzung mit dem Schulweg verlassen Sie die VJ links auf dem Waldweg, der nach 1 km die Kreisstraße Ruhekrug erreicht, der Sie rechts in südliche Richtung 10 Gehminuten zum Hotel folgen.

✕ Hotel/Restaurant Ruhekrug, Ruhekrug 21, 24850 Lürschau, ☎ 046 21/961 00, hotel-ruhekrug@t-online.de, www.hotel-ruhekrug.de,
kleines Familienhotel nahe dem Naturdenkmal Himmelsauge mit 25 Zi,
DZ € 88, EZ € 55, inkl. F, Restaurant Mo-Sa ab 17:00

Haltestelle „Ruhekrug" mit vielen Verbindungen von/nach Schleswig (u. a. R150, 1615, 1516), www.dbregiobus-nord.de

Am Folgetag geht es auf der Kreisstraße südwärts Richtung Schleswig und nach Querung der B201 im Gewerbegebiet rechts in den Jägerredder und zurück zur Hauptroute bei km 9,4 (➲ 1,5 km) oder geradeaus entlang der Hauptstraße (Flensburger Straße, Schubystraße) in die Altstadt.

Nach 20 Minuten Waldidylle macht sich die Nähe Schleswigs mit dem Autorauschen mehrerer großer Straßen bemerkbar: Zunächst halten Sie sich bei einer Brücke der B76 links (Holpuster Weg) und überqueren kurz darauf die B201. Nach 5 Minuten ignorieren Sie den links zu einem Gewerbegebiet führenden Jägerredder ❹ (☞ Abstecher) und folgen kurz darauf der Husumer Straße nach links.

Abstecher zu Einkaufsgelegenheiten (➲ 2 x 0,4 km)
Der links abzweigende Jägerredder führt in 5 Gehminuten zu einem Gewerbegebiet am Fernsehturm mit mehreren Einkaufsgelegenheiten (u. a. Aldi, Lidl, dm). Von dort geht es auf demselben Weg wieder zurück zur VJ oder entlang der Hauptstraße (Flensburger Straße, Schubystraße) in das Zentrum oder mit dem Bus von der Haltestelle „Schleswig real-Fernsehturm" nach Schleswig (u. a. Linien 5, R150, 1516, mehrmals täglich, www.nah.sh).

Die Husumer Straße verlassen Sie nach 300 m rechts auf den Königswiller Weg und biegen nach 200 m am Ortsausgang links ab in den Weg durch den Schleswiger Stadtwald namens Tiergarten, früher ein Wildgehege der Gottorfer Herzöge. Nach 150 m halten Sie sich bei einer T-Kreuzung links und folgen diesem Weg in südöstliche Richtung. Bei der zweiten Kreuzung – nach 500 m – biegen Sie nach links ab und nach 100 m nach rechts, links vorbei am Barockgarten des Schlosses Gottorf mit seinen vielen Skulpturen ❺. Bei einer T-Kreuzung wäre nach rechts ein Abstecher (➲ 0,2 km) zu einem Café möglich.

Café/Restaurant Stampfmühle, ☏ 046 21/306 27 41, www.stampfmühle-sl.de, Mi-Sa 14:00-18:00, So 9:00-18:00, Café neben Seniorenresidenz

Die VJ führt bei der T-Kreuzung nach links, vorbei am Herkulesteich und dahinter dem Barockgarten mit dem Gottorfer Globushaus (☞ Museum Schloss Gottorf). Nach dem Herkulesteich halten Sie sich rechts und gehen mit den Kaskaden im Rücken entlang der Schlossallee auf die Rückseite des Schlosses Gottorf zu.

Das weiße **Schloss Gottorf mit Landesmuseum** ist die einstige Residenz der Herzöge von Schleswig-Holstein, die 1703 nach Versailler Vorbild vollendet

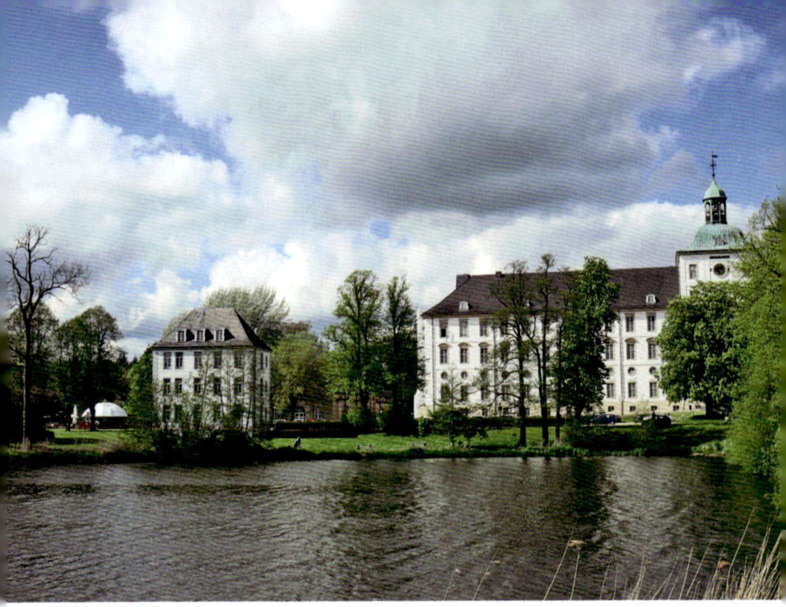

Schloss Gottorf

wurde. Der vierflügelige Bau mit dem 115 m langen Südflügel gilt als größtes Fürstenschloss Schleswig-Holsteins. In seinen stilvollen Räumen zeigt das Landesmuseum Funde sowie Kunst und Kultur aus 120.000 Jahren, beginnend mit der Steinzeit. Besonders umfangreich sind Sammlungen zur Kunst- und Kulturgeschichte Schleswig-Holsteins ab dem 12. Jh.: gotische Skulpturen, eine mittelalterliche Schatzkammer, Kultur und Kunst der Renaissance, des Barocks und Rokokos, bäuerliche Volkskunst und Kunst des 20. Jh. im Kreuzstall, u. a. mit Werken von Nolde und Barlach. Die **archäologische Abteilung** mit ihrem Bestand von mehr als 10 Millionen Funden aus 80.000 Jahren zeigt als Höhepunkt das vor 150 Jahren nahe dem südjütländischen Sønderborg im Moor entdeckte Nydamboot, ein 23 m langes Ruderboot aus dem 4. Jh. n. Chr., sowie die „Moorleichen", im Moor gut konservierte Leichen aus Windeby nahe Eckernförde. Das **Gottorfer Globushaus** im Barockgarten ist Standort des größengetreuen Nachbaus einer begehbaren Weltkugel mit 3 m Durchmesser, die im 17. Jh. im Auftrag des Gottorfer Herzogs als technisches und seinerzeit viel bestauntes Meisterwerk mit innen einem Planetarium entstand und im 18. Jh. vom russischen Zar Peter dem Großen nach St. Petersburg überführt wurde, wo es bis heute lagert.

♦ Schlossinsel 1, www.schloss-gottorf.de, Di-So 10:00-17:00, von November bis März Di-Fr nur bis 16:00 und Barockgarten mit Globushaus geschlossen, Eintritt € 9

Konditorei-Brasserie Occo, Schlossinsel 1, ☏ 046 21/852 47 00, www.occo-gottorf.de, Mi-So 11:00-17:00, zwischen Burgsee und Schlossvorplatz

Zuletzt umgehen Sie das Schloss linksseitig und erreichen nach Querung der Brücke die Kreuzung mit der Hauptstraße Gottorfer Damm. Eine Stele gibt die Entfernung zum Ziel der Jakobspilgerinnen und Jakobspilger an: Nach Santiago de Compostela sind es noch 3.192 km. Hier trennt sich die VJ in zwei Varianten.

▷ Nach links geht es in 20-30 Gehminuten in die Innenstadt von Schleswig und weiter auf der Ostvariante entlang eines alten Handelsweges der Hanse durch Schleswig über Eckernförde und Kiel nach Lübeck (☞ Etappe O-1).

▷ Geradeaus gelangen Sie in den südlichen Ortsteil Friedrichsberg mit dem Bahnhof (➲ 1,2 km) und auf der Zentralvariante zur Elbe südwärts über Haithabu, Rendsburg nach Glückstadt (☞ Etappe 4).

Beide Varianten stoßen an ihrem Endpunkt auf die Pilgerroute Via Baltica (in Harsefeld bzw. Lübeck).

Schleswig

25.400 Ew., 24837, B&B

Ostseefjord Schlei GmbH, Plessenstraße 7, ☏ 046 21/85 00 56, schleswi@ostseefjordschlei.de, www.ostseefjordschlei.de, Touristinfo gegenüber dem Dom, April bis Oktober Mo-Fr 10:00-17:00, Sa & So 10:00-14:00, November bis März nur Mo-Fr 10:00-16:00, untergebracht in einem repräsentativen Gebäude, erbaut 1794 in klassizistischem Stil, später im Neoklassizismus und Jugendstil zu einem repräsentativen Herrenhaus umgebaut

Hotel Hohenzollern, Moltkestraße 41, ☏ 046 21/90 60, www.hotel-hohenzollern.de, klingt sehr preußisch – Hotel- und Straßenname, großes Angebot an Zimmern im Haupthaus und Nebengebäuden nördlich des Zentrums, Hund € 4, DZ ab € 89, EZ ab € 64, inkl. F, Restaurant täglich 16:00-23:00, So auch 11:00-14:00

♦ Altes Zollhaus, Lollfuss 110, ☏ 046 21/29 03 40, hotel@zollhaus-zu-gottorf.de, www.zollhaus-zu-gottorf.de, kleines Hotel mit 10 Zi stadtseitig am Schloss Gottorf gelegen, DZ ab € 109, EZ ab € 85, zzgl. F (€ 15 p. P.)

♦ Hotel Strandhalle, Strandweg 2, ☏ 046 21/90 90, www.hotel-strandhalle.de, Hotel mit 30 Zimmern an der Schlei, € 10, DZ ab € 108, EZ ab € 83, inkl. F, Restaurant täglich 12:00-22:00

Hotel Schleiblick, Hafengang 4, ☏ 046 21/234 68, hsb@hotel-schleiblick.de, www.hotel-schleiblick.de, kleines Hotel mit 8 Zi im Fischerdorf Holm, EZ ab € 45

♦ Hotel F-Ritz, Friedrichstraße 102, ☏ 046 21/93 22 80, www.hotel-f-ritz.de, kleines, modernes Hotel mit 15 Zi im Ortsteil Friedrichsberg südlich von Schloss Gottorf, 🚲, Hund € 7,50, DZ ab € 95, EZ ab € 65, inkl. F

B&B Pension Zum weißen Schwan, Gottorfstraße 1, ☏ 046 21/97 73 99, info@pension-zum-weissen-schwan.de, www.pension-zum-weissen-schwan.de, kleine Pension gegenüber Schloss Gottorf an stark befahrener Straße, EZ ab € 33, zzgl. F (€ 7 p. P.)

♦ Bed & Breakfast am Dom, Töpferstraße 9, ☏ 046 21/48 59 91, info@bb-schleswig.de, www.bb-schleswig.de, ausgezeichnete Unterkunft in Altstadt mit 7 Zi und Stadtgarten, 🚲, DZ ab € 95, EZ ab € 70

B&B Haus Schleivogel, Pia Spohr, Lange Straße 20, 01 52/55 26 06 04, spohr.pia@googlemail.com, Infos und Buchungsoption über www.ostseefjordschlei.de, private Unterkunft mit 1 Zi in 150 Jahre altem Bürgerhaus in Altstadt, 🐕 nach Absprache, Zi für 1-2 Pers. ab € 32, zzgl. F (€ 7 p. P.)

JH Schleswig, Spielkoppel 1, ☏ 046 21/238 93, schleswig@jugendherberge.de, www.schleswig.jugendherberge.de, zentral gelegene Jugendherberge mit 123 Betten, 🚲, 🐕 € 5, EZ ab € 35, Bett in Mehrbettzimmer ab € 26, Anfang März bis Ende November

Restaurant-Café Wikingturm am Ende der Schlei, Wikingeck 5, ☏ 046 21/330 40, www.wikingturm-restaurant.de, Di-So 12:00-22:00, von den vielen Einkehrgelegenheiten in Schleswig eine mit viel Weitblick (400 m vom Weg) vom 26. Stockwerk des 90 m hohen Wikingturms

Holm-Café, Süderholmstraße 15, ☏ 046 21/209 27, www.holm-cafe.de, März bis Oktober Di-So 11:00-18:00, uriges Café im Fischerdorf Holm

Naturmarkt Schleswig, Königstraße 20, www.naturmarkt-schleswig.de, Mo-Fr 8:30-18:30, Sa 8:30-14:00, zwischen Zentrum und Königswiesen

♦ Abgesehen vom Zentrum von Schleswig gibt es Supermärkte im Ortsteil Friedrichsberg am Anfang der folgenden Etappe, beide am Georg-Pfingsten-Weg

Radladen und Werkstatt: Mega Bike Schleswig, Stadtweg 72-76, ☏ 046 21/98 97 90, www.megabike24.de > Schleswig, Mo-Fr 9:30-18:00, Sa 9:30-13:00

neben diversen Überlandbussen auch Stadtbus, mit dem Sie schnell und häufig vom Schloss Gottorf (Haltestellen „Oberlandesgericht" südlich oder „Schleihallenbrücke" östlich vom Schloss) in das Zentrum oder zum Bahnhof (Linien 1, 8, 10), nach Holm (2) oder Haddeby (1) kommen, www.dbregiobus-nord.de

Bahnhof Schleswig mit stündlichen Verbindungen Richtung Flensburg, Hamburg, Husum und Kiel

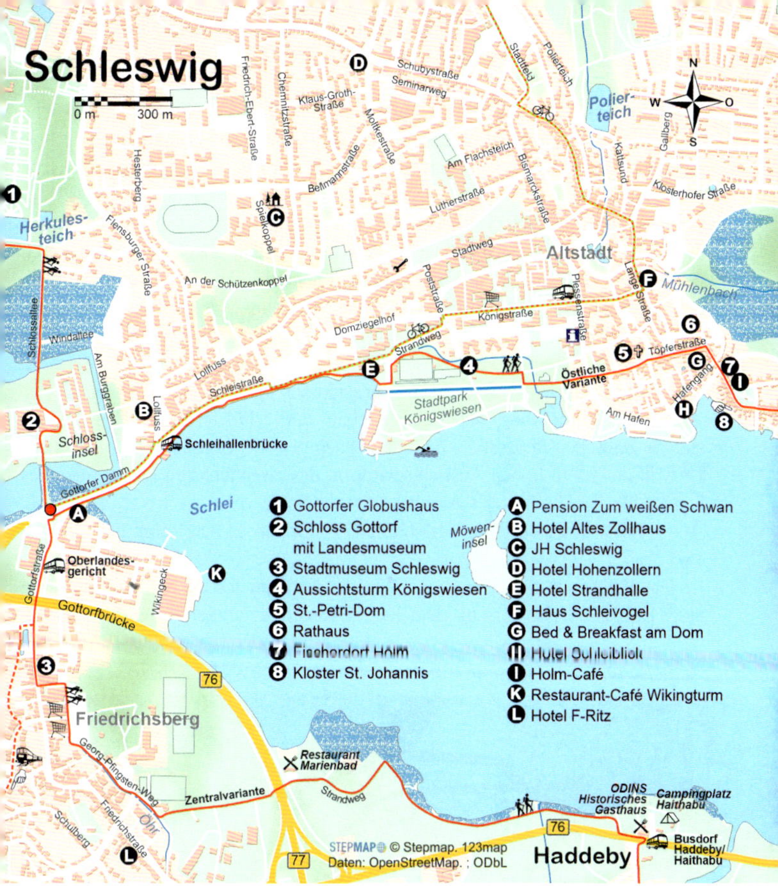

Schleswig wurde erstmals 804 als „Sliasthorp" erwähnt, 1250 erhielt es Stadtrechte. Schleswig diente im Mittelalter dänischen Königen und etwas später den Gottorfer Herzögen als Aufenthaltsort. Gleichzeitig war es mit vier Klöstern und dem Dom ein religiöser Mittelpunkt. Das Stadtbild wird in der Höhe neben dem 112 m hohen Turm des St.-Petri-Doms von dem nur 80 Jahre jüngeren, 1973 erbauten und bis heute umstrittenen, 90 m hohen Wikingturm mit 29 Stockwerken dominiert, das 26. ist öffentlich (☞ Restaurant, s. o.).

✝ Der 1134 erstmals erwähnte **St.-Petri-Dom** ist schon von Weitem mit seinem 112 m hohen Turm sichtbar. Die ursprüngliche romanische Pfeilerbasilika wurde im 13. bis 16. Jh. zur heutigen fünfschiffigen spätgotischen Hallenkirche umgebaut. Besonders bekannt ist der 12,6 m hohe holzgeschnitzte Bordesholmer Altar (1514-1521) von Hans Brüggemann, der mit 392 Figuren die biblische Passionsgeschichte von der Gefangennahme Jesu bis zu Pfingsten zeigt. Der Name geht zurück auf die Vorgeschichte: Der Altar wurde ursprünglich für die Chorherrenkirche des Augustiner-Stifts in Bordesholm angefertigt, nach deren Auflösung im Jahr 1666 das Kunstwerk nach Schleswig überführt wurde. Hervorzuheben sind auch der freskengeschmückte Kreuzgang von 1300 und das Grabmal von König Friedrich I. Die Kirche wurde zuletzt v. a. infolge von in das Mauerwerk eingedrungener Feuchtigkeit für rund € 21 Mio. saniert, die Arbeiten sollten zum Reformationstag 2021 abgeschlossen sein.

Der Kirchturm wurde nachträglich erbaut und 1894 fertiggestellt, finanziert aus französischen Reparationszahlungen nach dem deutsch-französischen Krieg. Von der 65 m hohen Aussichtsplattform des zweithöchsten Kirchturmes des Landes bietet sich ein toller Ausblick über die Schlei.

Dom: Mai bis September täglich 9:00-17:00, Oktober bis April täglich 10:00-16:00

Das **Rathaus** in der Altstadt steht im rückwärtigen Teil auf den Grundmauern eines Franziskanerklosters aus dem 13. Jh., wegen der grauen Farbe der Mönchs-

Schleistrand Luisenbad an Königswiesen (© Verena von Scharnweber)

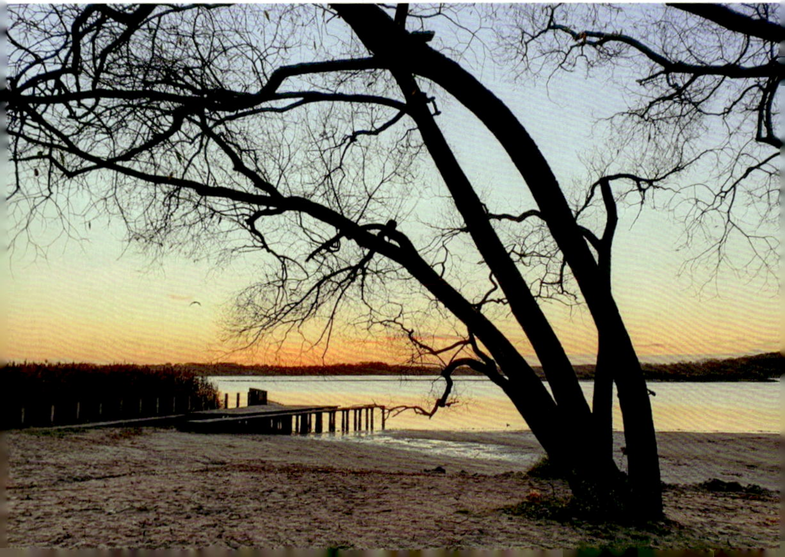

kutten damals auch „Graukloster" genannt. Nach der Reformation wurde deren Klosterkirche St. Paul als Rathaus genutzt, ehe 1794/95 auf deren Fundamenten der heutige klassizistische Rathausbau errichtet wurde.

⌘ Das **Stadtmuseum Schleswig** in der Südstadt, ein Adelshof des 17. Jh., informiert über Geschichte und (Wohn-)Kultur Schleswigs.

♦ Friedrichstraße 9-11, 💻 www.stadtmuseum-schleswig.de, Di-So 10:00-17:00, Eintritt € 5

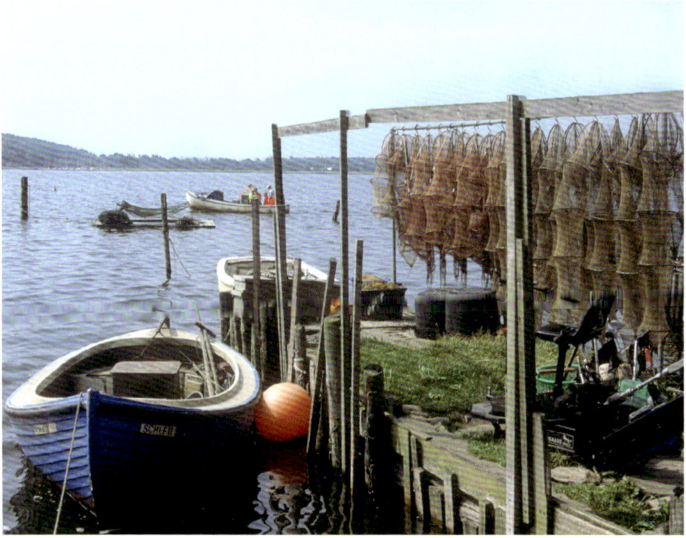

Fischer in Holm

Hinter dem Dom liegt das ehemalige **Fischerdorf Holm**. Der Name erinnert an die Zeit vor 1939, als der Holm mittels Kanälen als Insel Schleswig vorgelagert war: Holm ist die dänische Bezeichnung für „Insel".

Auf dem lindenbestandenen Friedhof in der Dorfmitte steht eine 1876 erbaute Kapelle. Bei den Häusern fallen die horizontal geteilten Türen auf. Deren Name, „Klöndör", beschreibt den Zweck: Durch die obere Tür unterhielten sich die Bewohnerinnen und Bewohner („klönten"), auf den unteren Teil gestützt, mit vorbeiziehenden Menschen. Demnach waren „Nordlichter" nicht so kontaktarm und zurückhaltend wie ihr Ruf …

⌘ Am Eingang zum Holm dokumentiert das kleine Holm-Museum als Dependance des Stadtmuseums in zwei Räumen mit Fotos die Entwicklung des Fischerdorfs.

♦ Süderholmstraße 2, Di-So 10:00-17:00, Eintritt frei

✟ Das **Kloster St. Johannis** im Fischerdorf Holm wurde vermutlich im 12. Jh. als Benediktinerinnenabtei gegründet und gilt als der besterhaltene Klosterkomplex in Schleswig-Holstein. Die Klosteranlage mit ihrem Kreuzgang ist frei zugänglich. Klosterkirche, Remter und Kapitelsaal sind wegen ihrer Kunstschätze nur im Rahmen einer Führung zu besichtigen.

♦ Am St. Johanniskloster 14, ☏ 046 21/242 36, www.st-johannis-kloster.de, Di & Mi 10:00-12:30

Etappe 4: Schleswig – Kropperbusch

18,7 km, 5 Std., ↑ 126 m, ↓ 110 m, ⇧ 1-25 m

0,0 km	⇧ 23 m	Schleswig, Einfahrt zu Schloss Gottorf **B&B** (Innenstadt 2 km **B&B** ✟ ⌘)
0,5 km	⇧ 4 m	Schleswig-Friedrichsberg
2,8 km	⇧ 6 m	Haddeby/Busdorf ✟ ⌘
7,4 km	⇧ 10 m	Badestelle am Selker Noor
11,6 km	⇧ 23 m	Lottorf
17,8 km	⇧ 23 m	Abstecher nach Kropp (1,3 km BANK ✟)
18,7 km	⇧ 18 m	Kropperbusch (0,4 km)

In Schleswig teilen sich Ochsen- und Pilgerweg und kommen in Kropp wieder zusammen. Dadurch bietet sich Ihnen die Möglichkeit, die bekannte wikingerzeitliche Siedlung Haithabu zu erkunden. Weiter geht es auf schönem Uferweg entlang des Haddebyer Noors und nach dem Selker Mühlenbach durch eine überwiegend agrarisch geprägte Landschaft nach Kropp, wo Sie wieder auf den Ochsenweg treffen, der dort in seinem damaligen Zustand noch gut erkennbar ist.

Von der Kreuzung südlich des Schlosses Gottorf führt die Zentralroute der VJ geradeaus entlang der Gottorfer Straße, links vorbei am Schleswig-Holsteinschen Oberlandesgericht, und nach Querung der B76 weiter geradeaus. Im Schleswiger Ortsteil Friedrichsberg ❶ biegen Sie hinter dem Stadtmuseum nach links und gleich danach nach rechts ab, wo mehrere Supermärkte Verproviantierungsmöglichkeiten bieten. Südlich von deren Parkplatz erwartet Sie ein netter Fußweg neben einem Bach (Öhr). Der Weg ist benannt nach dem in Schleswig verstorbenen Taubstummenlehrer Georg Wilhelm Pfingsten (1746-1827). Nach einer Grünanlage (km 1,1) geht es links auf dem Strandweg in östliche Richtung weiter, unter der B77 hindurch. Sie laufen geradeaus auf dem anfangs asphaltierten Strandweg, rechts vorbei am Restaurant Marienbad. Nach 100 m verläuft der Weg dann als reiner Rad-/Fußgängerweg entlang der Schlei mit schönem Blick hinüber nach Schleswig. Vor dem Campingplatz in **Haddeby** passieren Sie eine Verproviantierungsgelegenheit.

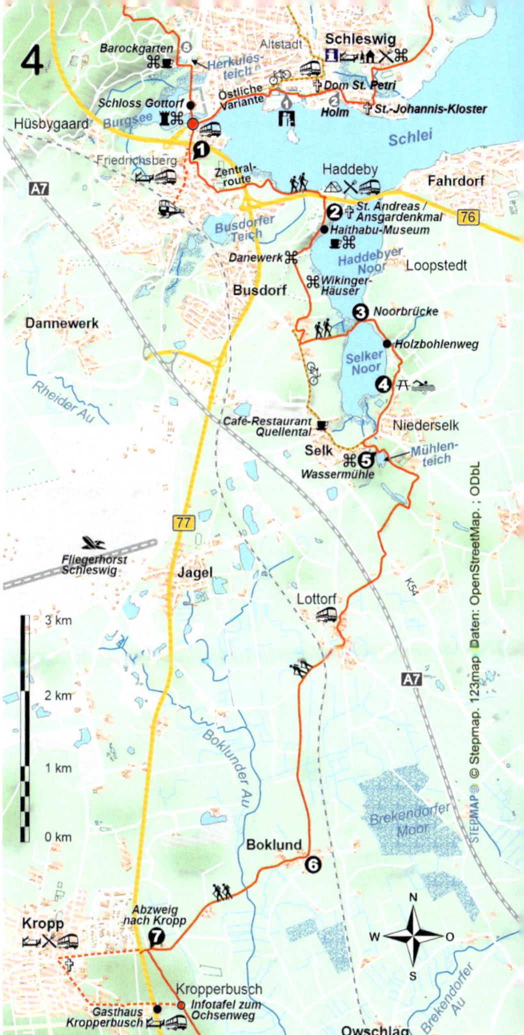

Campingplatz Haithabu, Haddebyer Chaussee 15, 046 21/324 50, info@campingplatz-haithabu.de, www.campingplatz-haithabu.de, Zeltstellplätze und Mobilheime, beim Zelten € 2 und im Mietmobilheim € 20, Zelt € 10, Mietmobilheim € 30 zzgl. Gebühren für Strom und Personen, 1 Pers. € 4, Ende März bis Ende Oktober

Neben dem Campingplatz liegt ODINS Historisches Gasthaus mit Biergarten und Hofladen, Haddebyer Chaussee 13, ☏ 046 21/85 05 00, www.odins-haddeby.de, täglich 7:30-20:00, u. a. mit Pizzas auf Wikingerart

Haltestelle „Busdorf Haddeby/Haithabu" mit vielen Verbindungen von/nach Schleswig sowie mit Linie 720 von/nach Eckernförde, www.dbregiobus-nord.de

Hier queren Sie die Straße bei der Ampel und folgen dem Weg Richtung Museum Haithabu rechts an der Kirche und kurz danach am **Ansgardenkmal ❷** vorbei.

St. Ansgar, „Apostel des Nordens"!?

Der Benediktinermönch Ansgar von Bremen gründete an dieser Stelle um 849 n. Chr. ein Gotteshaus, das sich als älteste Kirche Dänemarks zu einem Brückenkopf für die christliche Mission entwickelte, woran seit 2011 das Ansgar-Memoria erinnert: 144 im Boden verankerte Stahlstäbe gemäß der symbolträchtigen Zahl aus der Bibel. Allerdings dauerte es noch Jahrhunderte, bis sich das Christentum in Skandinavien durchsetzte, weshalb der Ansgar zugesprochene Beiname „Apostel des Nordens" in der Forschung nicht unumstritten ist.

Ansgar-Memoria

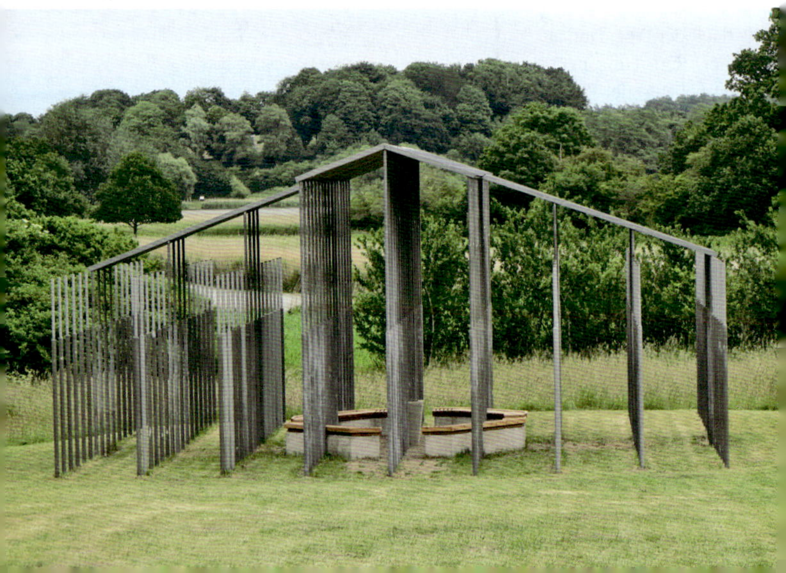

✞ Die im 12. Jh. aus Feldsteinen erbaute und später mehrfach ergänzte **Kirche St. Andreas** wird manchmal auch nach St. Ansgar benannt in Anlehnung an die nahe gelegene hölzerne Mutterkirche von 849 (☞ Info). Im Inneren der St.-Andreas-Kirche mit ihrer Holzbalkendecke beeindrucken der dreiflügelige Verkündigungsaltar aus dem 15. Jh. und die Taufe aus dem 13. Jh. aus rötlichem Gotlandkalkstein.

täglich 14:30-17:00

Bei der Kreuzung mit der linken Abzweigung zum Haithabu-Museum (km 3,2) folgen Sie dem Radweg geradeaus leicht aufwärts Richtung Selk und den Wikingerhäusern Haithabu.

⌘ Das 1985 eröffnete **Wikinger-Museum Haithabu** mit seiner an umgedrehte Schiffsrümpfe erinnernden Holzarchitektur zeigt neben alten Schiffen weitere archäologische Funde, die im Haddebyer Noor ausgegraben wurden. Gebrauchsgegenstände vermitteln ein anschauliches Bild vom Leben in der ehemaligen Handelsmetropole Haithabu – bis 1066 eine bedeutende mittelalterliche Wikingersiedlung an der Kreuzung wichtiger Handelswege: dem Ochsenweg und der Schiffspassage durch Schlei und Eider sowie Rheider Au und kurzzeitigem Landabschnitt zwischen Ost- und Nordsee. Ein Freilichtmuseum mit rekonstruierten Häusern liegt 500 m weiter südlich entlang der VJ.

♦ Am Haddebyer Noor 3, www.haithabu.de, täglich 9:00-17:00, Eintritt € 8 für Museum und Wikingerhäuser (nur Letztere € 3)

nettes Museumscafé, auch zugänglich ohne Museumsbesuch, täglich 10:00-17:00

Vor einem Gatter bei einer Bank halten Sie sich bei der Gabelung rechts und passieren in der folgenden Linkskurve Infotafeln zu Haithabu und dem Danewerk, dessen deichartige Struktur gut zu erkennen ist.

Danewerk – Grenze & Verbindung

Bei Haithabu beginnt der 737 errichtete Grenzwall Danewerk, die ehemalige und später mehrfach erweiterte Südgrenze des dänischen Königreichs. Diese Verteidigungsanlage reicht 20 km westwärts bis zur Rheider Au bei Hollingstedt und trennte damit einerseits Nord- und Südeuropa, verband aber gleichzeitig als Verkehrsweg (nördlich des Walls) die Ostsee mit der Nordsee zwischen der Schlei und dem Eiderzufluss Treene. Lediglich ein 16 km langes Landstück mussten die Wikinger mit ihren Schiffen überbrücken. Der älteste Teil sind über 1.500 Jahre alte Erdwälle, im Mittelalter kam die 5 m hohe, backsteingemauerte Waldemarsmauer dazu. Die seit 1950 unter Naturschutz stehende Wallanlage wurde

zusammen mit Haithabu als größtes archäologisches Bodendenkmal Nordeuropas 2018 in die Liste des UNESCO-Kulturerbes aufgenommen.
💻 www.haithabu-danewerk.de

Dannewerk bei Haithabu

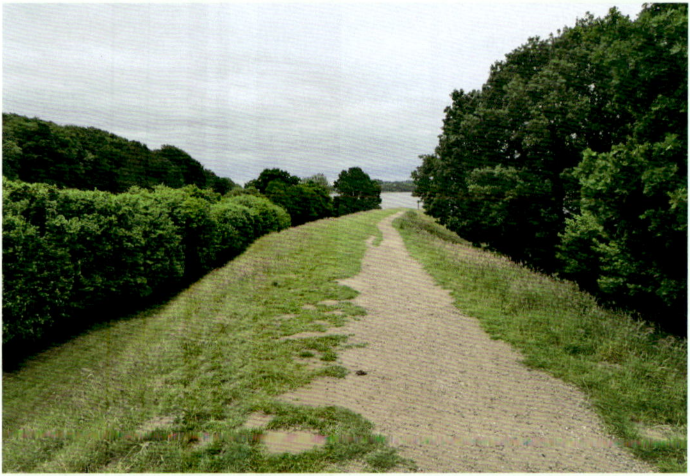

Sie folgen dem Rad-/Fußweg geradeaus leicht aufwärts, nach 200 m rechts vorbei an den rekonstruierten wikingerzeitlichen Häusern Haithabus, die als Teil des Museums auch einzeln besichtigt werden können (☞ Museum).

100 m nach einer Linkskurve halten Sie sich links von einer Straße bei einer T-Kreuzung links (Schild: „Wanderweg") und nehmen kurz darauf, 50 m nach Häusern, in einer Rechtskurve (km 5,2) den links abzweigenden Kiesweg (Wanderwegweiser: „Zur Noorbrücke").

🚲 Die Wanderpassage ist wegen der Noorbrücke mit ihren Stufen sowie weiteren Treppen am Noorweg mit dem Rad kaum machbar. Von daher folgen Sie bis Selk (bei km 8,2) lieber dem Radweg neben der Straße: Sie radeln bei der Abzweigung zunächst durch die Rechtskurve bis zur Kreisstraße und folgen dieser links in südliche Richtung. Bei einer Kreuzung nach 1 km radeln Sie links Richtung Selk, nach 400 m vorbei am Café-Restaurant Quellental.
☕🍴 Café-Restaurant Quellental, Kreisstraße 11, 💻 www.quellental-selk.de,
🚪 Mi-So 11:30-22:00

Nach 500 m nehmen Sie den rechts abzweigenden Mühlenweg und stoßen bei der Selker Mühle wieder auf die Pilgerroute.

Die VJ führt vorbei an der Nachbildung des Sigtrykksteins, einem 1797 hier entdeckten wikingerzeitlichen Runenstein. Auf der Holzbrücke ❸ queren Sie das Noor (rechts Selker, links Haddebyer Noor) mit schönem Blick über diesen Flachsee mit links hinten den Haithabuhäusern.

Bei Ostwind ist eine knapp 100 m lange Strecke vor der Brücke oft überflutet – nicht selten mit mehr als 10 cm Wasserstand, das Begehen ist mit ausgezogenen Schuhen in der Regel aber – vorsichtig – möglich.

Noorbrücke mit überflutetem Zuweg bei starkem Ostwind

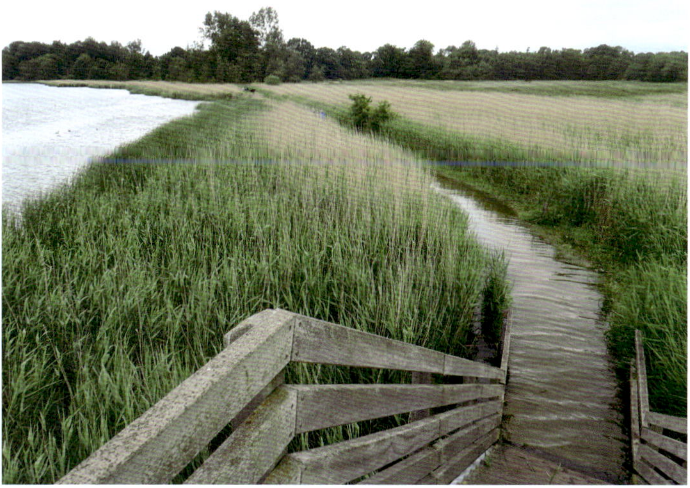

180 m nach der Brücke steigen Sie rechts aufwärts über Stufen und folgen dem Wanderweg Haddebyer-Selk entlang des Ufers des Noors, mehrmals rauf und runter über Treppen sowie auf einem rund 100 m langen Holzbohlenweg.

Nach einem schmalen Wegstück gehen Sie bei einer T-Kreuzung rechts, danach erst durch eine Links- und dann eine Rechtskurve und weiter halb rechts (Schild: „Wanderweg", „X" für E1). Vor Ihnen erscheint ein Zeltplatz für Gruppen mit Spielplatz. Hier halten Sie sich rechts, rechts vorbei an dem Zelt- und dazugehörigen Sportplatz. Der folgende Fußweg führt Sie zu einer Badestelle am **Selker Noor** ❹ (km 7,3).

netter Badeplatz mit Rastgelegenheit am Noor und Infotafel zur Pilgerroute

Sie gehen weiter geradeaus und halten sich bei Abzweigungen bzw. Gabelungen rechts.

Nach dem Ortsschild von **Selk** biegen Sie links ab (Tempo-30-Schild) und halten sich nach 30 m bei einer T-Kreuzung wieder links. Kurz darauf führt der Weg über Kopfsteinpflaster auf das Gelände der Selker (Wasser-)Mühle ❺.

⌘ Im Gebäude der alten Selker Wassermühle ist eine volkskundliche Sammlung untergebracht, genannt „Haddebyer Museumshof".

♦ ☏ 046 21/357 97, Anfang April bis Ende Oktober Do 9:00-12:00 sowie nach Vereinbarung, Eintritt kostenlos bzw. gegen Spende

Auf dem Gelände orientieren Sie sich zur linken hinteren Ecke des Hofes und folgen dem Pfeil durch das Gebäude hindurch zum alten Mühlenteich. Der Weg führt links an dem Teich vorbei und in den Wald, ehe Sie eine Straße erreichen und ihr geradeaus folgen. In einer Linkskurve der Straße vor einer Steigung (km 9,7) biegen Sie rechts in den unbefestigten Radweg ein und halten sich bei der nächsten größeren Straße links (Brekendorfer Landstraße), die Sie bei der nächsten Abzweigung nach rechts wieder verlassen (Lottorf 1 km). Sie gehen über die A7. In **Lottorf** gehen Sie bei einer Kreuzung mit der Bushaltestelle links (Radschild: „Rendsburg 21,5 km").

Bushaltestelle „Lottorf" mit wenigen Verbindungen Mo-Fr von/nach Schleswig, www.dbregiobus-nord.de

Nach 300 m halten Sie sich bei einer Gabelung mit Hochspannungsleitung rechts und bei der folgenden Gabelung vor dem Ortsende links (immer Böklunder Weg), genauso wie bei einer Gabelung 500 m nach Querung der Bahnlinie.

In **Boklund** ❻ folgen Sie rechts der Dorpstraat (Kropp 4 km). 50 m vor der B77 ❼ (km 17,8) haben Sie die Wahl zu einem Abstecher nach Kropp (geradeaus) oder der Fortsetzung dieser Etappe zum Endpunkt nahe dem Gasthaus Kropperbusch.

Abstecher nach Kropp (1,3 km)

Für einen Abstecher nach Kropp mit Einkaufs- und Einkehrgelegenheit gehen Sie bei der Kreuzung 50 m vor der B77 geradeaus, queren die Bundesstraße und folgen dem Rad-/Fußweg rechts neben der Schleswiger Straße hinein in den Ort, nach 500 m vorbei am Gewerbegebiet mit Supermärkten.

Kropp

6.700 Ew., 24848,

Hotel Wikingerhof, Tetenhusener Chaussee 1, ☎ 046 24/700, www.wikingerhof.de, großes Hotel-Restaurant mit Biergarten südlich der Ortsmitte, € 18, DZ ab € 102, EZ ab € 62, inkl. F

♦ Das romantische Landhaus Kropp, Theodor-Storm-Allee 14, ☎ 046 24/80 32 89, www.antikhof-kropp.de, Gästehaus und Romantikgarten mit antik ausgestatteten 11 Zi in Parkanlage in Ortsmitte. Wer wandert oder pilgert, wird hier besonders aufmerksam umsorgt. € 10, DZ € 95, EZ € 65, inkl. F

Pizzeria Mamma Mia, Hauptstraße 2, ☎ 046 24/802 87 00, Mi-Mo 11:00-22:00, Italiener im Zentrum

Rewe im Zentrum (Theodor-Storm-Allee 8) sowie mehrere Supermärkte/Discounter im Gewerbegebiet östlich von Kropp am Ortseingang (Schleswiger Straße/Industriestraße)

Fahrrad-Welt Kropp, Industriestraße 26, ☎ 046 24/80 90 34, kontakt@fahrradwelt-kropp.de, www.fahrradwelt-kropp.de, Mo-Sa 9:00-12:00, Mo, Di, Do & Fr auch 15:00-18:00, im Gewerbegebiet östlich vom Ort, nahe Lidl

mehrere Busverbindungen von/nach Schleswig sowie Rendsburg – meistens mit Umstieg in Owschlag, www.dbregiobus-nord.de

Die auf das 13. Jh. zurückgehende Dorfkirche gilt als eines der Wahrzeichen von Kropp.

Der Weg zum Kropperbusch führt parallel zur B77 auf einem Spurweg in 10 Minuten zu einer Kreuzung. Geradeaus führt die folgende Etappe weiter Richtung Rendsburg, nach rechts geht es zum Gasthaus Kropperbusch (0,4 km).

Gasthaus Kropperbusch, ☎ 046 24/80 29 29, www.hotel-kropperbusch.de, kleine, traditionsreiche Unterkunft mit 6 Zi direkt an der B77, 400 m vom Weg, € 20, DZ € 99, EZ € 59, inkl. F. Im Zusammenhang mit diesem Gasthof wird immer wieder folgender Spruch zitiert: „Du büs an Kropper Busch noch ni vörbi“, der sich auf die Gefahren am Ochsenweg beziehen soll.

Bushaltestelle „Kropperbusch“ mit Verbindungen von/nach Rendsburg – meistens mit Umstieg in Owschlag, www.dbregiobus-nord.de

Etappe 5: Kropp – Rendsburg

➲ 19,4 km, ⌛ 5 Std., ↑ 96 m, ↓ 106 m, ⇧ 1-24 m

0,0 km	⇧ 23 m	Kropperbusch (➲ 0,4 km) (mit Zuweg aus Kropp, ➲ 2 km)
8,8 km	⇧ 18 m	Rastplatz bei Schwedenschanze
13,5 km	⇧ 12 m	Fockbek
19,4 km	⇧ 8 m	Rendsburg

Diese Etappe folgt dem historischen Ochsenweg von Kropperbusch, einer berühmt-berüchtigten Raststation, nach Rendsburg. Es geht durch Wald und Heide, eine Flusslandschaft, über Forst- und Feldwege sowie Pfade dorthin. Hinter Kropp gilt der Ochsenweg als besonders authentisch: mit Schlaglöchern und Pfützen führt er 6 km lang durch Wald und sandige Ausläufer der Sorgwohlder Binnendünen. Auf diese schwierige und gefährliche Wegstrecke bezieht sich die am Kropperbusch für frühere Reisende angeschlagene Warnung: „Du büs an Kröppersbusch noch ni vörbi".

Diese Etappe beginnt östlich von Kropp am Kropperbusch nahe dem gleichnamigen Gasthof und Bushaltestelle (☞ Etappe 4).

Direkter Weg von Kropp zum Startpunkt am Kropperbusch (➲ 2 km)
Vom Kreisverkehr bei der Kirche von Kropp folgen Sie der Johannesallee in südöstliche Richtung (Radschild „Kropperbusch 1,6 km"). Nach 700 m führt Sie der gepflasterte Fußweg nach links neben der Straße an der parkartigen Anlage vorbei, wo die 1879 vom damaligen Dorfpastor Johannes Paulsen gegründete Stiftung Diakoniewerk Kropp eine große Anlage zur Senioren- und Behindertenhilfe betreibt. Bei einem umzäunten Trafohäuschen mündet der Weg in eine Straße ein, der Sie geradeaus zur B77 folgen, die Sie links vom Gasthof Kropperbusch queren. Auf der kleinen Straße sind es noch 300 m zu einer Kreuzung mit Infotafel zum Ochsenweg und Bank, dem Anfang dieser Etappe.

Sie starten bei der Kreuzung mit Infotafeln zum Ochsenweg und einer Bank 400 m östlich vom Gasthof Kropperbusch. Anfangs geht es auf dem Schotterweg südwärts Richtung Rendsburg durch den Kropperbusch, einen Wald, der früher bei Reisenden wegen Räubern und Wegelagerern berüchtigt war. Bei Kreuzungen und Abzweigungen gehen Sie immer geradeaus. 500 m nach einer Hütte geht es 20 m vor der B77 auf einem Fußweg durch die Unterführung, um auf der anderen

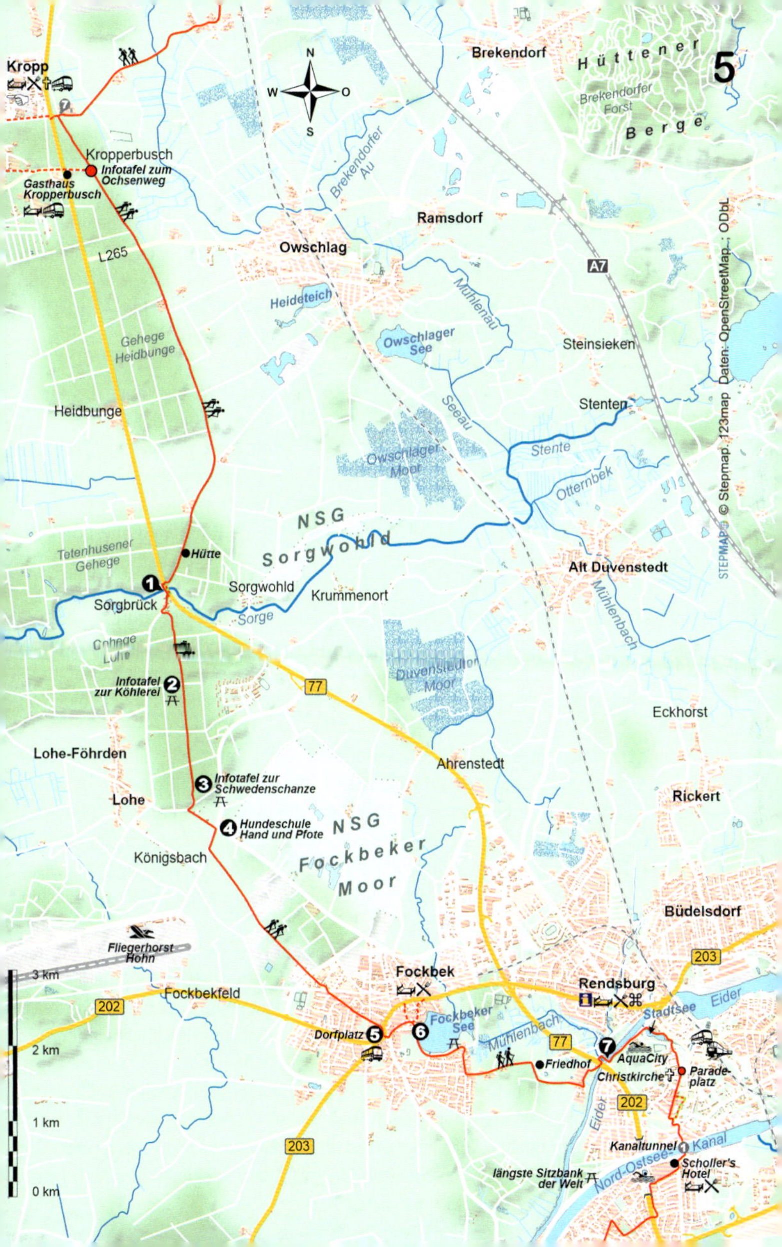
5
Kropp
Kropperbusch
Infotafel zum Ochsenweg
Gasthaus Kropperbusch
L265
Gehege Heidbunge
Heidbunge
Brekendorf
Hüttener Berge
Brekendorfer Forst
Brekendorfer Au
Ramsdorf
Owschlag
A7
Heideteich
Mühlenau
Owschlager See
Steinsieken
Stenten
Seeau
Stente
Owschlager Moor
Otternbek
NSG Sorgwohld
Tetenhusener Gehege
Hütte
Alt Duvenstedt
Sorgwohld
Krummenort
Sorgbrück
Sorge
Mühlenbach
Gehege Lohe
Infotafel zur Köhlerei
77
Duvenstedter Moor
Eckhorst
Lohe-Föhrden
Ahrenstedt
Infotafel zur Schwedenschanze
Lohe
Rickert
Hundeschule Hand und Pfote
NSG Fockbeker Moor
Königsbach
Büdelsdorf
Fliegerhorst Hohn
203
3 km
Fockbek
Rendsburg
Fockbekfeld
202
Eider
Stadtsee
Dorfplatz
Fockbeker See
Mühlenbach
2 km
AquaCity
Friedhof
Christkirche
Paradeplatz
1 km
Kanaltunnel
Nord-Ostsee-Kanal
Scholler's Hotel
längste Sitzbank der Welt
0 km
© Stepmap, 123map Daten: OpenStreetMap, ODbL
STEPMAP

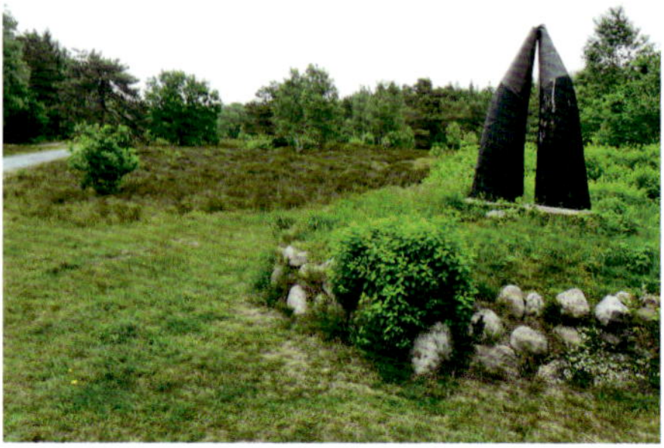

Kunstskulptur auf Heidefläche am Ochsenweg

Seite nach links dem Pfad rechts neben der B77 über die Sorge zu folgen ❶ (km 6,1). Sie queren den Parkplatz des Seminarhauses **Sorgbrück** nach 150 m halb rechts und folgen der Straße geradeaus (Hans-Christian-Kath-Straße).

🚲 Per Rad muss das kurze Stück neben der B77 wie folgt umfahren werden: Vor der Unterführung geht es links Richtung Rendsburg, nach 200 m queren Sie die B77 und folgen der Nebenstraße Richtung Lohe-Föhrden, wo Sie nach 50 m wieder auf die VJ treffen.

Nach 200 m geht es links über den Parkplatz Richtung Rendsburg („13 km") und danach auf dem etwas abenteuerlichen Radweg in den Wald. An Kreuzungen wandern Sie immer geradeaus entlang des stellenweise etwas sandigen Ochsenweges Richtung Rendsburg durch das aufgeforstete ehemalige Heidegebiet von Lohe.

Sie erreichen einen ⛼ Picknicktisch mit einer Infotafel zur Köhlerei ❷ (km 7,5) und etwas später einen weiteren ⛼ Picknicktisch mit einer Infotafel zu Wallensteins Schanze ❸ (km 8,8). Die Tafel zur Schanze informiert über den Wall, benannt nach Wallensteins schwedischen Truppen, die im Dreißigjährigen Krieg in Rendsburg Station gemacht hatten. Ob die Anlage von den Schweden stammt oder als Sicherung des Ochsenweges bei dieser engen Stelle am Fockbeker Moor angelegt wurde, ist unsicher.

Am Ende des Waldes halten Sie sich vor einem Feld rechts, folgen der Straße nach links und nehmen nach 400 m bei einer Kreuzung vor der Hundeschule Hand und Pfote ❹ die Straße rechts Richtung Flughafen Hohn, die Sie nach 200 m auf dem links abzweigenden Schotterweg Richtung Fockbek wieder verlassen.

Der Schotterweg geht beim Gewerbegebiet Fockbek in eine Straße über, der Sie geradeaus hinein in den Ort folgen. In Fockbek queren Sie die Straße Krattredder und folgen danach kurz links dem Fuß-/Radweg und nach 20 m dem Weg nach rechts (Friedhofsweg), der Sie zum Dorfplatz von Fockbek mit einem Brunnen führt ❺ (km 13,4). Hier halten Sie sich rechts, vorbei an der Bushaltestelle. Sie gehen nach 100 m an der Ampel links über die Straße und folgen dieser Richtung Nübbel und nach 50 m links Richtung Rendsburg (Stadttor).

↳ Nach 300 m erreichen Sie auf Höhe der Seniorenwohnanlage Am See (rechts) nach links über einen Fußweg eine Einkaufsgelegenheit (Lidl, ➲ 0,2 km) oder kurz darauf über die Straße Stadttor Übernachtungs- und Einkehrgelegenheiten von Fockbek (➲ 0,2 bis 0,5 km).

Fockbek

6.400 Ew., 24787

Hotel Weinbek, Rendsburger Straße 34, ☏ 043 31/612 30, moin@weinbek.de, www.weinbek.de, zeitgemäßes, kleines Hotel zentral im Ort 200 m vom Weg, mit modern ausgestatteten Zimmern und Restaurant, das nach eigenen Angaben „feinheimische Küchenkunst" bietet, DZ ab € 99, EZ ab € 74, inkl. F, Di-Sa 17:00-22:00

♦ De Aalversuper, Rendsburger Straße 10, ☏ 043 31/628 94, www.deaalversuper.de, traditionsreicher Gasthof mit 7 Zi, dessen Ursprünge als Fuhrmannskneipe bis 1789 zurückreichen, 300 m vom Weg, DZ ab € 70, EZ ab € 50, inkl. F, Restaurant Mo-Mi ab 17:00, Fr-So 11:00-14:00 und ab 17:30

Brunnen in Fockbek

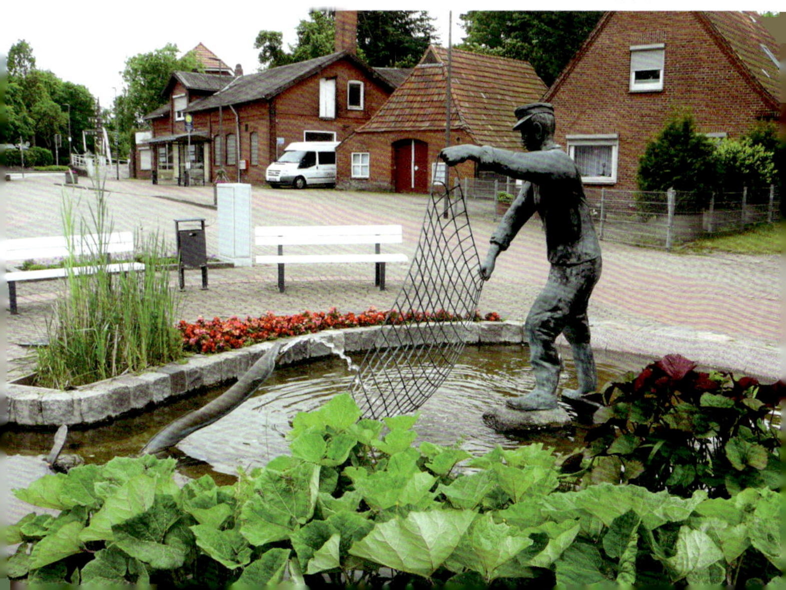

Hotel Landhaus Garni, Stadttor 3, ☏ 043 31/338 90 95, info@landhaus-garni.de, www.landhaus-garni.de, kleines Hotel mit 11 Zi, 300 m vom Weg, Tarif nach Absprache, DZ ab € 110, EZ ab € 75, inkl. F

Lidl in Ortsmitte, Rendsburger Straße 31-33, 100 m vom Weg

Busverbindung vom Dorfplatz von/nach Rendsburg mit Linien 1, 2 und 3, Mo-Fr alle 20 Mini., Sa & So stündlich, www.norddeutsche-verkehrsbetriebe.de

Hinter der Seniorenwohnanlage folgen Sie der Straße nach rechts (Am See) und nach 150 m vor dem **Fockbeker See** ❻ dem Rad-/Fußweg rechts um den See herum (aber meistens ohne Sicht darauf). 100 m nach Picknicktischen biegen Sie am Ende des Radweges in die Straße nach rechts ab und bei der folgenden Kreuzung links in den Klinter Weg Richtung Rendsburg. Vor dem Friedhof biegen Sie rechts ab (km 16,2) und folgen der kleinen Straße rechts am Friedhof vorbei zur Eider, unter der B77 hindurch, 50 m danach rechts auf der Brücke über den Mühlenbach und gleich danach rechts auf einer Fußgänger-/Radbrücke über die Eider ❼. Anschließend führt Sie die VJ links an der Eider entlang vorbei am Schwimmbad AquaCity zu einer Brücke, hinter der Sie rechts in den Park abbiegen (Zentrum 0,6 km) und sich links vom Rendsburger Stadtsee der Innenstadt nähern. Bei einer T-Kreuzung halten Sie sich rechts und queren kurz darauf den Stadtsee. Am Parkende gehen Sie bei der Kreuzung nahe einer Schule geradeaus, nehmen nach 100 m rechts den Rad-/Fußweg und queren kurz darauf die Arsenalstraße und den Paradeplatz, die Christkirche im Blick.

Rendsburg

28.900 Ew., 24768

Touristinfo Nord-Ostsee-Kanal – Mittelholstein Tourismus Rendsburg, Alter Markt 1-5, ☏ 043 31/211 20, info@mittel-holstein.de, www.tinok.de, Touristinfo am Marktplatz, Mo-Fr 10:00-17:00, Sa 10:00-14:00, in den Winter- und Sommermonaten Mo-Fr jeweils 1 Stunde kürzer (bis 16:00) bzw. länger (bis 18:00) geöffnet

Hotel ConventGarten, Hindenburgstraße 38-42, ☏ 043 31/590 50, www.conventgarten.de, traditionsreiches 4-Sterne-Tagungshotel mit 80 Zi direkt am Fußgängertunnel des Kanals, € 18 – für diesen stolzen Preis „freuen sich die Mitarbeiter, wenn Sie Ihren Liebling ... auf vier Beinen an der Leine führen", DZ ab € 122, EZ ab € 77, inkl. F

Hotel Rendsburg, Herrenstraße 12, ☏ 043 31/580 20, www.hotel-rendsburg.com, kleines Hotel im Stadtteil Neuwerk zwischen Bahnhof und Zentrum, DZ ab € 89, EZ ab 64, inkl. F

♦ Onno Hotel, Königstraße 4, ☏ 043 31/589 10, www.onnohotel.com, modernes Boutiquehotel südlich vom Paradeplatz mit 36 Zi und 12 Apartments, in älteren Verzeichnissen noch als „Hotel Neuwerk" geführt, DZ ab € 77, EZ ab € 59

♦ Schumann's Hotel garni, Baronstraße 3, ☏ 043 31/232 32, schumanns.hotel@gmail.com, www.schumannshotel.com, kleines Hotel am Rand der Altstadt, 15 Betten, 🚲, EZ ab € 55, zzgl. F (€ 9 p. P.)

☕ Eisstübchen am Kanal, Am Kreishafen 2a, ☏ 043 31/572 40, www.eisstuebchen-rendsburg.de, Eiscafé direkt am Kanal nahe dem Fußgängertunnel mit Exoten wie Vegas oder Schwedisch Karamell

🛒 Biomarkt Himmel & Erde, Am Ahlmannkai 2, Mo-Fr 9:00-19:00, Sa 9:00-16:00, im Rondo-Einkaufszentrum des Ortsteils Büdelsdorf nördlich der Innenstadt, dort ist auch ein Rewe, weitere zentral gelegene Supermärkte am Bahnhof (Edeka & Aldi in Konrad-Adenauer-Straße)

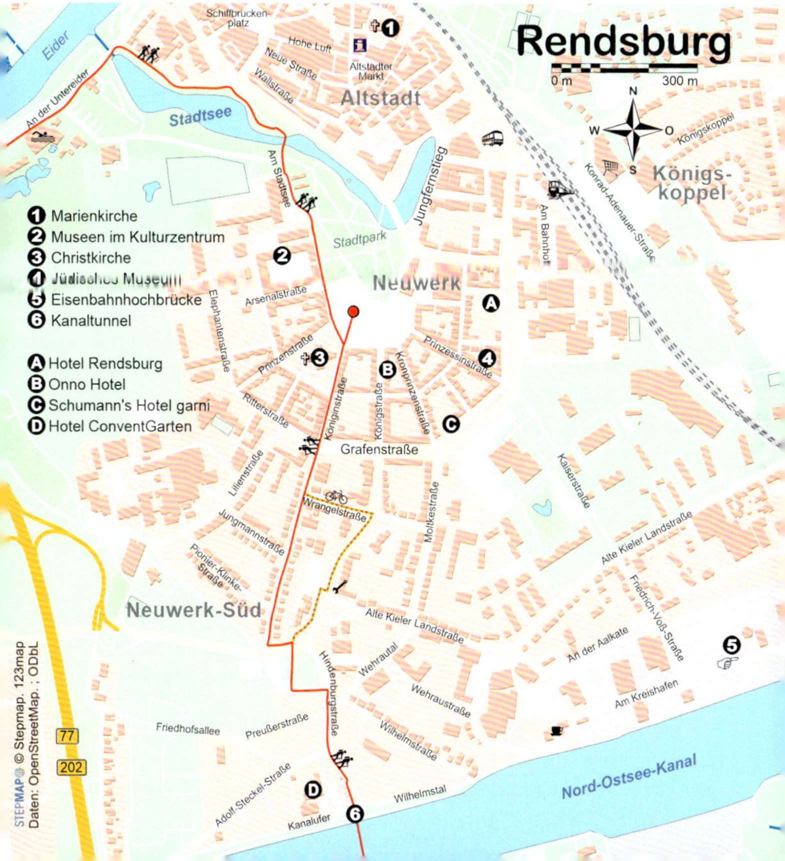

- Radladen mit Werkstatt: Fahrrad Rosacker, Hollerstraße 27, ☏ 043 31/312 10, www.fahrrad-rosacker.de, Mo-Fr 9:00-13:00, 14:00-18:00, Sa 9:00-13:00, im Ortsteil Büdelsdorf nördlich der Innenstadt
- ♦ Fahrradhaus Neuwerk Lehmann, Berliner Straße 11, ☏ 043 31/550 40, Mo-Fr 9:30-18:00, Sa 9:30-14:00, südlich der Altstadt, nahe dem ersten Teil der nächsten Etappe
- stündliche Regionalbahnverbindungen Richtung Flensburg, Hamburg sowie zweistündliche nach/von Kiel

Die verkehrsgünstig in der Mitte von Schleswig-Holstein gelegene Stadt Rendsburg entstand am Übergang des Ochsenweges über die Eider, dem längsten Fluss Schleswig-Holsteins, der im Laufe der Zeit öfter Grenzfluss war: im frühen Mittelalter zwischen Franken und Dänen, später zwischen den Herzogtümern Schleswig und Holstein. Rendsburg wurde erstmals im 12. Jh. urkundlich erwähnt und erhielt im 14. Jh. Stadtrechte. Wegen seiner strategisch günstigen Lage am Eiderübergang entwickelte sich Rendsburg nach wechselnden Besetzungen durch kaiserlich-deutsche, schwedische und später dänische Truppen zu einer gut befestigten militärischen Garnisonsstadt. Rendsburg galt im Dreißigjährigen Krieg als zweitwichtigste Festung Dänemarks – nach Kopenhagen. Im Jahr 1803 gehörten 48 % der 7.503 Einwohnerinnen und Einwohner Rendsburgs zum Militär. Als Festungsstadt hatte Rendsburg auch ein bedeutendes Gefängnis, dessen bekanntester (politischer) Häftling Uwe Jens Lornsen war (1831), der sich für ein vereintes und unabhängiges Schleswig-Holstein einsetzte und an den heute am Paradeplatz ein Denkmal erinnert. 1848 wurden die dänischen Besatzer überrumpelt und Rendsburg wurde Zentrum des Bürgerkriegs gegen Dänemark, ehe preußische Truppen einzogen. Rendsburg entwickelte sich zunehmend von einer Militär- zu einer Industriestadt; Festungswerke wurden geschleift, Tore abgerissen. Als wichtige Industrieunternehmen entstanden eine Fabrik für Kunstdünger sowie die Schiffswerft Nobiskrug – Letztere hat sich durch die Spezialisierung auf Luxusyachten (u. a. für russische Oligarchinnen und Oligarchen) bis heute gehalten.

Bis zur Mitte des 20. Jh. war Rendsburg ein wichtiger Handelshafen im Binnenland, der jedoch wie die ganze Eider infolge des Kanalbaus und später der Eiderabdämmung bei Tönning 1936 zusehends versandete: Der Wasserspiegel der vormals auf einer Insel in der Eider gelegenen Stadt war beim Bau des Nord-Ostsee-Kanals (NOK) um 2,5 m abgesenkt worden.

Ein Wahrzeichen von Rendsburg ist die 1913 eröffnete, 42 m hohe und 2,5 km lange stählerne **Eisenbahnbrücke** über den Nord-Ostsee-Kanal, an der eine von weltweit acht Schwebefähren aufgehängt ist, die 2016 mit einem

Frachtschiff kollidierte und mit einem € 11 Mio. teuren Neubau ab Sommer 2021 wieder verkehren soll.

☺ Wer Rendsburg ausgiebig kennenlernen möchte, folgt am besten der sogenannten „blue line“: Diese auf das Pflaster gemalte blaue Linie erschließt auf 3,2 km Länge 30 Sehenswürdigkeiten und kulturelle Einrichtungen.

✞ Die spätgotische **Marienkirche** wurde in der jetzigen Form mit ihren drei Schiffen im 14. und 15. Jh. auf der Altstadtinsel an der Stelle einer – beim Stadtbrand 1286 zerstörten – Vorläuferkirche aus dem 13. Jh. auf dem höchsten Punkt zwischen zwei Eiderarmen erbaut. Im Inneren sind das bronzene Taufbecken aus dem 14. Jh., die hölzerne Spätrenaissance-Kanzel (16./17. Jh.) und der Barockaltar des Dithmarscher Holzschnitzers Henning Claussen (17. Jh.) sehenswert.

✞ Die kreuzförmige **Christkirche** am Paradeplatz wurde um 1700 im Barockstadtteil Neuwerk auf Anordnung des dänischen Königs Christian V. als Garnisons- und Pfarrkirche mit Platz für mehr als 2.000 Besucherinnen und Besucher erbaut. Bis heute ist ein kleiner Teil der Kirche (Königsloge) ausschließlich Mitgliedern der dänischen Königsfamilie vorbehalten. Wertvollstes Inventar ist die

Christkirche

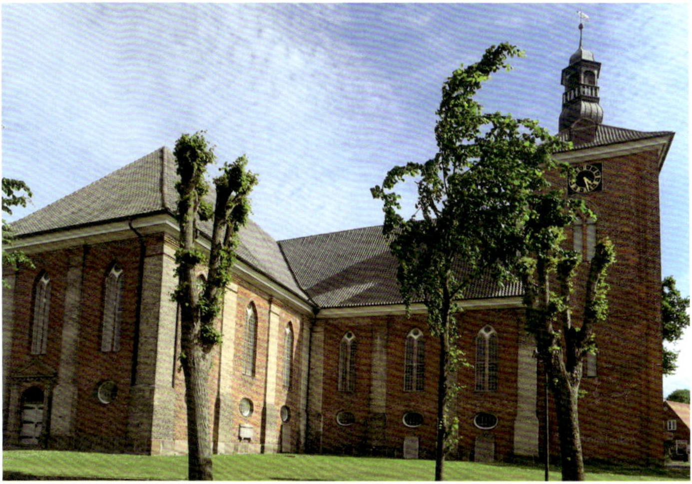

Arp-Schnitger-Orgel von 1716, die nach mehrfachen Erweiterungen und Umbauten 51 Register und 4.058 Pfeifen zählt. Wegen der guten Akustik ist das Gotteshaus als „Kulturkirche" ein beliebter Standort von Konzerten.

⌘ Die **Museen im Kulturzentrum** zeigen im alten Arsenal mehrere Sammlungen, etwa zum Druckereiwesen. Das Historische Museum beleuchtet die Stadt- und Garnisonsgeschichte sowie den Bau des Nord-Ostsee-Kanals und die Auswirkungen auf Rendsburg.

♦ Arsenalstraße 2-10, www.museen-rendsburg.de > Historisches Museum, Di-Fr 10:00-18:00, Sa & So 10:00 -17:00, Eintritt € 4

⌘ Das **Jüdische Museum** gibt einen Einblick in die Geschichte der Juden in Schleswig-Holstein sowie die jüdische Religion und Identität. Außerdem sind Werke ausgewählter jüdischer Künstler zu sehen.

♦ Prinzessinstraße 7, www.jmrd.de, Di-So 12:00-17:00, Eintritt € 5

Etappe 6: Rendsburg – Spannan

14,1 km, 3 Std. 30 Min., ↑ 57 m, ↓ 50 m, ⇧ 1-17 m

0,0 km	⇧ 8 m	Rendsburg
1,5 km	⇧ 7 m	Westerrönfeld
5,3 km	⇧ 10 m	Rastplatz bei Schülp
9,2 km	⇧ 5 m	Jevenstedt
14,1 km	⇧ 12 m	Landhaus Spannan

Nach der Querung des Nord-Ostsee-Kanals durch einen Fußgängertunnel geht es durch Westerrönfeld und weiter auf kleinen Straßen durch den relativ dünn besiedelten Süden Rendsburgs. Kurz hinter Jevenstedt erreichen Sie den Gasthof Spannan. Optional ließe sich diese kurze und eher meditative Etappe durch Anhängen der folgenden Etappe oder Weiterfahrt per Bus verlängern.

Von der Kirche am Paradeplatz folgen Sie der Königinstraße südwärts. Am Ende nehmen Sie links die Unterführung des Fußgänger/-Radtunnels.

Da der beschriebene Weg durch die Unterführung hier über Treppen führt, folgen Sie mit dem Rad in der Königinstraße den Radwegeschildern links über die Wrangelstraße, dann rechts der Berliner Straße und gleich darauf dem rechts abzweigenden Radweg zur Unterführung.

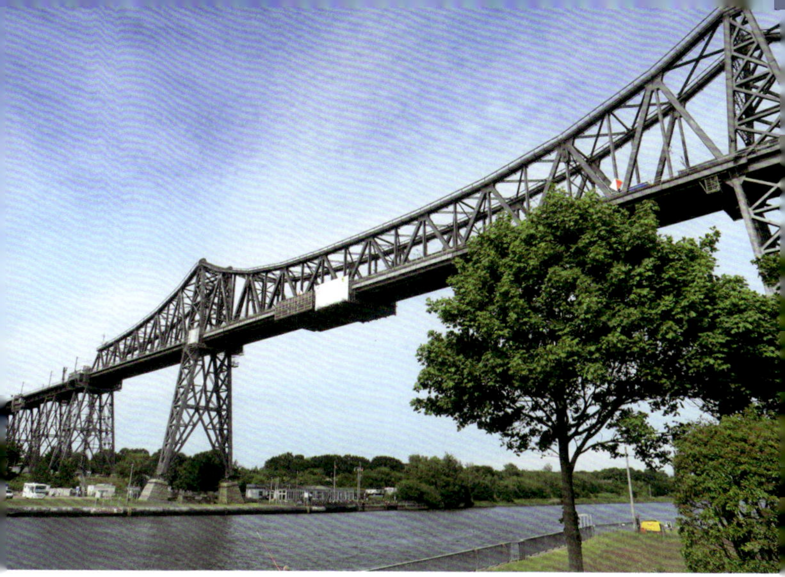

Eisenbahnhochbrücke über den Nord-Ostsee-Kanal bei Rendsburg

Nach der Unterführung halten Sie sich links und dann rechts (immer Hindenburgstraße, Richtung Kanaltunnel am Hotel ConventGarten).

Vorm Kanaltunnel 1 km weiter rechts steht auf der nördlichen Kanalseite die bei der Einweihung 2014 längste Sitzbank der Welt (576 m) mit schönem Kanalblick.

Links bietet sich ein Blick auf das Wahrzeichen von Rendsburg, die 1913 aus 18.000 t Stahl errichtete Eisenbahnhochbrücke – 2,5 x so viel wie beim 24 Jahre älteren Eiffelturm!

Den Nord-Ostsee-Kanal (Info ☞ Etappe O-4) unterqueren Sie durch einen 21 m tief gelegenen und 131 m langen Fußgänger/-Radtunnel ❶. Auf der anderen Kanalseite geht es zunächst durch Westerrönfeld. Nach dem Aufgang folgen Sie der Straße rechts an der Eisdiele vorbei und durch die Linkskurve vorbei an Scholler's Hotel.

Westerrönfeld 5.000 Ew., 24784, BANK

Scholler's Hotel, Itzehoer Chaussee 2, ☏ 043 31/890 41, info@schollers-schuetzenheim.de, www.schollers-schuetzenheim.de/hotel, inhabergeführtes kleines Hotel südlich des Kanals mit Restaurant/Biergarten und vegetarischer Küche, nahe dem Fußgängertunnel, 🚲, DZ ab € 87, EZ ab € 56, zzgl. F (€ 9 p. P.), 🚪 täglich 11:30-14:00 und Mi-So 17:30-21:00, Biergarten Juni bis September 17:30-21:30

🛏 ✕ ☕ Kanal-Haus, Am Kamp-Kanal 1, ☎ 043 31/201 75 40, 💻 www.kanal-haus.de, alte Kanalmeisterei mit Terrasse und Gästehaus sowie insgesamt 15 Zi direkt am Kanal, 500 m vom Weg bzw. dem Tunnel, 🚲, DZ ab € 83, EZ ab € 72, zzgl. F (€ 13 p. P.)

🛒 Netto, Am Busbahnhof 10-12, im Süden von Westerrönfeld, 700 m vom Weg

Park in Westerrönfeld

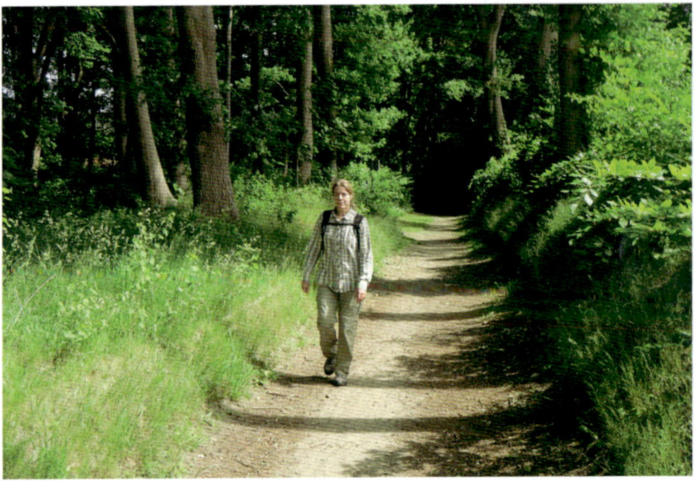

100 m nach Scholler's Hotel geht es rechts in den Marienweg. Dort passieren Sie nach 5 Gehminuten zur Rechten den Eingang zum 🏊 Kanalbad Westerrönfeld und schwenken gleich darauf links in die Straße Am Tunnel. Nach der Steigung geht es rechts in den Danziger Weg und auf diesem über die B202, die weiter rechts durch einen Tunnel unter dem Kanal hindurchführt. Bei der Kreuzung mit der Straße Över der Heid folgen Sie geradeaus dem Fuß-/Radweg rechts neben dem Zaun und gehen vor einer gepflasterten Straße (Sackgasse) halb rechts aufwärts auf dem Sandweg unter Eichen und Kiefern. Bei einer Wegekreuzung am Ende des Parks vor einem Haus halten Sie sich rechts (Radweg) und folgen kurz darauf nach dem Glockenturm der Lutherkirche ❷ der Straße nach links (Eichenallee).

✝ Die Lutherkirche des im letzten Jahrhundert stark gewachsenen Vorortes Westerrönfeld ist wie die Kirchengemeinde relativ jung: Das 1958 erbaute Lutherhaus wurde 1991 zur Lutherkirche umgebaut, der markante, frei stehende hölzerne Glockenturm geht auf das Jahr 1963 zurück.

Sie queren links von einer Tankstelle die Hauptstraße und folgen der Eichenallee geradeaus Richtung Friedhof. Beim Kreisverkehr biegen Sie rechts in den Langenweg ab – in der bisherigen Geh- bzw. Fahrtrichtung. 150 m nach dem Ortsende von Westerrönfeld folgen Sie bei einer Gabelung halb rechts dem Radweg.

Sie erreichen einen ⌂ Rastplatz mit Schutzhütte am Waldrand ❸ (km 5,3). Am Rastplatz zweigen Wege links und rechts ab, Sie aber folgen der VJ geradeaus am Waldrand entlang. Bei einer Gabelung nach Haus Nr. 13 (km 6,9) halten Sie sich rechts und

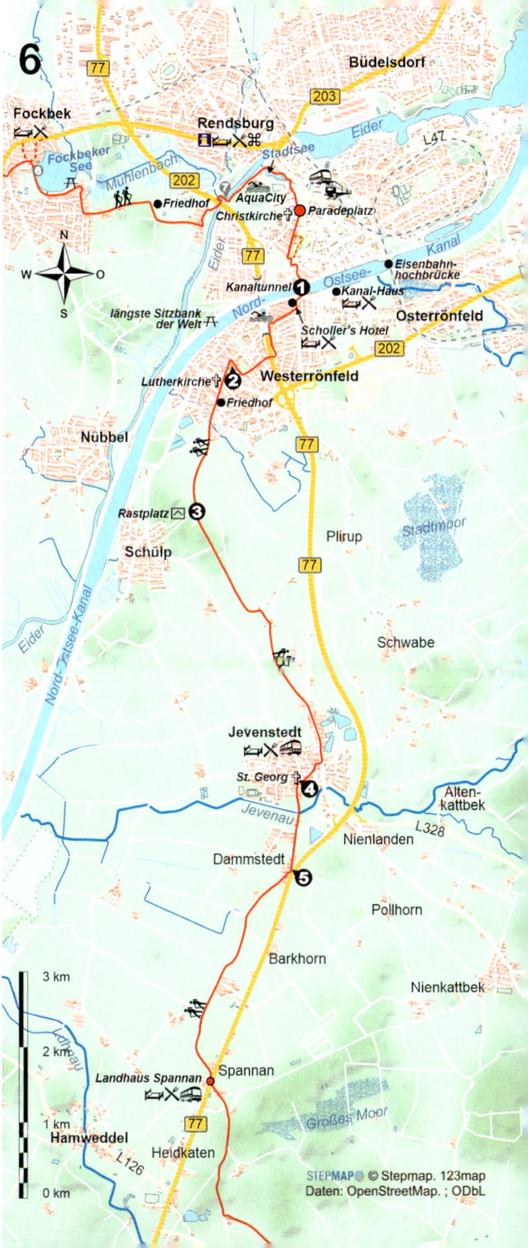

bei der folgenden T-Kreuzung bei Häusern wieder rechts (Bramkamper Weg). 100 m nach dem Ortsschild von Jevenstedt folgen Sie der Itzehoer Chaussee halb rechts in den Ort. Beim Imbiss Berlin Döner & Pizzeria biegen Sie rechts in die Dorfstraße ab und erreichen kurz darauf die Dorfmitte mit Übernachtungsgelegenheit und der St.-Georg-Kirche ❹ (km 9,6).

Jevenstedt 3.300 Ew., 24808,

Möhls Gasthof, Dorfstraße 12, 043 37/331, info@moehls.de, www.moehls.de > Hotel & Pension, kleiner Gasthof mit 7 Zi, in Ortsmitte, je nach Größe (und Reinigungsbedarf) € 5-10, DZ ab € 74, EZ ab € 45, Küche Do-So ab 17:00

Berlin Döner & Pizzeria, Itzehoer Chaussee 59, 043 37/91 92 50, 11:00-22:00

Café Glückstaler, Itzehoer Chaussee 35, 043 37/320 98 54, www.cafe-glueckstaler.de, am Wochenende 13:30-18:00, teilweise auch Mo, Mi, Do, kleines Café von Heike Kinski

Bäckerei/Konditorei Grimm, gegenüber dem Gasthof, Mo-Fr 5:30-12:00 und 14:00-18:00, Sa 5:30-12:30 und So 7:30-11:00

Edeka Plikat, Bankstraße 6-8, Dorfmitte

Reetdachhaus in Jevenstedt

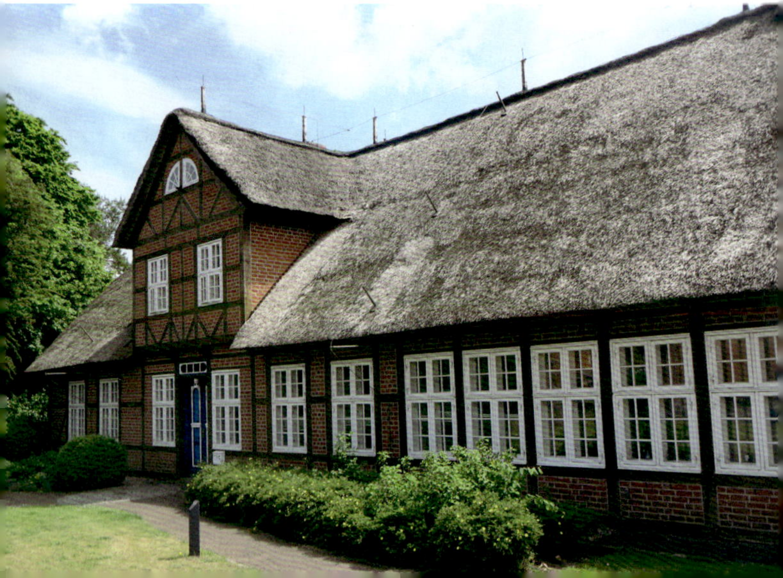

Buslinie 750 Mo-Fr zweistündlich, Sa & So 4 x täglich Richtung Hohenwestedt und Rendsburg, www.dbregiobus-nord.de

Das schon im 12. Jh. urkundlich erwähnte Jevenstedt verdankt seinen Namen der 10 km langen Jevenau, die in den NOK mündet. Südlich von Jevenstedt teilt sich der traditionelle Ochsenweg: Die Zentralroute führt südlich über Neumünster nach Hamburg, die westliche Route – wie auch die VJ – nach Itzehoe.

✝ Die ursprünglich als Saalbau errichtete **St.-Georg-Kirche** erhielt durch die seitlichen Bauten (1605 nördlicher, 1765 südlicher) einen kreuzförmigen Grundriss. An dieser Stelle wurde bereits im 12. Jh. eine Kirche erwähnt.

Von der Kirche folgen Sie südwärts dem Dammstedter Weg über das Flüsschen Jevenau. Nach dem Ortsendeschild von Jevenstedt biegen Sie rechts von der B77 in die Straße Dammstedter Weg ab ❺. Diese Straße führt Sie in einiger Entfernung von der B77 parallel zu ihr nach **Spannan** mit dem gleichnamigen Gasthaus (Seite 41). Sie erreichen die Bundesstraße und gehen über den Parkplatz nach rechts, auf das Landhaus und die Bushaltestelle zu.

Historisches Landhaus Spannan, Spannan 12, ☎ 048 75/301, www.spannan.de, traditionsreiches Gasthaus am Ochsenweg mit 11 Zi, € 5, DZ ab € 80, EZ ab € 49, inkl. Küche Di-Fr ab 17:00, Sa & So durchgehend ab 9:00, aber So nur bis 17:00

Buslinie 750 Mo-Fr zweistündlich, Sa & So 4 x täglich Richtung Hohenwestedt und Rendsburg, www.dbregiobus-nord.de

Etappe 7: Spannan – Hohenwestedt

17,5 km, 5 Std., ↑ 162 m, ↓ 110 m, ⇧ 9-79 m

0,0 km	⇧ 12 m	Landhaus Spannan
3,5 km	⇧ 14 m	Stafstedt
10,3 km	⇧ 57 m	Nindorf
13,8 km	⇧ 58 m	Tappendorf
14,6 km	⇧ 55 m	Tappendorf-West
17,5 km	⇧ 64 m	Hohenwestedt BANK ✝

Diese – mit Etappe 6 gut zu einem längeren Abschnitt kombinierbare – Etappe führt durch eine landwirtschaftlich geprägte Region. Unterwegs erinnern einige alte steinzeitliche Gräber an die vorgeschichtliche Besiedlung.

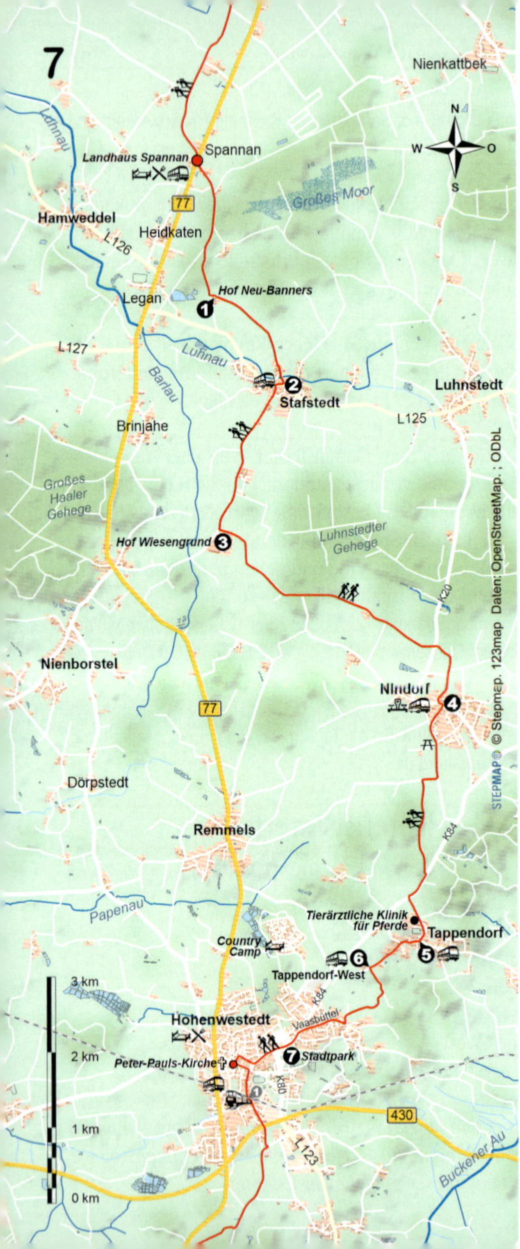

Vor dem Landhaus mit der Bushaltestelle halten Sie sich links, queren die B77 und folgen der abzweigenden Straße, ohne Abzweigungen zu beachten. Nach 400 m erreichen Sie den Wald, in dem Sie kurz nacheinander zwei Gabelungen erwarten: Bei der ersten halten Sie sich rechts, d. h. in Gehrichtung geradeaus (Wegweiser u. a. „Legan 1,3 km“). Bei der zweiten nehmen Sie die Straße nach links, während das Radschild nach rechts weist. Auch bei der folgenden Abzweigung nach 600 m bei einem Hof ❶ halten Sie sich links.

In **Stafstedt** ❷ (km 3,5) folgen Sie der Hauptstraße kurz rechts, um vor einer Bushaltestelle links abzubiegen (Kreutzfeld, Radschild „Nindorf 6,7 km“).

Haltestelle „Stafstedt“ mit Linie 752 Richtung Hohenwestedt, Mo-Fr zweistündlich, www.dbregiobus-nord.de

Beim Hof Wiesengrund ❸ biegen Sie links ab Richtung Nindorf

(Radweg). In einer Rechtskurve der Straße 1 km nach Hochspannungsleitungen folgen Sie geradeaus dem Spurweg (Radweg), nach einigen Hundert Metern rechts vorbei an einer umzäunten Aufforstung. In **Nindorf ❹**, bekannt für mehrere Hünengräber und andere vorgeschichtliche Bodenfunde, biegen Sie links auf die Dorfstraße (km 10,3) und gleich danach rechts ab (Door) und passieren nach 100 m den Biolandhof Ehlers.

Nindorf 590 Ew., 24594

Hofladen Biohof Ehlers, Door 6, Fr 10:00-18:30

Haltestelle „Nindorf-Dorfstraße“ mit Linie 752 Richtung Hohenwestedt, Mo-Fr zweistündlich, www.dbregiobus-nord.de

Kurz darauf schwenken Sie links in den Mittelweg ein und verlassen nach einer Infotafel über den Ochsenweg mit Bank Nindorf. Den Ochsenweg säumten stellenweise Sanddünen, wo durch den Viehtrieb weiterer Sand aufgewirbelt wurde.

Bank und Infotafel zum Ochsenweg bei Nindorf

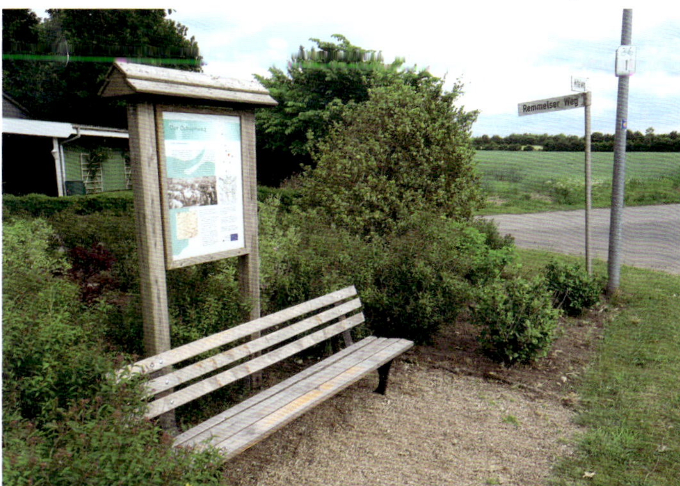

5 Gehminuten nach dem Ortsende biegen Sie rechts ab (Remmels 3 km) und nach 200 m bei einer Eiche (rechts) links in die kleine Straße (Radschild)

zwischen Feldern und später am Waldrand entlang. Bei einer Landstraße (km 12,8) folgen Sie rechts dem Radweg neben der Straße und biegen nach 5 Gehminuten links in den Holnweg ein (Schild: „Tierärztliche Klinik für Pferde").

Bei der Bushaltestelle in **Tappendorf** ❺ folgen Sie der Straße nach rechts (Radschild „Hohenwestedt 3,4 km").

🚌 Buslinie 757 mehrmals täglich Richtung Hohenwestedt und Nortorf, 💻 www.dbregiobus-nord.de

Bei der nächsten 🚌 Haltestelle („Tappendorf-West") ❻ biegen Sie links ab (Radschild „Hohenwestedt 2,7 km"). Nach 5 Gehminuten (km 15) nehmen Sie den unbefestigten Weg nach rechts (Radschild), der Sie zum Ortsbeginn von Hohenwestedt führt, wo Sie der Straße (Vaasbüttel) nach rechts folgen, ehe Sie die stark befahrene Kieler Straße links in die Ortsmitte führt, links vorbei an einem Stadtpark ❼ (optional können Sie dort parallel zur Straße gehen) und kurz darauf dem Café Agnes.

☕ Café Agnes, Kieler Straße 31, ☎ 048 71/763 01 24, 🚪 Di-So 9:00-17:00, kleines Café östlich des Zentrums

Peter-Pauls-Kirche

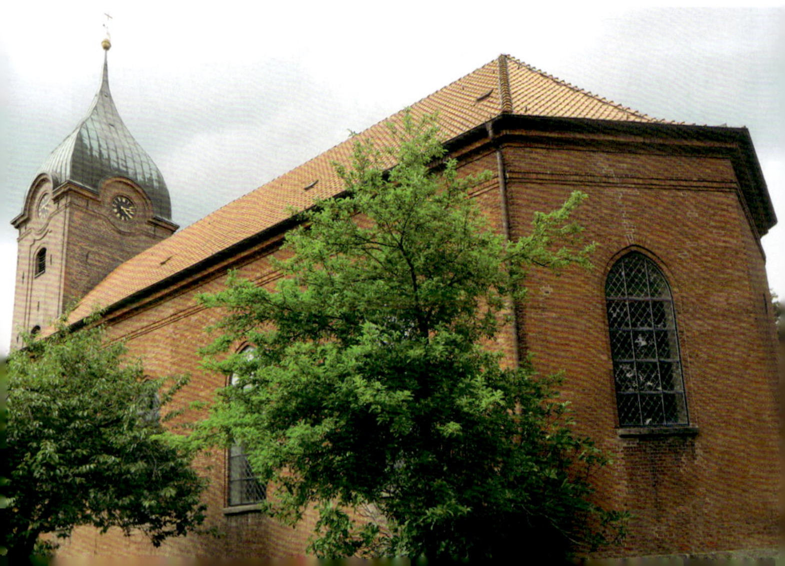

250 m nach dem Stadtpark geht es rechts aufwärts in die Bergstraße und die nächste Straße links (Wilhelmstraße) in das Zentrum auf die Kirche zu.

Hohenwestedt

5.400 Ew., 24594, B&B

Hotel Landhaus, Itzehoer Straße 39, 048 71/76 37 53, info@landhaus-hohenwestedt.de, www.landhaus-hohenwestedt.de, Hotel im Zentrum am Busbahnhof bzw. der Kreuzung von Bundesstraßen mit 19 Zi im Landhausstil, DZ ab 62 €, EZ ab € 48, zzgl. F (€ 8,50 p. P.), Do-So & Di 11:30-14:00 und 17:00-21:30

Country Camp, Falkenburger Weg 3, 048 71/87 10, info@country-camp.de, www.country-camp.de, Ferienpark mit Ferienhäusern für bis zu 6 Pers. nördlich von Hohenwestedt, 1 km vom Weg, € 5 €, bei 2er-Belegung für 1 Nacht € 60

B&B Eichenhof Grauel, Achterlang 7, 048 71/16 76, ina@eichenhof-grauel.de, www.eichenhof-grauel.de, 10 Zi und Gemeinschaftsküche sowie FeWo auf Milchviehbauernhof 1 km südlich des Ortes und 500 m vom Weg, F wird nicht angeboten, aber Küche ist vorhanden, € 4, DZ € 65, EZ € 30, FeWo ab € 35 p. P. für 1 Nacht

Restaurant Athos, Lindenstraße 16, 048 71/31 03, www.athos-hohenwestedt.de, Di-Sa 17:00-22:00, So 11:30-14:00 und 17:00-22:00, gepflegter Grieche in Ortsmitte

Bäckerei Balzer, Am Markt 6-8, www.baeckerei-balzer.de, Mo-Fr 7:00-18:00, Sa 6:00-12:00, So 7:00-11:00, Bäckerei-Café in Ortsmitte nördlich vom ZOB

zahlreiche Supermärkte/Discounter im Ort entlang der Hauptstraße

ZOB an der B77 mit Verbindungen u. a. Richtung Rendsburg (750), Itzehoe (755), www.dbregiobus-nord.de

Die Peter-Pauls-Kirche wurde im 18. Jh. als klassizistische Backsteinsaalkirche erbaut, nachdem die Vorgängerkirche abgebrannt war. Das Sandsteinportal und der Innenausbau gehen auf den Bildhauer Moser zurück. Der 38 m hohe Turm wird von einer geschweiften Haube gekrönt.

Alte Glocken der Peter-Pauls-Kirche

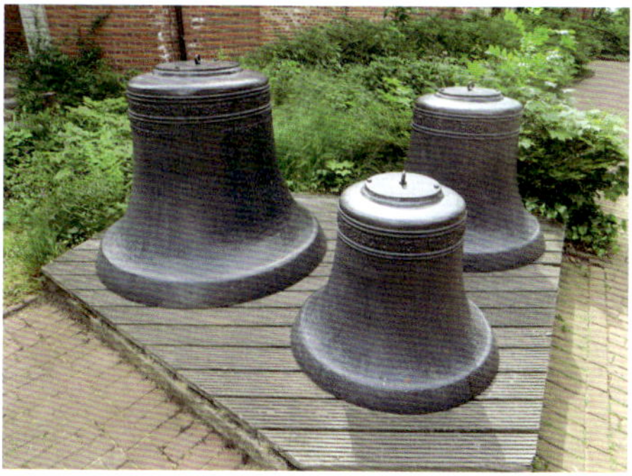

Etappe 8: Hohenwestedt – Edendorf/Itzehoe

27,2 km, 7 Std., 178 m, 208 m, 6-66 m

0,0 km	64 m	Hohenwestedt
3,6 km	31 m	Jahrsdorf
7,5 km	31 m	Sargburg
11,3 km	19 m	Peissen
19,2 km	12 m	Lohmühlenteich
19,5 km	14 m	Abstecher nach Hohenlockstedt (1,4 km)
20,8 km	15 m	Schlotfeld
26,7 km	28 m	Abstecher nach Itzehoe (3,7 km B&B)
27,2 km	34 m	Edendorf, mit Bus nach Itzehoe (s. o.)

Die VJ führt zunächst etwas im Zickzack südwärts bis kurz vor Hohenlockstedt und zweigt dann westwärts Richtung Itzehoe auf eine ehemaligen Bahntrasse ab. Das Etappenende Edendorf liegt nördlich von Itzehoe. Die sandigen und daher wenig fruchtbaren Böden entlang dieser Etappe dienten im 19. und 20. Jh. als militärische Übungsflächen. Namen wie Moltke, Bismarck und Roon erinnern an die militärische bzw. preußische Vergangenheit.

Mit der Peter-Pauls-Kirche im Rücken geht es zunächst entlang der Lindenstraße in südöstliche Richtung, ehe Sie nach 200 m rechts in die Barmstraße abbiegen. Sie queren links vom Haltepunkt der Bahn die Gleise ❶ und halten sich danach links, um der Kellinghusener Chaussee (später Lerchenfeld) durch die Rechtskurve zu folgen. Weiter geht es geradeaus (Lerchenfeld). 250 m nach der Unterführung der B430 folgen Sie in der Linkskurve der Straße dem rechts abzweigenden Radweg (Itzehoe 28 km/Peissen 10 km).

Nach 1,2 km nehmen Sie den rechts abzweigenden Spurweg (Radschild). Sie stoßen auf die B77 und begleiten diese nach links auf dem links verlaufenden Radweg für 200 m, ehe Sie bei der Bushaltestelle am Anfang von **Jahrsdorf** ❷ (km 3,6) rechts abzweigen und der kleinen Straße Am Luushoop (später Quellengrund) in einem Linksbogen in den Ort folgen.

Haltestelle „Jahrsdorf" an der B77 mit Verbindung (Linie 755) mehrmals täglich Richtung Hohenwestedt und Itzehoe, www.dbregiobus-nord.de

Bei einer Kreuzung biegen Sie rechts in die Dorfstraße ab und beachten abzweigende Wege nicht. Am Ortsende gehen Sie geradeaus und folgen der Straße erst durch die Rechts- und gleich darauf durch eine Linkskurve, ehe Sie nach 500 m bei einer Straßengabelung (km 5,7) rechts dem Radwegweiser folgen und sich nach 400 m links halten.

100 m nach einer Rechtskurve zweigen Sie links ab und nach 400 m scharf rechts!

Sie erreichen einen Rastplatz mit einer Hütte und dem Gedenkstein für die Sargburg ❸ (km 7,5) mit nettem Blick auf Teiche. Sie queren die Landstraße K57 und gehen leicht links versetzt geradeaus weiter (Schild: max. 5,5 t). Nach 1 km halten Sie sich kurz nacheinander **zweimal** links und queren die B77. Beim Dorf **Peissen** ❹ folgen Sie nach einem einfachen, 2020 ungenutzten Bolzplatz

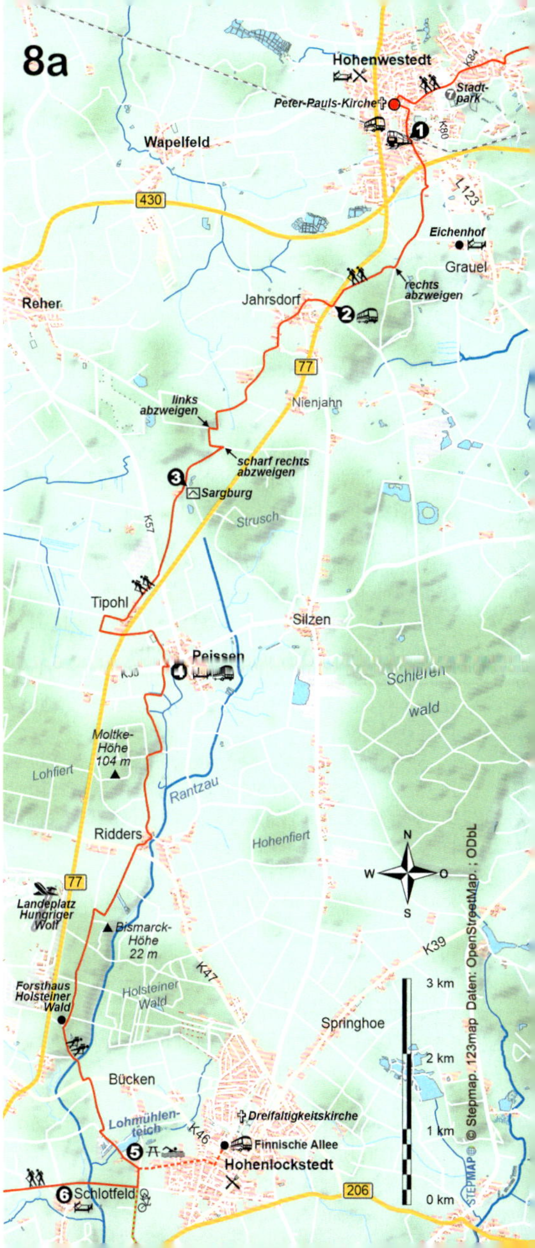

dem Radschild nach rechts vorbei am Dorf und bei einer T-Kreuzung der Straße nach rechts, vorbei an einer Übernachtungsgelegenheit (km 11,4).

B&B Ferienhof Keske, Hauptstraße 5, ☏ 048 76/360, ferienhof-keske@gmx.de, www.ferienhof-keske.de, Hof mit verschiedenen Unterbringungsmöglichkeiten in 7 Zimmern bzw. FeWo, unten möglich (gratis), p. P. ab € 30 ohne F

Haltestelle „Peissen-Ortsmitte", an der T-Kreuzung 150 m links, mit Linie 755 mehrmals täglich Richtung Hohenwestedt und Itzehoe, www.dbregiobus-nord.de

Nach 70 m zweigen Sie links ab (Radschild „Itzehoe 19,7 km"). 200 m nach einer Rechtskurve folgen Sie links dem Spurweg, halten sich bei der folgenden T-Kreuzung vor einer Wiese rechts (Radschild) und folgen dem Weg durch die Linkskurve. 100 m nach dem Ortsschild von **Ridders** gehen Sie bei einer T-Kreuzung rechts (Radschild „Itzehoe 12 km"), queren kurz darauf die Hauptstraße und gehen geradeaus (Radschild „Hohenlockstedt 8,7 km").

300 m nach einem Teich (km 15,3) folgen Sie dem Weg durch die Rechtskurve und am Waldrand entlang, um nach 100 m dem breiten Weg halb links in den Wald zu folgen. Weiter geht es nach einer Linkskurve südwärts durch Wald. Einige Hundert Meter rechts liegt der Landeplatz **Hungriger Wolf**, jahrzehntelang militärisch und heute überwiegend für Flugsport und Veranstaltungen sowie als Künstlerkolonie genutzt. Der nicht sicht-, aber vielleicht hörbare Flugplatz gilt mit seiner 1 km langen Landepiste (davon die Hälfte Gras) als einer der ältesten Deutschlands.

Sie folgen dem Weg geradeaus südwärts und beachten Abzweigungen nicht. Bei einer Gabelung im Wald mit rechts einem Forthaus mit Holzlattenzaun halten Sie sich links. Am Waldende (km 17,6), 20 m nach einer Schranke, nehmen Sie links den Spurweg, nach 50 m auf einer Brücke über die Rantzau. Links informiert eine Tafel über das FFH-Gebiet Rantzau-Tal. Nach der Einmündung in eine Straße folgen Sie dieser für 100 m nach links, um rechts die kleine Straße zu nehmen (Schild: max. 5,5 t), an deren Ende Sie sich wieder rechts halten. Bei der folgenden T-Kreuzung vor Eichen und einem grünen Gatter folgen Sie links der Straße (Radschild „Hohenlockstedt 2,4 km") und passieren kurz darauf zur Linken den **Lohmühlenteich** ❺ (km 19,2).

Der Lohmühlenteich bietet sich mit Tisch und Bank sowie Badegelegenheit für eine Rast bzw. Erfrischung an.

5 Gehminuten nach dem Teich erreichen Sie eine Kreuzung bei (neueren) umzäunten Reetdachhäusern und folgen hier dem Spurweg nach rechts (Schild: Verkehrsverbot für über 5,5 t).

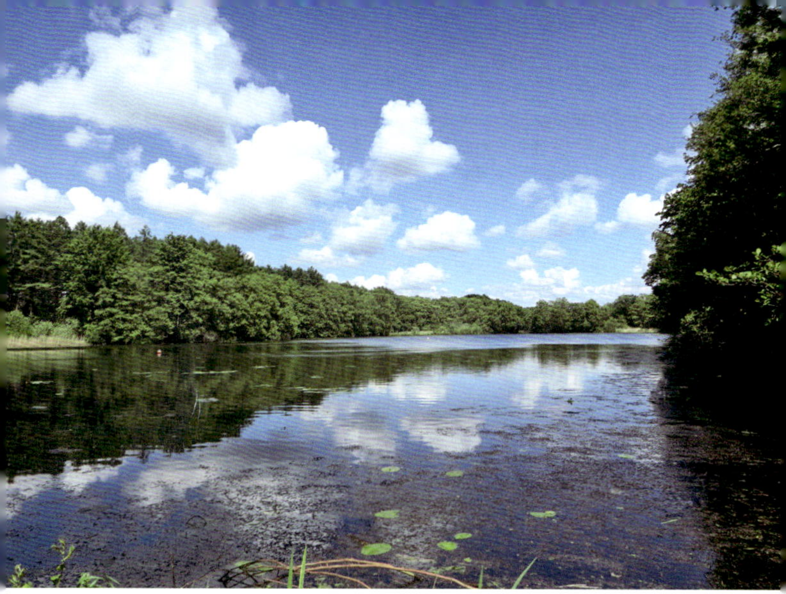

Lohmühlentiech

Abstecher nach Hohenlockstedt (2 x 1,4 km)

Wenn Sie bei der Kreuzung geradeaus gehen (Lohmühlenweg, später Kleine Mittelstraße), erreichen Sie nach 10 Gehminuten **Hohenlockstedt**, wo Sie die Mittelstraße nach links zu mehreren Einkaufs- und Einkehrgelegenheiten nehmen.

Hohenlockstedt

6.100 Ew., 25551,

mehrere Einkehrgelegenheiten im Zentrum entlang der Kieler Straße, z. B. Café-Bäckerei Lola (Kieler Straße 72, www.lola-cafe.de)

Supermärkte im Gewerbegebiet an der Breiten Straße und im Zentrum

Fahrradhaus Timm, Birkenallee 24, Mo-Fr 9:00-12:00 und 15:00-18:00, Sa 10:00-12:00

Haltestelle „Finnische Allee“ bei den Supermärkten, mit Linie 15 mehrmals täglich Richtung Itzehoe und Wrist, www.holsten-express.de

Im Ersten Weltkrieg wurden in Hohenlockstedt finnische Soldaten für ihren Unabhängigkeitskampf (gegen Russland) ausgebildet, woran im Ort ein Ehrenmal und der Name einer Straße (Finnische Allee) erinnern. Die ehemaligen Kasernen sind heute Mietwohnungsblöcke.

✞ Die 1965 erbaute – damals moderne – **Dreifaltigkeitskirche** fällt mit ihren geometrischen Formen auf: dem auffälligen Dreiecksgiebel mit dem seitlich weit heruntergezogenen Dach. Die Kirche geht zurück auf Pläne des Münchners Olaf Andreas Gulbransson, der sich neben seinen Tätigkeiten in der obersten bayerischen Baubehörde und der Werbeabteilung von Agfa als Architekt mehrerer moderner evangelischer Kirchen einen Namen machte. Das originale Altarkreuz wurde 2011 gestohlen, das 12 m hohe Altarmosaik konnten die Langfinger glücklicherweise nicht mitnehmen ...

Nach 250 m nehmen Sie bei einer Kreuzung (km 19,8) den rechts abzweigenden, alleeartigen Fußweg und verlassen damit den über Elmshorn nach Wedel führenden Ochsenweg. Die VJ führt nun für 6,3 km fast schnurgerade auf schmalem, aber mit Rad befahrbarem Weg westwärts nach Itzehoe. Der Wegverlauf verrät, dass es sich um eine ehemalige Bahntrasse handelt, einen Teil der 22 km langen Bahnstrecke zwischen Wrist und Itzehoe, die 1975 für den Personenverkehr eingestellt und 1990 endgültig stillgelegt wurde.

🚲 Dieser schmale Fußweg ist mit Konzentration, etwas Geländegängigkeit und Rücksicht gegenüber Fußgängerinnen und Fußgängern mit dem Rad fahrbar.

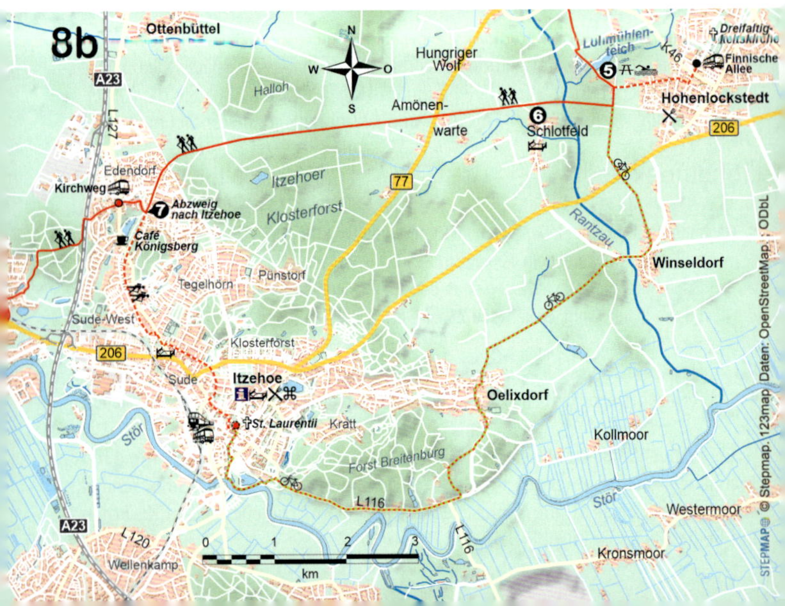

Eine Alternative – etwa für E-Bikes – ist der ausgewiesene Radweg nach Itzehoe via Oelixdorf (➲ 12 km zum Zentrum), hier stichpunktartig beschrieben: Fahren Sie bei der Kreuzung geradeaus und über die B206, in Winseldorf rechts und nach der Querung der Rantzau links in den Mühlenweg, später links nach Oelixdorf und am Südrand des Breitenburger Waldes vorbei an den Malzmüllerwiesen in die Innenstadt von Itzehoe.

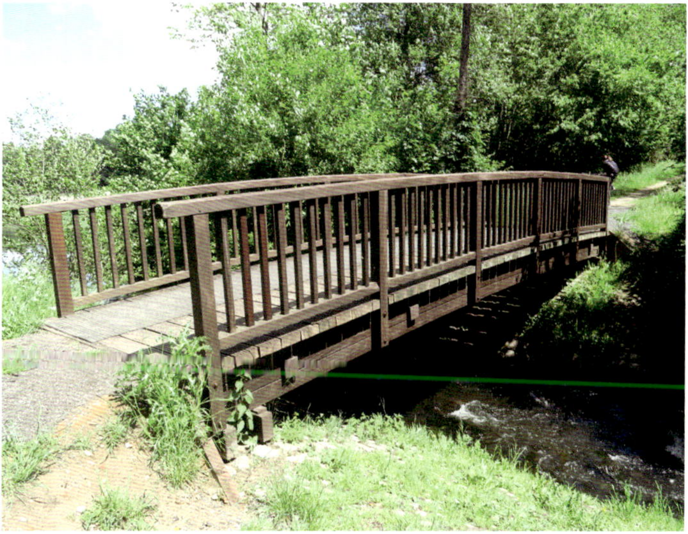

Brücke über Rantzau vor Schlotfeld

Der Fußweg entlang der Bahntrasse quert die Rantzau, 1960 begradigt, 40 Jahre später renaturiert und seit 2004 ein geschütztes FFH-Gebiet. 300 m nach der Brücke über die Rantzau queren Sie eine Straße mit links dem Dorf Schlotfeld ❻ mit zwei Unterbringungsmöglichkeiten in der Ortsmitte.

Schlotfeld 240 Ew., ✉ 25551, 🛏

🛏 Hof Ahmling, Dorfstraße 42a, ☏ 048 26/50 88, 💻 www.hof-ahmling.de, FeWo, 🐕 € 3, p. P. pro Nacht € 25

♦ Kastanienhof Holländer, Dorfstraße 31, ☏ 048 26/57 51, 💻 www.kastanienhof-hollaender.de, FeWo für bis zu 5 Pers., 🐕 € 3, für 1 Nacht inkl. Endreinigung € 110

Bei einer Kreuzung (km 26,1) erreichen Sie das bebaute Gebiet um Itzehoe und folgen geradeaus dem Radweg, weiter entlang des Verlaufs der alten Bahntrasse. Vor einem kleinen See ❼ erreichen Sie eine Kreuzung.

Abstecher nach Itzehoe (3,7 km zum Zentrum mit dem Kloster)
Itzehoe mit seinem idyllisch gelegenen alten Kloster und vielen Übernachtungsmöglichkeiten lohnt sich für einen Abstecher. Dazu folgen Sie ab der Kreuzung bei km 26,7 geradeaus dem Rad-/Fußweg Velo-Route entlang der alten Bahntrasse, stellenweise erhöht auf einem Böschungsdamm mit nettem Ausblick, bis kurz vor das Zentrum. Der Rad-/Bahndamm endet nach 1,8 km bei einem Rewe-Supermarkt, ab hier folgen Sie der Edendorfer Straße. Kurz darauf geht es links in die Adolf-Rohde-Straße, nach dem Lornsenplatz in die Timm-Kröger-Straße und bei einer größeren Kreuzung entlang der Straße Feldschmiede nach links in das Zentrum mit Fußgängerzone und Kloster bzw. Kirche.

Itzehoe

31.800 Ew., 25524, B&B

Tourismus-Information, Breite Straße 4, 048 21/949 01 20, info@mein-itzehoe.de, www.mein-itzehoe.de, Mo-Sa 10:00-14:00

Hotel Mercator Itzehoe-Klosterforst, Hanseaten-Platz 2, 048 21/152 00, kontakt@hotel-itzehoe.de, www.hotel-mercator-itzehoe.de, großes 4-Sterne-Hotel auf ehemaligem Kasernengelände am Ortsrand, DZ ab € 98, EZ ab € 77, zzgl. F (€ 7 p. P.)

♦ Hotel Adler, Lindenstraße 72, 048 21/134 20, hotel-adler-itzehoe@t-online.de, www.hotel-adler-itzehoe.de, Hotel zwischen Edendorf und Itzehoe, gratis, DZ ab € 66, EZ ab € 52, zzgl. F (€ 7,50 p. P.)

♦ Hotel Dithmarscher Hof, Dithmarscher Platz 8, 048 21/68 12 10, www.dithmarscherhof.de, zentral gelegenes Hotel, EZ ab € 48, Küche täglich 12:00-14:00 und 17:30-21:30

Nina Windbracke, Liliencronstraße 14, 048 21/748 60 04, hallo@die-ferienwohnung-itzehoe.de, www.die-ferienwohnung-itzehoe.de, FeWo für 1-2 Pers., am Nordrand der Innenstadt 300 m vom Bahnhof, € 48 für 1 Nacht, zzgl. € 20 Reinigungskosten

♦ Itzehoe, Sandberg 7, 01 76/21 11 95 60, carstens.manuela@web.de, www.ferienwohnung-in-itzehoe.de, zentrale FeWo/Monteurwohnung mit mehreren Zimmern und Gartenterrasse, ab € 17 p. P.

B&B Traumhaus – B&B Itzehoe, Sandberg 122, 048 21/779 61 13, 01 51/14 64 71 32, www.bed-and-breakfast-itzehoe.de, Privatunterkunft mit 3 Zi an der Großen Tonkuhle, DZ € 70, EZ € 60 für 1 Nacht, zzgl. F (€ 6 p. P.)

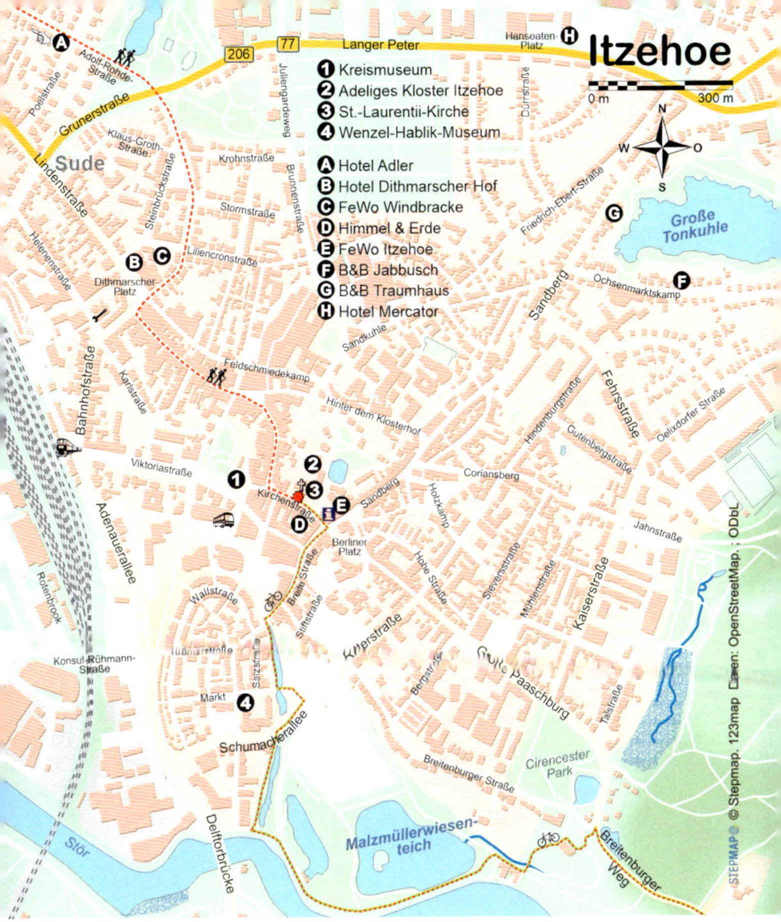

♦ Marlies Jabbusch, Ochsenmarktskamp 13, ☏ 048 21/937 16, private Unterkunft in ruhiger Lage nahe der Großen Tonkuhle, Zi ab € 20 p. P., ohne F

✕ Himmel & Erde, Kirchenstraße 5, ☏ 048 21/604 82 34, 💻 www.himmelunderde.sh, 🚪 Mo-Fr 9:00-18:00, Sa 10:00-17:00, zentrales Café/Restaurant gegenüber der Kirche St. Laurentii mit traditioneller Kaffeehausatmosphäre in historischem Gebäude von 1709

🔧 Radladen mit Werkstatt: Zweirad Center Kaina, Helenenstraße 2a, ☏ 048 21/59 91, 💻 www.fahrrad-kaina.de, 🚪 Mo-Fr 9:00-12:00 und 14:00-18:00, Sa 9:00-13:00, zwischen Bahnhof und Zentrum

🚆 Bahnhof mit halbstündlichen Verbindungen Richtung Hamburg und Heide

Das im 12. Jh. urkundlich erstmals als „Ekehoe" erwähnte Itzehoe war seit preußischen Zeiten (1866) ein wichtiger Standort des Militärs. Um 1000 wurde hier zum Schutz der Billunger Ringwallburg, aus der heraus sich die Handelsstadt Itzehoe entwickelte, eine Schleife der Stör angelegt. Die einstmals stadtprägende Störschleife ist nicht mehr vorhanden, sie wurde 1974 zugebaut, z. B. durch die südwärts verlaufende Adenauerallee (B77). Für diese stadtplanerische Missetat errang Itzehoe 1988 den zweiten Rang im „Wettbewerb um die konsequenteste Verschandelung eines historischen Stadtbildes" – nach Idar-Oberstein mit der Naheüberbauung.

Nach dem Abzug der Bundeswehr und dem Verlust wichtiger Industriezweige (Zement, Druckerei für Gruner & Jahr) versucht Itzehoe, sich als High-Tech-Standort einen Namen zu machen. Seit mehr als 50 Jahren spielt der Einzelhandel eine wichtige Rolle: 1972 wurde das Holsten-Center eröffnet, mit rund 15.000 m^2 damals eines der größten Einkaufszentren des Landes, das infolge großen Leerstands 2020 Insolvenz anmelden musste.

✝ Die **St.-Laurentii-Kirche** in der Stadtmitte wurde 1716-1718 als barocker Backsteinsaalbau mit einem Holztonnengewölbe errichtet, nachdem der gleichnamige gotische Vorgängerbau aus dem 13. Jh. im dänisch-schwedischen Krieg

Adeliges Kloster und St.-Laurentii-Kirche

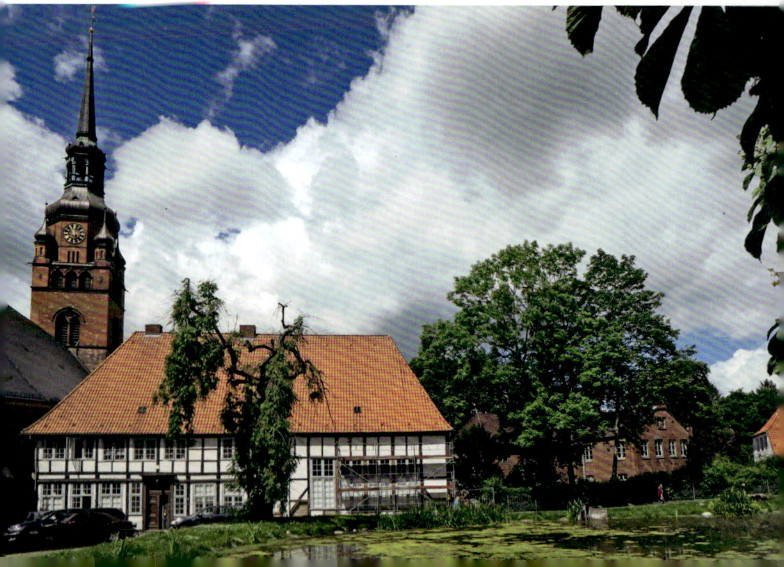

1657 von den Schweden zerstört worden war. Einzig der Kreuzgang ist noch original aus der Zeit der ursprünglichen (Kloster-)Kirche. Die Orgel gilt als letztes Werk des bekannten norddeutschen Orgelbauers Arp Schnitger, der die Fertigstellung nicht mehr erlebte; das Instrument wurde durch seinen Schüler Lambert Daniel Kastens fertiggestellt. Die Kanzel und der Altar mit 24 Szenen der Heilsgeschichte sind Werke des Hamburger Holzschnitzers Hein Baxmann (17. Jh.). Die 1960 bei Grabungsarbeiten wiederentdeckten Grabgewölbe dienten den Schauenburger Grafen bis ins 15. Jh. als letzte Ruhestätte. In dem 80 m hohen Turm mit seinem markanten Helm von 1894 pendelt eine rund 3 t schwere stählerne Glocke gegen den 225 kg schweren Klöppel.

🚪 April bis Oktober Mo-Fr 15:30-17:30 sowie ganzjährig Sa 10:00-13:00

✞ Das **Adelige Kloster Itzehoe** geht zurück auf das im Jahr 1263 von Ivenfleeth an der Störmündung nach Itzehoe verlegte Zisterzienserinnenkloster mit St. Laurentius als Klosterkirche. Das Kloster ist seit 1541 ein Damenstift, vergleichbar mit den Klöstern in Schleswig und Preetz. Wirtschaftlich unterhält sich das Kloster u. a. durch Mieteinnahmen bzw. Wohnen im Kloster, Wild und Weihnachtsbaum- und Brennholzverkauf aus den Ländereien, die naturnah bewirtschaftet werden.

♦ Klosterhof 7, ☎ 048 21/31 63, 📱 01 71/758 77 75, 💻 www.kloster-itzehoe.de,
🚪 Mo 8:00-12:00 und Mi 9:00-12:00 oder nach Vereinbarung

⌘ Das **Kreismuseum** im Prinzeßhof informiert über regionale Vorgeschichte und Volkskunde.

♦ Kirchenstraße 20, 💻 www.museum-prinzesshof.de,
🚪 Di-So 10-12 und 15:00-18:00, Do auch bis 20:30, Eintritt € 3,50

⌘ Das **Wenzel-Hablik-Museum** zeigt in einem alten Kaufmannshaus den Nachlass des deutsch-böhmischen Künstlers Wenzel-Hablik (1881-1934), der ab 1908 in Itzehoe gelebt hat. Nach Zuweisung von Bundesmitteln 2021 wird das Haus mit einem Anbau in den nächsten Jahren neu gestaltet werden.

♦ Reichenstraße 21, 💻 www.wenzel-hablik.de,
🚪 Di-Sa 14:00-17:00, Sa & So 11:00-17:00, Eintritt € 4

Bei der Kreuzung vor dem kleinen See zweigt die VJ rechts ab zum Etappenziel Edendorf, das Sie nach dem Park links über die Untere Dorfstraße erreichen.

☺ 🛏 Übernachten können Sie in Itzehoe, von Edendorf gelangen Sie mit dem Bus dorthin.

Edendorf 300 Ew., 25524

Café Königsberg, Edendorfer Straße 194, 048 21/133 31 31, täglich 5:00-18:00, Café mit Terrasse an der Edendorfer Tonkuhle, 400 m südlich des Weges

Supermärkte/Discounter (Lidl, Netto) am Etappenende in Edendorf rechts vom Weg im Gewerbegebiet (Lise-Meitner-Straße)

Haltestelle „Itzehoe-Kirchweg“ mit zahlreichen Verbindungen in die Innenstadt von Itzehoe (v. a. Linie 5), www.vineta-steinburg.de

Etappe 9: Edendorf – Glückstadt

27,8 km, 7 Std., ↑ 68 m, ↓ 100 m, ⇧ -1-38 m

0,0 km	⇧ 34 m	Edendorf
2,5 km	⇧ 3 m	Julianka
3,4 km	⇧ 0 m	Heiligenstedten
7,7 km	⇧ 1 m	Tisch und Bank bei Heiligenstedterkamp
9,5 km	⇧ 1 m	Hodorf **B&B**
13,0 km	⇧ -1 m	Tisch und Bank am Stördeich
14,5 km	⇧ 1 m	Neuenkirchen
19,5 km	⇧ 1 m	Borsfleth
21,0 km	⇧ 1 m	Ivenfloth
21,5 km	⇧ 3 m	Störsperrwerk (☞ Westvariante aus Dithmarschen)
24,9 km	⇧ 1 m	Elbfähre Glückstadt – Wischhafen (ab hier Fortsetzung Etappen 10-12 in Niedersachsen)
27,8 km	⇧ 2 m	Glückstadt **B&B** BANK

Die letzte Etappe in Schleswig-Holstein folgt der Stör vorbei an Heiligenstedten bis zu ihrer Mündung in die Elbe und weiter dem Elbdeich nach Glückstadt, vorbei am Fähranleger nach Wischhafen (☞ Etappe 10). Die VJ führt dabei großteils über kleine Straßen, stellenweise auch über den Deich an der Stör. Dieses Teilstück sollen frühere Pilgerinnen und Pilger Berichten zufolge per Schiff auf der Stör – und weiter über die Elbe – zurückgelegt haben.

Mit dem Rad können Sie großteils der VJ folgen, alternativ auf diesem Abschnitt aber auch dem gut beschilderten Mönchsweg, dessen Etappe zwischen Itzehoe und Glückstadt mit 40 km etwas länger ist und anfangs rechts von der Stör verläuft und später über Krempe führt.

Diese Etappe beginnt an der Edendorfer Kreuzung der VJ mit der Schenefelder Chaussee.

☺ Von Itzehoe aus ist der Startpunkt der Etappe über den in der letzten Etappe beschriebenen Zubringer oder per Bus erreichbar.

Haltestelle „Itzehoe-Kirchweg“ am Start mit zahlreichen Verbindungen aus der Innenstadt Itzehoes zu erreichen, v. a. Linie 5, www.vineta-steinburg.de

Von der Kreuzung gehen Sie westwärts entlang der Straße Kirchweg und verlassen diese nach 500 m rechts, um auf einer 2010 erbauten Fußgänger-/Radbrücke die A23 zu queren (km 0,5). Weiter wandern Sie auf dem Radweg links abwärts und unten nach einer Rechtskurve durch ein Wäldchen. Es geht zunächst geradeaus, abzweigende Wege beachten Sie nicht. Bei einer kleinen Kreuzung im Wald vor einem Teich (km 1,6) halten Sie sich links und folgen dem spärlich mit Radschildern

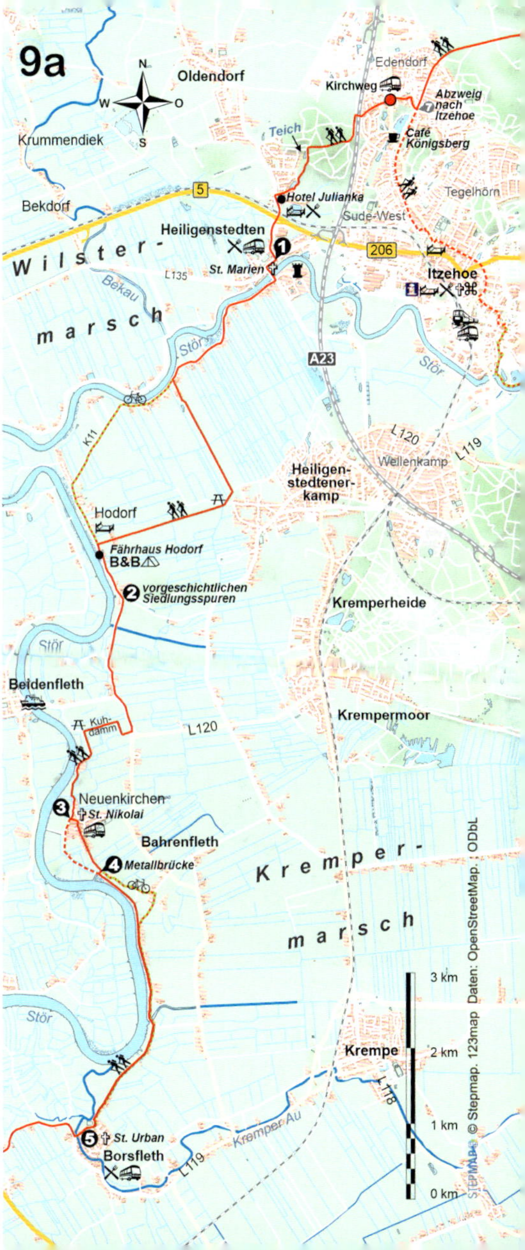

versehenen Weg links an dem Teich vorbei und weiter durch Wald. Links von einem weiteren Teich erreicht der Spurweg einen asphaltierten Weg, dem Sie rechts folgen, links an dem Teich vorbei (Radschild) hinein in bebautes Gebiet. Bei der T-Kreuzung mit einer größeren Straße (km 2,4) halten Sie sich links, rechts vorbei am Hotel Julianka und über der B5.

Hotel Julianka, Julianka 8, ☎ 048 21/750 52, 01 76/41 63 45 90, hotel-julianka@gmx.de, www.hotel-julianka.de, funktionaler Gasthof direkt an der Straße, Zi mit Kühlschrank, DZ ab € 50, EZ ab € 35, ohne F

5 Gehminuten nach der B5 queren Sie in **Heiligenstedten** ❶ (km 3,4) die Hauptstraße, halten sich rechts und biegen nach wenigen Metern hinter dem Kirchfriedhof nach links und queren die Stör über die 1967 erbaute Klappbrücke, deren hölzerne Vorgängerbrücke bei einem Schiffsunfall zerstört worden war.

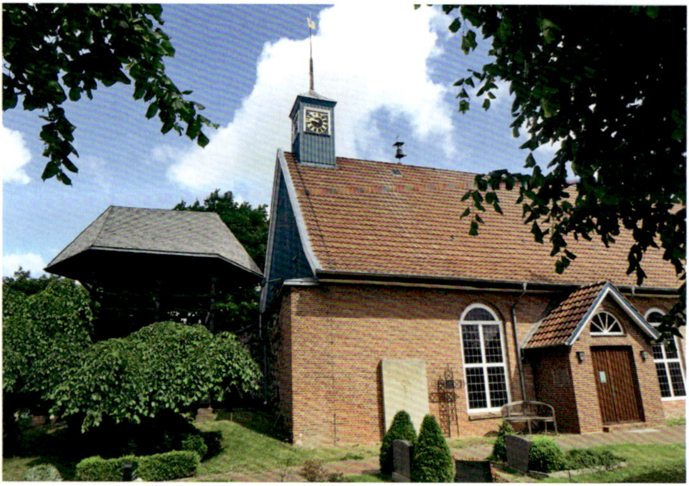

St.-Marien-Kirche

Heiligenstedten 1.600 Ew., 25524

Gasthof Zur Erholung, Hauptstraße 29, ☎ 048 21/40 35 00, www.zur-erholung-heiligenstedten.de, täglich 11:30-14:00 und 17:30-21:00, Restaurant mit Terrasse/Biergarten an der westlichen Störseite südlich der Brücke

Haltestelle „Heiligenstedten-Sommer" mit Mo-Sa vielen, So sehr wenigen Verbindungen von/nach Itzehoe, u. a. mit Linie 6606, www.dbregiobus-nord.de

✞ Die **Marienkirche** wurde im 13. Jh. an Stelle einer Holzkirche aus dem 9. Jh. erbaut, die auf den hl. Ansgar zurückging und als eine der ältesten Kirchen nördlich der Elbe galt. Von der Marienkirche aus sollte das Christentum in die nordischen Länder verbreitet werden. Ungewöhnlich: Die ursprünglich erhöht auf einer Warft erbaute und später eingedeichte Kirche steht seit 1826 am Deich. Bei der Deicherhöhung musste der Eingang höher gelegt werden. Daher müssen Sie beim Betreten des Kirchraumes nach unten gehen.

♦ Schlüssel zur Kirche in der Apotheke oder im Kirchenbüro, Hauptstraße 1, ☏ 048 21/751 20, Di, Do, Fr 9:30-11:30 und Mi 16:00-18:00

Nach der Brücke geht es rechts am Deich entlang (Dorfstraße, Radschild „Hodorf 4 km") – oder auf dem Deich. Links liegt das Schloss Heiligenstedten, das nicht besichtigt werden kann.

♜ Das **Schloss Heiligenstedten** ist eigentlich das Herrenhaus eines Adligen Gutes, erbaut im 18. Jh. vom Architekten Nicolas Henri Jardin an der Stelle eines Vorgängerbaus, der 1756 einer Sturmflut zum Opfer gefallen war. Das Anwesen erlebte mehrere Besitzerwechsel (Adelsfamilien von Rantzau, Ahlefeld, Blome) und nach dem Verkauf durch die Familie Blome an das Land Schleswig-Holstein unterschiedliche Nutzungen: Landesfürsorgeheim, Landschulheim, Heim für geistig Behinderte, Lazarett im Zweiten Weltkrieg, Landesjugendheim, Alten- und Pflegeheim. Seit 1989 ist das inzwischen sanierte Anwesen in Privatbesitz und wurde zu einem Pferdehof mit Turnierhalle erweitert.

Nach 2,1 km und nach einem Bauernhof (km 5,8) nehmen Sie die links abzweigende Dorfstraße, den Deich im Rücken. Die VJ führt hier ein kurzes Stück in das Landesinnere, weil dort die Wege etwas schöner (schmaler) sind als die Straße am Deich entlang.

Abkürzung am Deich entlang (➲ 0,7 km kürzer) (auch für 🚲)
Eine – sicher mit dem Rad sinnvolle – Alternative ist die weiter am Deich entlangführende Dorfstraße, nach 2 km vorbei an einem kleinen ☕ Fahrrad-Café. Kurz vor dem Fährhaus Hodorf erreichen Sie wieder die VJ.

Bei einer T-Kreuzung folgen Sie rechts dem Spurweg (Radschild „Hodorf 2,9 km") und nach 150 m bei einer Kreuzung am Ende des Spurweges nahe Heiligenstedterkamp mit Tisch und Bank der asphaltierten Straße nach rechts (Schild: Verkehrsverbot für über 3,5 t), links an der Rastgelegenheit vorbei.

Kurz vor dem Deich passieren Sie in **Hodorf** zur Rechten eine Übernachtungsgelegenheit.

🛏 Landsitzhotel, Dorfstraße 23, ☎ 048 21/40 30 10, 💻 www.landsitzhotel.de, ländliches Hotel im reetgedeckten Peterhof mit 18 Zi, primär ausgerichtet für Gruppen bzw. Tagungen, 🐕 € 9,50, EZ ab € 79, zzgl. F (€ 10 p. P.)

Am Deich angekommen (km 9,5) folgen Sie der Dorfstraße nach links, nach 100 m vorbei am alten Fährhaus.

B&B⛺ Fährhaus Hodorf, Dorfstraße 14, 📱 01 52/09 40 34 45, ✉ info@faehrhaus-hodorf.de, 💻 www.faehrhaus-hodorf.de, Ferienwohnung und Zeltmöglichkeit im/am alten Fährhaus an der Stör, 🏊 Schwimmteich, 🐕 € 2, DZ € 49, EZ € 35, Hütte ab € 30 für eine Nacht, Zelten € 10 p. P., zzgl. F (€ 11 p. P.)

Bei einem Reitplatz in einer weitgeschwungenen Rechtskurve der Straße (km 10,3) passieren Sie die Spuren einer vorgeschichtlichen Siedlung (Infotafel) ❷ – infolge der Landsenkung 1,40 m unter der heutigen Marschoberfläche. Nach 1,5 km beachten Sie die rechts abzweigende Straße zur Störfähre nicht und folgen der Großen Bahrenflether Straße geradeaus südwärts. Bei der folgenden Straßengabelung halten Sie sich rechts (Glückstadt 10 km), um 50 m danach rechts in den Kuhdamm zu biegen. Die Straße (Kuhdamm) erreicht den Stördeich bei einem Hof mit rechts dahinter Tisch und Bank sowie einem Verkaufsstand für lokale Produkte (km 13,1). Sie halten sich links und folgen der VJ kurz darauf über die Deichkrone – auch ausgewiesen als (nicht ganz idealer) Radweg.

In **Neuenkirchen** ❸ verlässt die VJ den Deich und führt links in das Dorf hinein und vor der St.-Nikolai-Kirche durch eine Rechtskurve und weiter südwärts entlang der Dorfstraße.

🚌 Haltestelle „Bahrenfleth-Ortsmitte Neuenkirchen" an der Kirche mit mehreren Verbindungen Mo-Fr der Linie 9 von/nach Itzehoe, 💻 www.nah.sh

✝ Die einschiffige Backsteinkirche **St. Nicolai** aus dem 13. Jh. fällt durch ihren hölzernen Glockenturm von 1756 auf – bei Kirchen von Marschdörfern keine Seltenheit, weil ein schwerer steinerner Turm bei den weichen Marschböden eher zu statischen Problemen, sprich Schieflage, führen kann. Die Steine des Kirchengebäudes stammen vermutlich von dem im Jahr 1263 von Ivenfleth nach Itzehoe verlegten Zisterzienserinnenkloster.

↳ **Variante auf dem Deich ab Neuenkirchen** (gleiche Länge, kein 🚲!)
Alternativ können Sie ab Neuenkirchen weiter aussichtsreich auf dem Deich wandern und erreichen nach 1 km wieder die Route, wenn die VJ von links auf den Deich führt.

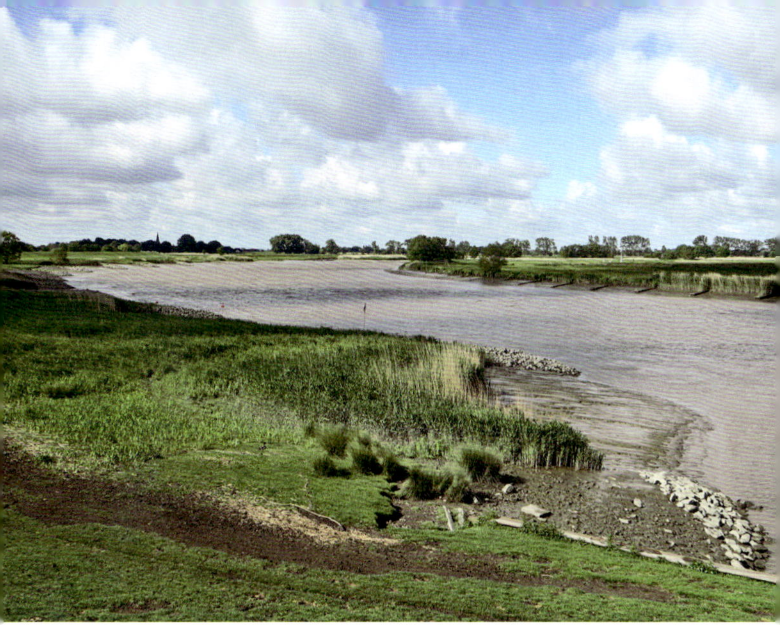

Stör zwischen Neuenkirchen und Borsfleth

5 Gehminuten nach Neuenkirchen gehen Sie nach einer kleinen Metallbrücke ❹ (km 15,3) nach rechts auf den Deich zu und auf dessen Krone links bis nach Borsfleth – eine nette Passage mit Blick auf die Stör und Krempermarsch. Alternativ können Sie den Weg später auch links unten auf der parallel verlaufenden Straße fortsetzen.

🚲 Mit dem Rad meiden Sie die schmale und mit Gras bewachsene Deichkrone lieber und folgen stattdessen nach der Metallbrücke (km 15,3) dem Radweg geradeaus Richtung Glückstadt. Nach 800 m fahren Sie bei einer T-Kreuzung rechts und radeln kurz darauf neben dem Deich und damit der VJ nach Borsfleth.

Beim Bolzplatz auf der rechten Deichseite (km 19,4) verlassen Sie den Deich und folgen der Dorfstraße durch Borsfleth ❺.

Borsfleth

700 Ew., ✉ 25376, ✕ ✝ 🚌

✕ Zum Aukrug, Dorfstraße 2, ☎ 048 24/659, 💻 www.zum-aukrug.de, 🚪 Di & Do-So 11:00-13:00 und ab 17:00, Mo ab 17:00, Lokal von Thorsten Brügmann mit bayerischem Biergartenambiente am Ortsende

Das 1307 erstmals urkundlich erwähnte und im Dreißigjährigen Krieg weitgehend zerstörte Borsfleth bietet einige nette authentische Ecken mit Kopfsteinpflaster und restaurierten Fachwerkbauten. Hervorzuheben sind das alte Schulgebäude von 1693 und das Pastorat von 1816 in der Carl-Lensch-Straße hinter der Kirche. Der Ortsname soll auf einen Fleeth (Kanal) mit vielen Barschen zurückgehen. Bekannt ist der Ortsteil Ivenfleth als ehemaliger Standort eines Zisterzienserinnenklosters, das 1263 nach Itzehoe verlegt wurde. Von dem Kloster ist heute nichts mehr zu erkennen. Genauso wenig wie von einer alten, 1822 erbauten Windmühle, die 1960 stillgelegt wurde und nach einer Zwischenlagerung in Damp 2000 seit 1985 ihre Flügel im Freilichtmuseum Hessenpark dreht.

✞ Die **St.-Urban-Kirche** entstand im 17. Jh. an der Stelle eines spätromanischen Vorgängerbaus auf dessen Mauerresten, der im Dreißigjährigen Krieg zerstört worden war. Bei einem Umbau 1959 wurde eine alte Gruft im Chorraum ausgegraben und zum Heizungskeller erweitert; bis 1750 fanden Bestattungen in der Kirche statt. Die ehemalige Leichenhalle erhielt 2010 eine Toilette. Der 40 m hohe Turm der Kirche wurde 1899 im neogotischen Stil erbaut. Ältestes Inventar ist eine 1.000-jährige romanische Taufe aus Granit.

Nach Verlassen von Borsfleth und Querung der Verlathschleuse mit der Brücke über die Kremper Au halten Sie sich bei einer T-Kreuzung rechts am Deich entlang.

🚌 mehrere Bushaltestellen entlang der Straße: Linie 6531 Richtung Glückstadt und Itzehoe Mo-Sa täglich nur wenige Male, 💻 www.dbregiobus-nord.de

Nach 1,5 km passieren Sie eine Übernachtungsgelegenheit (km 21,1).

🛏 Gasthof/Pension Zur Störmündung, Ivenfleth 6, ☎ 041 24/891 41, 📱 01 76/22 38 26 58, ✉ zurstoermuendung@googlemail.com, 💻 www.pension-zur-stoermuendung.de, 7 Zi, 🚲, 🐕 auf Anfrage, DZ ab € 68, EZ ab € 42, inkl. F, 🚪 Restaurant nur auf Anfrage bzw. für Hausgäste täglich 18:00-20:00

🚲 Mit dem Rad folgen Sie dem Radweg weiter entlang der Straße links neben dem Deich, nach 300 m unter der B431 hindurch (optional dahinter rechts und vor dem Störsperrwerk links wie die VJ auf nicht ganz radgeeignetem Belag). Sie fahren weiter 1 km geradeaus und dann in der Linkskurve dem Radweg folgend zwischen Deich (rechts) und Straße (links) entlang bis zur Straße der Elbfähre Wischhafen. Von dort sind beide beschriebenen Varianten nach Glückstadt auch mit dem Rad fahrbar.

Die VJ zweigt beim Gasthof Zur Störmündung rechts von der Straße ab und führt dahinter durch ein Gatter links auf den Stördeich und auf diesem zum sichtbaren Störsperrwerk.

Störsperrwerk

Das Störsperrwerk wurde in den 1970er-Jahre als Lehre aus den Folgen der Sturmflut 1962 erbaut, als weite Teile der Elbmarsch überspült wurden. Von der Mündung der Stör in die Elbe stieg das Wasser mehr als 50 km landeinwärts deutlich über die Ufer, inklusive der Itzehoer Innenstadt – kein Wunder, gilt doch die Wilstermarsch westlich der Stör mit einem Landniveau von bis zu -3,5 m als niedrigst gelegene Region Deutschlands. Das Störsperrwerk kann bei starkem Hochwasser die Stör abriegeln und dient mit der Brücke gleichzeitig als Teil der B431.

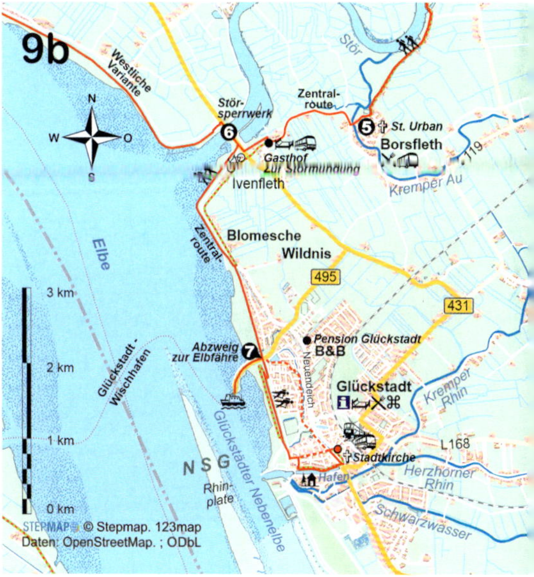

Vor dem Störsperrwerk ❻ (km 21,6) geht es 100 m nach rechts und dann links durch das Gatter und entlang des Weges rechts neben dem Deich (Radschild „Glückstadt 6,1 km"), erst auf der stör- und nach der Linkskurve der elbzugewandten Seite. Kurz darauf quert der Radweg und damit die VJ den Deich und führt bis zur Fähre Glückstadt – Wischhafen auf der landzugewandten Seite weiter Richtung Glückstadt.

Nach einem Gatter erreichen Sie die Zufahrtsstraße zur Fähre nach Wischhafen ❼ (km 24,9), die Sie rechts nach 5 Gehminuten erreichen würden. Nach Glückstadt geht es geradeaus weiter rechts oder links vom oder auf dem Deich.

↳ **Kürzere Variante zum Zentrum ohne Elbdeich** (➲ 1,8 km statt 3 km)
Alternativ gelangen Sie kürzer durch das Landesinnere in das Zentrum, und zwar großteils entlang eines Rad-/Fußweges durch einen Park und an einem Wasserlauf entlang.

Dazu queren Sie zunächst die Straße zur Fähre und nehmen den links hinter dem Parkplatz in den Park führenden Rad-/Fußweg, folgen ihm rechts am Teich vorbei und in einer großen Rechtskurve durch ein Wohnviertel. Vor einem kleineren Teich nehmen Sie rechts den Rad-/Fußweg, der rechts neben dem Wassergraben durch ein Wohnviertel führt. Nach einem weiteren Teich queren Sie eine Straße und einen Parkplatz. Nach einer Brücke geht es entlang der alleeartigen Straße Neuendeich mit einem Wassergraben (Fleth) in der Mitte zum Marktplatz.

Elbdeich vor Glückstadt

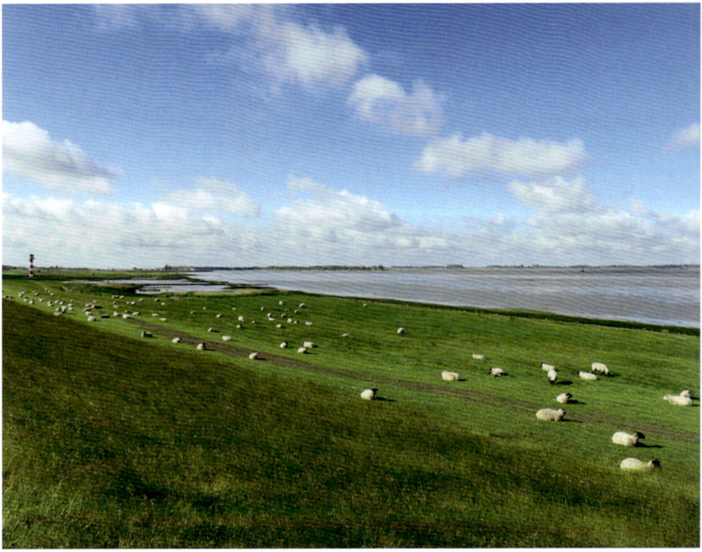

Am Ortsanfang von Glückstadt schwenkt der Radweg nach links und bei der folgenden Kreuzung (km 27,4) nach rechts Richtung Hafen (Am Proviantgraben).

↳ Kürzer zum Zentrum ist es geradeaus: Die Königstraße führt nach 500 m direkt zum Markt.

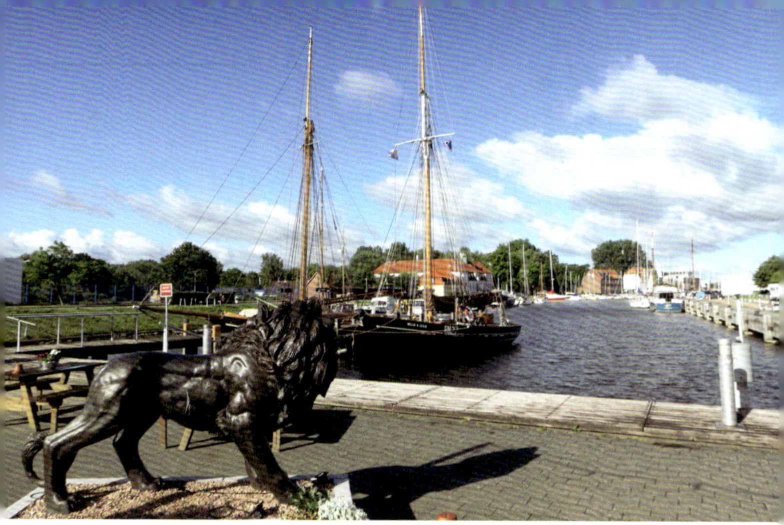

Hafen von Glückstadt

Die etwas längere, aber schönere Variante führt zum Hafen und dort links entlang des Kais, vorbei am alten Salzspeicher und auf eine attraktive Terrasse zu.

Bistro Nettchen, Am Hafen 1a, ☏ 041 24/589 87 82, www.nettchen-hafen.de, Di 11:00-22:00, Do 16:00-22:00, Fr 11.00-23.00, Sa 10:00-23:00, So 10:00-22:00, zeitgemäßes Bistro mit einladender Terrasse am Ende des Hafens

Am Ende des Hafens halten Sie sich beim Kreisverkehr links und gehen noch 200 m entlang der Alten Fleth zum zentralen Marktplatz mit der Stadtkirche.

Glückstadt

10.900 Ew., 25348, B&B

Touristinformation Glückstadt, Große Nübelstraße 31, ☏ 041 24/93 75 85, info@glueckstadt-tourismus.de, www.glueckstadt-tourismus.de, nahe am Marktplatz, April bis Oktober Mo-Fr 10:00-13:00 und 13:30-17:00, Di & Fr ab 9:30, Sa & So 10:00-16:00

Hotel Anno 1617, Am Mark 5-6, ☏ 041 24/916 90, www.anno1617.de, das Hotel am Marktplatz und das dazugehörige Gästehaus bieten zusammen 22 Zi, € 15, DZ ab € 100, EZ ab € 75, Restaurant täglich mittags und abends

B&B Pension Glückstadt, Flensburger Straße 2, ☏ 041 24 /207 39 98, 01 57/85 07 56 40, www.glueckstadt-pension.de, zur Elbfähre nach Wischhafen nächstgelegene Unterkunft, etwa 1 km von der Fähre und dem Zentrum von Glückstadt entfernt, DZ etwa € 84, zzgl. F (€ 8 p. P.)

B&B Gästehaus Muck, Königstraße 53, ☏ 041 24/609 18 05, 01 72/131 75 60, gaestehaus-muck@t-online.de, www.gästehaus-muck.de, „himmlisch schlafen“ verspricht die Pension von Wafa Leypold mit hellen Zimmern in zentraler Lage, DZ ab € 90, EZ € 67, inkl. F

B&B Pension und Café am Museum, Am Fleth 32, ☏ 041 24/60 83 25, info@pensionammuseum.de, www.pensionammuseum.de, 5 stilvoll teilweise mit Antiquitäten eingerichtete Zimmer im Zentrum mit Café im Haus, DZ ab € 94, EZ ab € 72, inkl. F, Café Mo-Fr 8:00-13:00 und 15:00-18:00, Sa 8:00-13:00 und 14:00-18:00, So 10:00-13:00 und 14:00-18:00

♦ Café/Pension Klingbeil, Am Markt 7, ☏ 041 24/79 79, Cafe-Klingbeil@t-online.de, www.cafe-klingbeil.de, Café mit 5 Zimmern am Bahnhof, auf Anfrage, DZ ab € 88, EZ ab € 55, inkl. F, Café Mo-Fr 6:00-18:00, Sa 7:00-18:00, So 8:00-18:00

JH Glückstadt, Am Rethövel 14-15, ☏ 041 24/60 44 55, glueckstadt@jugendherberge.de, www.glueckstadt.jugendherberge.de, Jugendherberge mit 115 Betten am Binnenhafen, DZ ab € 73, Bett in Mehrbettzimmer ab € 29, inkl. F, im Winter teilweise geschlossen

Am Marktplatz gibt es die meisten Lokalitäten, etwa Der kleine Heinrich, Am Markt 2, ☏ 041 24/36 36, www.der-kleine-heinrich.de, täglich 11:30-21:30, hier gibt es nicht nur regionaltypische Gerichte wie Matjes oder Buttermilchsuppe, sondern auch Kultur: In einem der ältesten Häuser Glückstadts finden Sie surreal-maritime Fliesenbilder des Glückstädter Malers Hans-Peter Wirsing.

♦ Zur alten Mühle, Am Hafen 54, ☏ 041 24/18 07, www.restaurant-zur-alten-muehle.de, April bis September Mi-Mo 11:30-21:00, Oktober bis März genauso, aber Mo, Mi, Do mit nachmittäglicher Unterbrechung zwischen 15:00 und 17:30

Supermärkte/Discounter nördlich des Zentrums: Edeka Frauen (Fritz-Lau-Platz 3-5) und Penny (Molenkiekergang 1), beide zwischen Hauptstraße am Neuenddeich und Neuem Fleth, etwa 1 km vom Weg

Radladen und Werkstatt: Radhus Horn, Große Deichstraße 15, ☏ 041 24/57 35, www.radhus-horn.de, Di, Do & Fr 9:00-12:00 und 14:00-18:00, Sa 9:00-12:00, zwischen Marktplatz und Binnenhafen

stündlich Bahnverbindungen Richtung Hamburg und Itzehoe

Glückstadt wurde 1617 unter dem bauwütigen und expansionsfreudigen dänischen König Christian IV. planmäßig angelegt, der mit einem lockeren Spruch in seiner Umgangssprache Niederdeutsch gleich für den Namen sorgte: „Dat schall glücken und dat mutt glücken, und denn schall se ok Glückstadt heten!“ Der strategisch wichtige südlichste Stützpunkt seines Reiches sollte Hamburg als Han-

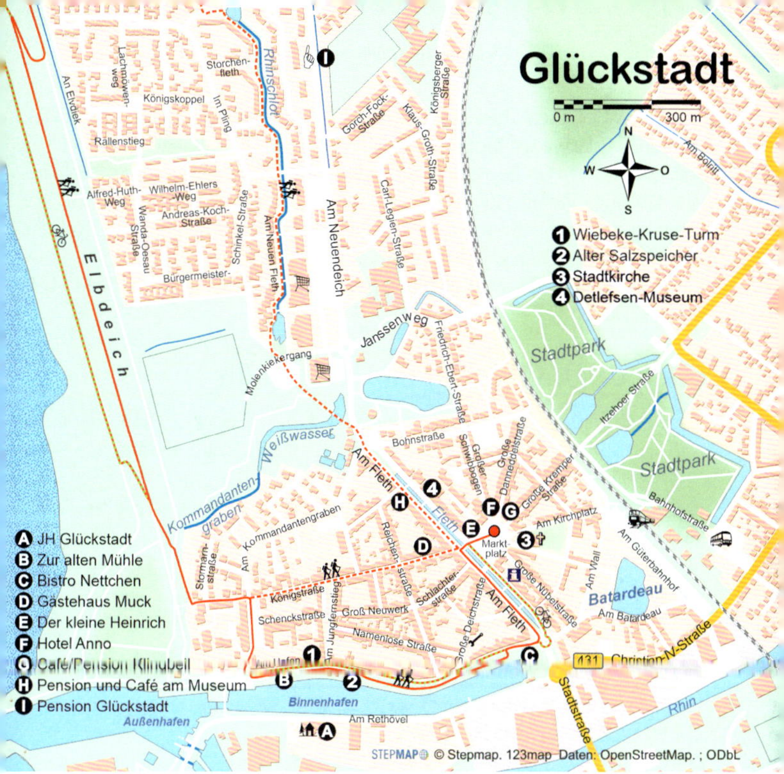

delsstadt – erfolglos – Konkurrenz machen. Das dem Ideal der italienischen Renaissance nachempfundene Glückstadt ist geprägt vom Grundriss der polygonalen Radialstadt: Vom sechseckigen Marktplatz mit dem 1642 im Stil der niederländischen Renaissance errichteten Rathaus führen sieben Straßen sternförmig zu den Bastionen der ehemaligen Festungsstadt. Der historische Stadtkern überlebte glücklicherweise den Abbruch der Festungswälle zu Beginn des 19. Jh. Am Hafen stehen noch viele ursprüngliche Backsteinhäuser mit Treppengiebeln, überragt vom Wiebeke-Kruse-Turm von 1630, einem Teil des ersten Wohnhauses Christians IV., das er 1638 seiner Geliebten Wiebeke Kruse schenkte.

✞ Die **Stadtkirche**, ein einschiffiger Backsteinbau, wurde 1618-1623 als erste evangelische Kirche Holsteins errichtet. Ihr weißer Barockturm mit dem kupfernen Haubenhelm wird von einer Wetterfahne in Form der Krone der Glücksgöttin Fortuna gekrönt, dem Wappen von Glückstadt.

⌘ Das **Detlefsen-Museum** ist ein Heimat- und Walfangmuseum im barocken Brockdorff-Palais. Das **Brockdorff-Palais** von 1632 gilt als eines der wenigen Gebäude aus der Gründerzeit Glückstadts, während das Museum mit den Themen Walfang, Wohnkultur, Volkskunde, der Geschichte Glückstadts und der Dänen in Schleswig-Holstein 1894 als eines der ältesten in Schleswig-Holstein von Detlef F. Detlefsen gegründet wurde.

♦ Am Fleth 43, www.detlefsen-museum.de, März bis Dezember Di-So 14:00-17:00, Eintritt € 4

Etappe 10: Glückstadt – Bützfleth

➲ 30,9 km (davon 5 km Elbfähre), ⌛ 6 Std. (zzgl. 25 Min. Elbfähre), ↑ 35 m, ↓ 35 m, ⇧ -1-4 m

0,0 km	⇧ 2 m	Glückstadt B&B ✝ ⌘
3,0 km	⇧ 1 m	Elbfähre Glückstadt – Wischhafen
8,0 km	⇧ 1 m	Fähranleger Wischhafen
8,5 km	⇧ 2 m	Abzweigung Variante Krautsand (➲ 5 km)
10,5 km	⇧ 2 m	Wischhafen BANK ⌘
15,1 km	⇧ 2 m	Dornbusch
19,4 km	⇧ 2 m	Drochtersen BANK ✝
23,7 km	⇧ 2 m	Assel BANK ✝
27,7 km	⇧ 2 m	Festung Grauerort ⌘
30,9 km	⇧ 1 m	Bützfleth B&B BANK ✝

Nach dem Übersetzen über die Elbe führt diese Etappe durch die großteils unter Meeresniveau liegende Kehdinger Marsch fast ausschließlich über den etwas landeinwärts gelegenen Deich – auf und neben diesem, je nach Wegabschnitt und -zustand, denn das Gras wird nur sporadisch von Schafen kurz gehalten. Anfangs führt die VJ entlang des Elbe-Weser-Wanderweges (Teil des E9), der sich in Dornbusch rechts Richtung Bremerhaven verabschiedet. Jenseits des Deichs liegt links die Elbinsel Krautsand, später die Elbe und am Schluss der Bützflether Sand mit einem großen Chemiewerk.

Achten Sie besonders bei Deichen auf die Markierungen, denn das niedersächsische Deichgesetz verbietet in §14 generell den Zutritt zu Deichen, allerdings wird das Begehen auf deutlich erkennbaren bzw. markierten Wegen geduldet.

☺ *Wenn Sie diese Etappe bis Stade verlängern (ggf. mit Zwischenübernachtung in Wischhafen, Drochtersen oder Krautsand), könnten Sie die beiden folgenden Etappen (11, 12) auch in einem Stück gehen, das wären zwischen Stade und Hollenbeck 23 km.*

Von Glückstadt gehen Sie im Prinzip wie gestern gekommen zum Fähranleger (➲ 3 km); am einfachsten und schnellsten ist es vom Markt westwärts entlang der Königstraße und an deren Ende rechts am Elbdeich zum Fähranleger.

⛴ Fähre Glückstadt – Wischhafen, ☏ 041 24/24 30, 💻 www.elbfaehre.de, alle 20 bis 30 Min., Fahrzeit 25 Min., € 1,50, zzgl. € 1 für das Rad

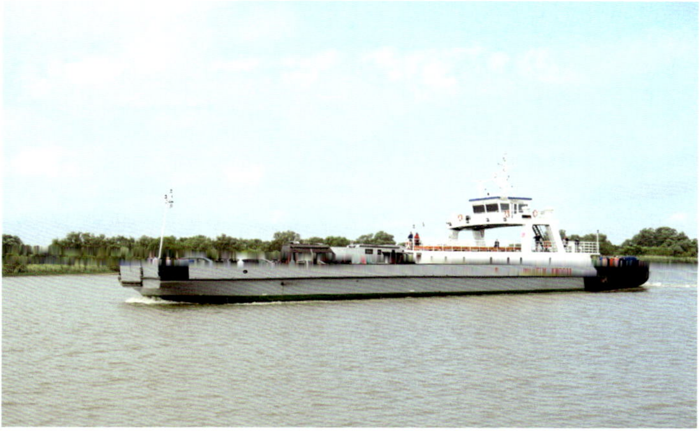

Elbfähre Glückstadt-Wischhafen

Elbfähre Glückstadt – Wischhafen – wie lange noch?

Die 1919 eingerichtete und seit Jahrzehnten von Autofahrerinnen und Autofahrern sowie Spediteurinnen und Spediteuren als zeitsparende Alternative zum Elbtunnel in Hamburg geschätzte Fährlinie Glückstadt – Wischhafen wurde im Herbst 2020 von der Flensburger Reederei FRS übernommen. Aber die Zukunft ist ungewiss: Schon seit Langem ist die Verlängerung der A20 in Planung, die südlich von Glückstadt die Elbe queren und damit den Autoverkehr verlagern würde. Aber bis zum Bau werden noch viele Jahr(zehnt?)e ins Land ziehen, sodass die vier Fähren noch lange hin- und herpendeln und dabei rund 600.000 Fahrzeuge jährlich zwischen den beiden Bundesländern Schleswig-Holstein und Niedersachsen transportieren werden.

Vom Fähranleger folgen Sie zunächst der Straße landeinwärts mit dem Radweg daneben. 100 m nach der Deichdurchfahrt zweigt nach links der Radweg nach Stade, Drochtersen und Krautsand über das 1978 erbaute Sperrwerk ❶ und entlang des Elbdeichs ab; 🚲 eine sinnvolle Alternative mit dem Rad.

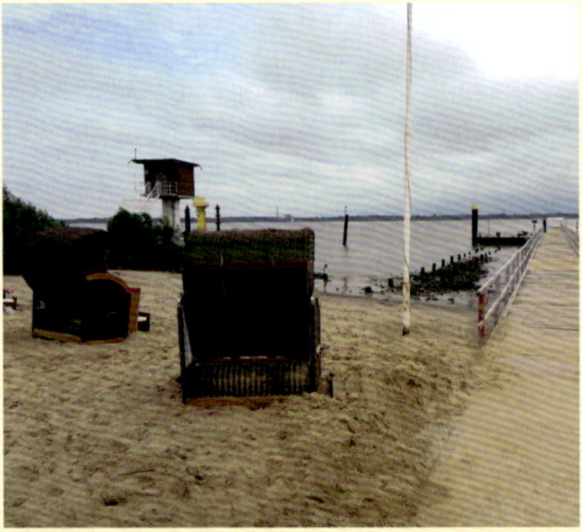

Krautsand – Elbstrand

Abkürzung entlang der Elbe (2,3 km kürzer); ideal per 🚲 Rad

Statt der heutigen Etappe entlang des alten Elbdeichs zu folgen, vorbei an mehreren Straßendörfern, können Sie alternativ links am und auf dem Elbdeich der Insel Krautsand entlangfahren/-wandern. Die Strecke ist zwar etwas monotoner, dafür haben Sie ständig einen Blick auf die Elbe mit ihrem regen Schiffsverkehr. Nach 5 km passieren Sie die Badesiedlung der Elbinsel Krautsand, einen Ortsteil von Drochtersen mit Elbstrand und Übernachtungsmöglichkeiten.

Krautsand

500 Ew., ✉ 21706, 🛏 ⛺ ✕

🛏 ✕ Hotel Elbstrand Resort, Elbstraße 1, ☎ 041 43/912 06 00, hotel@elbstrand-resort.de, www.elbstrand-resort.de, modernes Hotel mit Wellnessangebot und (eher hochpreisigen) Zimmern verschiedener Kategorien, 🐕 € 10, DZ ab € 109, EZ ab € 94, zzgl. F (€ 15 p. P.), Strandbar/Bistro Mitte April bis Anfang Oktober täglich 11:00-21:00

⛺ ✕ Camping Am Leuchtturm, Leuchtturmweg 5a, ☎ 041 43/55 22, info@camping-krautsand.de, www.camping-krautsand.de, Platz am Elbdeich neben einem großen Vogelschutzgebiet, 🐕 € 3, Hütte für max. 3 Pers. € 35, Zelt € 6, 1 Pers. € 7,50, Anfang April bis Ende Oktober

⛺ Campingplatz-Krautsand am Elbstrand, Elbinsel Krautsand 58, ☎ 041 43/14 94, info@campingplatz-krautsand.de, www.campingplatz-krautsand.de, Platz 100 m von der Elbe entfernt, 🐕 € 3, Hütte für max. 3 Pers. € 35, Zelt € 5, 1 Pers. € 7,50, Anfang April bis Ende Oktober

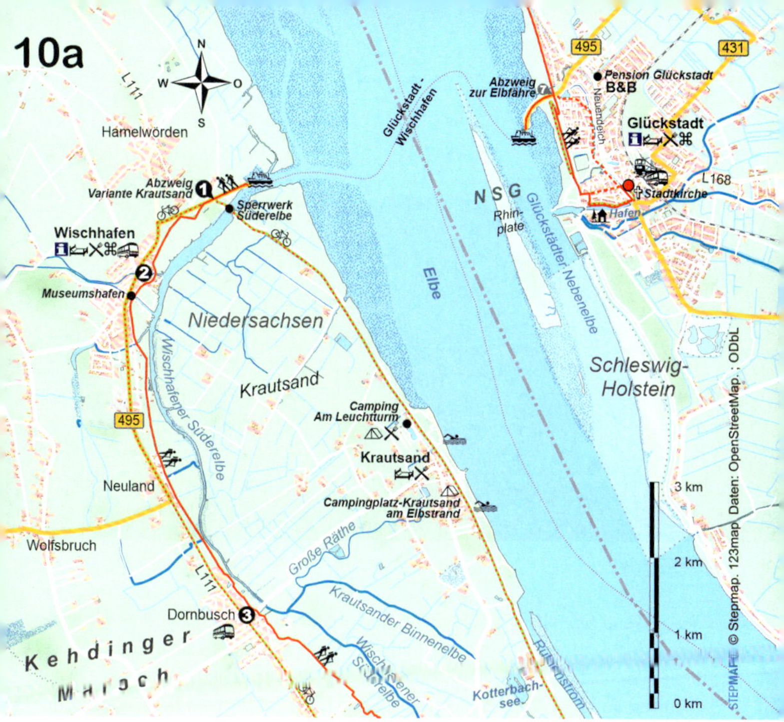

Von Krautsand folgen Sie weiter dem gut markierten Elberadweg am Deich (Radschild „Stade 21 km"). 8 km nach Krautsand erreichen Sie bei Assel wieder die Pilgerroute.

☺ 🚲 Da der Abschnitt bis Bützfleth großteils über die begraste Krone des Binnendeichs führt, ist diese Alternative mit einem durchgehenden Radweg auf jeden Fall die bessere Option mit dem Rad.

150 m nach der linken Abzweigung des Radweges über das Sperrwerk (km 8,7) nehmen Sie den links abzweigenden Weg entlang der Deichkrone des Binnendeichs (bzw. der Wischhafener Süderelbe), die nicht immer durchgehend gemäht ist (Pilgerlogo, Elbe-Weser-Weg, Europäischer Fernwanderweg 9). Diesem Deichweg folgen Sie fast durchgehend nach Bützfleth, meistens auf, stellenweise auch neben dem Deich, zumal dieser wegen der seltenen Mahd und Mäusen nicht immer im besten (Geh-)Zustand und daher manchmal etwas beschwerlich begehbar ist.

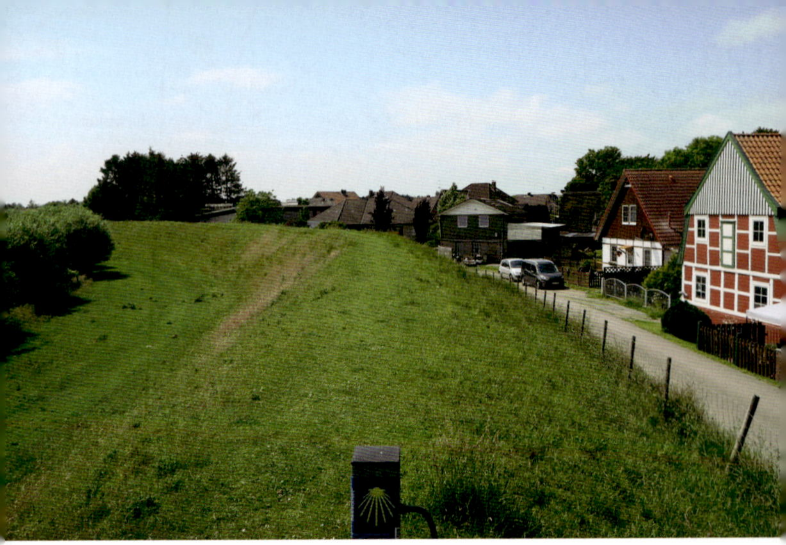

Wischhafen

Wenn Sie mit dem Rad nicht die Variante über Krautsand gewählt haben, bleiben Sie stattdessen auf dem Radweg neben der Straße und folgen diesem durch Wischhafen bis kurz nach Drochtersen, biegen dort links in den Postkutschenweg ab und radeln entlang der Deichstraße rechts vom Binnendeich (über den die Pilgerroute verläuft).

Nach 1,5 km auf dem Deich erreichen Sie Wischhafen ❷ mit Übernachtungs- und Einkehrgelegenheit.

Wischhafen 3.000 Ew., 21737

Tourist-Info Kehdinger Land Wischhafen, Stader Straße 175, 21737 Wischhafen, 047 70/83 11 29, info@tourismus-kehdingen.de, www.tourismus-kehdingen.de, ganzjährig Mo 9:00-12:00 und 15:00-17:00, Di, Do, Fr 9:00-12:00, in der Ortsmitte

Fährhaus Wischhafen, Fährstraße 16, 047/70 71 72, faehrhaus-wischhafen@ewetel.net, www.faehrhaus-wischhafen.de, familiengeführtes Gasthaus am Yachthafen mit 8 Zimmern, gratis Leihrädern, DZ ab € 85, EZ ab € 56, inkl. F, Restaurant Mo & Di 17:30-21:00, Fr-So 12:00-14:00 und 17:30-22:00

Hafengrill, Stader Straße 154, 047 70/73 77, Di-So 10:30-14:00 und 17:00-21:00

Discounter Netto am (nördlichen) Ortsanfang (Stader Straße 201b) und Penny am (südlichen) Ortsende (Ziegelstraße 15)

Haltestelle „Wischhafen-Alter Schulweg“, u. a. Linie 2025 Richtung Stade Mo-Fr beinahe stündlich, Sa & So mehrmals täglich,
www.kvg-bus.de/fahrplaene/landkreis-stade

⌘ Das kleine Kehdinger Küstenschifffahrtsmuseum dokumentiert in einem alten Getreidespeicher aus dem 19. Jh. am Deich die Küstenschifffahrt.

♦ Unterm Deich 7, www.kuestenschiffahrtsmuseum.de,
Juni bis September Di-So 10:00-12:00 und 13:00-18:00

Küstenschifffahrtsmuseum

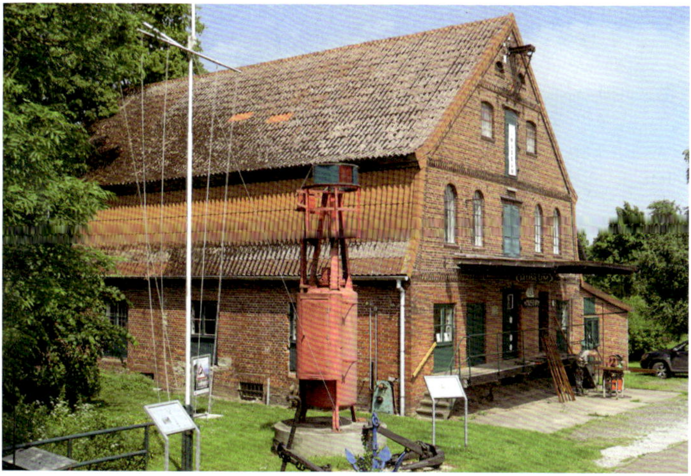

Beim Fährhaus queren Sie die Zufahrtsstraße und folgen weiter dem Deich(weg). Nach 200 m geht es bei einem Deichdurchbruch mit rechts dem Museumshafen von Wischhafen bei einer Kreuzung geradeaus und nach einem Schutzgatter (Schafe!) weiter auf dem Deich, links oberhalb des Ortes Wischhafen. Ab Wischhafen folgen Sie dem Weg über den alten Elbdeich neben der Süderelbe vorbei an der Siedlung Dornbusch ❸ mit Bushaltestelle.

Haltestelle „Dornbuscher Straße“, u. a. Linie 2025 Richtung Stade via Bützfleth, ☞ Wischhafen

Der Deichweg führt links an Drochtersen ❹ vorbei; an mehreren Stellen bieten sich nach rechts Abstecher in wenigen Minuten in die Ortsmitte an.

Drochtersen 11.200 Ew., 21706,

Tourist-Info Kehdinger Land Drochtersen, Drochterser Straße 39, 21706 Drochtersen, 041 43/91 21 40, tourist@tourismus-kehdingen.de, www.tourismus-kehdingen.de, Mai bis Oktober Mo, Mi, Sa 10:00-12:00 und Mo Di, Do, Fr 15:00-17:00, November bis April Mo, Mi, Fr 10:00-12:00 und Do 15:00-17:00, am Kreisverkehr in der Ortsmitte

Hotel-Bäckerei-Café Am Rathaus, Siethwender Straße 22, 041 43/91 18 30, nach eigenen Angaben verzichtet das Hotel „aus datenschutzrechtlichen Gründen" auf eine Webpräsenz, 8 Zi, DZ € 75, EZ € 52

I Monelli, Drochterser Straße 4, 041 43/70 83, täglich 12:00-15:00 und 17:30-23:00, Italiener in Ortsmitte

Supermärkte/Discounter (Rewe, Lidl) und Bäcker in Ortsmitte, 700 m vom Weg

Haltestelle „Drochtersen-Kirche", u. a. Linie 2025 Richtung Stade, Wischhafen

Nach Drochtersen geht es weiter auf und stellenweise (rechts) neben dem alten Deich, vorbei am Dorf Assel ❺ (km 23,7) mit kleinem Hafen.

Assel 3.600 Ew., 21706,

Hotel Zur Post, Asseler Straße 47, 041 48/50 00, Di-So 10:00-17:00, das frühere Hotel firmiert heute nur noch als Restaurant, die Zimmervermietung wurde wegen zunehmend strenger Auflagen eingestellt.

Edeka Nickel, Wether Straße 133, 500 m außerhalb von der Ortsmitte

Haltestelle „Asseler Hafenstraße", u. a. Linie 2025 Richtung Stade, Wischhafen

Die im 12. Jh. erstmals erwähnte ehemalige Feldsteinkirche **St. Mauritius und St. Martin** wurde im Laufe der Jahrhunderte mehrfach erweitert; im Wesentlichen geht das heutige Backsteingebäude mit der Holzbalkendecke auf Umbauten im 16. Jh. zurück. Der ehemalige Rundturm wurde 1845 durch den heutigen 45 m hohen Turm ersetzt, in dem Dohlen brüten – die Kirche beteiligt sich an der Aktion Lebensraum Kirchturm, bei denen Höhlenbrütern wie Dohlen sowie Turmfalken, Schleiereulen und Fledermäusen „Kirchenasyl" gewährt wird. Im Inneren sind das Taufbecken aus dem 13. Jh. ebenso wie der auf Holzschnitte eines Dürer-Schülers zurückgehende Altar aus dem frühen 16. Jh. bemerkenswert.

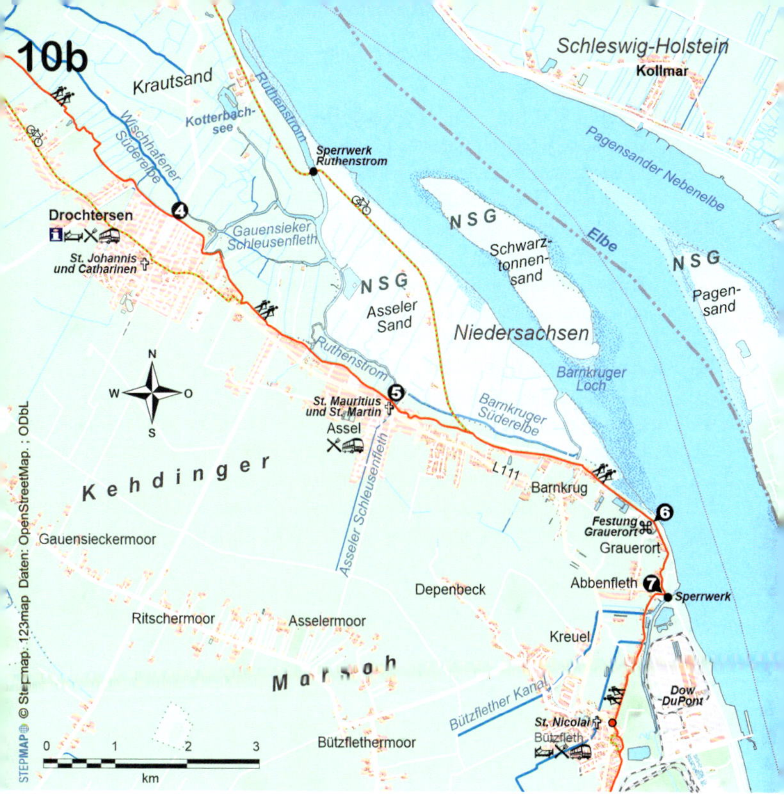

Kurz hinter Assel führt von links der äußere Elbdeich mit der Variante von Krautsand heran (km 24,9). Weiter geht es auf oder neben dem Deich, vorbei an der ⌘ **Festung Grauerort** ❻, im 19. Jh. zum Schutz vor feindlichen Schiffen auf der Elbe von Preußen angelegt.

Beim Hafen von **Abbenfleth** ❼ mit dem alten Deichtor (km 28,9) gehen Sie vor einem Sperrwerk mit Klappbrücke rechts entlang der Straße, nach 100 m beim Bootslager Abbenfleth durch einen Deichdurchgang und danach links in die Deichstraße. Links von der Bützflether Süderelbe liegt das 550 ha große Gelände des US-Chemiekonzerns DowDuPont, seit 1972 der wichtigste Arbeitgeber der Region (Info ☞ Etappe 12). Im Zielort Bützfleth geht es beim Kreisverkehr nach ↳ rechts zur Kirche und zu Übernachtungsgelegenheiten und ↳ geradeaus zu Einkaufs- und einfachen Einkehrgelegenheiten.

Bützfleth 4.800 Ew., 21683, B&B

Gasthaus von Stemm, Kirchstraße 11, 041 46/34 54 10, www.gasthausvonstemm.de, günstiges Hotel in der Ortsmitte, DZ ab € 72, zzgl. F (€ 5 p. P.), Mo-Fr 10:00-14:00 und 16:30-23:00, Sa 10:30-14:00

B&B Gästehaus Howe, Karkenpatt 2 + 4, 041 46/301, 01 71/830 44 31, Zimmervermietung-Stade@gmx.net, www.zimmervermietung-stade.de, Zimmer in großem Fachwerkhaus 150 m südwestlich der Kirche, nach Eigenangaben „wie zu Großmutters Zeiten" eingerichtet, gratis, DZ € 52, EZ € 37, zzgl. F (€ 8 p. P.)

Zum Deutschen Hause, Obstmarschenweg 324, 041 46/54 31, Mi-So 16:00-21:00, Sa & So auch 11:00-13:00

♦ Sivas Pide, Obstmarschenweg 323, 041 46/90 84 99, täglich 11:30-22:00, Fr Mittagspause zwischen 12:15 und 13:15, Pizza, Pasta und Dönergerichte – keine Haute Cuisine, dafür kaum Beschränkungen bei Öffnungszeiten

zwei Supermärkte/Discounter (Edeka, Penny) in Ortsmitte am Obstmarschenweg

Haltestelle „Bützfleth-Elsternstraße", u. a. Linie 2025 Richtung Stade, ☞ Wischhafen

St.-Nicolai-Kirche

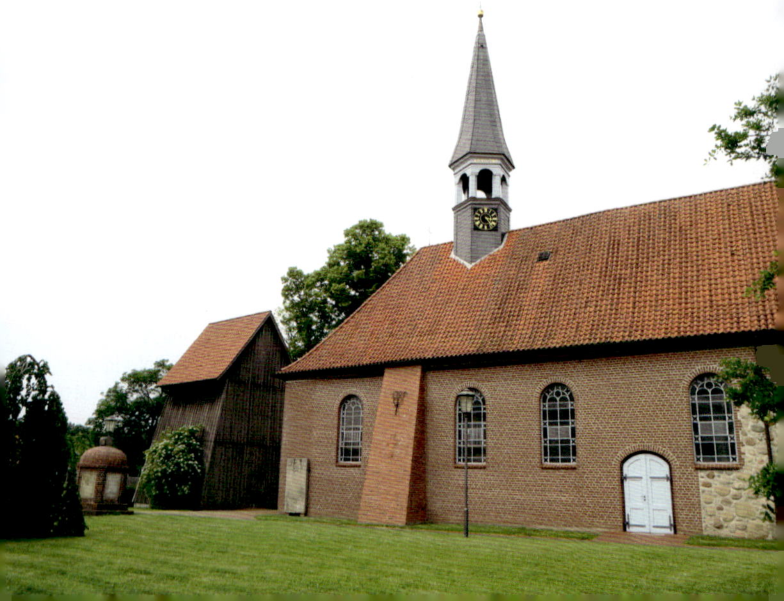

✞ Die Kirche **St. Nicolai** geht in der heutigen Form auf das 18. Jh. zurück, nachdem eine Vorgängerkirche als hölzerne „Kapelle zu Butesvlete" bereits im Jahr 1132 erwähnt wurde. Mit dem Bau des hölzernen Glockenturmes wurde 1671 begonnen.

Mai bis September Do-Sa 14:00-16:00

Etappe 11: Bützfleth – Deinste

16,5 km, 4 Std. 30 Min., ↑ 84 m, ↓ 66 m, ⇧ 0-25 m

0,0 km	⇧ 1 m	Bützfleth **B&B**
2,5 km	⇧ 2 m	Stade, Stadtanfang
6,5 km	⇧ 3 m	Stade, Zentrum **B&B**
8,0 km	⇧ 7 m	Horstsee in Stade-Süd
12,4 km	⇧ 9 m	Bank bei Gabelung
13,1 km	⇧ 13 m	Abstecher nach Hagen (0,6 km **B&B** BANK)
14,1 km	⇧ 11 m	Hagener Mühle mit Weg von Hagen (1,4 km **B&B** BANK)
16,5 km	⇧ 20 m	Deinster Mühle mit Abstecher nach Deinste (0,6 km BANK) oder Fredenbeck (1,4 km BANK)

Von Bützfleth wandern Sie nach Stade, wo die nach Rom führende Pilgerroute Via Romea beginnt, der Sie zum Etappenziel Deinste folgen, zunächst durch Grünanlagen aus der Stadt hinaus. Optional könnten Sie die Strecke zwischen Stade und Hollenbeck auch in einem Stück gehen (23 km), denn die Auswahl an Übernachtungsgelegenheiten ist in Stade deutlich größer als in Deinste.

Von der vorigen Etappe kommend führt vor dem ersten Kreisverkehr von Bützfleth (östlich davon) links ein netter Fußweg neben dem Deich entlang –stellenweise entlang der Schiffer- und Hafenstraße – zur Alten Chaussee.

Mit dem Rad zweigen Sie nach 200 m von der Schifferstraße rechts in die Hafenstraße und fahren kurz darauf zweimal links (Landstraße und Alte Chaussee), ehe Sie wieder auf die VJ treffen.

☺ Falls Sie vorher in Bützfleth einkaufen, können Sie der Alten Chaussee auch direkt vom zweiten, südlichen Kreisverkehr folgen.

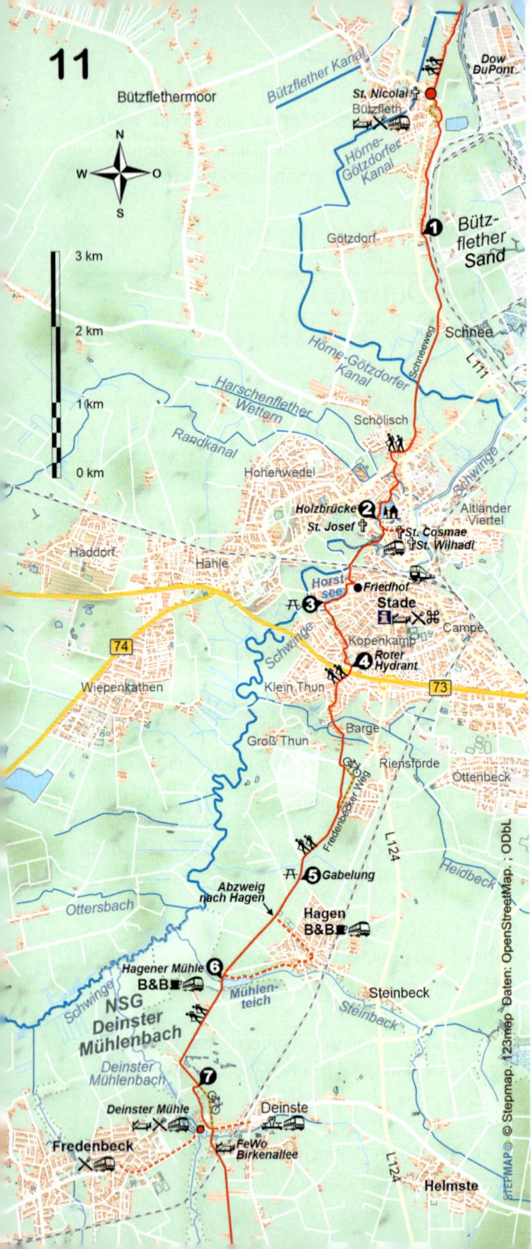

Bei der linken Abzweigung der Bützflether Industriestraße (zur hinter dem Deich liegenden Chemieanlage von Dow) bleiben Sie auf der Alten Chaussee rechts vom Deich. Nach 1,4 km zweigt die Straße nach rechts ab und Sie folgen geradeaus dem Rad-/Fußweg neben dem Deich (Schneedeich) ❶. Nach Querung der Hauptstraße geht es weiter geradeaus (Schneeweg).

Am Anfang von Stade halten Sie sich 50 m vor dem Kreisverkehr (km 5) etwas rechts (Stader Schneeweg), rechts vorbei an Haus Nr. 36, und biegen bei der folgenden T-Kreuzung links in die Schölische Straße ab. Nach Querung der Glückstädter Straße geht es geradeaus auf dem Fußweg und kurz darauf der Freiburger Straße weiter, um 50 m nach Überquerung der Harschenflether Wettern rechts in die Kerstensstraße abzubiegen und als Nächstes links in die Parkstraße. Bei der Grünanlage – Teil der alten

Stadtbefestigung – nehmen Sie rechts den Fußweg, rechts neben dem Burggraben, um diesen über die nächste (Holz-)Brücke ❷ nach links zu queren.

🚲 Schieben Sie Ihr Gefährt am besten durch die Grünanlagen; so sehen Sie mehr vom Ort als von den regulären Radwegen entlang der Straßen.

↳ Nach 100 m (km 6,5) ist nach links ein Abstecher in die Ortsmitte von Stade möglich (➲ 0,3 km), rechts liegt die ✞ moderne katholische Backsteinkirche St. Josef von 1982 (➲ 0,3 km).

Stade

47.700 Ew., ✉ 21682, ℹ 🛏 B&B 🏠 ✕ ☕ 🛒 🔧 ⚕ ✚ 📯 BANK 🏊 ✞ ⌘ 🚌 🚆

ℹ STADE Marketing und Tourismus GmbH, Hansestraße 16, ☎ 041 41/77 69 80, ✉ info@stade-tourismus.de, 💻 www.stade-tourismus.de, Touristinfo am Hafen, 🚪 Mo-Fr 10:00-12:30 und 14:00-17:00, Sa 10:00-12:30

🛏 ✕ Hotel/Restaurant Zur Einkehr, Freiburger Straße 82, ☎ 041 41/23 25, ✉ info@hotelzureinkehr.de, 💻 www.hotelzureinkehr.de, Hotel am Ortseingang mit rund 40 Zi verschiedener Kategorien sowie Gartenwirtschaft, 🖥, 🐕 € 10, DZ ab € 76, EZ ab € 55, 🚪 Küche Mo-Sa 17:30-20:30, So 12:00-14:00 und 17:30-20:30

🛏 Hotel Stade Herzog Widukind, Große Schmiedestraße 14, ☎ 041 41/999 80, ✉ stade.widukind@h-hotels.com, 💻 www.h-hotels.com > Stade, 4-Sterne-Hotel der Kette H-Hotels mit 52 Zi im Zentrum nahe der Kirche St. Wilhadi, 🐕 € 15, DZ ab € 86, EZ ab € 65

♦ Hotel garni Am Obsthof, Freiburger Straße 86 a, ☎ 041 41/400 40, ✉ hotel@am-obsthof.de, 💻 www.am-obsthof.de, Hotel am Ortseingang, DZ ab € 89, EZ ab € 69

♦ Zur Hanse, Am Burggraben 4, ☎ 041 41/952 40, ✉ info@hotel-zur-hanse.de, 💻 hotel-zur-hanse.de, preisgünstigeres Hotel südlich der Altstadt, 🐕, DZ ab € 69, EZ ab € 49, FeWo ab € 89, zzgl. F (€ 8 p. P.)

B&B ✕ Fischhus-Pension Störtebeker, Salzstraße 15, ☎ 041 41/69 04 20, ✉ info@fischhus-stade.de, 💻 www.fischhus-stade.de > Pension Störtebeker, Unterkunft mit 9 Zi im Ortszentrum, zum Haus gehört das Restaurant Fischhus, 🐕 € 10, DZ ab € 68, EZ ab € 51, zzgl. F (€ 8 p. P.), 🚪 Einchecken erst ab 18:00, Restaurant Do-Di 18:00-20:00, am Wochenende teilweise auch vormittags

🏠 JH Stade, Kehdinger Mühren 11, ☎ 041 41/463 68, ✉ stade@jugendherberge.de, 💻 www.stade.jugendherberge.de, Jugendherberge mit 115 Betten am Rand der Altstadt nahe der Wrangel-Bastion, 🚲, EZ ab € 40, Bett in Mehrbettzimmer ab € 26, inkl. F, 🚪 ganzjährig außer Ende Dezember und Anfang Januar

✕ zahlreiche Einkehrgelegenheiten für jeden Geschmack/Geldbeutel im Zentrum

Café Natura, Steile Straße 1, ☏ 041 41/778 18 85, www.se-biomarkt.de, Mo-Sa 10:00-18:30, Biomarkt mit integriertem Bistro-Café im zentralen Einkaufszentrum Neuer Pferdemarkt

denn's Biomarkt, Hansestraße 30, Mo-Sa 8:00-20:00, Biosupermarkt am Ortseingang, dort auch weitere Supermärkte

Radladen: Fahrrad Brandt, Freiburger Straße 45, ☏ 041 41/92 26 69, www.fahrrad-brandt.de, Mo, Di, Do & Fr 9:00-12:30 und 15:00-18:30, Sa 9:00-14:00, am Anfang der Stadt, nördlich der Altstadt

Bahnhof Stade südlich von der Altstadtinsel mit häufigen Verbindungen von/nach Hamburg

Tretkran am Alten Hafen

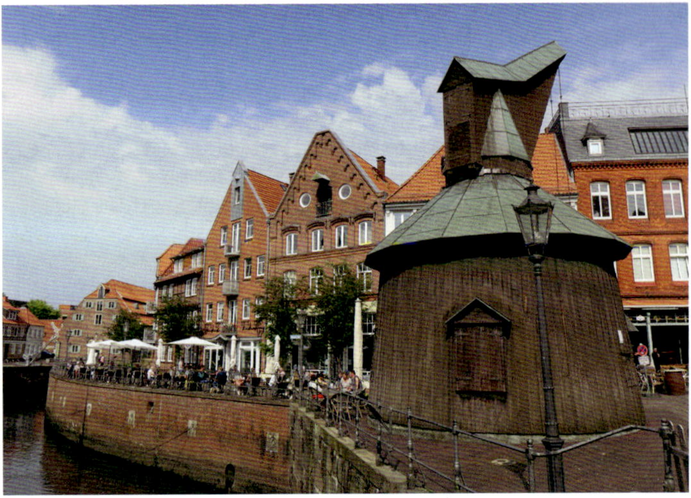

Die mehr als 1.000-jährige Hafen-, Hanse- und Handelsstadt Stade liegt zwischen Elbe und Weser. Stade wurde 1601 wegen Geschäften mit englischen Tuchhändlern, die unter Hanseaten kein gutes Ansehen genossen, als eine der wenigen Städte aus dem Hansebündnis ausgeschlossen.

Das heutige Stadtbild wird vor allem durch die Zeit der schwedischen Herrschaft geprägt (1645-1712). In dieser Zeit wurde Stade systematisch als Landfestung und Garnisonsstadt ausgebaut, was heute gut am Stadtgrundriss mit Gräben, Schanzen- und Wallanlagen zu erkennen ist. Die Schweden wollten einen

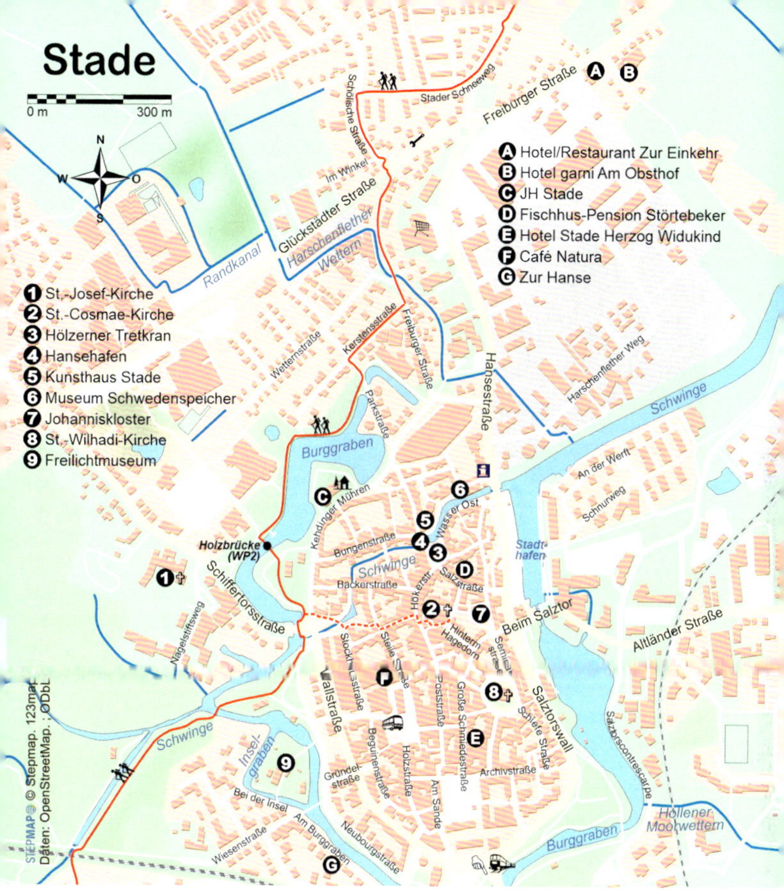

Gegenpol zu dem nördlich der Elbe unter dem mächtigen Dänenkönig Christian IV. gegründeten Glückstadt aufbauen. Vergeblich: 1712 eroberten die Dänen Stade. Später wechselte Stade zum Kurfürsten von Hannover (1715) und zu Preußen (1866). In deren Zeit begann der Import von Hölzern aus Skandinavien, die im Floß- oder Holzhafen östlich der Altstadt lagerten.

Viele Gebäude der Altstadt gehen auf die Zeit der Schweden zurück – wie das **Zeughaus** am Pferdemarkt, das 1699 als schwedisches Waffenarsenal auf dem Grundstück der früheren Kirche St. Georg in Holzständerbauweise errichtet wurde. Das heutige **Rathaus** wurde 1667 auf den Fundamenten (Kellergewölbe) des gotischen Vorgängergebäudes errichtet, das wie 500 weitere Häuser 1659

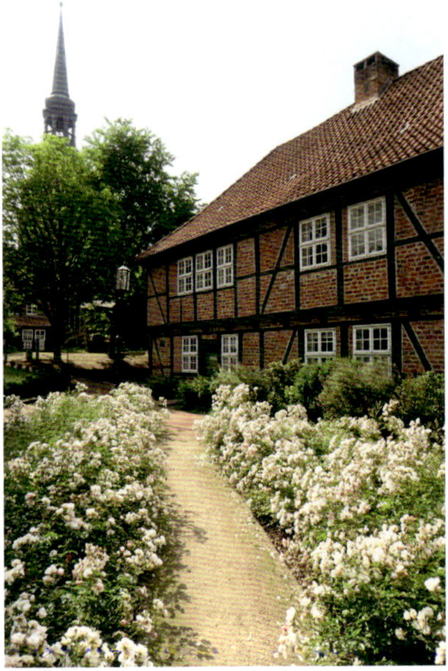

Fachwerkhaus bei ehemaligem Johanniskloster

einem großen Stadtbrand zum Opfer fiel. Darunter auch das **Johanniskloster**, ein Franziskanerkloster aus dem 13. Jh., das im Zuge der Reformation aufgelöst worden war und danach als Unterkunft für arme und alte Menschen diente. Deren Fundamente wurden 2013 bei Bauarbeiten in der Johannisstraße entdeckt. Zu den wenigen Gebäuden, die den Stadtbrand überstanden, gehören das Hökerhus in der Hökerstraße 29, ein spätmittelalterliches Kaufmannshaus, und das Traufenhaus mit Renaissancefachwerk von 1590. Die meisten alten Bauwerke stehen am **Alten Hafen** (Hansehafen), besonders in der Straße Wasser West mit Fachwerkgiebeln und Häusern des 17. Jh. – wie dem sechsgeschossigen Kunsthaus. Vom Fischmarkt am Hafen mit der Stadtwaage (heute Weinhandlung) und dem Tretkran (s. u.) zweigt südöstlich die Salzstraße mit ihren Fachwerkhäusern des 17. Jh. ab, durch die im Mittelalter Salz von Lüneburg zum Hafen transportiert wurde.

✝ Die gotische Hallenkirche **St. Wilhadi** aus dem 14. Jh. wurde im Laufe der Jahrhunderte von mehreren Bränden und Blitzeinschlägen heimgesucht und immer wieder repariert, wodurch sich das Stilgemisch erklärt. Der viereckige Westturm aus dem 13. Jh. wurde nach einem großen Stadtbrand 1659 durch eine barocke Turmspitze geschlossen und ist trotz des Granitfundaments und der 3 m dicken Mauern leicht nach Südwesten geneigt. Bedeutend ist die Orgel von 1736, ein Werk des Schnitger-Schülers Erasmus Bielfeldt. Die Vorläuferorgel galt als Erstlingswerk von Arp Schnitger selbst, fiel aber 1724 einem Brand zum Opfer.

April bis Oktober Mo-Sa 11:00-16:00, sonst Mo-Sa 11:30-13:30

✞ Die zweite Hauptkirche Stades ist **St. Cosmae**, eigentlich Cosmae et Damiani, geweiht den syrischen Zwillingsbrüdern, die als Ärzte Menschen unentgeltlich behandelten und im Zuge der Christenverfolgung 303 den Märtyrertod starben. Erbaut im 13. Jh. als Saalkirche in Backsteingotik wurde das Gotteshaus danach mehrfach umgebaut und erweitert, insbesondere im 17. Jh., als auch der 62 m hohe, achteckige Kirchturm seinen markanten Helm erhielt – das Wahrzeichen der Stadt. Bekannt ist die Kirche für die Barockorgel des Glückstädter Orgelbauers Berendt Huß, die von seinem Schüler Arp Schnitger im 17. Jh. vollendet wurde.

♦ 💻 www.stade-tourismus.de/de/turmfuehrung-kirche-st.-cosmae, 🚪 Mo-Sa 10:00-17:00, So 11:30-17:00, Turmbesteigung möglich an bestimmten Terminen

⌘ Der hölzerne historische **Tretkran** am Alten Hafen wurde 1977 nach der Vorlage eines Originals von 1661 rekonstruiert. In ihm befindet sich eine kleine Ausstellung zur Stader Hafengeschichte.

♦ 🚪 April bis September, täglich 10:00-18:00, gratis

St. Wilhadi

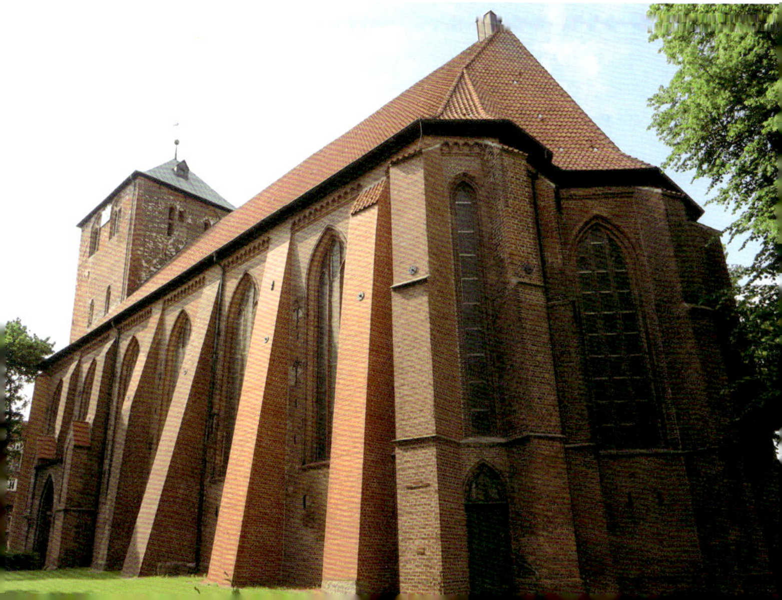

⌘ Das **Museum Schwedenspeicher** am Alten Hafen zeigt Ausstellungen zur Hansezeit, Stadtgeschichte, Ur- und Frühgeschichte. Das voluminöse Gebäude wurde um 1700 als Provianthaus der schwedischen Garnison errichtet, die 1.000 bis 3.000 hungrige Soldaten – oft mit Familie – zählte. Zur Wasserseite hin ruht das Gebäude auf zwei Reihen mit 10 m langen Holzpfählen.

♦ Wasser West 39, ☏ 041 41/79 77 30, 💻 www.museen-stade.de > Schwedenspeicher, 🚪 Di-Fr 10:00-17:00, Sa & So 10:00-18:00, Eintritt € 8 (Museen Stade Ticket, inkl. Kunsthaus & Altländer Haus im Freilichtmuseum)

⌘ Das **Kunsthaus Stade** ist wie der Schwedenspeicher nicht nur wegen der Ausstellungen sehenswert (Schwerpunkt 20. Jh.), sondern auch wegen seiner Architektur. Das pittoreske Fachwerkhaus aus dem 17. Jh. ist ebenfalls ein ehemaliger Speicher.

♦ Wasser West 7, ☏ 041 41/797 73 20, 💻 www.museen-stade.de > Kunsthaus, 🚪 Di-Fr 10:00-17:00, Mi bis 19:00, Sa & So 10:00-18:00, Eintritt € 8 (☞ Schwedenspeicher)

⌘ Das **Freilichtmuseum** auf einem inselartigen Teil der alten schwedischen Festungsanlage am Südwestrand der Altstadt gilt als eines der ältesten frei zugänglichen Freilichtmuseen Deutschlands.

♦ Bei der Insel 1, ☏ 041 41/797 73 30, 💻 www.museen-stade.de > Freilichtmuseum, 🚪 Di-Fr 10:00-17:00, Sa & So 10:00-18:00, Eintritt ins Freilichtmuseum frei, nur das Altländer Haus kostet Eintritt (€ 2) bzw. ist im Museen Stade Ticket (☞ Schwedenspeicher) inkludiert.

Freilichtmuseum

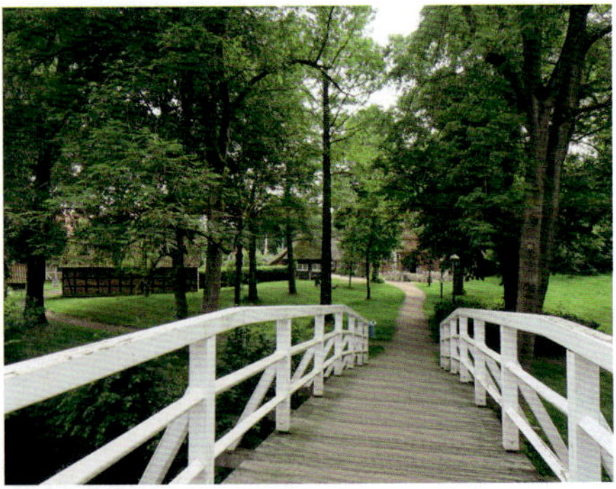

Für den Weiterweg halten Sie sich nach der Autobrücke rechts und folgen dem Fußweg am Spielplatz vorbei, zur Linken ist das Schiffertor. Die VJ bis Hollenbeck oder Harsefeld ist fast komplett identisch mit der Via Romea.

Via Romea

Die Via Romea ist ein Pilgerweg von Stade nach Rom auf den Spuren des

Abtes Albert von Stade aus dem Jahr 1236, den der Abt in seinen Reiseaufzeichnungen „Stader Itinerars“ ausführlich beschrieben hat und dessen deutscher Teil alleine 54 Etappen zählt, ehe der Weg über Innsbruck und den Brenner nach Italien und dort östlich von der Via Francigena über Venedig nach Rom führt. Nach Jahrhunderten Vergessenheit wurde die Via Romea um 2010 auf private Initiative hin als „Weg der Begegnung“ wieder eröffnet und ist mit einem Hirtenstab und dem Schriftzug „VIA ROMEA“ auf blauem Hintergrund markiert.

www.viaromea.de

Nach der Erleninsel quert der Weg den Burggraben und führt durch Grünanlagen zur Bahnlinie und unter dieser als gepflasterter Radweg hindurch. Bei der folgenden Kreuzung geht es geradeaus (Töpferstraße) und nach einer Steigung vor einem Friedhof nach rechts. Am Ende des Friedhofs nehmen Sie beim Bistro Horst Casino links den asphaltierten Radweg, links oberhalb des Horstsees. Bei einer Bank am Ende des Sees ❸ folgen Sie dem Radweg durch eine Linkskurve, bei Kreuzungen geradeaus und bei der Teichstraße leicht rechts versetzt geradeaus (Wyneckerstraße). Nach einer Ampel nehmen Sie rechts den asphaltierten Radweg, rechts vorbei an einem Parkplatz, und folgen dem Weg kurz darauf durch eine Linkskurve in den Park, wo Sie dem Hauptweg folgen.

Bei einer Gabelung vor einem roten Hydranten ❹ halten Sie sich rechts.

Sie folgen dem Weg durch die Straßenunterführung, danach der (Linzer) Straße nach rechts (Radschild) und bei Kreuzungen geradeaus (Tilsiter Straße) durch das Wohngebiet. Bei einer T-Kreuzung mit dem Barger Weg halten Sie sich links und passieren kurz darauf den Stader Ortsteil Barge, wo Sie sich bei einer Gabelung des Barger Weges bei Haus Nr. 102 rechts halten. An dessen Ende gehen Sie nach Querung eines Baches links an einem Hof vorbei (km 10,5) auf dessen Zufahrt und halten sich bei der T-Kreuzung vor dem Feld links, um kurz darauf den rechts abzweigenden Graspfad zwischen Feldern zu nehmen (gelber Pfeil auf Baum). Bei der Kreuzung mit einem anderen Weg gehen Sie geradeaus und erreichen kurz darauf den Fredenbecker Weg, dem Sie rechts folgen.

Radeln Sie erst noch geradeaus weiter und biegen Sie dann rechts in den Fredenbecker Weg ab, der nach 400 m wieder auf die VJ trifft.

Bei der Gabelung mit einer Bank (Schild: Notruf-Nr. 2170) ❺ halten Sie sich rechts (km 12,4). Bei der folgenden linken Abzweigung wäre ein Abstecher nach Hagen möglich, Sie aber folgen dem Pilgerweg geradeaus (gelber Pfeil).

Abstecher/Umweg nach Hagen (➲ 0,7 km bis Hagen, gesamt 0,6 km länger) Links erreichen Sie entlang der Kornstraße die Ortsmitte von Hagen. Zurück führt ein schöner Weg durch Wald an der Steinbeck zum Mühlenteich bei ❻ (➲ 1,4 km ab Ortsmitte): Eichenstraße, Im Sandberg, dann durch Wald.

Hagen

1.750 Ew., 21684, B&B

B&B Gästehaus Wiebusch, Kornstraße 10, ☏ 041 41/519 60, info@pensionshaus-wiebusch.de, www.pensionshaus-wiebusch.de, 10 Zi, am Eingang in den Ort, EZ ab € 40, zzgl. F (€ 7,50 p. P.)

Bäckerei-Café Freden, Hagener Hauptstraße 8, www.freden-baecker.de, Mo-Fr 6:30-12:00 und 14:30-18:00, Sa 6:00-12:00, So 7:30-10:00, einzige Quelle für Lebensmitteleinkauf im Ort

Haltestelle „Hagen-Kornstraße", mit Linie 2001 Richtung Stade, Mo-Fr & Sa vormittags stündlich, Sa & So mehrmals täglich, www.kvg-bus.de/fahrplaene/landkreis-stade

Kurz darauf führt Sie der Fredenbecker Weg vorbei am Gut Hagener Mühle mit dem Mühlenteich ❻ zur Linken. Bei einer nach 1 km folgenden Kreuzung bei Häusern (km 15,4) halten Sie sich links (Via Romea, Radschild „Deinste 1,5 km"), um nach 5 Gehminuten den rechts abzweigenden Waldweg durch das NSG Deinster Mühlenbach (roter und gelber Pfeil) zu nehmen ❼.

Per Rad ist es einfacher, geradeaus dem Radweg Richtung Deinste zu folgen und bei der Straßenkreuzung rechts zur Deinster Mühle abzubiegen, statt über den Waldweg zu fahren.

Im Wald folgen Sie dem Hauptweg (gelbe Pfeile) und ignorieren Abzweigungen. Schließlich erreichen Sie das Landgut **Deinster Mühle** mit Golfplatz, Restaurant (links) und Hotel sowie Hofladen (rechts).

Landhotel Deinster Mühle, Hauptstraße 81, ☏ 041 49/231 79 56, info@landhotel-deinste.de, www.landhotel-deinste.de, 3-Sterne-Hotel bei Golfplatz mit 19 Zi, 300 m westlich des Endpunktes, Zi ab € 75, inkl. F

Das Eysten, Im Mühlenfeld 30, ☏ 041 49/27 77 10, www.deinste.golf > Restaurant, Mo 9:00-16:00, Di-So 9:00-18:00, Restaurant mit Terrasse am Golfplatz, kurz vor dem Etappenende auf der linken Seite

Hofladen Alte Lohmühle, Im Mühlenfeld 30, www.witte-hofladen.de, Di-Fr 9:00-18:00, Sa & So 10:00-18:00, 100 vom Endpunkt

Haltestelle „Deinster Mühle", mit Linie 2370 Mo-Sa mehrmals täglich Richtung Stade und Fredenbeck, www.kvg-bus.de/fahrplaene/landkreis-stade

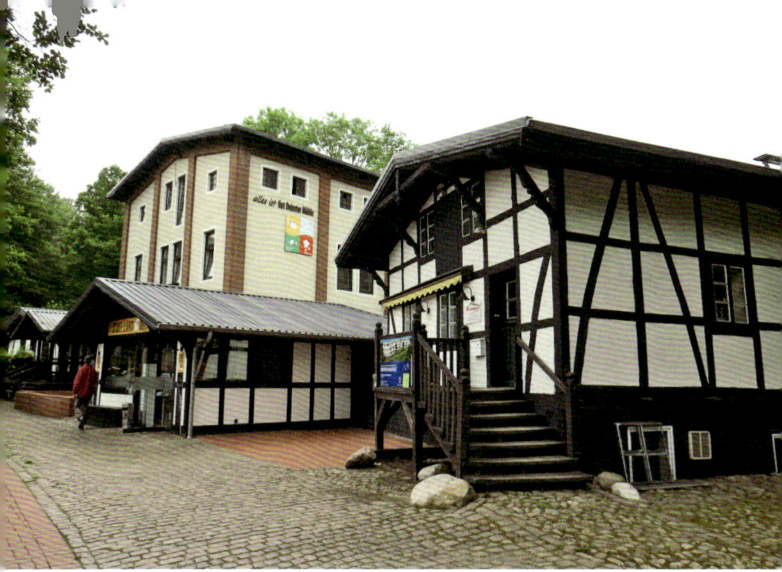

Deinster Mühle

Abstecher nach Deinste (0,5 km)
Links führt die Straße Im Mühlenfeld in das Dorf Deinste mit rechts einer Bäckerei.

Deinste

2.000 Ew., 21717,

Ferienwohnungen Birkenallee, Birkenallee 1, 041 49/72 47,
info@ferienwohnungen-birkenallee.de,
www.ferienwohnungen-birkenallee.de, folgen Sie der morgigen Etappe über die Straße Im Mühlefeld und geradeaus dem Loher Weg, die Unterkunft liegt links vor dem Bahnübergang, 3 Wohnungen stehen zur Wahl, ab € 80 für eine Nacht.

Bäckerei Heinbokel, Im Mühlenfeld 3, Di-Fr 6:00-12:00 und 14:00-18:00, Sa & Mo 6:00-12:00, So 8:00-10:30

Abstecher nach Fredenbeck (1,4 km)
Rechts führt die Straße Im Mühlenfeld nach Fredenbeck.

Fredenbeck

6.000 Ew., 21717,

San Valentino, Alter Stadtweg 1, 049 41/49 14 38,
Di-So 17:30-21:30, gegenüber von Penny

Penny, Hauptstraße 66

Etappe 12: Deinste – Hollenbeck /Harsefeld (> Via Baltica)

12,4 km, 3 Std. 30 Min., 68 m, 52 m, 11-40 m

0,0 km	20 m	Deinster Mühle mit Abstecher nach Deinste (0,5 km BANK) oder Fredenbeck (1,4 km BANK)
3,6 km	40 m	Bank bei T-Kreuzung nach Hügelgräbern
5,9 km	37 m	Rastplatz Frankenmoor
8,8 km	31 m	Ohrensen mit Gabelung VJ/Via Romea und Variante nach Harsefeld (3 km B&B)
12,4 km	36 m	Hollebeck (VJ)

Durch das Frankenmoor führen die VJ und Via Romea südwärts. Kurz vor Etappenende trennen sich die beiden Pilgerwege in Ohrensen: Die VJ führt südwärts in den Harsfelder Ortsteil Hollenbeck, während die Via Romea weiter östlich Harsefeld mit seinem Klostergarten berührt. Beide Varianten treffen kurz nach Querung der naturgeschützten Aue auf die Via Baltica.

Diese Etappe ist durchweg mit dem Rad befahrbar, wenn auch stellenweise nicht ideal; der Wegbelag vor allem im Bereich des Frankenmoors ist teilweise etwas abenteuerlich. Im Zweifelsfall folgen Sie den Radwegschildern Richtung Harsefeld/Hollenbeck in großem Bogen.

Zwischen der Deinster Mühle und Deinste nehmen Sie den südwärts zunächst durch Wald führenden Loher Weg und folgen nach dem Bahnübergang der kopfsteingepflasterten Straße geradeaus (Torfweg). 300 m nach zwei Hügelgräbern auf der rechten Seite biegen Sie bei einer T-Kreuzung mit Bank und der Notfallnummer STD-019 ❶ (km 3,6) links in den Spurweg ab (gelber Pfeil) und nach 200 m nach rechts.

Am Waldrand erreichen Sie das einst durch Torfabbau stark geschädigte, 5.000 Jahre alte **Frankenmoor** (km 5) – 1997 unter Naturschutz gestellt – und folgen hier dem Weg nach rechts (Via Romea, Radweg), nach 100 m durch eine Linkskurve. Den 200 m danach rechts abzweigenden Radweg beachten Sie nicht und gehen weiter geradeaus (gelber Pfeil), nach 500 m vorbei an einem Rastplatz ❷ (km 5,9).

Rastplatz Frankenmoor mit Tisch und Bank, Schutzhütte und Infotafel

Kurz darauf geht es geradeaus hinaus aus dem Wald, unter einer Hochspannungsleitung hindurch und über eine kleine Straße (Frankenholzweg). 300 m nach Querung des Tiefenbachs nehmen Sie bei einer Gabelung rechts den Herbert-Henry-Dow-Weg, benannt nach dem amerikanischen Chemiker und Industriellen aus dem 19. Jh., dessen von ihm gegründete Firma (Dow) die Anlage zur Salzgewinnung (Aussolung) ❸ betreibt, an der Sie links vorbeigehen. Bei der folgenden Gabelung mit einer Infotafel zur Salzgewinnung halten Sie sich links und nähern sich Ohrensen (km 8,8).

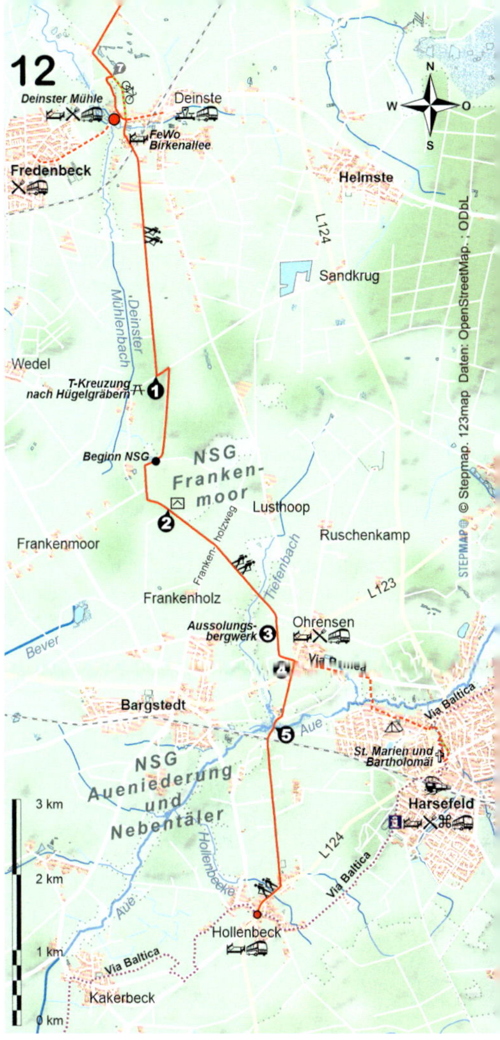

Ohrensen-Salz für chemische Grundstoffe

Das so beschaulich wirkende Ohrensen ist Standort von Europas größtem Aussolungsbergwerk zur Gewinnung von Steinsalz aus einem Salzdom von rund 8 km Durchmesser. Der US-Chemiekonzern DowDuPont fördert hier in mehr als zehn Kavernen in 1-2 km Tiefe jährlich rund 3 Mio. t Salz, das für sein Chemiewerk auf dem 27 km entfernten Bützflether Sand bei Stade benötigt und per Pipeline dort hingespült wird. Am Ende entstehen dort chemische Grundstoffe u. a. für Kühlaggregate, Körperpflegeprodukte, Papier, Polster, Sportschuhsohlen und Reinigungsmittel.

Ohrensen

340 Ew., 21698,

Krögers Gasthof, Hauptstraße 10, 041 64/22 48, www.harsefeld-kroegers-hotel.de, Familienunternehmen in dritter Generation mit 9 Zi, € 5, DZ ab € 50, EZ ab € 25, zzgl. F (€ 5 p. P.)

Flying Pizza, Harsefelder Straße 2, 041 64/88 82 78, www.flying-pizza.de, täglich 17:00-22:00, Pizzalieferservice (z. B. falls Sie bei Krögers übernachten)

Haltestelle „Ohrensen-Bäckerstraße" mit Mo-Fr mehreren, Sa wenigen Verbindungen Richtung Harsefeld, Hollenbeck und Stade (Linien 2360, 2365), www.kvg-bus.de/fahrplaene/landkreis-stade

Bei der Kreuzung in Ohrensen ❹ geht es rechts in den Harsefelder Ortsteil Hollenbeck (VJ) oder geradeaus (Via Romea) nach Harsefeld-Ortsmitte. In beiden Orten treffen Sie auf die weiter Richtung Bremen führende Via Baltica. Besser beschildert ist die Variante nach Harsefeld, wo Sie mehr Übernachtungsgelegenheiten sowie Sehenswürdigkeiten wie der nette Klostergarten erwarten.

Variante nach Harsefeld (3 km)
Bei der Kreuzung in Ohrensen folgen Sie geradeaus der Harsefelder Straße, die Sie nach 1 km bei der Bushaltestelle „Harsefeld-Wanderweg" (Linien 2360, 2365, ☞ Ohrensen) nach rechts verlassen. Über einen kleinen Parkplatz folgen

Holzbohlenweg bei Klostermeile

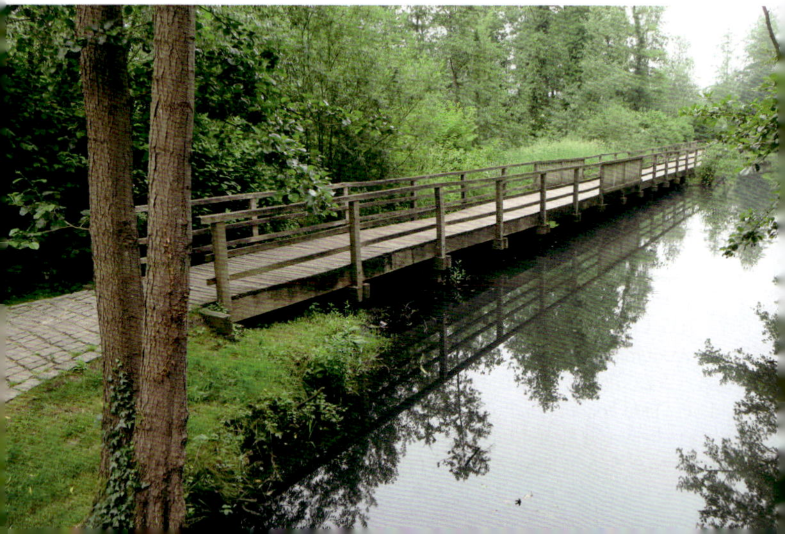

Sie dem Wanderweg südwärts am Wald durch das NSG Aueniederung und Nebentäler. 150 m nach Querung des Baches Aue folgen Sie am Ortsanfang von Harsefeld der Straße (Wiesenweg) nach links Richtung Ortsmitte, links vorbei am Freibad. 50 m nach dem Rathaus mit einer Infotafel davor halten Sie sich links (Herrenstraße) und nach 30 m rechts. Ein gepflasterter Fußweg führt Sie rechts an einem Spielplatz vorbei und weiter entlang der „Klostermeile" – einer netten Passage durch den Park des alten Klosters, die stellenweise über einen Holzbohlenweg durch einen Erlenbruchwald führt. Am Ende des Holzbohlenweges gehen Sie rechts über die Brücke und danach links durch den Klosterpark. Sie können links oder rechts vom Teich gehen, etwas schöner ist der rechte Teil (🚲 per Rad lieber links). Ziel ist die schon sichtbare Bartholomäikirche mit davor den alten Klosterruinen und dahinter dem Ortszentrum von Harsefeld.

Harsefeld

13.900 Ew., ✉ 21698, ℹ 🛏 B&B ⛺ ✕ ☕ 🛒 ✓ ⚕ ✆ ✝ ⌘ 🏊 🚌 🚆

ℹ Touristinfo im Rathaus, Herrenstraße 25, ☏ 041 64/88 71 35, ✉ stadtmarketing@harsefeld.de, 🚪 Mo-Fr 8:00-12:00, Mo, Di 13:30-15:30, Do 13:30-18:00, ⊙, außerhalb der Rathausöffnungszeiten touristische Infos in der Reise-Schmiede, Marktstraße 18

🛏 Kino-Hotel Meyer, Marktstraße 19, ☏ 041 64/814 60, ✉ anfrage@kino-hotel.de, 💻 www.hotel-meyer.de, Hotel mit 16 Zi in Kino-, Kegel- und Konferenzkomplex in Ortsmitte, 🚲, 🐕 € 10, DZ € 79, EZ ab € 62

B&B B&B Harsefeld, Werner Klintworth, Südstraße 24, ☏ 041 64/14 51, 📱 01 71/289 97 22, 💻 www.bed-breakfast-harsefeld.de, Privatunterkunft mit 2 Zi südlich der Bahnlinie, p. P. ab € 21

♦ Gästehaus Angelika, Steinfeldstraße 9a, ☏ 041 64/46 92, 📱 01 62/901 01 55, nahe an den Klosterteichen, Ü ab € 30, zzgl. F im Wintergarten mit teilweise selbst zubereiteten Zutaten (€ 4)

⛪ Katholische Kirchengemeinde, Böberstroot 1, ☏ 041 64/81 15 55, 📱 01 78/201 53 21, mit Dusche und Kochgelegenheit, gegen Spende, hinter der Kirche St. Michael

⛺ Campingpark Harsefeld, Quellenweg 3, ☏ 041 64/90 98 36, 💻 www.campingpark-harsefeld.de, 3-Sterne-Platz in ortsnaher Lage, umgeben von Grün, das benachbarte Freibad ist gratis für Gäste des Campingparks, 🚲, 🐕 € 2, Zelt inkl. 2 Erwachsene € 14,50, 🚪 Anfang April bis Ende September

✕ Einfach Köstlich, Am Amtshof 2, ☏ 041 64/875 36 54, 🚪 So & Di-Do 17:00-21:00, Fr & Sa 18:00-22:00, Restaurant nahe dem Kloster

🛒 mehrere Supermärkte/Discounter im Ort, besonders zentral z. B. Rewe, Mittelstraße 1-3

Radladen mit Werkstatt: Zweirad Tobaben, Schulstraße 18, ☎ 041 64/37 90, www.zweirad-tobaben.de, Mo-Fr 9:00-18:00, Sa 8:30-15:00

Bahnhof Harsefeld mit stündlichen Regionalverbindungen zwischen Buxtehude und Bremerhaven

Harsefeld hat eine mehr als 1.000-jährige Geschichte als Residenz einer Grafenfamilie und Standort eines im Jahr 1104 gegründeten Benediktinerklosters, das 1648 zum Ende des Dreißigjährigen Krieges aufgelöst wurde. Von der einstigen mittelalterlichen Burg ist nichts mehr erkennbar, während die Klostermauern in den 1980er-Jahren freigelegt und bis zu 1 m hoch aufgemauert wurden, um die alten Umrisse in dem neu angelegten **Klostergarten** deutlich zu machen, der 2003 im Rahmen eines EU-Projektes zu einem „Leuchtturm der Garten- und Parkszene" ausgewählt und durch die 2 km lange Klostermeile mit Infotafeln zu 1.000 Jahren Geschichte erschlossen wurde. Diese Klostermeile verbindet das Kloster mit den westlich vom Rathaus liegenden Klosterteichen, angelegt von den Mönchen zur Fischzucht und im Winter als Eislieferant zur Kühlung von Lebensmitteln.

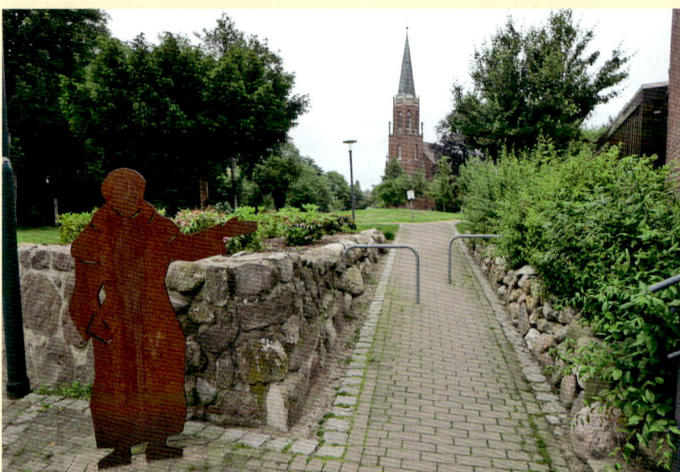

St. Marien und Bartholomäi

Die Ursprünge der Kirche **St. Marien und Bartholomäi** reichen mehr als 1.000 Jahre zurück. Um 1250 entstand nach Bränden eine Steinkirche, die im

14. Jh. zu der dreischiffigen Hallenkirche des damaligen Klosters ausgebaut und im 19. Jh. nach einem Brand zur heutigen neogotischen Form umgebaut wurde. Dabei ersetzte man den älteren, niedrigeren durch den jetzigen 58 m hohen Turm, finanziert vom Mäzen Friedrich Huth, einem aus Niedersachsen stammenden bedeutenden Bankier Londons (1777-1864).

April bis September Mo-So 10:00-12:00 und 15:00-17:00

⌘ Museum Harsefeld im Klosterpark mit Ausstellungen über das Kloster und dessen Bedeutung sowie die Vorgeschichte der Region.

♦ Am Amtshof 3, Di-So 15:00-17:00, So auch 10:00-12:0, Eintritt frei

An der Kreuzung in Ohrensen folgen Sie rechts nicht der Hauptstraße, sondern der kleineren Straße Walkmühle, rechts vorbei an dem Pizzaservice. Nach 700 m geht es bei der Gabelung bei einem Hof mit Fischzucht geradeaus (Verkehrsverbot), über die Aue ❺ und nach der Bahnunterführung weiter geradeaus (gelber Pfeil, Ohrenser Weg). Am Wegende folgen Sie der Hauptstraße rechts in die Ortsmitte von Hollenbeck, einem Ortsteil von Harsefeld, wo Sie auf die Via Baltica treffen.

Hollenbeck

650 Ew., 21698,

Quartier am Schmiedefeuer, Buchhornweg 8, ☏ 041 64/66 52, 01 72/453 25 83, info@schmiedequartier.de, www.schmiedequartier.de, am Südrand etwa 400 m von der Ortsmitte, Ferienapartment für 1-3 Pers. ab € 50 oder Bauwagen für 2 Pers. ab € 30 p. P. für eine Nacht (Pilgerpreis € 25), Küche, nach Absprache, spezialisiert auf Pilgerinnen und Pilger, für die handgefertigte Jakobsmuscheln aus der eigenen Schmiede von Oliver Barth zum Verkauf angeboten werden

Haltestelle „Hollenbeck-Hauptstraße 6" mit Mo-Fr mehreren Verbindungen Richtung Harsefeld (u. a. Linie 2060), So nur als Anrufsammeltaxi, Anmeldung bis 45 Min. vor Fahrt, ☏ 041 41/12 31 23, www.kvg-bus.de/fahrplaene/landkreis-stade

Via Baltica

Die Via Baltica verbindet auf einer Länge von rund 700 km die norddeutschen Bundesländer mit den rheinisch-westfälischen Pilgerwegen und führt von der polnischen Grenze auf Usedom über Lübeck, Hamburg und Bremen nach Osnabrück.

Zur Via Baltica ist ebenfalls Buch dieser Reihe erschienen: Jakobsweg Via Baltica, ISBN 978-3-86686-463-4, € 16,90

Ostvariante von Schleswig nach Lübeck

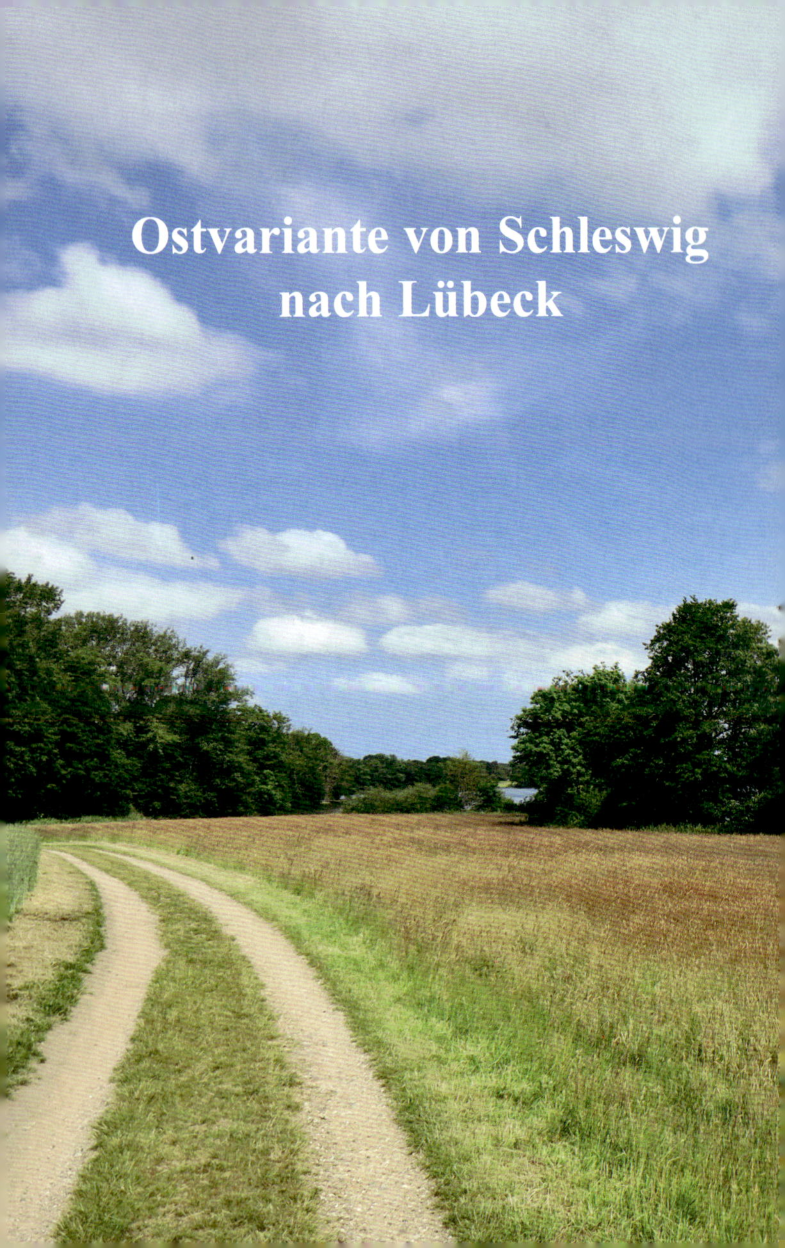

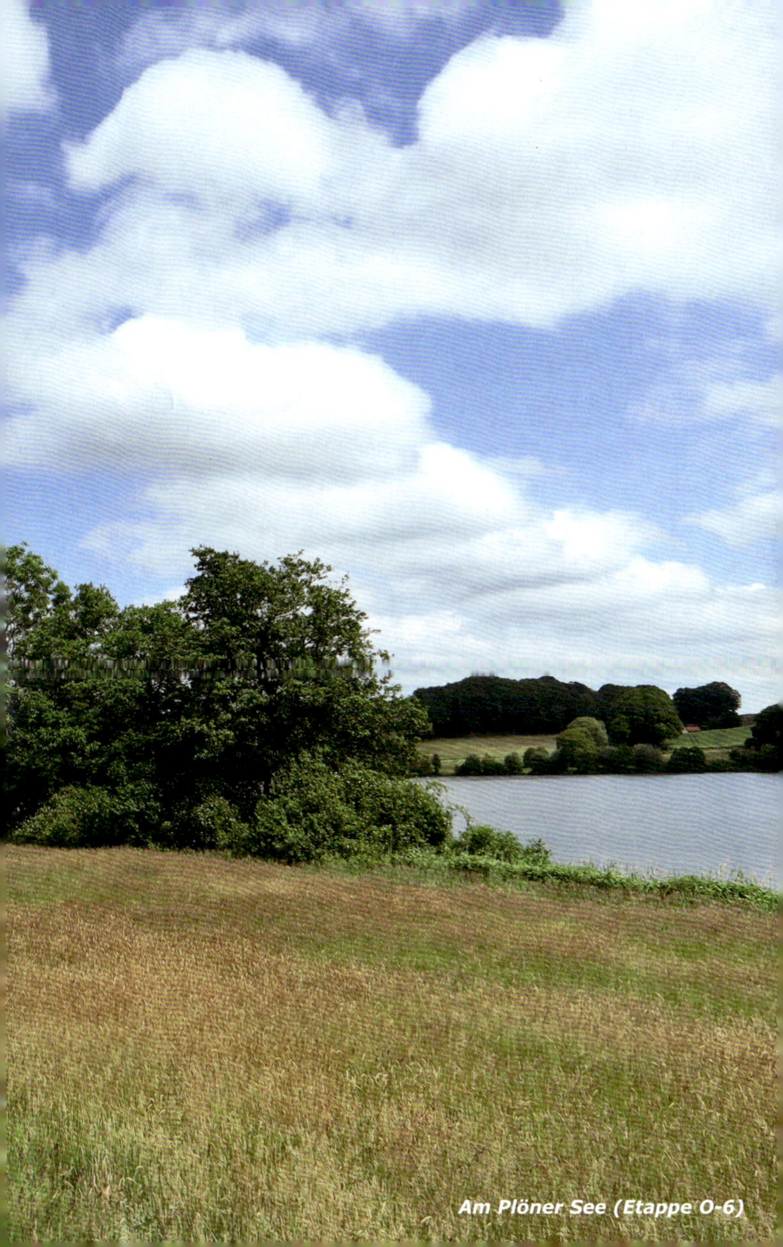

Am Plöner See (Etappe O-6)

Während die Zentralroute der VJ ab Schleswig dem alten Heer- und Handelsweg Ochsenweg südwärts folgt, zweigt bei Schleswig eine 155 km lange östliche Variante ab, die zunächst durch die Altstadt von Schleswig und dann nördlich der Schlei entlangführt und diese bei Missunde quert. Weiter geht es zur Ostsee bei Eckernförde und später am Nord-Ostsee-Kanal entlang nach Kiel. Von dort wandern Sie durch das seenreiche ostholsteinische Hügelland durch Preetz und Plön bis nach Lübeck, wo Sie auf die Via Baltica stoßen. Diese Ostroute sind früher viele Pilgerinnen und Pilger gegangen und sie folgten dabei einem Handelsweg der Hanse zwischen Schleswig und Lübeck.

Etappe O-1: Schleswig – Missunde

16,8 km, 4 Std. 30 Min., 76 m, 76 m, 1-27 m

0,0 km	1 m	Schleswig, Einfahrt zu Schloss Gottorf **B&B** (1,2 km)
1,4 km	1 m	Aussichtsturm bei Königswiesen
2,0 km	1 m	Schleswig-Altstadt **B&B** BANK
7,4 km	18 m	Abstecher nach Moldenit (0,3 km)
8,7 km	20 m	Schaalby
10,5 km	10 m	Kahleby, St. Marien
13,2 km	12 m	Geel **B&B**
14,8 km	9 m	Brodersby
16,8 km	1 m	Missunde

Die erste Etappe der Ostvariante führt von der Domstadt nördlich der Schlei durch Südangeln, anfangs entlang einer alten Bahntrasse vorbei an mehreren kleinen Dörfern und einer alten Windmühle. Das an der Schleienge gelegene Ziel Missunde war schon im Mittelalter ein wichtiger Fährort zum Überqueren dieses Meeresarmes der Ostsee.

Zuweg ab dem Bahnhof (1,2 km)

Vom abseits gelegenen Schleswiger Bahnhof zum Startpunkt der Tour folgen Sie der Bahnhofstraße und biegen nach 500 m links in den nordwärts führenden Rad-/Fußgängerweg, der kurz hinter dem Landesarchiv an der Brockdorff-Rantzau-Straße endet. Dieser folgen Sie rechts zur T-Kreuzung, wo Sie links abbiegen (Friedrichstraße, später Gottorfstraße) und kurz hinter dem Oberlandesgericht den Gottorfer Damm mit dahinter dem Schloss Gottorf erreichen, Startpunkt dieser Etappe.

☺ 🚌 Per Bus fahren Sie am einfachsten ab dem Bahnhof zum ZOB zwischen Innen- und Altstadt nahe dem Dom und beginnen dort die Wanderung nach den Königswiesen (ab km 1,6). Häufige Verbindungen mit Stadtbuslinien 1, 8 und 10, 💻 www.dbregiobus-nord.de

Die Strecke zwischen dem Schloss Gottorf und der Altstadt von Schleswig lässt sich am angenehmsten auf dem schleiseitig verlaufenden kombinierten Rad-/Fußgängerweg zurücklegen. Bei dem linken Abknicken der Schleistraße bleiben Sie auf diesem Weg. Zu Fuß kann man rechts direkt an der Schlei gehen, während der 🚲 Radweg geradeaus weiterführt.

🚲 Per Rad folgen Sie beim linken Abknicken der Straße dem Radweg geradeaus links am Hotel Strandhalle vorbei. Der Radweg folgt danach der Straße zum Zentrum, viel schöner ist es aber – das Rad schiebend – auf demselben Weg wie die Wanderinnen und Wanderer durch die Königswiesen zu gehen.

Blick vom Aussichtsturm über Königswiesen auf Schlei und Dom

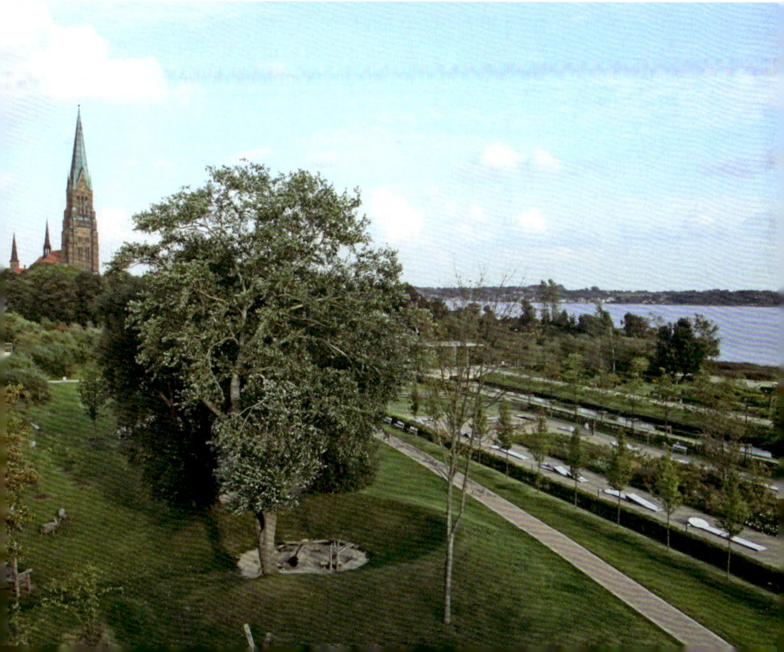

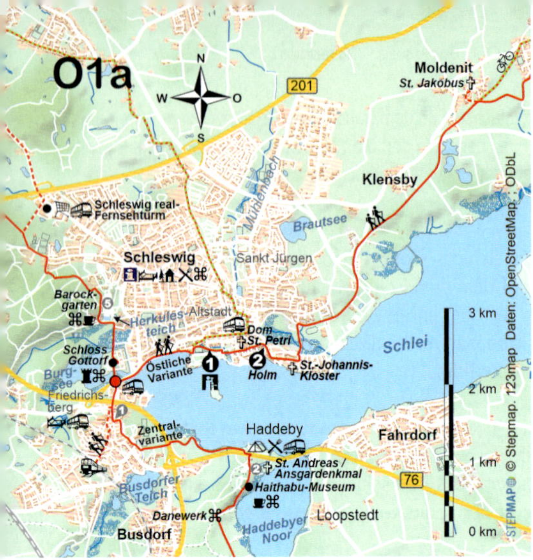

Sie passieren die **Königswiesen** mit ihrem 14 m hohen Aussichtsturm ❶ (24/7, frei). Der Name dieses 16 ha großen und anlässlich der Landesgartenschau 2008 umgestalteten Stadtparks geht zurück auf den dänischen König Svend Grathe, der das Gelände im 12. Jh. der Stadt schenkte. 150 m nach dem Aussichtsturm halten Sie sich bei einer Wegekreuzung in den Königswiesen rechts und nach 30 m vor einer Schutzhütte links, rechts vorbei an einem Skaterpark. Am Ende der Königswiesen führt die VJ weiter ostwärts rechts am nicht zu übersehenden Dom vorbei (Süderdomstraße, Töpferstraße) zur alten Fischersiedlung Holm ❷, die Sie rechts entlang der Süderholmstraße passieren (Info zu Schleswig ☞ Etappe 3, S. xxx).

Bushaltestelle „Schleswig-Holm“, Linie 2 vom/zum ZOB,
www.dbregiobus-nord.de

Nach dem St.-Johannis-Kloster geht es links auf dem Holmer Noorweg über den Mühlenbach. Bei einer Kreuzung links von einem Sportplatz folgen Sie rechts dem Rad-/Fußweg entlang der alten Bahndammstrecke heraus aus Schleswig. Diese wurde 1883 als 22 km lange Verbindung zwischen Schleswig und Süderbrarup eröffnet und nach der Stilllegung 1980 als Radstrecke eingerichtet. Nach 1,2 km halten Sie sich in einer lang gestreckten Linkskurve bei einer Gabelung der Bahntrasse rechts und queren kurz darauf die Karl-Imhoff-Straße. Der Name der rechts parallel verlaufenden Zuckerstraße erinnert an die lange Zeit rechts an der Schlei ansässige Zuckerrübenfabrik, die bis zu ihrer Schließung 2003 – begründet mit der Senkung der EU-Zuckerquote um 4 % – jährlich rund 100.000 t Zucker aus der fast siebenfachen Menge Zuckerrüben produzierte. Eine halbe Stunde später führt der Bahnradweg südlich am Dorf Moldenit mit seiner sagenumwobenen Feldsteinkirche aus dem 12. Jh. vorbei (km 7,4).

Abstecher nach Moldenit zur St.-Jakobs-Kirche (➲ 0,3 km)
Für einen – für Jakobspilgerinnen und Jakobspilger eigentlich obligatorischen – Abstecher nach Moldenit folgen Sie der Wiesenstraße links in das Dorf, wo Sie rechts über die Dorfstraße nach 100 m die Kirche erreichen. Zurück geht es auf demselben Weg.

✝ Die im 12. Jh. mit bis zu 1,3 m dicken Mauern erbaute **Feldsteinkirche St. Jakobus** ist bekannt für ihre sogenannte „Teufelstür“ mit Löchern über dem Nordportal, die einer Legende zufolge von einer Kette stammen, die der Teufel vom Hünengrab „Teufelsberg“ Richtung Kirche geworfen haben soll, nachdem zuvor die wenig vom Bräutigam überzeugte Braut geäußert hatte, sie wolle lieben den Teufel als den Freier nehmen.

Die Kirche ist geschlossen, ein Schlüssel ist bei den Nachbarn der Kirche erhältlich.

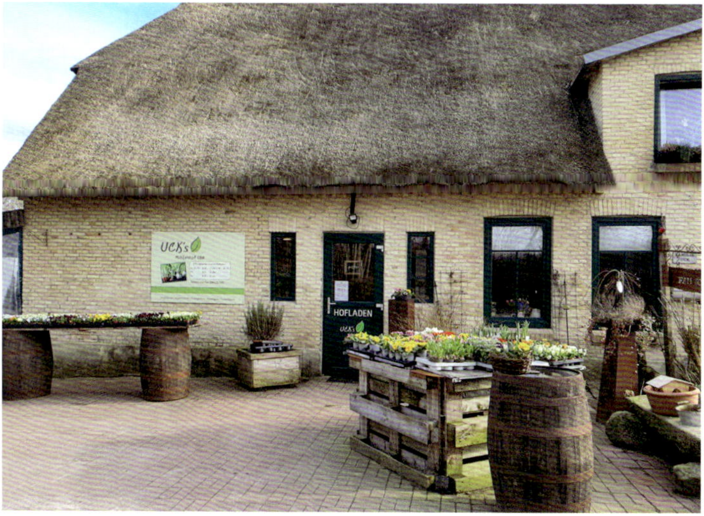

Hofladen bei Wassermühle in Schaalby (© Verena von Scharnweber)

Bei der Kreuzung mit der Wiesenstraße verlassen Sie die Bahnradstrecke, indem Sie der Wiesenstraße rechts folgen und nach 600 m den links abzweigenden Pfad nach **Schaalby** nehmen, wo Sie vor einem Park ❸ rechts in die Schulstraße und an deren Ende für 30 m rechts in die Raiffeisenstraße abbiegen, ehe Sie links der Mühlenstraße vorbei an einer Bushaltestelle folgen.

Haltestelle „Schaalby-Siedlung“, mit Linie 1626 Mo-Fr mehrmals, Sa & So einmal täglich via Moldenit von/nach Schleswig, www.dbregiobus-nord.de

Nach 5 Minuten erreichen Sie die noch funktionsfähige Wassermühle ❹ von 1842 mit einem oberschlächtigen Wasserrad von fast 5 m Durchmesser (km 9,1) und auf der rechten Straßenseite dem Mühlenhof.

Uck's Mühlenhof, Mühlenstraße 11, ☏ 046 22/550, www.ucks-muehlenhof.de, Hofladen mit u. a. Obst, Gemüse, Eis, Di-Sa 8:30-13:00 und Di, Do & Fr auch 14:00-18:00

Wenige Minuten nach der Wassermühle folgen Sie nach einer Linkskurve der VJ rechts entlang des Kahlebyer Weges, nach 20 Gehminuten vorbei an der Kirche St. Marien ❺ (km 10,5).

Die einsam in der Landschaft stehende **Kahlebyer Kirche** St. Marien geht auf einen romanischen Kirchenbau aus dem 12. Jh. zurück, der im 13. Jh. gotisch erweitert und im 19. Jh. zuletzt umgebaut wurde, bei Letzterem erhielt die Kirche den jetzigen Turm. Bemerkenswert im Inneren sind die romanische Granittaufe, die Kanzel aus dem 17. Jh., das große gotische Kreuz als Lebensbaum aus dem 16. Jh. und die Johann-Daniel-Busch-Orgel von 1784. Die Bemalung der Kirche stammt aus dem Beginn des 20. Jh. Bis kurz davor (1884) gehörte die Kirche St. Marien fünf Jahrhunderte lang dem Schleswiger St.-Johannis-Kloster, auch nach deren Umwandlung in ein Damenstift.

Kahlebyer Kirche (© Verena von Scharnweber)

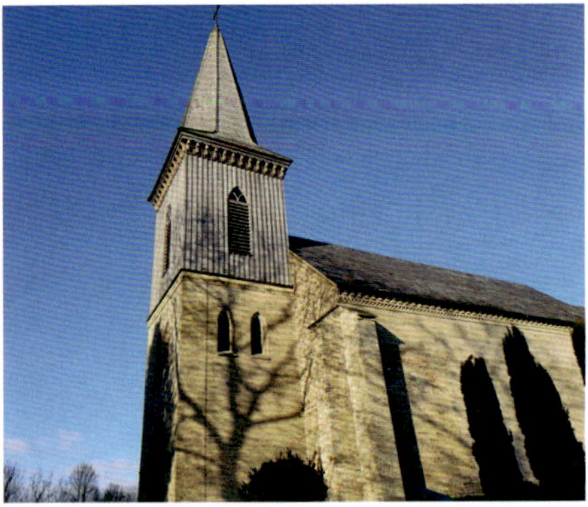

Der links der Straße an die Füsinger Au grenzende Kirchenwald ist bekannt für sein natürliches Bärlauchvorkommen – eines der größten in Schleswig-Holstein. Im Mai erstreckt sich hier ein weißes Blütenmeer, dazu kommt der knoblauchartige Duft.

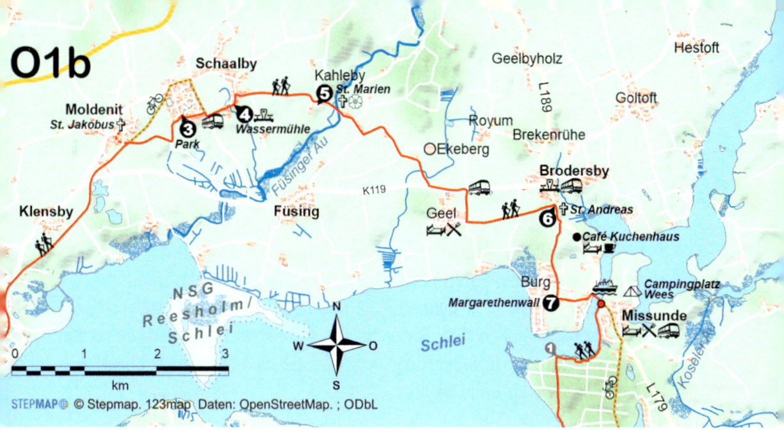

Der Kahlebyer Weg führt weiter in südöstliche Richtung über die Füsinger Au. Bei der folgenden T-Kreuzung wandern Sie links entlang Ekeberg und erreichen kurz vor dem Weiler **Geel** die Schleidörfer Straße (km 12,7), der Sie links für 500 m folgen, um bei einer Bushaltestelle rechts in den Geeler Weg abzubiegen.

Haltestelle „Brodersby-Abzw.Geel", mit Linie 1625 Mo-Fr mehrmals, Sa einmal täglich Richtung Brodersby und Schleswig, www.dbregiobus-nord.de

Geel

24864, B&B

Ferienhof Lausen, Unkenweg 12, ☎ 046 22/13 28, 01 74/235 62 75, 2 DZ in Bauernhof, 800 m von der Schlei entfernt, Küche, nach Absprache, ab € 25 p. P. für 1 Nacht ohne F

B&B Geeler Kroog, Geeler Weg 4, ☎ 046 22/12 16, Gasthof mit Café und kulinarischen Kleinigkeiten am Weg, , DZ € 39 ohne F

Nach 5 Gehminuten zweigt die VJ am Dorfende bei einer Wegekreuzung nach links ab in Richtung Brodersby mit dem schon sichtbaren Kirchturm. Am Südrand von Brodersby erreichen Sie vor der Kirche ❻ die Missunder Fährstraße (km 14,8) und folgen ihr nach rechts – oder machen vorher links einen Abstecher in die Dorfmitte mit Einkaufsgelegenheit (0,3 km).

Brodersby

670 Ew., 24864,

Café Kuchenhaus, Missunder Fährstraße 24, ☎ 046 22/956 90 88, das.kuchenhaus.brodersby@gmail.com, www.das-kuchenhaus.de, Café zwischen Brodersby und Missunde, 200 m vom Weg, Vermietung von FeWo offiziell ab

3 Tagen, auf Anfrage (in der Nebensaison) aber ggf. auch nur für 1 Nacht möglich, April bis Oktober Mo-Sa 12:00-18:00, So 9:00-18:00, November bis März Do-So 12:00-17:00

Ferienhof Lassen, Groß Brodersbyer Weg 5, ☏ 046 22/20 45, gelassen@ferienhof-lassen.de, www.ferienhof-lassen.de, 4 FeWo für jeweils 1-2 Pers. in alteingesessenem Bauernhof (in neunter Generation!), 1 Nacht ab € 45 pro FeWo inkl. Endreinigung

♦ Bauernhof Bahr, Alte Landstraße 6, ☏ 046 22/26 18, lenchenbahr@web.de, www.bauernhof-bahr.de, Bauernhof mit 4 Zimmern, 5 Gehminuten nördlich von der Ortsmitte bzw. 10 Gehminuten vom Weg, EZ für 1 Nacht ab € 30, inkl. F, Anfang März bis Ende Oktober

Übernachtung im Gemeindehaus, Missunder Fährstraße 17, Kontakt: Frau Pastorin Dörte Boysen, Pastorat: ☏ 046 22/20 00, Kirchenbüro: ☏ 046 22/494, pastorin@schleikirchen.de, Küchennutzung möglich, keine Dusche, möglich

Dorfladen MarktTreff Brodersby, Schleidörfer Straße 11, Mo-Fr 7:30-12:30 und 14:30-18:30, Sa 7:00-13:00

♦ Bäckerei Rosin, Schleidörferstraße 16, www.baeckerei-rosin.de, Mo-Fr 6:15-8:00, Sa 6:15-12:00, So 7:30-10:30

Haltestelle „Klein Brodersby" bei Bäckerei, mit Linie 1625 Mo-Fr mehrmals, Sa einmal täglich Richtung Schleswig und Süderbrarup, www.dbregiobus-nord.de

✞ Die **St.-Andreas-Kirche** wurde im 12. Jh. an der Stelle einer heidnischen Kultstätte oberhalb der Schlei aus Feldsteinen erbaut. Im Innern geht das Taufbecken aus Granit auf die Bauzeit zurück. Auffällig ist die barocke Kanzel, gestiftet im 18. Jh. vom Pächter der Missunder Fähre, mit ihrer Doppelglassanduhr zur zeitlichen Begrenzung einer Predigt: 30 Minuten an Sonntagen und 60 Minuten an Feiertagen. Der hölzerne Glockenturm ist etwas niedriger als das Kirchendach. Eine Erklärung könnte die Bemessung der früheren Steuern nach der Höhe des Kirchturms sein.

150 m nach der Kirche zweigt die VJ rechts in den Burger Weg ab, um den Verkehrsfluss auf der Missunder Fährstraße zu meiden. Nach 1 km schwenkt der Burger Weg rechts in das Dorf Burg, das seinen Namen einer alten dänischen Festungsanlage aus dem Mittelalter verdankt. Die VJ zweigt an der Rechtskurve links ab auf den Margarethenwall ❼, der nach 500 m zur mit einem Grundseil angetriebenen Fähre bei Missunde an der Schleienge führt, mit der Sie übersetzen.

Missunde 500 Ew., 24354,

Campingplatz Wees, An de Wees 16, 049 43/549 84 30, info@camping-schlei.de, www.camping-schlei.de, südlich der Schlei, , 1,50 €, Zelt und Pers. jeweils € 6, der Campingplatz vermittelt auch Ferienwohnungen im Ort. Pilgerinnen und Pilger können kostenlos auf (eigener) Isomatte im Aufenthaltsraum nächtigen. Anfang April bis Ende Oktober

Tonne 98, Margarethenwall, 046 22/189 45 64, Mi-So 11:30-21:00, Café mit einfachen Gerichten am Yachthafen Brodersby, 200 m südlich vom Weg bzw. der Schleifähre

Imbiss am Fähranleger, Missunder Fährstraße 28a, www.fischbude-missunde.de, Di-Sa 12:00-19:30

Schleifähre Missunde, 046 21/301 53 46, an Bord: 01 72/155 64 22, www.schleifaehre-missunde.de, ganzjährig nach Bedarf im Zeitraum Mo-Fr 6:00-20:50, Sa & So 8:00-20:50, Fußgängerinnen/Fußgänger € 0,60, Radfahrerinnen/Radfahrer € 1,20

Linie 713 mehrmals täglich Richtung Fleckeby mit Anschluss nach Eckernförde (721), www.dbregiobus-nord.de

Schleifähre Missunde

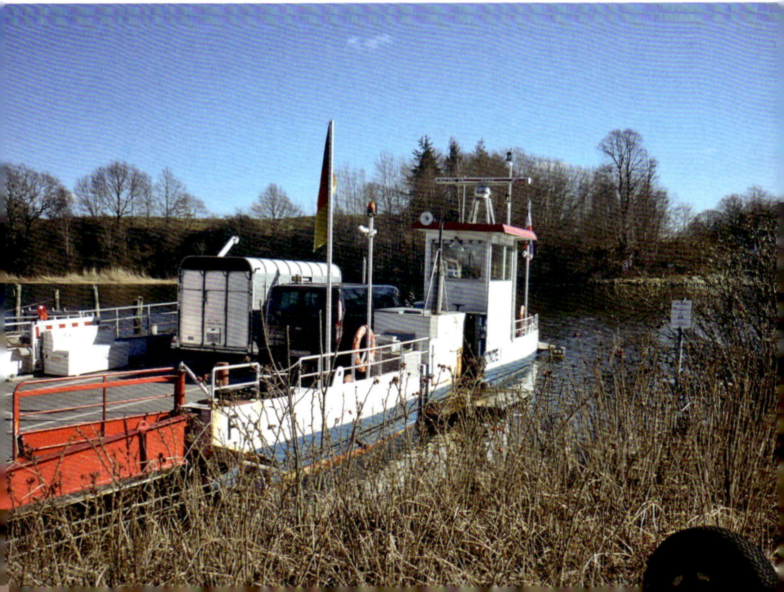

Der Ortsname Missunde verrät die geografische Lage, abgeleitet vom mittelalterlich-nordischen *Mjósund* für die Schleienge, wegen der Missunde als Fährort lange Zeit von strategischer Bedeutung war, etwa bei den deutsch-dänischen Auseinandersetzungen im 19. Jh., aber auch vorher im Großen Nordischen Krieg (18. Jh.). Im Mittelalter hatten die Dänen an der Fährstelle eine Burg (Ortsname des Dorfes am Margarethenwall!) errichtet sowie den Margarethenwall zum Schutz vor den südlich der Schlei siedelnden Wendinnen und Wenden. Deutlich älter ist das **Ganggrab** von Missunde 100 m südlich des Ortes aus der jungsteinzeitlichen Trichterbecherkultur, ursprünglich mit elf Trag- und vier Decksteinen.

Etappe O-2: Missunde – Eckernförde

16,6 km, 4 Std. 30 Min., ↑ 72 m, ↓ 72 m, ⇧ 1-26 m

0,0 km	⇧ 1 m	Missunde
2,8 km	⇧ 2 m	Weseby
5,9 km	⇧ 10 m	Kosel **B&B**
6,9 km	⇧ 18 m	Abstecher zu Badestelle am Bültsee (0,7 km)
7,8 km	⇧ 26 m	B76 **B&B** (0,3 km)
11,6 km	⇧ 11 m	Beginn Noor-Wanderweg bei Schutzhütte
15,2 km	⇧ 1 m	Abzweigung von Bahnradweg in Fußweg am Noor
16,6 km	⇧ 1 m	Eckernförde **B&B** BANK

Die VJ schlängelt sich bei dieser abwechslungsreichen Etappe mit vielen Gewässern von der Schlei vorbei an drei kleineren Seen zum Windebyer Noor, einer ehemaligen Nehrung vor Eckernförde. Am Nordufer folgen Sie der alten Bahntrasse in das Ostseebad.

Das erste Teilstück entlang der Schlei ist nicht radgeeignet. Folgen Sie zunächst der Hauptstraße südost-, dann südwärts und nach 600 m rechts dem Radschild (Wikingertörn) zum Wesebyer Weg, wo die VJ wieder erreicht wird und weiter nach links führt.

Nach dem Übersetzen mit der Fähre wenden Sie sich nach rechts und folgen dem Uferweg entlang der Schlei. Halten Sie sich nach 1,3 km links in den Wald ❶ zum Abkürzen der Uferlinie, ehe Sie die Große Breite mit schönem Ausblick und Rastplatz erreichen. Die **Schlei** – ein 42 km langer Meeresarm der Ostsee – erreicht hier mit 4,2 km ihre breiteste Stelle, während es bei Missunde

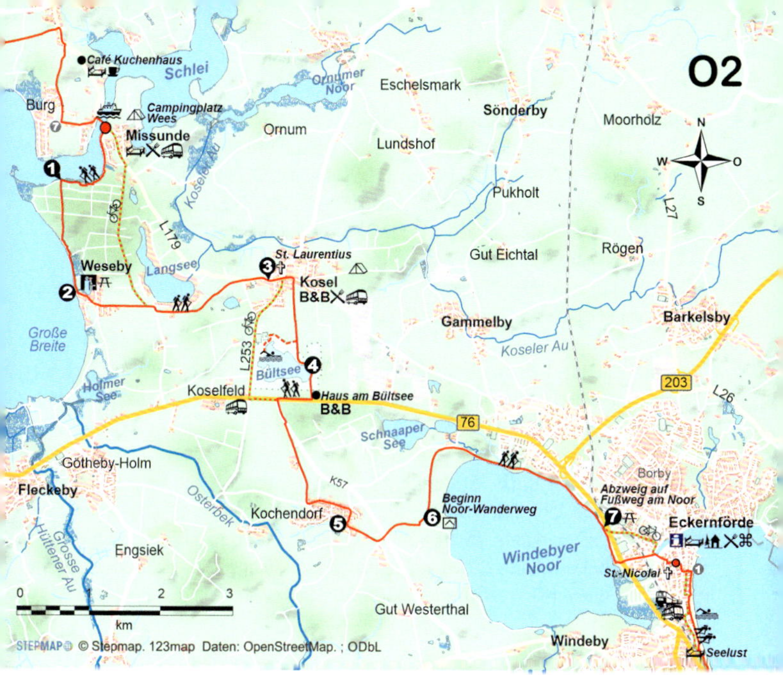

gerade mal 100 m sind. In **Weseby** mit aussichtsreicher Rastgelegenheit an der Schlei ❷ (km 2,8) schwenkt die VJ nach links und führt entlang des Wesebyer Weges mit der Schlei im Rücken südlich am Langsee vorbei nach Kosel ❸ mit der Kirche St. Laurentius (km 5,7).

Kosel 1.390 Ew., 24354, B&B

B&B Antje Seeger, Schwansenweg 44, ☎ 043 54/783, 3 Zi, am nördlichen Ortsrand, 500 m vom Weg, EZ € 30, inkl. F, März bis November

Kirchengemeinde Kosel, An der Kirche 2, Anmeldung: Pastorin S. Kschamer, ☎ 043 54/217, s.kschamer@kirche-kosel.de, Übernachtung im Gemeindehaus (nur Fr & Sa!), Kühlschrank und Teeküche, keine Dusche, Isomatte und Schlafsack mitbringen, nach Absprache, gratis

(Privater) Übernachtungsplatz zum Zelten östlich von Kosel am Meiereiweg im Rahmen des Projektes der Stiftung Naturschutz, www.wildes-sh.de/uebernachtungsplaetze > Kosel, am Übernachtungsplatz selbst gibt es keine Sitzgelegenheiten, Mülleimer, Wasser oder sanitäre Anlagen (dafür Badestelle am Bültsee), Feuer ist nicht gestattet (www.wildes-sh.de/die-regeln).

✗ Koseler Hof, Alte Landstraße 2, ☏ 043 54/13 20, 💻 www.koseler-hof.com, Di-Do 17:00-21:00, Fr 14:00-21:00, Sa/So 12.00-20:00, Restaurant mit Biergarten

Bäckerei Rehbehn, Schwansenweg 4, Mo-Sa 6:30-12:00, Mo, Di, Do & Fr auch 14:30-18:00, So 7:30-10:00

Dorfladen, Schwansenweg 8, Mo-Sa 6:00-12:00, Mo, Di, Do & Fr auch 15:00-18:00

ab Haltestelle „Kosel-Feuerwehr", Linie 721 täglich alle 2 Stunden Richtung Fleckeby und Eckernförde, 💻 www.dbregiobus-nord.de

Kosel war im 15. Jh. Besitztum des Domkapitels Schleswig und nach der Reformation eine königliche Verwaltungseinheit. An Kosel schließt sich die sandige Koseler Heide an.

✞ Die Koseler Kirche **St. Laurentius** geht auf das 12. Jh. zurück. Bei einer Renovierung im Jahr 1968 wurde die im 19. Jh. übertünchte Gewölbemalerei freigelegt. Der markante 25 m hohe Rundturm wurde nachträglich im 13. Jh. am Westgiebel des Langhauses angebaut, dessen Glocke seit mehr als 300 Jahren täglich um 7:00, 12:00 und 17:00 Uhr läutet – bis 1967 noch mit Muskelkraft.

täglich 8:00-18:00

Wegen des radungeeigneten Uferweges am Bültsee sollten Sie Kosel per Rad rechts entlang der Landstraße verlassen. Diese führt südwärts rechts am Bültsee vorbei nach Koselfeld, dort geht es links entlang des Radweges neben der B76 und nach 300 m rechts in die Kreisstraße – zusammen mit der VJ.

In Kosel verlassen Sie die Alte Landstraße rechts entlang des zum Bültsee führenden Schmiederedders. Linksseitig umgehen Sie den 20 ha großen und bis zu 13 m tiefen, nährstoffarmen Bültsee ❹, der in der letzten Eiszeit als Toteisloch entstanden ist und mit seinem Ufer seit 1982 unter Naturschutz steht.

Es gibt eine Badestelle mit Rastgelegenheit an der Westseite des Sees (➲ 0,7 km von der Route), zu der Sie nördlich des Sees rechts abzweigen.

Nach Passieren des Bültsees erreichen Sie die B76 mit einer Übernachtungsgelegenheit zur Linken.

B&B Haus am Bültsee, Koselfeld 2, ☏ 043 54/673, webmaster@ferienzimmerbiancasuhr.de, 💻 www.ferienzimmerbiancasuhr.de, 2 Zi in Wohnhaus am Bültsee, auf Anfrage, DZ ab € 55, EZ € 35 für 1 Nacht

Weiter geht es rechts auf dem Radweg neben der B76 und nach 500 m nach links entlang der Kreisstraße, die Sie nach 5 Gehminuten halb rechts auf den südwärts am Waldrand entlangführenden Weg verlassen.

Haltestelle an der B76 250 m westlich, mit Linie 720 von/nach Schleswig und Eckernförde, Mo-Fr stündlich, sonst alle 2 Stunden, www.dbregiobus-nord.de

Der Weg mündet nach 5 Gehminuten in eine Landstraße ein, die Sie nach 10 Gehminuten an den Ortsrand von **Kochendorf** (km 9,6) führt, wo Sie links der Liebesallee durch den Ort folgen. Am Ende der Liebesallee biegen Sie rechts in den Schnaaper Weg ab und verlassen nach 200 m links Kochendorf ❺ entlang der Dorfstraße. 5 Gehminuten nach dem Dorfende halten Sie sich bei einer Kreuzung links, queren die Kreisstraße und folgen dem Plattenweg ostwärts Richtung Windebyer Noor. Nach 500 m gehen Sie bei einer Hütte nach einer Hochspannungsleitung links ❻ (km 11,6) und folgen dem Wanderweg mit vielen Infotafeln (VJ, E1) nordwärts um das Windebyer Noor. Der Weg ist ein Relikt der 1904 eröffneten und 1954 stillgelegten Bahnstrecke zwischen Rendsburg und Owschlag.

Windebyer Noor mit blühendem Rapsfeld

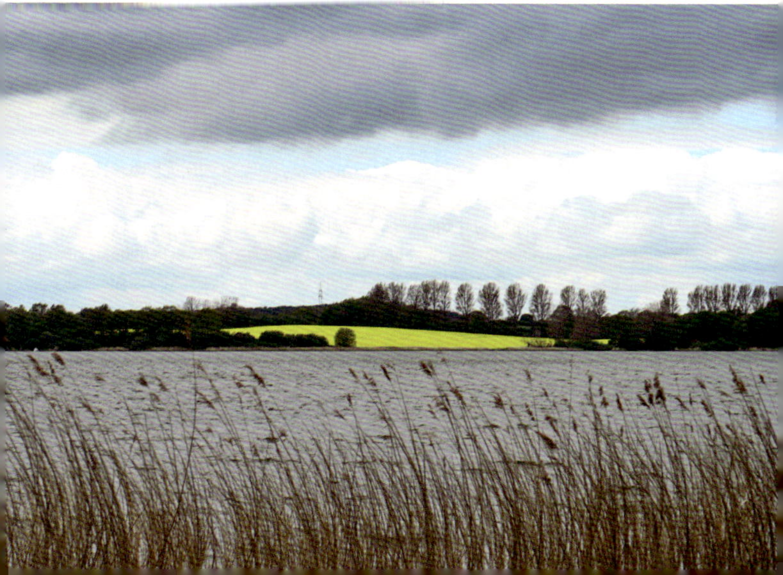

Windebyer Noor

Das Windebyer Noor ist ein rund 4 km^2 großer und max. 14 m tiefer Binnensee, der früher als Ende der Eckernförder Bucht mit der Ostsee verbunden war. Durch Sandablagerungen nach der Weichselvereisung bildete sich eine Nehrung, die das Noor von der Ostsee abschloss. Künstliche Aufschüttungen im Jahr 1929 trennten das Noor endgültig vom Meer ab – bis auf eine unterirdische Verbindung mit der Ostsee. Im Noor ist ein großer Stein erkennbar, der die Entstehung des Noors als glaziales Zungenbecken belegt: Der Stein wurde zur Zeit der Weichselvereisung von Gletschern aus dem schwedischen Värmland nach Schleswig-Holstein transportiert und gilt dort mit seinen 48 t als sechstgrößter Findling des Landes. Sein Name und seine Farbe („Weißer Stein") gehen auf den Kot von Seevögeln zurück.

Nach einer Kleingartenkolonie am Ortsanfang von Eckernförde folgt die VJ bei einer Bank ❼ (km 15,2) rechts dem Fußgängerweg am Ufer entlang.

Per Rad geht es links auf dem über die alte Bahntrasse führenden Radweg entlang nach Eckernförde und dort am Pferdemarkt und später Mühlenweg rechts in das Zentrum.

Nach zuletzt sehr schöner Uferpassage endet der Uferweg und die VJ führt links über die Noorstraße nach Querung der B76 und der Bahnlinie in das Zentrum. Vom Hafen geht es rechts entlang der Langebrückstraße und 50 m nach dem Biomarkt rechts in die Fußgängerzone St.-Nicolai-Straße mit der gleichnamigen Kirche.

Eckernförde

21.700 Ew., 24340, B&B

Eckernförde Touristik und Marketing GmbH, 043 51/717 90, info@ostseebad-eckernfoerde.de, www.ostseebad-eckernfoerde.de, die Eckernförde Touristik und Marketing GmbH betreibt mehrere Infopunkte, während des Umbaus der Stadthalle Am Exer 1 zentral in der Kieler Straße 59 und auf dem Schulhof der Willers-Jessen-Schule und im Sommerhalbjahr an der Strandpromenade. im Jahresverlauf variable Öffnungszeiten, Richtwert Mo-Sa 9:00-17:00, Fr 10:00-15:00

Als Badeort bietet Eckernförde eine große Auswahl an Unterkünften und verlangt von Übernachtungsgästen eine Kurtaxe von € 1,50 in der Neben- und € 2,50 in der Hauptsaison. Für Wanderinnen/Wanderer gut geeignet sind die folgenden Unterkünfte:

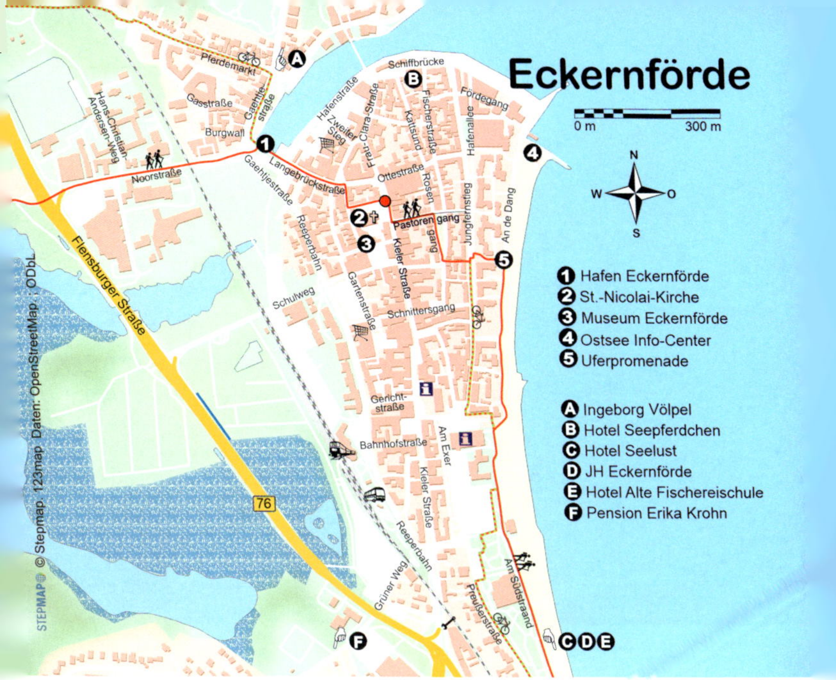

🛏 ✕ Hotel Alte Fischereischule, Sehestedter Straße 77, ☏ 043 51/716 60, ✉ info@hotel-alte-fischereischule.de, 💻 www.hotel-alte-fischereischule.de, im Süden von Eckernförde an der Küste, betrieben von einer gemeinnützigen Stiftung, 18 Zi im nordischen Stil renoviert mit Land- oder Seeblick, in Hauptsaison Mindestaufenthalt 2 Nächte, EZ ab € 69, inkl. F., mittags beliebte und günstige Tagesgerichte, 🚪 Mo-Fr 12:00-13:30

🛏 Hotel Seepferdchen, Fischerstraße 33, ☏ 043 51/727 40, ✉ info@hotelseepferdchen.de, 💻 www.hotelseepferdchen.de, kleines 3-Sterne-Hotel im Zentrum mit 7 Zi, EZ ab € 59, inkl. F

♦ Seelust, Preußerstraße 3, ☏ 043 51/727 90, ✉ info@seelust-hotel.de, 💻 www.seelust-hotel.de, 3-Sterne-Hotel mit 32 Zi direkt am Strand, das anlässlich der olympischen Segelwettbewerbe 1936 erbaut wurde, 🐕 € 10, EZ ab € 58, zzgl. F (€ 11 p. P.)

B&B Pension Erika Krohn, Rendsburger Straße 203a, ☏ 043 51/418 22, 💻 www.pension-krohn.de, Küche, Garten, Terrasse, kleines Schwimmbad (inkl.), Sauna € 7,50, 🐕 € 4, DZ ab € 40, EZ ab € 19 für 1 Nacht, zzgl. F (€ 3 p. P.)

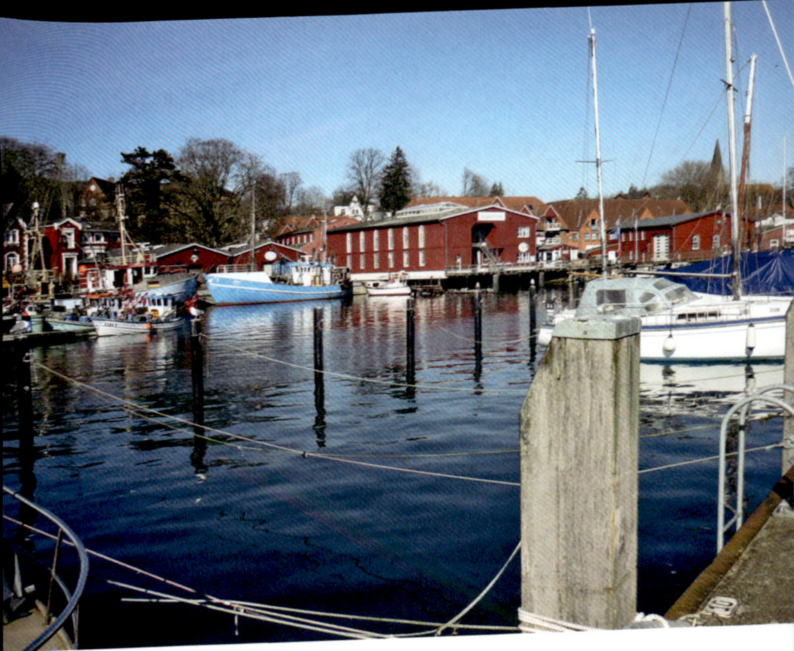

Hafen von Eckernförde

JH Eckernförde, Sehestedter Straße 27, ☏ 043 51/21 54, eckernfoerde@jugendherberge.de, www.eckernfoerde.jugendherberge.de, JH mit 162 Betten, südlich vom Zentrum und 100 m vom Strand, EZ ab € 37, Mehrbettzimmer p. P. ab € 27, inkl. F und Bettzeug, im Winter zeitweise geschlossen

Ingeborg Völpel, Norderstraße 51, ☏ 043 51/71 39 98, 01 74/835 54 61, ingeborg.voelpel@syseb.de, 1 Schlafplatz in kleinem Zimmer im Ortsteil Borby 1 km nördlich vom Zentrum bzw. vom Weg, Küchenbenutzung, Schlafsack erwünscht, aber nicht zwingend nötig, vegetarisches Frühstück möglich, gegen Spende

Biomarkt Eckernförde, Langebrückstraße 20, www.biomarkt-eckernförde.de, Mo-Fr 9:00-18:30, Sa 9:30-14:30, in Speicherpassage im Norden der Innenstadt; sonst im Zentrum Rewe am Bahnhof, Sauersgang 1

Radladen und Werkstatt: Fahrrad-Zentrum Eckernförde, Berliner Straße 1, ☏ 043 51/880 37 60, fazeck@t-online.de, www.fahrradzentrum-eckernförde.de, Mo-Fr 9:00-18:00, Sa 9:00-13:00

halbstündliche Regionalbahnverbindungen nach Kiel via Gettorf und stündliche nach Flensburg

Das Ostseebad Eckernförde wurde erstmals urkundlich 1302 als Stadt auf dem Nehrungshaken erwähnt, die sich zunehmend auf Fischfang und Schiffbau spezialisierte, ehe sich mit der Gründung des Seebades 1831 der Fremdenverkehr entwickelte – mit heute rund 40.000 Übernachtungsgästen jährlich. Seit 1912 ist Eckernförde zudem Militärstandort mit Forschungszentrum für marine Waffentechnologie.

✞ Die dreischiffige spätgotische **St.-Nicolai-Kirche** geht auf einen romanischen Vorgängerbau aus dem 13. Jh. zurück. Ihr heutiges Erscheinungsbild erhielt sie vor allem nach Umbauten im 16. Jh., das Kirchendach wurde später über den beschädigten Turm drübergebaut. Das bedeutendste Kunstwerk ist der 1642 vollendete barocke Altaraufsatz aus Eichenholz von Hans Gudewerdt dem Jüngeren, dessen Vater um 1600 die Kanzel der Kirche anfertigte.

Gudewerthstraße

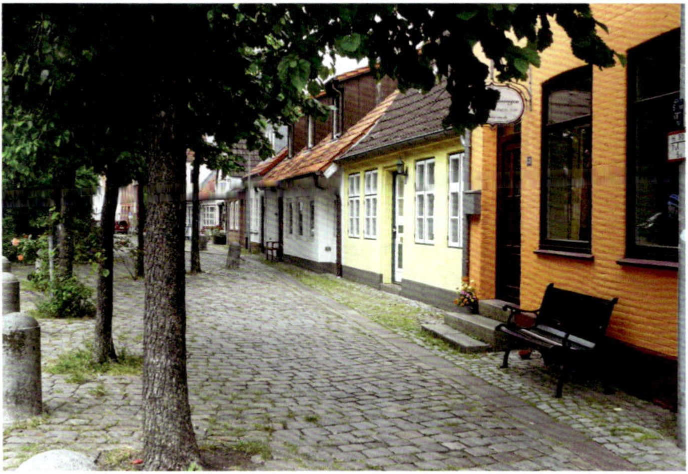

⌘ Das **Ostsee Info-Center** ist ein familienfreundliches naturkundliches Museum mit Aquarium und botanischem Garten auf dem Dach am Hafen.

♦ Jungfernstieg 110, 💻 www.ostseeinfocenter.de, 🚪 täglich 11:00-17:00, Eintritt € 5

⌘ Das **Museum Eckernförde** dokumentiert im historischen Rathaus am Marktplatz aus dem 15. Jh. die Stadtgeschichte.

♦ Rathausmarkt 8, 💻 www.museum-eckernfoerde.de,
🚪 Di-Fr 14:30-17:00, Sa und So 11:00-17:00, Eintritt € 3

Etappe O-3: Eckernförde – Gettorf

16,2 km, 4 Std. 30 Min., 144 m, 125 m, 1-39 m

0,0 km	1 m	Eckernförde B&B
4,1 km	5 m	Abzweigung Ufervariante zum Restaurant Treib-Gut
9,3 km	8 m	Bushaltestelle „Altenhof-Aschau“
11,8 km	31 m	Neudorf-Bornstein **B&B**
16,2 km	24 m	Gettorf

Die erste Hälfte dieser Etappe wandern Sie entlang der Eckernförder Bucht, zunächst auf der Uferpromenade, später auf Waldwegen und an der Steilküste mit schönen Blicken auf die Ostsee. Bei der Aschauer Lagune verlassen Sie das Meer und folgen der VJ landeinwärts über Feldwege und überwiegend kleine Straßen zum Etappenziel Gettorf.

Vom Kirchplatz Eckernförde geht es ostwärts durch den Pastorengang und an einer Kreuzung mit Betonpfosten bei einem kleinen Park nach rechts. An dessen Ende nehmen Sie an einer Kreuzung hinter bunten Häusern die kleine Gasse nach links und folgen ihr bis zum Strand ❶, wo Sie der Uferpromenade nach rechts folgen.

Da die Strandpromenade in Eckernförde für Fahrräder gesperrt ist, biegen Sie 70 m vor ihr bei der Kreuzung mit dem Jungfernstieg nach rechts ab und folgen der Uferlinie so nah wie möglich mit dem Rad. Auf Höhe des Leuchtturms stoßen Sie wieder auf die VJ bzw. Uferpromenade, die ab hier auch mit dem Rad genutzt werden kann.

Ab dem Leuchtturm wird die Uferpromenade auch von Radfahrerinnen und Radfahrern genutzt und führt am Marinestützpunkt Eckernförde vorbei. Bei einem Strandhaus am Ende vom Parkplatz (km 3,1) folgen Sie links vom Radweg dem Rettungsweg am Strand und später dem Radweg an der Straße entlang zum Restaurant Treib-Gut (km 4,1).

Restaurant Treib-Gut, Kiekut 1, 043 51/889 56 13, www.restaurant-treibgut.de, Mi-Do ab 17:00, Fr-So ab 11:30

100 m hinter dem Restaurant Treib-Gut nehmen Sie die links abzweigende Straße Richtung Begräbniswald ❷ und halten sich danach rechts (VJ und weißes Kreuz).

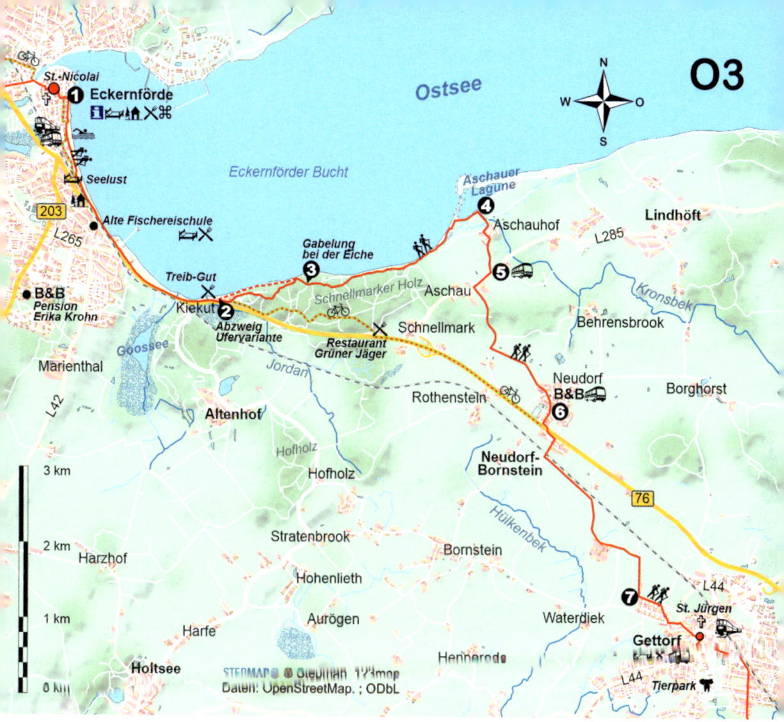

Option direkt am Ufer (➲ ähnliche Länge)
Während die Pilgerroute großteils durch Wald verläuft, ist weiter links ein Weg direkt am Ufer möglich: mal am Strand, mal oberhalb des Steilufers. Dazu gehen Sie bei der Abzweigung 100 m nach dem Restaurant Treib-Gut links Richtung Nr. 5 f-a und folgen den Pfaden möglichst ufernah, teilweise direkt am Strand und teilweise hinauf zur Steilküste. Nach etwa 2 km stößt die Ufervariante wieder auf die Pilgerroute (bei km 6,3).

Nach 150 m folgen Sie bei der Gabelung am Heilpädagogium dem Weg links (Mövenberg) durch den Begräbniswald (gelber Pfeil, weißes x für E1) mit entsprechendem Respekt.

Mit dem Rad folgen Sie bei der Gabelung dem rechts abzweigenden Radweg Richtung Gettorf (Kiekut), der sich zwischen der VJ und der B76 durch den Wald schlängelt und nach dem Gasthaus Grüner Jäger – weniger schön – neben der B76 Richtung Gettorf führt.

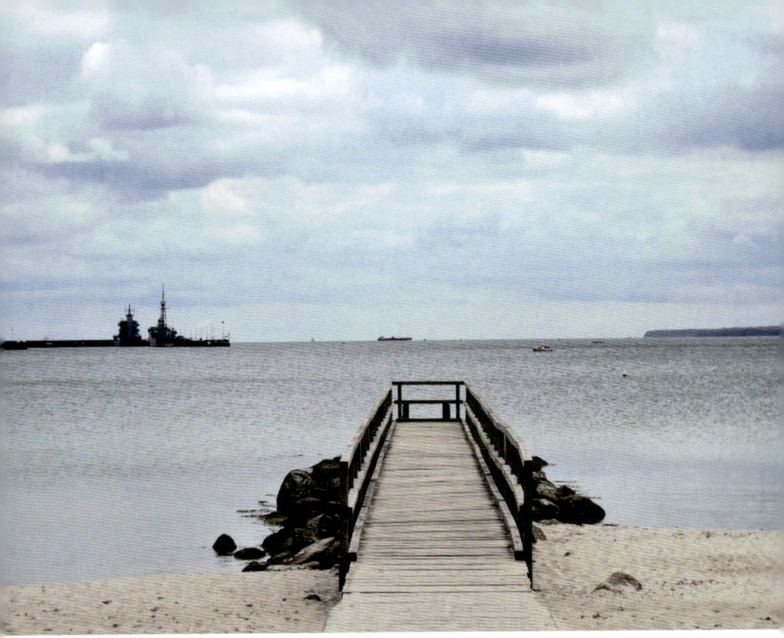

Eckernförder Strand

✕ Restaurant Grüner Jäger, An der B76, ☏ 043 51/414 04, 💻 www.gruenerjaeger-altenhof.de, 🚪 täglich durchgehend warme Küche 11:00-20:00, Gasthof bei Schnellmark an der B76, der dazugehörige Campingplatz ist nur für Wohnmobile oder Gruppen.

🚲 Bei Neudorf stoßen Sie wieder auf die VJ (bei km 12,1) und folgen ihr nach Gettorf.

Zu Fuß halten Sie sich 5 Min. nach dem Begräbniswald bei einer Gabelung links (weißes Kreuz), ↳ optional – aber weniger schön – könnten Sie auch rechts gehen (Markierung Jakobsweg) und dann später bei der Eiche ❸ rechts statt links. Nach weiteren 5 Min. beginnt nach steilerem Abstieg bei einem Trafokasten im Wald ein breiterer Weg an der Steilküste, dem Sie nach rechts folgen. Bei einer Gabelung unter einer großen Eiche ❸ (km 5,6) folgen Sie dem Forstweg nach links und nach 150 m in einer Linkskurve des Forstweges dem rechts abzweigenden Pfad (gelber Pfeil auf Baum).

Die VJ führt bei einer Gabelung links zur Küste, wo Sie dem Pfad oberhalb der Steilküste folgen, später am Strand entlang und auf dem letzten Abschnitt als

Sandweg an der Küste entlang der Aschauer Lagune. Am Ende des Uferweges ❹ nehmen Sie die Straße nach rechts – die Küste im Rücken – und folgen ihr durch **Aschauhof**. Bei einer Bushaltestelle ❺ (km 9,3) biegen Sie rechts in die Aschauer Landstraße ab.

Ländliche Idylle bei Aschauhof

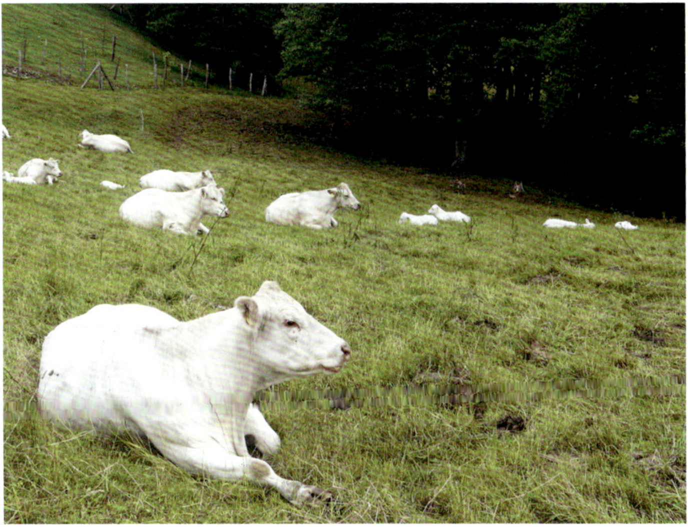

Bushaltestelle „Altenhof-Aschau", Linie 746 wenige Male täglich nach/von Eckernförde, www.dbregiobus-nord.de

Nach 250 m nehmen Sie die links abzweigende Lammsrader Straße Richtung Gettorf (Radschild „6,9 km") und folgen nach 1 km links dem Aschauer Weg, der Sie durch **Neudorf** führt ❻ (km 11,8).

Neudorf-Bornstein 1.070 Ew., 24214, B&B

B&B Privatvermietung Petra Kruse, Behrensbrooker Weg 12, 043 46/71 08, 01 51/50 40 90 00, petrakruse46@gmx.de, 2 Zi, Kochgelegenheit, , gratis, DZ ab € 45, EZ ab € 25, inkl. F

Bushaltestelle „Neudorf-Schule" mit mehreren Verbindungen täglich nach Eckernförde und Gettorf, www.dbregiobus-nord.de

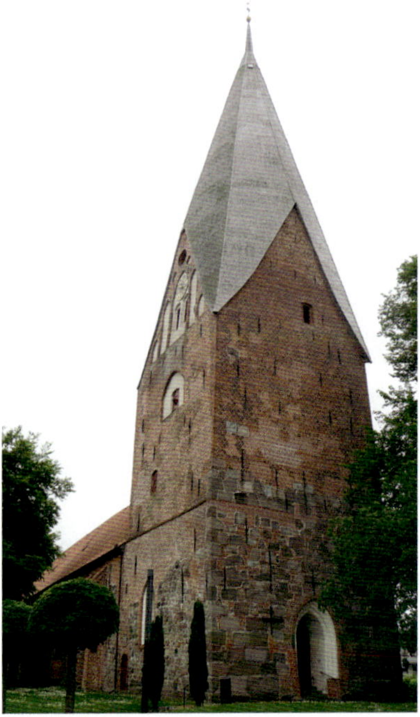

St.-Jürgen-Kirche

Am Ortsende von Neudorf folgen Sie der VJ vor der B76 links Richtung Bornstein durch die Unterführung und danach an der T-Kreuzung rechts Richtung Bornstein (Sprenger Weg). Nach der Bahnquerung nehmen Sie den links abzweigenden Plattenweg und bei der T-Kreuzung am Bahnübergang die Straße nach rechts. In einer Rechtskurve der Straße geht es geradeaus weiter auf dem Schotterweg, bei der T-Kreuzung am Ende vom Fuchsweg ❼ links und nach wenigen Metern entlang der Straße durch die Siedlung, an deren Ende Sie bei der Kreuzung links in die Bornsteiner Straße abbiegen. Nach 150 m erreichen Sie die Vorfahrtsstraße und folgen ihr rechts hinein nach Gettorf (Am Brook, Radschild „Kiel 21,8 km"), wo Sie links auf dem Spritzengang zur Ortsmitte mit links der St.-Jürgen-Kirche gehen.

Gettorf

7.600 Ew., 24214

Hotel Stadt Hamburg, Süderstr.1, 043 46/416 60, info@hotel-gettorf.de, www.hotel-gettorf.de, Hotel im Zentrum, EZ ab € 60, inkl. F, Restaurant Mo-Sa 11:00-14:00 und 16:00-18:00

Gettorfer Backhaus Marktcafé, Am Markt 1, 043 46/36 80 34, www.gettorfer-marktcafe.de, Mo-Fr 6:00-18:00, Sa-So 6:00-17:00, zentrales Café mit Mittagstisch

Supermärkte nahe Marktplatz: Rewe (Süderstraße 4) und Penny (Am Markt 10)

Radladen mit Werkstatt: 2rad Kuppe, Kirchhofsallee 9, 043 46/72 51, www.zweirad-kuppe.de, Mo-Fr 9:00-12:30, Mo, Di, Do & Fr auch 14:00-18:00, Sa 9:00-13:00

halbstündliche Regionalbahnverbindungen nach Kiel und Eckernförde

Der im 13. Jh. urkundlich erstmals als „Ghetdorpe" erwähnte Ort ist Mittelpunkt der Landschaft Dänischer Wohld und bekannt für seinen in 1960er-Jahren gegründeten Tierpark.

✝ Die Kirche **St. Jürgen** wurde im 13. Jh. erbaut, anfangs geweiht der Gottesmutter sowie Nikolaus von Myra und erst später dem hl. Georg (Jürgen), dem zuvor eine Nebenkapelle geweiht war, die viele Pilgerinnen und Pilger anzog. Auffällig im Inneren sind der Altar von 1500 und die Kanzel von Hans Gudewerdt dem Älteren (1598), beides Holzschnitzarbeiten. Der 64 m hohe Turm wurde im 15. Jh. an der Stelle eines Feldsteinspeichers gebaut, in dem Vorräte zur Versorgung der Pilgernden und die oft aus Naturalien bestehende Steuerlast (Kirchenzehnter) untergebracht waren. Der nach einem Brand 1814 neu aufgebaute Turm diente in der Schleswig-Holsteinischen Erhebung 1849 als Beobachtungsturm.

Schiefer Turm von Gettorf

Die etwas schiefe Lage des Kirchturms erklärt eine Sage, nach der der Teufel einen Stein auf den Kirchturm geschleudert haben sollen, der durch das Eingreifen von Gott den Turm aber nur streifte. In der Fußgängerzone am Alexanderplatz erinnert eine Teufelsstatue daran. Das Wurfgeschoss liegt als sogenannter „Teufelsstein" in Großkönigsförde außerhalb von Gettorf: mit einem Umfang von 18 m und einer Masse von 180 t der größte Findling von Schleswig-Holstein.

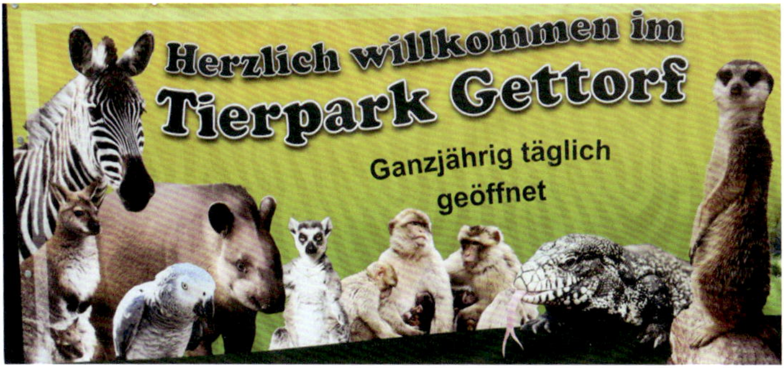

Der **Tierpark Gettorf** zeigt als alteingesessener, familiär geführter, kleiner Tiergarten 800 Tiere bzw. 120 Arten mit Schwerpunkt (Tropen-)Vögel und Affen auf dem Gelände einer ehemaligen Kiesgrube.

♦ Süderstraße 33, 💻 www.tierparkgettorf.de, täglich März bis Oktober 9:00-18:00, November bis Januar 10:00-16:00 und Februar 10:00-17:00, Eintritt € 12

Etappe O-4: Gettorf – Kiel

22,3 km, 6 Std., 146 m, 169 m, 1-28 m

0,0 km	24 m	Gettorf
4,0 km	22 m	Bänke bei Denkmal
7,2 km	9 m	Obstcafé Warleberg mit Kanalblick und Abkürzungsmöglichkeit
9,2 km	8 m	Kanalgarten
13,0 km	2 m	Levensauer Hochbrücke, Bauarbeiten bis mindestens 2024!
14,2 km	8 m	Kanalfeuer
16,9 km	2 m	Holtenauer Kanalfähre
17,9 km	11 m	Gewerbegebiet Kiel-Wik
22,3 km	2 m	Kiel, Reventloubrücke (Kiel, Zentrum 1,4 km)

Von Gettorf geht es südwärts zwischen Feldern und vorbei an einer Obstplantage mit Café zum Nord-Ostsee-Kanal, dem die VJ an dessen Nordufer bis zur Schleuse bei Kiel folgt, wo Sie den Kanal mit der Fähre queren und sich den Weg durch Vororte der Landeshauptstadt bahnen, ehe Sie die Kieler Förde erreichen und auf der Promenade namens Kiellinie zum Fähranleger nahe dem Landtag wandern, wo Sie zur nächsten Etappe übersetzen oder der Promenade geradeaus in die Innenstadt folgen können.

Am Südende der Fußgängerzone von Gettorf biegen Sie links in die Straße Am Markt und bei der folgenden Kreuzung links in die Straße Hasselrott (Radschild „Bf. 0,7 km"), um dieser (und nach einer Rechtskurve der Kirchhofsallee) linksseitig am Friedhof vorbei zu folgen. Weiter geht es auf der Kirchhofsallee zum Bahnübergang, vor dem Sie rechts in den Tüttendorfer Weg abbiegen (Tempo-30-Schild).

Nach der Querung eines Hofgeländes geht es geradeaus durch **Tüttendorf** (Radschild „Neuwittenbek"). Bei einer Kreuzung mit Bänken und einem Gedenkstein zum Tag der Deutschen Einheit ❶ (km 4) folgen Sie der Straße geradeaus bzw. leicht rechts (Radschild „Warleberg 6 km"). Bei einer Gabelung (km 6,2) geht es geradeaus weiter auf dem kopfsteingepflasterten Weg über das Gelände vom **Gut Warleberg** mit rechts dem auffälligen gelben Herrenhaus zwischen 300 Jahre alten Eichen, Buchen und Linden. Der landwirtschaftliche

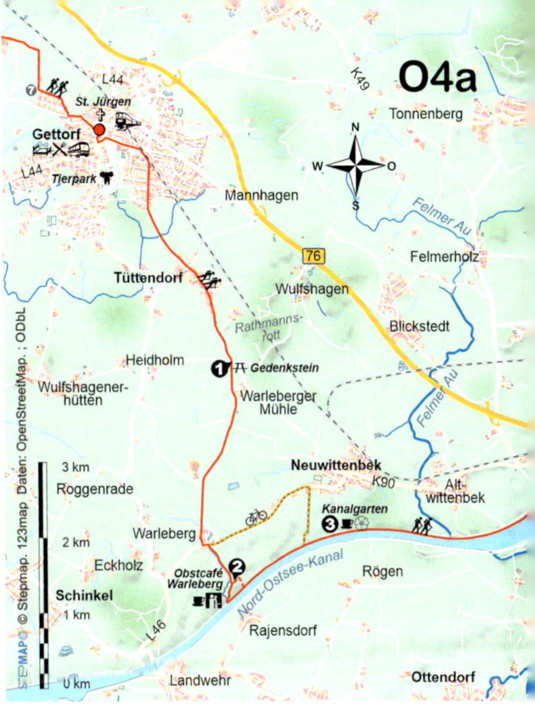

Betrieb mit dem dazugehörigen Obstcafé (s. u.) wird von der Familie Buchenau in vierter Generation geführt.

Nach dem Gutshof biegen Sie bei der alten Meierei (links) links in die Straße und 50 m danach bei der Bushaltestelle rechts in den unbefestigten Fahrweg Richtung Obstcafé ab.

🚲 Mit dem Rad kommen Sie wegen der Treppe hinter dem Obsthof nur mühsam hinunter zum Kanal. Einfacher ist es, bei der Abzweigung zum Obstcafé der Straße geradeaus bis kurz vor Neuwittenbek zu folgen und dort rechts abwärts zum NOK zu radeln, wo Sie wieder auf den Pilgerweg treffen.

Kurz darauf passieren Sie zur Linken die Plantagen mit dem Obstcafé Warleberg ❷ (km 7,2).

☕ Obstcafé Warleberg, Warleberg 8, ☏ 043 46/70 77, 💻 www.warleberg.de, in der Obstsaison täglich 13:00-18:00, kleines Café auf Obsthof mit Obstkuchen aus eigener Produktion bzw. Pflanzung, im Gras unter Bäumen darf auch gepicknickt werden.

Toller Blick vom Café die Plantagen hinunter auf den Nord-Ostsee-Kanal (NOK), der ein wenig an Weingärten an der Mosel erinnert.

➪ Vom Obstcafé führt ein kleiner Pfad vorbei an den Plantagen direkt hinunter zum Kanal; damit sparen Sie etwa 300 m.

Sie gehen rechts am Café vorbei über den Parkplatz und weiter rechts neben den Feldern und schließlich hinunter zum NOK, wo Sie links dem Kanalweg folgen.

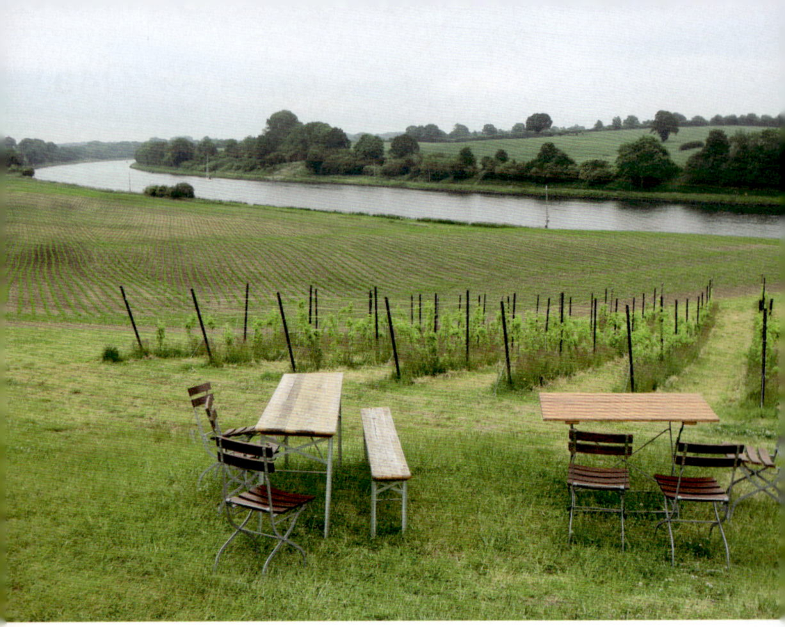

Obsthof Warleberg am Nord-Ostsee-Kanal

Bis nach Kiel-Holtenau geht es direkt am Kanal entlang; ⛼ unterwegs laden mehrmals Bänke zur Rast ein. Nach 1,7 km auf dem Kanalweg liegt links oberhalb auf der Höhe von Neuwittenbeck eine (selten geöffnete) Einkehrgelegenheit mit Garten ❸.

☕ ❀ Schaugarten am Kanal – Garten & Café, 📱 01 60/99 84 05 73,
💻 www.kanalgarten.de, 🚪 Anfang Mai bis Anfang Oktober So 14:00-18:00

5,5 km nach dem Obstcafé geht es unter den Brücken der Bahn und der B76 hindurch ❹ (km 12,9).

✋ An dieser Stelle ist bis mindestens 2024 mit Störungen bzw. Umleitungen infolge von Bauarbeiten zu rechnen, da die alte **Levensauer Hochbrücke** als älteste der Kanalbrücken (seit 1893) den heutigen Ansprüchen vor allem bzgl. der Durchfahrtsbreite nicht mehr entspricht und ein Ersatzneubau errichtet wird. Die Bauarbeiten werden dadurch erschwert bzw. verlängert, dass sich im Gemäuer der alten Hochbrücke seltene Fledermäuse angesiedelt haben – die Brücke gilt als eines der größten mitteleuropäischen Winterquartiere mehrerer Fledermausarten. Daher darf an den alten Widerlagern nur von April bis September gebaut werden.

Nord-Ostsee-Kanal und Schleusenkammer

Der 99 km lange NOK gilt mit rund 35.000 Schiffen jährlich (vor Coronazeiten) als am meisten befahrene künstliche Seeschifffahrtsstraße der Welt. Noch mehr Verkehr hat der 72 km lange Amsterdam-Rhein-Kanal, der aber nur Bedeutung für die Binnenschifffahrt hat. Etwa 900 große Schiffe pflügen täglich durch den Kanal von Brunsbüttel an der Elbmündung bis nach Kiel an der Ostsee (oder umgekehrt). Der Nord-Ostsee-Kanal wurde 1895 als „Kaiser-Wilhelm-Kanal" eröffnet, um den Seeweg von 700 km zwischen Nord- und Ostsee um Dänemark herum zu verkürzen. Bei der nur acht Jahre währenden Bauzeit waren zeitweise 9.000 Arbeiter vor Ort.

NOK-Schleuse bei Holtenau

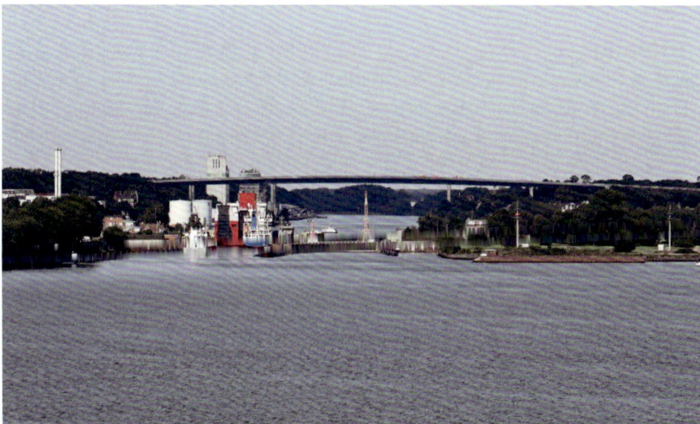

Finanziert wurden die Kosten von 156 Millionen Goldmark (nach heutiger Kaufkraft etwa € 1 Mrd.) durch die 1902 eingeführte Schaumweinsteuer, die jedoch primär dem Aufbau der kaiserlichen Kriegsflotte diente. Die für das Großprojekt veranschlagten Kosten sollen damals übrigens nicht überschritten worden sein – anders als beim Neubau der Schleusenkammer Brunsbüttel, deren Neubau 2009 beim Beschluss mit € 273 Mio. veranschlagt war und die nach der voraussichtlichen Fertigstellung frühestens 2026 mindestens € 1,2 Mrd. gekostet haben wird (Etappe W-6). Wegen der vielen Kurven gilt für Schiffe eine Geschwindigkeitsbegrenzung von 15 km/h. Zehn Hochbrücken überqueren den Kanal 42 m hoch – wie etwa die 2.830 m lange, weithin sichtbare Straßenbrücke bei Brunsbüttel von 1983. Die Tiefe des Kanals von 11 m und Breite von 90 m an der

Kanalsohle sowie 162 m an der Oberfläche ist beachtlich, aber für ganz große Schiffe nicht ausreichend, sodass der Kanal in den 2020er-Jahren mit € 2,6 Mrd. Bundesmitteln erweitert wird.

1,4 km nach der Brücke kommen Sie an einer Einkehrgelegenheit vorbei ❺.

Restaurant/Café Kanalfeuer, Knooper Dorfstraße, ☏ 04 31/369 94 08, www.kanalfeuer.de, Mi-Fr ab 17:00, Sa & So ab 11:30, direkt am Kanal mit Terrassen und Wintergarten

500 m nach einer weiteren Brücke über den Kanal (der B503) passieren Sie im Kieler Stadtteil **Holtenau** eine Übernachtungs-/Einkehrgelegenheiten und erreichen eine Rad-/Fußgängerfähre über den Kanal ❻ (km 16,9).

Holtenau 5.200 Ew., 24159

Hotel-Café-Restaurant Waffenschmiede, Friedrich-Voß-Ufer 4, ☏ 04 31/36 96 90, info@hotel-waffenschmiede.de, hotel-waffenschmiede.de, kleines Hotel mit Café/Restaurant am Kanal mit Blick auf die vorbeifahrenden Schiffe, 200 m vor der Fußgängerbrücke, € 10, DZ ab € 83, EZ ab € 69, zzgl. F (€ 9 p. P.), Café Di-So 14:00-17:30, warme Küche Di-So 12:00-13:30 und 18:00-20:00

Rad-/Fußgängerfähre Holtenau-Wik, etwa viertelstündlich zwischen 6:00 und 21:00, gratis – wie alle Kanalfähren

Nach Kiel geht es mit der Fähre hinüber über den NOK, zur Linken liegen die Schleusenanlagen, die ab 2023 erweitert werden sollen.

Auf der anderen Kanalseite – im Kieler Stadtteil **Wik** – folgen Sie der Straße geradeaus südwärts (erst Schleusenstraße, später Holtenauer Straße), vorbei an einer Bushaltestelle und mehreren Einkaufsgelegenheiten.

Mega Bike Kiel, Schleusenstraße 18, ☏ 04 31/666 89 63, www.megabike24.de > Kiel Wik, Mo-Fr 10:00-19:00, Sa 10:00-16:00, großes Radgeschäft auf zwei Etagen und Werkstatt direkt am Weg, 500 m nach der Kanalquerung

Gewerbegebiet Kiel-Wik mit Supermarkt/Discounter links vor der Kreuzung mit der Prinz-Heinrich-Straße

Haltestelle „Wik-Kanal" (und weitere später), Stadtbus 11 je nach Wochentag alle 10-30 Min. in die Innenstadt von Kiel, www.kvg-kiel.de

1,3 km nach der Fähre biegen Sie bei einer großen Kreuzung links in die Mercatorstraße ab und nach 100 m, nach dem weißen Hochhaus (links), rechts in die Dankwerthstraße bzw. auf deren linken Bürgersteig.

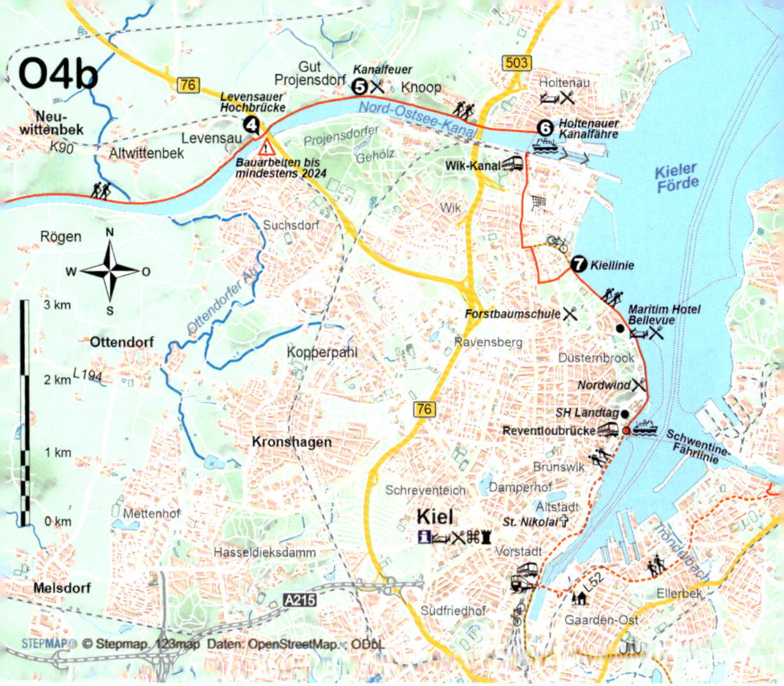

🚲 Mit dem Rad ist es einfacher, der Mercatorstraße weiter geradeaus zu folgen und bei der folgenden Kreuzung geradeaus in die Kiellinie zu radeln (rechte oder linke Seite möglich). Nach 500 m erreichen Sie das Ufer der Kieler Förde und radeln geradeaus auf dem Radweg entlang der Promenade – ab hier wieder zusammen mit der VJ.

Sie folgen dem Fußweg links neben der Straße geradeaus durch ein Wohngebiet, auch nach dem Ende der Straße. Vor einer größeren Grünanlage queren Sie die Homannstraße und folgen dem Fußweg erst geradeaus und nach 20 m nach links, rechts neben der Homannstraße. Kurz darauf queren Sie die Feldstraße und gehen geradeaus bzw. leicht rechts versetzt auf dem Fußweg durch den Park hinunter zur Kieler Förde, wo Sie rechts der Promenade namens Kiellinie ❼ folgen, die früher Hindenburgufer und davor Strandweg hieß. Nach 2,5 km erreichen Sie kurz nach Passieren des schleswig-holsteinischen Landtags die Reventloubrücke, den Anleger der Schwentine-Fähre (Info ☞ nächste Etappe) und das offizielle Ende dieser Etappe.

Zum Zentrum von Kiel folgen Sie dem Promenadenweg geradeaus; zum Schifffahrtsmuseum nahe der Innenstadt mit Kirche sind es 1,4 km, zum Bahnhof 2,6 km.

Kiellinie

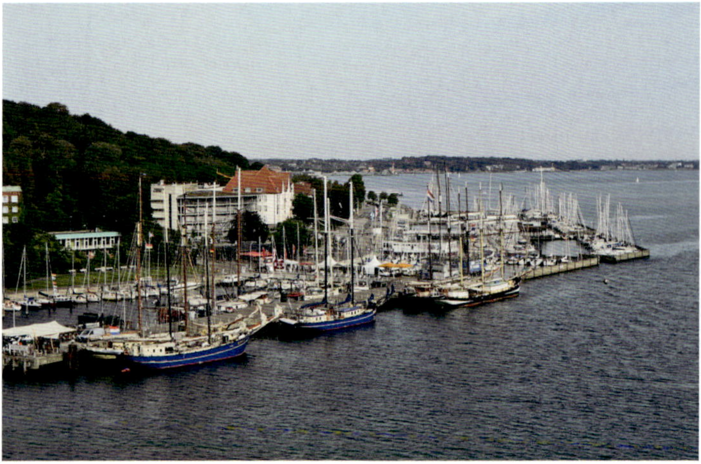

Kiel

246.800 Ew., 24103,

Tourist-Info in Kiel, Andreas-Gayk-Straße 31, 04 31/67 91 00, info@kiel-sailing-city.de, www.kiel-sailing-city.de, Touristbüro zwischen Bahnhof und Schwedenkai,

Mo-Fr 9:30-18:00, Sa 10:00-14:00, Mai bis September auch So 10:00-15:00

Große Auswahl an Hotels, die während der Kieler Woche in der letzten Juniwoche vollständig ausgebucht bzw. überteuert sind. Die meisten liegen rund um den Hauptbahnhof und gehören zu Ketten wie B&B, Intercity-Hotel oder Premiere Classe. Beachten Sie neben den hier aufgeführten Unterkünften außerdem die weiteren zu Beginn der nächsten Etappe auf der östlichen Fördeseite!

Maritim Hotel Bellevue, Bismarckallee 2, 04 31/389 40, info.bki@maritim.de, www.maritim.de > Kiel, nicht das schönste Hotel, aber es liegt günstig am Weg zwischen Schleusenanlage und Fähre über die Förde, außerdem tolle Aussicht vom 1972 zu den olympischen Segelwettbewerben eröffneten Hotel-Hochhaus – zumindest von den oberen der 89 Zi, , Pool, Sauna, DZ ab € 85, zzgl. F (€ 17 p. P.)

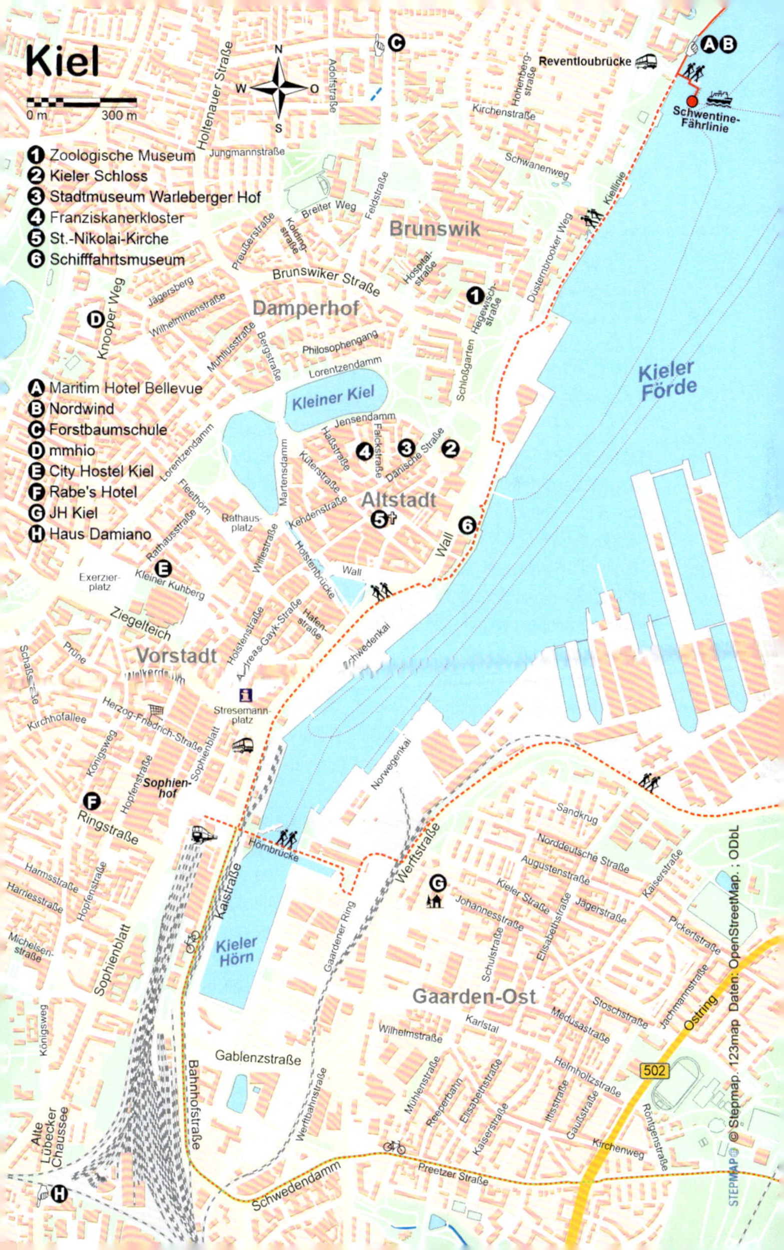
Kiel
0 m
300 m
N
W
O
S
1 Zoologische Museum
2 Kieler Schloss
3 Stadtmuseum Warleberger Hof
4 Franziskanerkloster
5 St.-Nikolai-Kirche
6 Schifffahrtsmuseum
A Maritim Hotel Bellevue
B Nordwind
C Forstbaumschule
D mmhio
E City Hostel Kiel
F Rabe's Hotel
G JH Kiel
H Haus Damiano
Reventloubrücke
Schwentine-Fährlinie
Brunswik
Damperhof
Altstadt
Vorstadt
Sophienhof
Gaarden-Ost
Kleiner Kiel
Kieler Förde
Kieler Hörn
Exerzierplatz
Rathausplatz
Stresemannplatz
Holtenauer Straße
Jungmannstraße
Adolfstraße
Feldstraße
Breiter Weg
Brunswiker Straße
Hospitalstraße
Hegewischstraße
Schloßgarten
Düsternbrooker Weg
Kiellinie
Hohenbergstraße
Kirchenstraße
Schwanenweg
Knooper Weg
Jägersberg
Wilhelminenstraße
Muhliusstraße
Bergstraße
Philosophengang
Lorentzendamm
Jensendamm
Haßstraße
Falckstraße
Dänische Straße
Küterstraße
Martensdamm
Kehdenstraße
Wall
Fleethörn
Rathausstraße
Willestraße
Holstenbrücke
Kleiner Kuhberg
Ziegelteich
Holstenstraße
Andreas-Gayk-Straße
Hafenstraße
Schwedenkai
Norwegenkai
Herzog-Friedrich-Straße
Sophienblatt
Königsweg
Hopfenstraße
Ringstraße
Kirchhofallee
Prüne
Harmsstraße
Harriesstraße
Michelsenstraße
Hörnbrücke
Kaistraße
Werftstraße
Gaardener Ring
Sandkrug
Norddeutsche Straße
Augustenstraße
Kieler Straße
Johannesstraße
Jägerstraße
Elisabethstraße
Kaiserstraße
Pickertstraße
Schulstraße
Stoschstraße
Jachmannstraße
Ostring
Medusastraße
Karlstal
Wilhelmstraße
Helmholtzstraße
502
Gablenzstraße
Bahnhofstraße
Werftbahnstraße
Mühlenstraße
Reeperbahn
Iltisstraße
Gaußstraße
Röntgenstraße
Kirchenweg
Preetzer Straße
Schwedendamm
Alte Lübecker Chaussee
© Stepmap, 123map Daten: OpenStreetMap ; ODbL
STEPMAP

- Rabe's Hotel, Ringstraße 30, ☏ 04 31/66 30 70, info@rabes-hotel.de, www.rabes-hotel.de, überschaubares und vergleichsweise günstiges Hotel im Zentrum mit 22 Zi, 3 km vom Weg und 500 m vom Bf., € 15 (ausdrücklich ohne Verpflegung), DZ ab € 80, EZ ab € 60, inkl. F
- ♦ City Hostel Kiel, Kleiner Kuhberg 32-34, 01 57/37 73 12 24, info@cityhostel-kiel.de, www.cityhostel-kiel.de, günstige, einfache Bleibe im Zentrum von Kiel mit 9 Zi, EZ ab € 35
- JH Kiel, Johannesstraße 1, ☏ 04 31/73 14 88, kiel@jugendherberge.de, www.kiel.jugendherberge.de, große JH auf der Ostseite der Kieler Förde nahe dem Terminal der Color-Line-Fähre, EZ ab € 36, Platz im Mehrbettzimmer ab € 26, inkl. F, ganzjährig
- ♦ Haus Damiano – Konvent der Franziskanerinnen, Krusenrotter Weg 41, ☏ 04 31/364 32 42, pforte@haus-damiano-kiel.de, www.haus-damiano-kiel.de, etwa 1,5 km südlich des Bahnhofs im Ortsteil Gaarden Süd, Pilgerzimmer „Zum unbekannten Pilger" mit 2 Betten, F und einfaches Abendessen möglich, gegen Spende
- Nordwind, Kiellinie 61, ☏ 04 31/57 08 01 10, www.nordwind-kiel.de, täglich 9:30-22:30, direkt am Etappenziel an der Promenade mit Blick auf die Förde
- ♦ mmhio, Knooper Weg 75, ☏ 04 31/53 03 69 13, info@mmhio.de, www.mmhio.de, Mo-Sa 9:00-17:00, modernes Restaurant/Bistro mit 100 % Bio- und vegetarischen Gerichten
- ♦ Forstbaumschule, Düvelsbeker Weg 46, ☏ 04 31/33 34 96, www.forstbaumschule.de, täglich 10:00-22:00, beliebte Lokalität mit großem Biergarten zwischen Uni und Förde auf dem Gelände einer ehemaligen Forstlehranstalt, 300 m vom Weg
- Erdkorn Bio-Supermarkt, Hopfenstraße 63, www.erdkorn.de, Mo-Sa 9:00-18:30, Biosupermarkt in zentraler Lage hinter dem Sophienhof
- Schwentine-Fährlinie F2, ☏ 04 31/594 12 60, www.sfk-kiel.de > Schwentinelinie F2, nur Mo-Fr halbstündlich 6:38-19:38 (Winter bis 17:38), Tarif: Erwachsene € 3,60, Hund € 2 (Kindertarif), Rad gratis, Tickets können an Bord am Automaten gelöst werden.
- Haltestelle „Reventloubrücke" am Etappenziel mit täglich häufigen Verbindungen Richtung Innenstadt (Linien 43, 51), www.kvg-kiel.de
- ICE-Bahnhof Kiel mit vielen Verbindungen in den Rest des Landes und Süden Deutschlands

Das im 13. Jh. durch den holsteinischen Grafen Adolf IV. von Schauenburg gegründete Kiel wuchs sprunghaft im 19. Jh., als es unter Preußen ab 1865 zu einer Marinestadt mit bedeutender Werftindustrie ausgebaut wurde – 1918

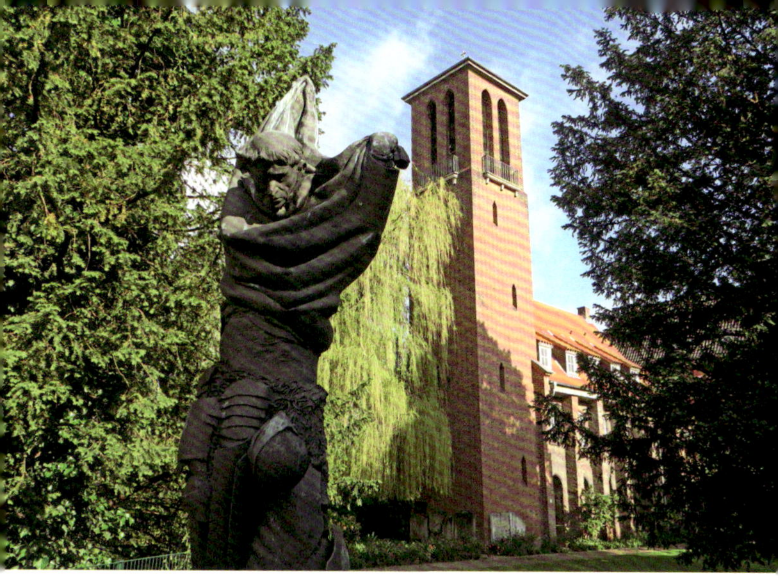

Klosterkirche mit Statue des Stadtgründers Adolfs IV von Schauenburg

arbeiteten 10 % der Bewohnerinnen und Bewohner im Schiffbau. Der Bedeutung als Militärstandort – der wichtigste deutsche Marinestandort zu Kaiserzeiten – verdankt Kiel die erheblichen Zerstörungen im Zweiten Weltkrieg, nach dem die Innenstadt fast komplett neu aufgebaut werden musste. Dabei wurde als Geschäftszentrum die inzwischen etwas in die Jahre gekommene Holstenstraße angelegt – die erste geplante Fußgängerzone Deutschlands zwischen der St.-Nikolai-Kirche und dem später (1988) erbauten Einkaufszentrum Sophienhof.

An einem tiefen Einschnitt der Ostsee gelegen, der Kieler Förde, gilt die Hauptstadt Schleswig-Holsteins als Stadt des Wassersports mit dem jährlichen Höhepunkt, der Kieler Woche, im Juni, wenn mehr als 3.500 Segelschiffe, darunter 100 Großsegler, und 3 Mio. Gäste die nördlichste deutsche Großstadt besuchen. Bei den beiden letzten olympischen Sommerspielen auf deutschem Boden (1936 Berlin, 1972 München) diente Kiel als Austragungsort der Segelwettbewerbe.

✝ Die dreischiffige gotische Backsteinkirche **St. Nikolai** geht auf das 14. Jh. zurück und wurde wie die meisten Gebäude in der Innenstadt im Zweiten Weltkrieg weitgehend zerstört. Der Wiederaufbau in den 1950er-Jahren erfolgte nicht immer originalgetreu, wie im Inneren anhand der Betonpfeiler und flachen Decke erkennbar ist. Viele Kunstschätze konnten einen Tag vor dem alliierten Luftangriff am 22.5.1944 in Sicherheit gebracht werden, etwa das wertvolle Taufbecken Hans Apengeters aus dem Jahr 1344 als ältestes Inventarteil der Kirche und der Erzväteraltar von 1460, der bis zur Reformation die Kieler Klosterkirche zierte. Ein ähnliches Schicksal teilt die heute vor der Nikolaikirche stehende Skulptur Geistkämpfer von Ernst Barlach. Diese wurde 1928 als erste Großplastik des expressionistischen Bildhauers vor der Klosterkirche enthüllt und überlebte als „entartete Kunst" das drohende Einschmelzen, indem sie vor den Nazis versteckt werden konnte. Nach dem Zweiten Weltkrieg erhielt die Skulptur – ein Engel auf einem Raubtier – ihren jetzigen Platz vor der Nikolaikirche.

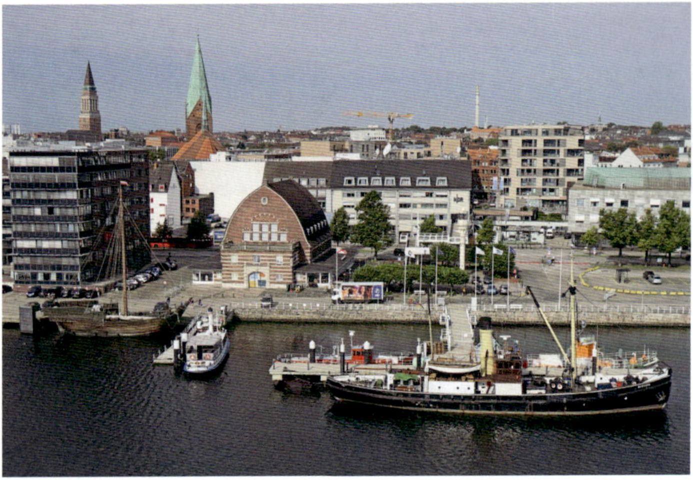

Schifffahrtsmuseum

⌘ Das städtische **Schifffahrtsmuseum** in einem alten Fischauktionshaus veranschaulicht die Entwicklung Kiels als See- und Schifffahrtsstadt mit Themen wie Schiffbau, marine Fischerei- und Kolonialgeschichte, Kreuzfahrttourismus und dem Nord-Ostsee-Kanal.

♦ Wall 65, 💻 www.kiel.de > Kultur & Freizeit > Kieler Stadt- und Schifffahrtsmuseum, 🚪 Di-So 10:00-18:00, Eintritt frei

⌘ Das **Stadtmuseum Warleberger Hof** ist in einem der ältesten Gebäude Kiels, einem ehemaligen Adelshof von 1616, untergebracht. Im historischen Gewölbekeller dokumentiert eine kleine Ausstellung die Stadtgeschichte.

♦ Dänische Straße 19, 🖳 www.kiel.de > Kultur & Freizeit > Kieler Stadt- und Schifffahrtsmuseum, 🚪 Di-So 10:00-18:00, Eintritt frei

⌘ Das **Zoologische Museum** Kiel vermittelt als Ausstellung der Universität Kiels moderne Erkenntnisse aus den Bereichen Meeresforschung, Zoologie und Evolution auf der Basis der historischen Institutssammlungen, darunter mit zwölf Originalskeletten Deutschlands artenreichste Walausstellung.

♦ Hegewischstraße 2, 🖳 www.zoologisches-museum.uni-kiel.de, 🚪 Di-Fr 12:00-16:00, Eintritt € 4

♜ Zwischen der St.-Nikolai-Kirche und der Förde steht das **Kieler Schloss** bzw. der Nach-/Neubau, nachdem das Original, das auf eine lange Geschichte zurückblicken konnte, im Zweiten Weltkrieg weitgehend zerstört wurde: Zusammen mit der Stadtgründung war in Kiel im 13. Jh. ein Schloss erbaut worden, das als Nebenresidenz der Gottorfer Herzöge diente. Im 16. Jh. ließ der Gottorfer Herzog Adolf einen Neubau im Stil der niederländischen Renaissance errichten, der im 19. Jh. u. a. von der Universität und im deutsch-dänischen Krieg vom Militär als Hauptquartier und Lazarett genutzt wurde. Im Zweiten Weltkrieg wurde das Schloss weitgehend zerstört bzw. brannte in Folge der Luftangriffe aus. Der Westflügel (Rantzaubau) konnte als einziger Gebäudeteil mit veränderter Form renoviert werden. Der Ostflügel wurde mit seiner auffälligen Fassade zur Förde hin in den 1960er-Jahren neu erbaut, wobei nur die Dimensionen des Vorgängerbaus eingehalten wurden.

Neu erbauter Ostflügel des Kieler Schlosses

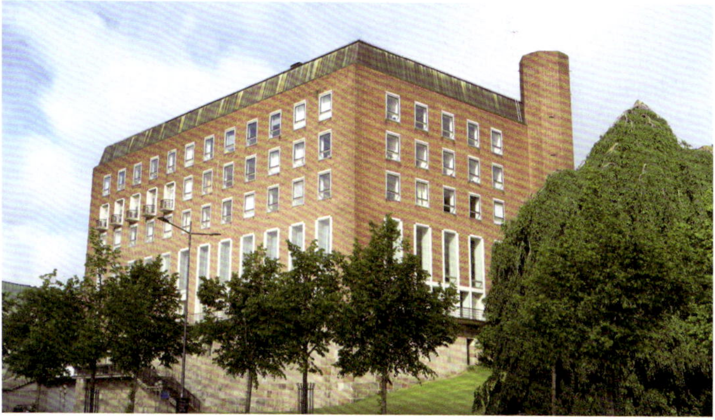

Etappe O-5: Kiel – Preetz

16,8 km (zzgl. 2 km Schwentine-Fähre), 5 Std. (zzgl. 15 Min. Schwentine-Fähre), 208 m, 186 m, 1-43 m

0,0 km	2 m	Wellingdorf (Kiel-Zentrum 4,1 km)
2,8 km	6 m	Rastplatz an Schwentine nach Brücke
5,3 km	9 m	Abstecher nach Flüggendorf (0,6 km)
6,7 km	10 m	Oppendorfer Mühle
7,5 km	17 m	Obstquelle Schuster
8,4 km	24 m	Abstecher nach Raisdorf (0,5 km)
11,8 km	27 m	Laubfrosch-Ausblick
13,3 km	26 m	Schwentineblick
16,0 km	27 m	Adeliges Kloster Preetz
16,8 km	23 m	Preetz B&B

Diese Etappe, vom Wegverlauf einer der schönsten Abschnitte, führt entlang der Schwentine aus Kiel heraus und begleitet diesen naturnahen, im unteren Bereich als FFH-Gebiet ausgewiesenen Fluss bis vor die Tore von Preetz, das Sie beim ehemaligen Kloster – einem heutigen Adligen Damenstift – erreichen.

Diese Etappe ist mit dem Rad eine Herausforderung und nur mit viel Geländegängigkeit und vor allem Rücksichtnahme gegenüber Fußgängerinnen und Fußgängern (oft schieben!) machbar. Als leichte Alternative folgen Sie ab Kiel-Zentrum dem ausgewiesenen Radweg weitab von der Schwentine nach Preetz (ähnliche Länge).

Diese Etappe beginnt auf der östlichen Seite von Kiel am Fähranleger der Schwentine-Fähre.

Schwentine-Fährlinie F2, 04 31/594 12 60, www.sfk-kiel.de > Schwentinelinie F2, nur Mo-Fr halbstündlich 6:38-19:38 (Winter bis 17:38).
Tarif: Erwachsene € 3,60, Hund € 2 (Kindertarif), Rad gratis, Tickets können an Bord am Automaten gelöst werden.

☺ Am Wochenende, wenn die Fähre nicht verkehrt, erreichen Sie Wellingdorf am besten mit dem Bus. Auch bei Unterbringung im Zentrum von Kiel wäre

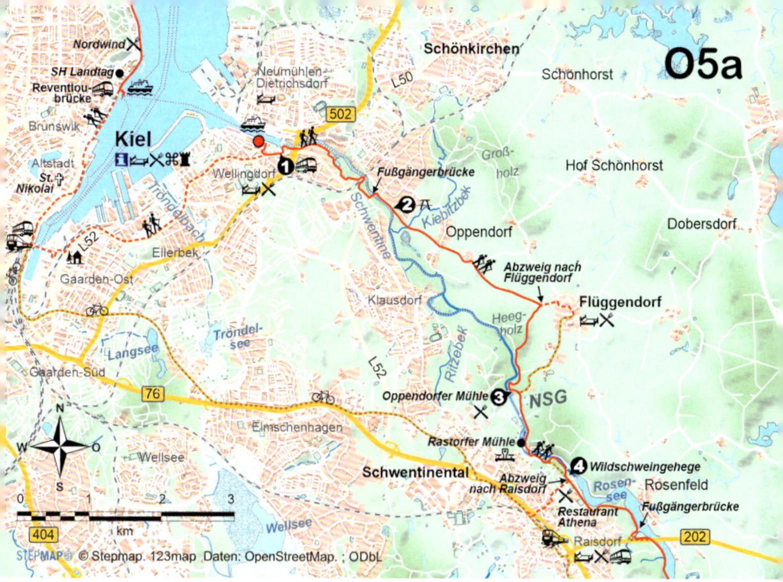

das die schnellere Option. Der Fußweg ist wenig schön (Hauptstraße vorbei am Hafen bzw. Werft).

Linie 11 vom Bahnhof nach Wellingdorf (mehrmals stündlich), www.kvg-kiel.de

Von Kiel kommend setzen Sie entweder dorthin mit der Schwentine-Fähre ab der Reventloubrücke (vor dem Landtag) über oder Sie beginnen bei km 0,5 an der Bushaltestelle „Kiel-Wellingdorf“.

Vom Anleger der Schwentine-Fähre gehen Sie zunächst etwas links, links vorbei am Gebäude des GEOMAR-Forschungszentrums (Richtung Wellingdorf), danach rechts (Am Seefischmarkt) und anschließend vor dem Netto-Discounter nach links. Nach 50 m folgen Sie der Hauptstraße nach links, vorbei an mehreren Geschäften und der Bushaltestelle „Kiel-Wellingdorf“ ❶ vor dem Café Luna (km 0,5).

Wellingdorf

8.000 Ew., 24148,

Hotel Am Segelhafen, Schönberger Straße 32-34, 04 31/72 99 00, info@am-segelhafen-hotel.com, www.am-segelhafen-hotel.com. Größeres Hotel mit 57 Zi, an Durchgangsstraße 100 m vom Weg, € 10, DZ ab € 83, EZ ab € 58, inkl. F

Gästehaus Margarethenhöh, Kirschberg 17, ☏ 04 31/209 98 98, i.j.schoenau@t-online.de, www.gaestehaus-margarethenhoeh.de, 400 m vom Weg, nördlich der Schwentine im benachbarten Ortsteil Neumühlen-Dietrichsdorf, kleine Apartments für 1-4 Pers., ab € 40 für eine Nacht inkl. Bettwäsche und Reinigung

Café Luna, Schönberger Straße 6, ☏ 04 31/21 07 06 65, www.lunacafe.de, 9:00-18:00, Café mit Terrasse nahe der Schwentine-Fähre. Mit seiner umfangreichen Frühstückskarte eine Option, falls Sie in Kiel ohne F übernachtet haben.

Netto in Wellingdorf, Schönberger Straße 42-44, 200 m von der Fähre

Radladen und Werkstatt: Fahrradschmiede Wellingdorf, Am Seefischmarkt 11-13, ☏ 04 31/72 99 77 14, info@fahrradschmiede.shop, www.fahrradschmiede.shop, Mo, Di, Do, Fr 9:00-18:00, Mi 9:00-14:00, Sa 10:00-14:00

Bushaltestelle „Kiel-Wellingdorf", u. a. mit Linie 11 vom Zentrum Kiels, www.kvg-kiel.de

Nach dem Café Luna bzw. der Bushaltestelle queren Sie die Schönberger Straße und folgen ihr nach links, um noch vor der Schwentinebrücke rechts den Fußweg zu nehmen, unter der B502 hindurch und rechts an der Schwentine entlang. Rechts abzweigende Wege beachten Sie nicht. Bei der ersten Gelegenheit queren

Schwentine bei Rastplatz ❷

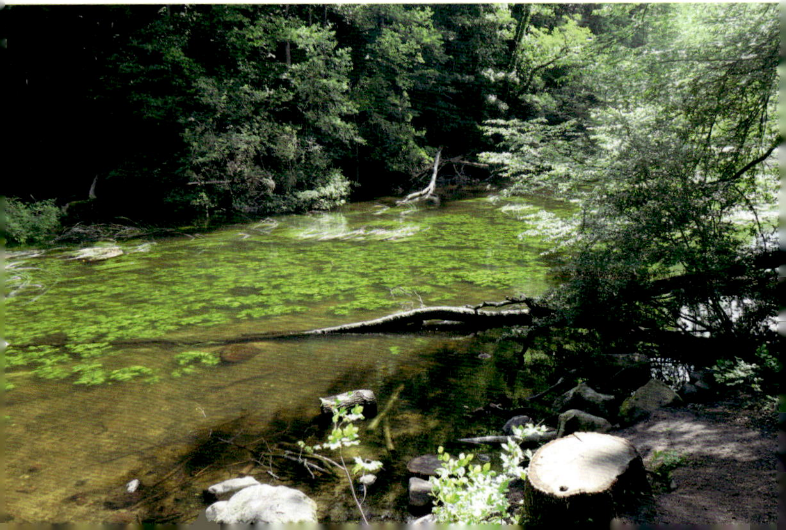

Sie die Schwentine links über die Fußgängerbrücke mit weißem Geländer (km 2,4) und folgen rechts dem Weg auf der anderen Schwentineseite (mit deutlichen Zeichen des Pilgerweges). Nach 250 m erreichen Sie einen einladenden ⛼ Rastplatz direkt an der Schwentine ❷

Nach dem Rastplatz entfernt sich der Weg von dem Fluss und führt geradeaus aufwärts neben einem Feld, später an einer Straße entlang. Nach einer Linkskurve der Straße geht es rechts auf dem Fußweg Richtung Flüggendorf und Oppendorfer Mühle weiter.

Am Feldende (km 5,3) nehmen Sie rechts den Spurweg in Richtung Oppendorfer Mühle, vorbei an einer Bank.

↳ **Abstecher nach Flüggendorf** mit Übernachtungsgelegenheit (➲ 0,6 km)
Wenn Sie am Feldende geradeaus gehen, erreichen Sie nach 600 m in Flüggendorf rechts von der Alten Schulstraße einer Einkehr-/Übernachtungsgelegenheit.

🛏 ✕ Arp's Gasthof, Möhlenweg 2, ☎ 043 48/353, ✉ arps.gasthof@kielnet.net, 💻 www.arps-gasthof.de, Zimmer und Apartments, 🐕 mit voriger Anmeldung € 5, DZ ab € 62, EZ ab € 53, zzgl. F (€ 9,50 p. P.), 🚪 Mo & Di 11:00-14:30 warme Küche, Mi-So 11:00-21:00 durchgehend warme Küche und hausgemachte Kuchen

🚲 Der folgende Abschnitt ist eher etwas für Hardcore-Mountainbikerinnen und Mountainbiker. Daher sollten Sie mit dem Rad bis zur Oppendorfer Mühle lieber folgenden (etwa gleich langen) Weg nehmen: Fahren Sie geradeaus nach Flüggendorf und dort bei der Gabelung zu Arp's Gasthof rechts auf den Möhlenweg. Folgen Sie diesem bis kurz vor die Oppendorfer Mühle und der VJ weiter nach links.

Am Waldanfang halten Sie sich bei einer Gabelung links (gelber Pfeil und x) und gehen nach 300 m bei einer Kreuzung links über die Brücke (gelber Pfeil) und aufwärts, ehe es kurz darauf hinunter zur Oppendorfer Mühle an der Schwentine geht ❸ (km 6,7).

✕ Oppendorfer Mühle, Möhlenweg 9, ☎ 043 48/16 28, 💻 www.oppendorfer-mühle.de (Anfang 2021 im Aufbau), 🚪 Do-Di 11:30-20:00, an der Schwentine nördlich des NSG Altarm der Schwentine

Vor dem Gasthof nehmen Sie die Straße nach links und verlassen diese nach 100 m in der Linkskurve auf dem rechts abzweigenden Weg (Radschild „Raisdorf 2,4 km") durch das bewaldete Naturschutzgebiet Altarm der Schwentine. Kurz darauf queren Sie die Schwentine bei der **Rastorfer Mühle** und halten sich 120 m danach vor einer weiteren Brücke rechts (Schild: „Bahnhof 1800 m").

Obstquelle Schuster, Rastorfer Mühle 3, ☏ 043 07/294, www.obstquelle.de, Mi-Fr 11:00-18:00, Sa & So 10:00-17:00, dieser Hofladen verkauft unten an der Schwentine Obst, das auf 7 ha Fläche im Schwentinetal seit mehr als 100 Jahren angebaut wird.

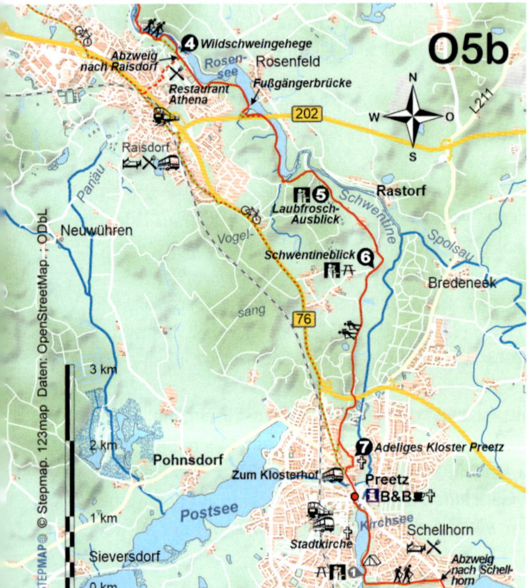

Diesen asphaltierten Weg rechts neben der Schwentine verlassen Sie nach 250 m in einer scharfen Rechtskurve mit rechts einem Parkplatz, indem Sie geradeaus gehen (gelber Pfeil) und nach 50 m den kleinen Pfad nach links nehmen, der Sie direkt an die Schwentine heranführt. Diese ist in diesem Bereich zum **Rosensee** aufgestaut, angelegt 1908 auf Initiative des Werftgründers Bernhard Howaldt (HDW). Die beiden dazugehörigen Wasserkraftwerke sind bis heute in Betrieb.

Mit dem Rad radeln Sie stattdessen geradeaus weiter und erreichen nach 300 m wieder die Route.

Bei einem Wildschweingehege ❹ erreichen Sie wieder den breiteren Weg (km 8,4) und folgen ihm geradeaus, links an Raisdorf vorbei und rechts oberhalb der Schwentine.

Abstecher zu Einkehrgelegenheit (➲ 0,3 km) **und nach Raisdorf** (➲ 0,5 km)
70 m nach dem Wildschweingehege ist nach rechts ein Abstecher zu einer Einkehrgelegenheit und nach Raisdorf mit Einkehr- und Übernachtungsmöglichkeit sowie einem Bahnhof möglich. Dazu folgen Sie dem Trapperpfad aufwärts, rechts vorbei am Freibad.

Nach 150 m geht es links zu einer Einkehrgelegenheit.

Restaurant Athena, Jahnstraße 19, ☎ 043 07/822 94 81, www.athena-schwentinental.de, Mo & Mi-Fr 17:00-21:30, Sa & So 12:00-21:30, in der Freibadsaison (1.5. bi 15.9.) auch Di und täglich auch 11:30-14:30, griechisches Restaurant direkt am Freibad, 200 m vom Weg

Der Weg nach Raisdorf führt ab der Abzweigung zur Einkehrgelegenheit geradeaus weiter aufwärts in südwestliche Richtung, ohne Abzweigungen zu beachten. Oberhalb einer Kleingartenanlage folgen Sie der Straße nach links (Eichendorffstraße/Klaus-Groth-Straße) und erreichen kurz darauf die Ortsmitte von Raisdorf, seit 2008 Stadtteil von Schwentinental, das von der B76 zerschnitten wird. Supermärkte, Bahnhof und Hotel sind auf der anderen Seite der B76.

Raisdorf 7.600 Ew., 24223,

Rosenheim, Preetzer Straße 1, ☎ 043 07/83 80, info@hotel-rosenheim.de, www.hotel-rosenheim.de, Hotel mit 26 Zi, 300 m südlich des Bahnhofs, € 8 (nur Komfortzimmer), DZ ab € 76, EZ ab € 43, inkl. F, warme Küche Fr-Mi 11:30-14:00 und 18:00-21:00

Rewe, Bahnhofstraße 4-8, in Bahnhofsnähe, 1 km vom Weg

Bahnhof Raisdorf mit halbstündlichen Verbindungen nach Kiel und Preetz/Lübeck

Vor einer Fußgänger-/Radbrücke halten Sie sich rechts und nehmen nach 70 m den links abzweigenden Pfad durch Wald.

Mit dem Rad fahren Sie noch 50 m weiter geradeaus und biegen dann links auf den Radweg neben der Straße ab, um vor der Straßenbrücke über die Schwentine wieder rechts der VJ zu folgen. Der Pfad ist mit Geländeeignung und Rücksichtnahme fahrbar, aber nicht ideal.

Rechts von einer Straßenbrücke über den Rosensee (km 9,8) queren Sie die Straße und den Parkplatz dahinter und folgen dem Rad-/Fußweg rechts neben dem See. Nach einer kurzen Steigung halten Sie sich bei einer Gabelung (km 11,1) links über die Holzbrücke. Hinter der Brücke geht es nach einem Linksschwenk geradeaus, immer den gelben Pfeilen folgend.

Nach 10 Gehminuten erreichen Sie rechts am Waldrand eine Aussicht auf die Feuchtwiese mit Namen Laubfrosch-Ausblick ❺ (km 11,8). 100 m nach einer Rechtskurve befindet sich links eine Holzplattform mit Bank, schöner Sicht auf das Schwentinetal und einer Infotafel zum FFH-Gebiet Untere Schwentine ❻ (km 13,3).

Bei der Holzplattform geht es bei der Gabelung links abwärts mit etwas Abstand rechts von der Schwentine. Kurz vor Preetz halten Sie sich 100 m nach Querung der B76 bei einer Gabelung im Wald rechts (km 15,2). Vor den ersten Häusern bzw. 50 m nach dem Ortsschild von Preetz nehmen Sie halb links den Fußweg in den Park, der Sie nach 200 m zum Kloster von Preetz ❼ führt.

🚲 Wer mit dem Rad unterwegs ist, folgt geradeaus der Rastorfer Straße und danach links der Klosterstraße in das Zentrum von Preetz. Bei der Bushaltestelle „Zum Klosterhof" wäre nach links ein kurzer Abstecher zum Kloster möglich.

✝ Das **Adelige Kloster** Preetz ist ein ehemaliges, im 13. Jh. gegründetes Benediktinerinnenkloster, das sich zu einem Zentrum der Kolonisations- und Kulturarbeit mit Gründung neuer Dörfer und Güter und dem Aufbau eines entsprechenden Wohlstands entwickelte: 10 % der bäuerlichen Bewirtschaftungserträge flossen in die eigenen Kassen, dazu kamen Einnahmen von eigenen Höfen und aus der Verpachtung von Mühlen und Fischereirechten sowie durch Schweinemast in den Klosterwäldern. Nach der Reformation wurde das Kloster mit seinen damals rund 40 Dörfern 1542 in ein adliges Damenstift umgewandelt. Heute

Adeliges Kloster

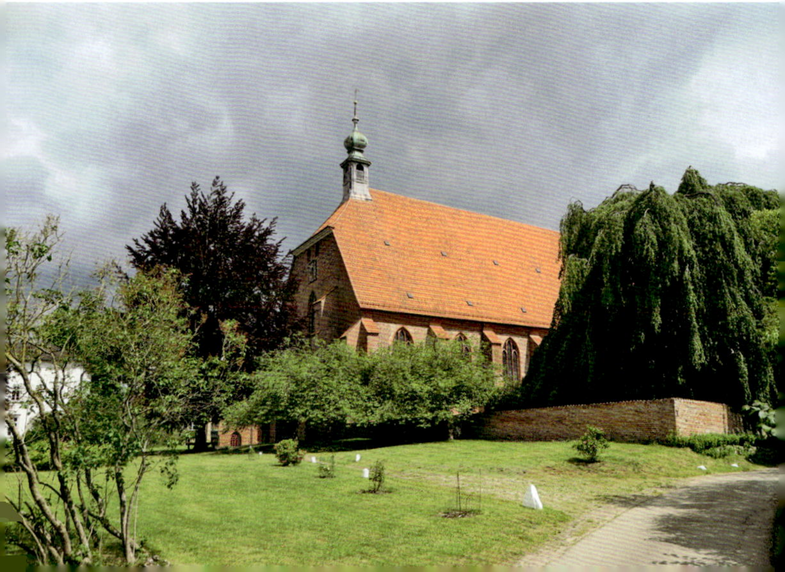

präsentiert sich hier ein vielseitiger, „nur" noch 1.600 ha großer Betrieb mit Kunstprojekten, Konzerten, Klostershop, Lesungen, Forstwirtschaft, Wildspezialitäten, Wohnungsvermietung und Weihnachtsmarkt.

♦ Klosterhof 5, 043 42/868 29, www.klosterpreetz.de,
Besichtigung im Rahmen einer Führung für € 4 p. P. möglich

✞ Die **Klosterkirche** wurde im 14. Jh. als dreischiffige gotische Stutzbasilika aus Backsteinen an der Stelle eines niedergebrannten Vorgängerbaues erbaut. An das Nordschiff schloss sich der Kreuzgang an.

Die Eckernförder Holzschnitzerfamilie Hans Gudewerdt ist mit zwei Werken präsent: der Kanzel von H. G. dem Jüngsten (1974) und dem Altar im Nordschiff von H. G. dem Jüngeren (1956). Der spätbarocke Hochaltar ersetzte 1743 den früheren spätgotischen Hochaltar aus dem 15. Jh., der heute im Kopenhagener Nationalmuseum steht.

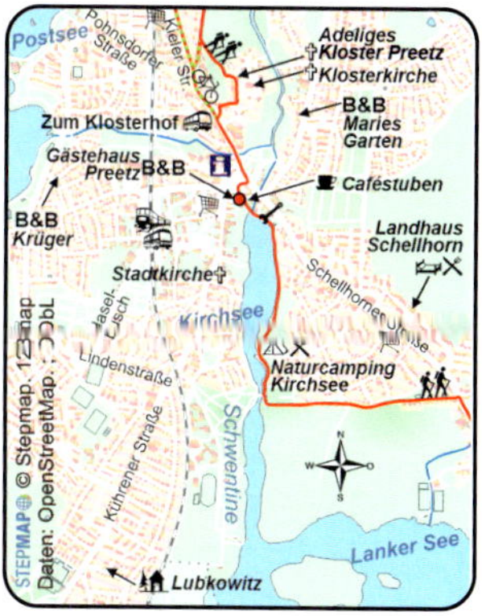

Weg durch Preetz

Das Kloster Preetz verlassen Sie rechts durch das 1709 erbaute Torhaus, um danach der Straße Richtung Zentrum nach links zu folgen. Beim Discounter Netto bzw. 100 m nach der Brücke geht es nach rechts, rechts am Discounter vorbei, und nach 50 m links über den Parkplatz und auf dem Fußweg rechts am Biomarkt vorbei auf die Haupteinkaufsstraße von Preetz und dort links.

Preetz

15.950 Ew., 24211, B&B

Touristinfo Preetz, Mühlenstraße 9, 043 42/728 04 20,
info@schusterstadt-preetz.de, www.schusterstadt-preetz.de,
Mo, Di, Do, Fr 10:00-13:00, Mi & Sa 10:00-14:00

Landhaus Schellhorn, Am Berg, 043 42/88 86 60,
hecht@landhaus-schellhorn.de, www.landhaus-schellhorn.de,
Hotel mit 29 Zi südöstlich von Preetz (nach 1 km bei der Folgeetappe),
€ 5, DZ € 87, EZ € 64, zzgl. F (€ 7 p. P.),
Restaurant Mo 18:00-21:30, Di-Sa 11:30-21:30, So 12:00-14:30

B&B Gästehaus Preetz, Lange Brückstraße 1, ☏ 043 42/25 13, 015 77/371 01 59, w.v.w@western-hagen.de, www.bedandbreakfast-preetz.de, Zimmer und Apartments im Ortszentrum, auf Anfrage, DZ € 60, EZ € 50, Apartments ab € 60 inkl. Bettwäsche, alles ohne F, aber Bäckerei nebenan

♦ Maries Garten, Wakendorfer Straße 53, ☏ 043 42/71 17 27, www.maries-garten.de, Gästezimmer und Wohnung an der Schwentine, nett, aber nur ab mindestens 2 Nächten möglich, EZ ab € 100 für 2 Nächte

♦ Hildegard und Norbert Krüger, Theodor-Storm-Straße 20, ☏ 043 42/15 82, 01 76/45 70 60 77, hildegard.krueger@web.de, private Unterkunft mit 1 DZ und F nahe Postsee, etwa 1 km vom Weg, DZ € 54, EZ € 30, zzgl. F (€ 4 p. P.)

Silke und Christoph Lubkowitz, Lerchenweg 15a, ☏ 043 42/54 09, clubkowitz@gmx.de, bis zu 4 Pers., einfaches Doppelzimmer bzw. Matratzenlager in privatem Wohnhaus, 1,8 km südwestlich des Zentrums, Mahlzeiten nach Absprache möglich, ⊙, gegen Spende

Naturcamping Kirchsee, Kahlbrook 25, ☏ 043 42/30 95 49, paddeln@t-online.de, www.kanucenter-ploen.de, Zeltplatz für Wohnmobile sowie Reisende per pedes, Rad oder Kanu, an der Schwentine bzw. dem Kirchsee mit Restaurant/Biergarten am Kirchsee südlich von Preetz am Anfang der folgenden Etappe, gratis, Zelt € 8, 1 Pers. € 6,50, Anfang April bis Ende Oktober

Preetzer Caféstuben, Lange Brückstraße 22, ☏ 043 42/98 21, www.preetzer-cafestuben.de, Di-Sa 9:00-18:00, So 10:00-18:00, beliebtes Café von Sandra Urbanek mit Biergarten

Bioladen Löwenzahn, Lange Brückstraße 5, www.loewenzahn-preetz.de, Mo-Fr 9:00-18:00, Sa 8:00-13:00, bio, regional mit Mittagstisch in zentraler Lage

♦ Von den mehreren Supermärkten liegen Edeka und Netto kurz nach dem Ortseingang nahe am Weg (200 m), rechts von der Einmündung der Rasdorfer Straße in die Kieler Straße, ansonsten Rewe im Zentrum (Markt 8).

Radladen und Werkstatt: Zweirad Hanns, Schellhorner Straße 6, ☏ 043 42/88 96 99, www.zweirad-hannss.de, Mo-Fr 9:00-18:00, Sa 9:00-13:00

Bahnhof Preetz mit jeweils halbstündlichen Verbindungen Richtung Kiel und Lübeck

✞ Die **Stadtkirche Preetz** liegt südlich der Innenstadt auf einem Hügel westlich vom Kirchsee. Der jetzige Bau geht auf das 18. Jh. zurück, aber es gab schon einen Vorgängerbau aus dem 12. Jh. aus Feldsteinen. Ältester Teil des Inventars ist das Taufbecken aus dem 13. Jh. Die drei Bronzeglocken im 30 m hohen Turm sind von 1947, nachdem im Zweiten Weltkrieg die originalen Glocken konfisziert wurden.

Etappe O-6: Preetz – Plön – Bosau

27,4 km, 7 Std. 30 Min., ↑ 307 m, ↓ 304 m, ⇧ 20-80 m

0,0 km	⇧ 23 m	Preetz B&B BANK
1,1 km	⇧ 26 m	Bänke am Kirchsee
2,2 km	⇧ 25 m	Abstecher zur Einkaufsgelegenheit (0,5 km)
4,3 km	⇧ 27 m	Abstecher zum Campingplatz (0,4 km)
5,2 km	⇧ 52 m	Kapelle Sophienhof
12,4 km	⇧ 63 m	Rathjensdorf B&B
15,1 km	⇧ 65 m	Parnaßturm
17,0 km	⇧ 27 m	Plön B&B BANK
19,6 km	⇧ 21 m	Badestrand Fegetasche
20,0 km	⇧ 28 m	Lake House Plön
21,0 km	⇧ 36 m	Campingpark Gut Ruhleben
25,0 km	⇧ 21 m	Rastplatz beim Vierer See
27,4 km	⇧ 25 m	Bosau B&B

Sie verlassen Preetz entlang des Ufers des Kirchsees und wandern durch Wald ohne zwischen dem Lanker See und Scharsee ein Abschnitt auf einem Radweg neben einer Landstraße unvermeidlich ist. Kurz hinter der Kapelle Sophienhof

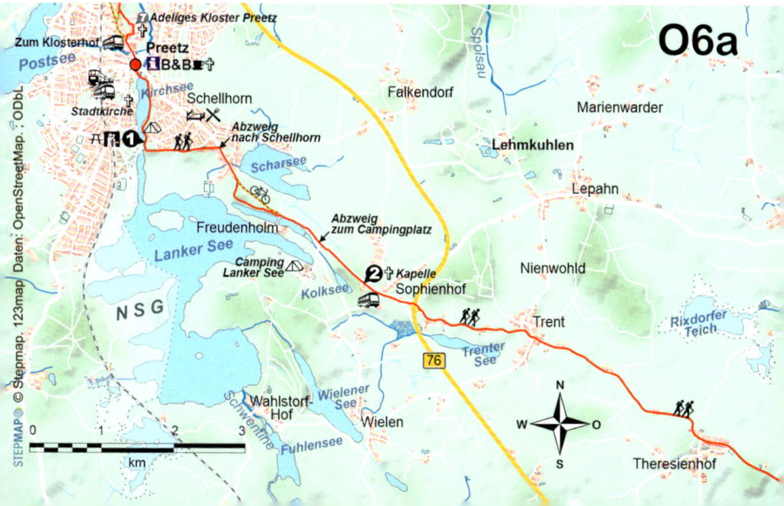

geht es auf einer kleinen Landstraße auf und ab nach Rathjensdorf und von dort auf direktem Weg nach Plön, wo zu Beginn der Parnaßturm einen weiten Blick über die Seenlandschaft bietet. Auf dem letzten Abschnitt führt die VJ zusammen mit der Radroute Mönchsweg östlich am Plöner See vorbei zum Etappenziel Bosau mit der Wallfahrtskirche St. Petri.

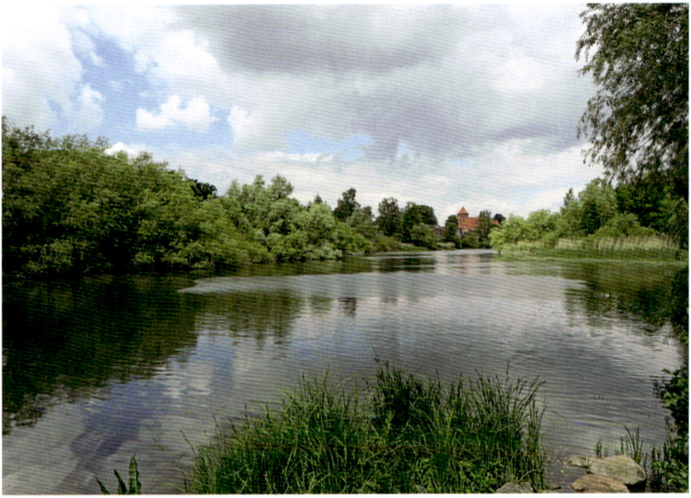

Kirchsee bei Preetz

In der Fußgängerzone von Preetz (Lange Brückstraße) nehmen Sie den rechts vom Fachwerkhaus des Café Preetzer Caféstuben (Nr. 22) südwärts führenden Fußweg, rechts vorbei an dem netten Garten des Cafés und weiter entlang der linken Seite des von der Schwentine durchflossenen Kirchsees.

100 m nach dem Campingplatz Naturcamping liegt rechts ein netter ⊼ Platz mit Bänken direkt am 🏊 See ❶ (km 1,1)

Nach dem Rastplatz ignorieren Sie die rechts über den See führende Brücke und folgen dem Fußweg durch die Linkskurve und weiter am Waldrand entlang. Bei Schellhorn erreichen Sie die Hauptstraße (km 2,2) und folgen ihr nach rechts (Radschild „Plön 11,3 km“).

↳ Etwas links in **Schellhorn** gibt es eine Einkaufs- und Einkehrgelegenheit und Unterkunft (➲ 0,4 km).

Edeka Scheich, Plöner Landstraße 18, Mo-Sa 9:00-17:00
Landhaus Schellhorn Preetz

50 m nach dem Ortsendeschild nehmen Sie den rechts in den Wald führenden Fußweg nahe dem Ufer des Lanker Sees.

Das folgende kurze Teilstück (700 m) lässt sich einfacher geradeaus auf dem Radweg neben der Straße zurücklegen, statt sich durch den Wald zu quälen.

Nach der Uferpassage erreichen Sie bei der Zufahrt zur Fachklinik Freudenholm (rechts) wieder den Radweg und folgen ihm rechts neben der Straße Richtung Plön und Rathjensdorf.

Gut 600 m weiter wäre nach rechts ein Abstecher zu einem Campingplatz mit Bistro möglich (0,5 km).
Camping Lanker See, Gläserkoppel 3, 043 42/815 13, camp@lankersee.de, www.camp-lankersee.de, größerer Campingplatz am Lanker See, € 2, Zelt ab € 6, 1 Pers. ab € 4,50, Anfang April bis Ende Oktober

Kurz darauf (km 5,1) passieren Sie entlang der Hauptstraße zur Linken eine Kapelle ❷.

Die **Kapelle Sophienhof** wurde 1873 von der Lübecker Kaufmannsfamilie Johanssen errichtet, die mit dem an russisch-orthodoxen Kirchen orientierten Baustil ihre Handelsbeziehungen in die baltischen Länder zum Ausdruck brachte. Dem Rigaer Architekten Heinrich Carl Scheel soll dabei die russische Kirche von Baden-Baden als Vorbild gedient haben. Die Kapelle ist heute im Besitz der evangelisch-lutherischen Kirchengemeinde Preetz, die sie für gelegentliche Gottesdienste nutzt.

Haltestelle „Schellhorn-Sophienhof Alte B76“ mit täglich mindestens zweistündlichen Verbindungen Richtung Preetz und Plön, www.vkp.de

Nach Unterquerung der B76 geht es geradeaus weiter entlang der kleineren Straße (Trenter Weg), der Sie immer geradeaus Richtung Rathjensdorf folgen, ohne rechts abzweigende Wege Richtung Plön zu beachten (es sei denn, Sie wollen abkürzen).

Nach leichtem Auf und Ab durch die Hügel Ostholsteins erreichen Sie **Rathjensdorf** (km 12,5).

Rathjensdorf 490 Ew., 24306, B&B

B&B Dörpskrog, Alte Dorfstraße 17, 045 22/26 15,
Info@doerpskrog-rathjensdorf.de, www.doerpskrog-rathjensdorf.de,
einfache Zimmer und bodenständige Holsteiner Küche in dritter Generation,
in Dorfmitte, Zi ab ca. € 30 p. P., Sa & So 11:30-14:30, sonst nach Anmeldung

Haltestelle „Rathjensdorf-Lindemann" mit mehreren Verbindungen täglich nach Plön, teilweise als Anruflinientaxi (Anmeldung bis 60 Min. vor Abfahrt, 045 22/88 88), www.vkp.de

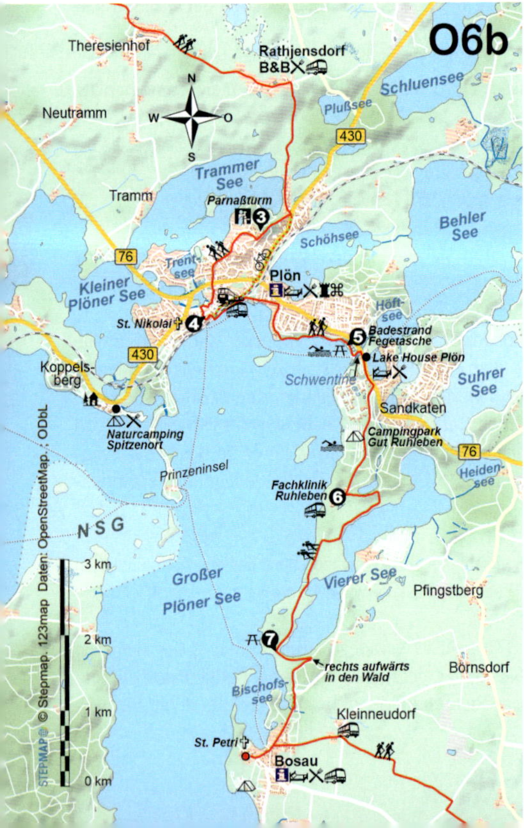

Am Dorfende von Rathjensdorf mit Infotafel und Bank folgen Sie den Schildern rechts nach Plön (3,5 bzw. 3,7 km), abwärts auf einem Spurweg.

Den Ortsanfang von Plön erreichen Sie nach einer Steigung. Zur Innenstadt sind es noch rund 2 km, anfangs auf aussichtsreichem Höhenweg.

Mit dem Rad folgen Sie am einfachsten der Hauptstraße nach rechts zur Vermeidung des folgenden Zwischenanstiegs und radeln zuletzt links neben den Bahngleisen am Bahnhof vorbei zur Unterführung, wo Sie wieder auf die VJ treffen.

Vor der Hauptstraße am Ortsanfang von Plön gehen Sie rechts aufwärts in die Sackgasse (Königsgehege). Nach 500 m erhebt sich rechts am Ende des Waldes der 85 m hohe Parnaßturm ❸, errichtet 1888 vom Plöner Verschönerungsverein als Aussichtsturm und als Denkmal an die Gefallenen von Kriegen im 19. Jh.

schöne Aussicht über die Seenlandschaft rund um Plön vom Parnaßturm, Ostern bis Ende Oktober täglich 9:00-19:00, kein Eintritt

Nach dem Waldende folgen Sie der Asphaltstraße durch die Rechtskurve und weiter geradeaus abwärts, ohne Abzweigungen zu beachten.

100 m nach Querung der B76 geht es nach der Rodomstorschule nach rechts und gleich links weiter auf der anfangs kopfsteingepflasterten Straße (Am Schwanensee). Bei der Gabelung vor einem Backsteinhaus mit einem Pilgerwegsticker an der Dachrinne gehen Sie rechts über den Parkplatz und Kreisel. 70 m nach dem Kreisel biegen Sie nach links Richtung Zentrum ab, gehen durch den Hausdurchgang (Twiete) mit Apotheke und rechts an der Nikolaikirche ❹ vorbei.

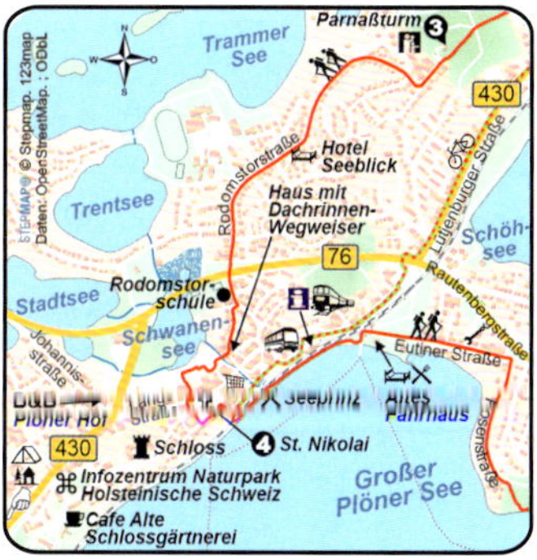

Weg durch Plön

Plön

8.900 Ew., 24306, B&B

Tourist Info Großer Plöner See, Bahnhofstraße 5, 045 22/509 50, info@holsteinischeschweiz.de, www.holsteinischeschweiz.de, am Bahnhof, Mo-Fr 9:00-17:00, Mai bis September Sa auch 10:00-14:00 und Juni bis August auch So 10:00-14:00

Große Auswahl an Übernachtungsmöglichkeiten im Kurort Plön. Zum Übernachtungspreis kommt im Zeitraum Mai bis September jeweils eine Kurtaxe in Höhe von € 1 hinzu.

Altes Fährhaus, Eutiner Straße 4, 045 22/798 34 35, info@altes-faehrhaus-ploen.de, www.altes-faehrhaus-ploen.de, Hotel-Restaurant mit 4 Zi und Terrasse direkt am See, DZ ab € 65, EZ ab € 50, inkl. F, Küche Di-Sa ab 17:30

Hotel Seeblick Garni, Rodomstorstraße 70, ☏ 045 22/39 93, info@hotel-seeblick-ploen.de, www.hotel-seeblick-ploen.de, am Ortsanfang, DZ ab € 88, EZ ab € 67, inkl. F

B&B Plöner Hof, Johannisstraße 2, ☏ 045 22/761 22 13, angelika.karrasch@web.de, www.ploener-hof.de, kleine Pension am Rand der Ortsmitte nahe dem Schloss, DZ ab € 68 pro Nacht, EZ ab € 48, inkl. F

JH Plön, Ascheberger Straße 67, ☏ 045 22/25 76, ploen@jugendherberge.de, www.ploen.jugendherberge.de, größere JH 1 km westlich des Ortes bzw. des Weges am Seeufer, EZ ab € 35, Platz im Mehrbettzimmer ab € 25, ganzjährig außer Dezember

Naturcamping Spitzenort, Ascheberger Straße 76, ☏ 045 22/27 69, info@spitzenort.de, www.spitzenort.de, 5-Sterne-Platz auf einer Halbinsel 1 km südwestlich von Plön und des Weges mit Laden und Gaststube, € 4, pro Zelt € 5 und p. P. € 6, Anfang April bis Ende Oktober

Seeprinz, Strandweg 1, ☏ 045 22/789 71 55, www.seeprinz-ploen.de, Mo-Sa 10:00-22:00, So bis 21:00, nette Lage mit großer Terrasse am bzw. im Wasser

Rewe, Mark 31, zentral und am Weg

Radladen und Werkstatt: Räderwerk, Eutiner Straße 44, ☏ 045 22/50 86 70, raederwerk-ploen@t-online.de, www.raederwerk-ploen.de, Mo-Fr 9:00-18:00, Sa 9:00-13:00

schön am See gelegener Bahnhof mit halbstündlichen Verbindungen Richtung Kiel und Lübeck

Plön, in der Tourismuswerbung auch „Perle der Holsteinischen Schweiz" genannt, wurde von holsteinischen Grafen als Burg- und Marktsiedlung gegründet und erhielt 1236 Stadtrechte. Seit dem 14. Jh. residierten hier die Schauenburger und im 17. und 18. Jh. die Herzöge von Schleswig-Holstein-Sonderburg-Plön. Der Name „Plön" geht auf frühe Siedler zurück: Im Zuge der Völkerwanderung hatten sich Slawinnen und Slawen in dieser Region niedergelassen und auf der Plön vorgelagerten Insel eine Festung errichtet. Die Slawensiedlung erhielt den Namen „Plune", was so viel heißt wie „eisfreies Wasser".

Die **St.-Nikolai-Kirche** am Markt wurde im 17. Jh. als Backsteinbau mit kreuzförmigem Grundriss an der Stelle einer großteils hölzernen Vorgängerkirche errichtet, die auf die Zeit Bischof Vicelins zurückging (12. Jh.). Nach einem Brand infolge eines Blitzeinschlags 1864 wurde die Kirche im 19. Jh. in neuromanischem Stil neu erbaut. Der Innenraum wirkt besonders hell und groß, weil aufgrund des Tonnengewölbes auf stützende Pfeiler verzichtet werden konnte. In der Turmkugel des 60 m hohen Kirchturms fand man bei Dacheindeckungsarbeiten

1992 eine Chronik zum Brand mit Details zu den Folgen des Blitzeinschlags, denen auch das alte Inventar zum Opfer gefallen war.

täglich 9:00-17:00

Mittelpunkt und architektonischer Höhepunkt von Plön ist das 1633-35 an der Stelle einer Burg erbaute Schloss, das in beinahe vier Jahrhunderten viele verschiedene Nutzungen erlebte: Residenz der Herzöge (17./18. Jh.) und im Sommer des dänischen Königs und Kronprinzen (19. Jh.), preußische Kadettenanstalt (19. Jh.), Schulinternat (1918-1933 und 1946-2001) und nationalpolitische Erziehungsanstalt (1933-45). Die Optikerkette Fielmann erwarb das Schloss nach 2001 und richtete dort nach umfassender Sanierung eine Akademie für angehende Optiker ein. In der Schlossgärtnerei werden rund 120 Küchenkräuter-, Duft- und Gemüsepflanzen kultiviert (April bis Oktober Sa & So 12:00-18:00).

⌘ Infozentrum des Naturparks Holsteinische Schweiz im Uhrenhaus am Marstall des Schlosses, Schlossgebiet 9, März bis Oktober Do-So, sonst Sa & So 10:00-17:00, Eintritt € 1

Plöner See mit Plöner Schloss

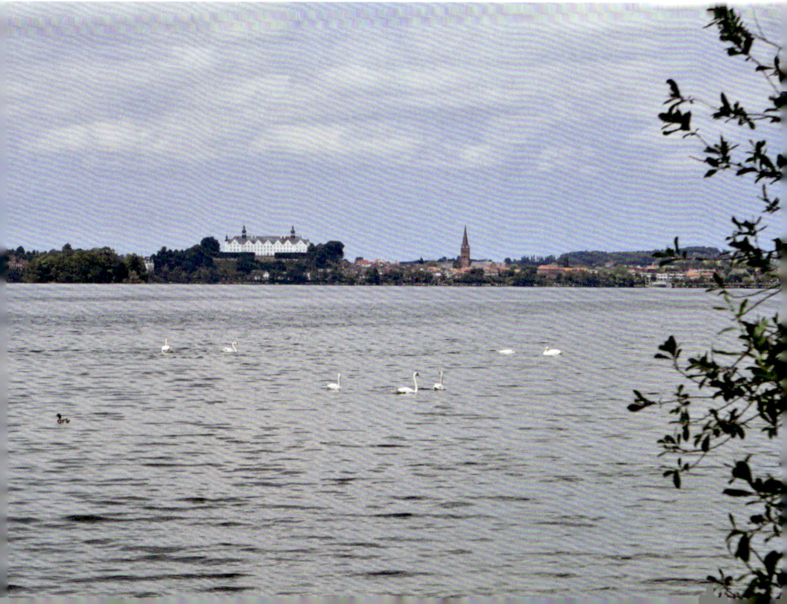

Hinter der St.-Nikolai-Kirche gehen Sie links und dann am Gemeindehaus vorbei rechts entlang des Pasterstiegs hinunter zum See. Vor den Bahngleisen halten Sie sich rechts – links geht es zum Bahnhof (➲ 200 m) – und unterqueren die Bahngleise, um auf der anderen Seite dem Uferweg nach links entlang des Plöner Sees zu folgen, vorbei an ✕ Einkehrgelegenheiten. Im Prinzip halten Sie sich immer rechts und folgen dem Weg so ufernah wie möglich bis Bosau.

🚲 Der Weg ist etwas später als offizieller Radweg nach Bosau ausgewiesen, allerdings sollten Sie auf dem ersten Teilstück in Plön auf dem oft gut frequentierten Uferweg Ihr Zweirad lieber schieben.

1 km nach der Unterführung biegen Sie kurz hinter einer Apotheke rechts in die Rosenstraße ab (Sackgasse, Radweg), gehen kurz darauf wieder am Ufer entlang vorbei an einem Strandbad ❺ und erreichen vor der Schwentine die B76, der Sie rechts folgen. Rechts ist eine Kaserne und links ein Café mit Übernachtungsgelegenheit am See.

Lake House Plön mit Café Fegetasche, Fegetasche 1, ☏ 045 22/802 97 90, www.lake-house-ploen.de, DZ ab etwa € 80, warme Küche Mo-Fr 12:00-20:00

100 m nach Ende des Kasernengeländes zur Rechten geht es vor einer Bushaltestelle rechts in den Missionsweg, Richtung Campingplatz und an diesem vorbei.

Campingpark Gut Ruhleben, Missionsweg 2, ☏ 045 22/83 47, campingplatz@camp-ruhleben.de, www.camp-ruhleben.de, Campingplatz in Bösdorf am Plöner See mit Bistro Waldoase, € 2,50, Zelt ab € 4, p. P. ab € 4,50, Mietwohnwagen inkl. 2 Pers. ab € 35, Anfang April bis Mitte Oktober

Bei der Bushaltestelle der Fachklinik Ruhleben ❻ schwenken Sie scharf links in den Wald und biegen nach 400 m rechts ab (Radweg, Jakobsweg).

Sie kommen zu einem Tisch und einer Bank zwischen Vierer See (links) und dem Bischofssee (rechts), einem Teil des Plöner Sees ❼ (km 25,1).

500 m danach geht es in einer Linkskurve des Weges rechts aufwärts in den Wald.

Kurz vor Bosau erreichen Sie eine kleine Straße. Sie gehen am besten auf dem links oberhalb der Straße verlaufenden Fußweg und nach dessen Ende entlang der Straße.

Mit dem Rad folgen Sie der Straße geradeaus in den Ort.

Die Straße führt Sie zu einer Gabelung vor einem Park mit links der Touristinfo. Nach rechts geht es zur Wallfahrtskirche St. Petri.

Bosau 3.400 Ew., 23715, B&B

Tourist Info Bosau, Bischof-Vicelin-Damm 11, 045 27/970 44, info@luftkurort-bosau.de, www.holsteinischeschweiz.de/bosau, Mitte Mai bis Mitte September Fr 15:00-18:00, Sa 10:00-13:00, im Juli und August So sowie an Feiertagen im Frühjahr auch 10:00-13:00

Strauers Hotel am See, Gerold Damm 2, 045 27/99 40, www.strauer.de, 4-Sterne-Hotel mit Zimmern unterschiedlicher Kategorien in Ortsmitte, alle mit Seeblick, € 10, DZ ab € 128, EZ ab € 78, inkl. F, Gastronomie Do-Sa 12:00-21:00, So 12:00-18:00

♦ Haus Schwanensee, Plöner Straße 15-19, 045 27/997 00, www.schwanensee.com, 3-Sterne-Hotel mit Zimmern und Apartments sowie Erlebnisgarten in Ortsmitte, € 10, DZ/EZ € ab 41 p. P. bei einer Nacht, inkl. F, Apartment für 2 Pers. ab € 64 ab einer Nacht, Hotel ganzjährig, warme Küche in Sommersaison täglich durchgehend 12:00-21:00

♦ Gasthaus Zum Frohsinn/Gästehaus Seefrieden, Bischof-Vicelin-Damm 16, 045 27/269, www.zum-frohsinn.de, traditionsreiches Gasthaus mit Café/Biergarten und Zimmern direkt am See und der St.-Petri-Kirche, € 8, DZ ab € 80, EZ ab € 45, inkl. F, Gastronomie ganzjährig Mo-Fr 17:00-21:00, Sa & So 12:00-21:00, Hotelbetrieb April bis Oktober

B&B Haus am Fasanenhang/Pension Julia Ridder, Hasenheide 18, 045 27/728, Jutta@Pension-Ridder.de, www.pension-ridder.de, private Unterkunft mit Balkon- oder Terrassenzimmer, großem Garten und Wintergarten, landeinwärts 400 m vom Weg, Ü p. P. ab € 32, inkl. F

Kirchengemeinde Bosau, Helmoldplatz 4, Kontakt: Pastorin Heike Bitterwolf, 045 27/241, Zimmer mit Teppichboden, Dusche und Küche, (max. 1-2), Spende erbeten

Camping Bosau, Strandweg 16, 045 22/94 90, info@camping-bosau.de, www.camping-bosau.de, großer 4-Sterne-Platz mit mehr als 200 Plätzen direkt am See, nach eigenen Angaben der „schönstgelegene Campingplatz am Großen Plöner See“, Unterkunft möglich im eigenen Zelt oder angemieteten Wohnwagen. ab € 3, Zelt ab € 3, p. P. ab € 4, Mietwohnungen ab € 37 inkl. Verbrauchskosten, April bis Oktober

Brooks Café Achter de Mur, Achter de Mur 2, 045 27/202, www.brooks-cafe.de, Anfang März bis Mitte November Mi-So 12:00-18:00

Haltestelle „Bosau-Feuerwehr", mit Linie 5516 wenige Male täglich Richtung Eutin via Hutzfeld und Hassendorf, Sa & So als Anruflinienfahrt (Anmeldung bis 30 Min. vor Abfahrt, ☏ 045 61/51 11 11), www.dbregiobus-nord.de

Der Luftkurort Bosau war/ist ein Pilgerziel durch die St.-Petri-Kirche bzw. deren Gründer Vicelin und seinen Schüler Helmold von Bosau, ab 1156 Pastor der Petrikirche und bekannt als Verfasser der Slawenchronik (Chronica Slavorum, 1167), eine wichtige Quelle zur Ostkolonisation und Missionierung der slawischen Bevölkerung.

✞ Die Feldsteinkirche **St. Petri** geht zurück auf den Missionar **Vicelin**, der das Land bei Bosau von Heinrich dem Löwen als Amtssitz erhielt, nachdem dieser ihn zum Bischof von Oldenburg in Holstein ernannt hatte. Vicelin ließ hier 1151 – in dem damals slawisch besiedelten Ostholstein – die Kirche erbauen. Aus der damaligen Zeit als Bischofssitz kommt der Superlativ der romanischen Feldsteinkirche als „kleinster Bischofsdom der Welt". Die ursprünglich dreischiffige Basilika wurde mehrfach umgebaut und erweitert, Westturm, Apsis und Chor etwa wurden später beim Umbau zur Saalkirche ergänzt. Der im Grundriss quadrati-

St.-Petri-Kirche

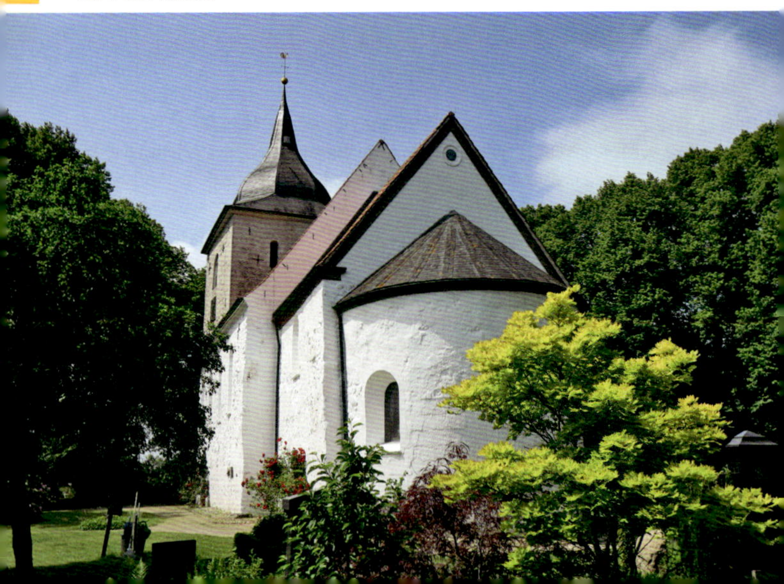

sche Turm mit seinem barocken Helm ist ein Neubau aus dem 17. Jh. nach der Zerstörung des runden Vorgängerturms im Dreißigjährigen Krieg. Im Inneren fällt besonders das Triumphkreuz vor dem Chorraumbogen aus dem 15. Jh. aus der Werkstatt Bernd Nottkes auf. Der gotische Flügelaltar aus dem 14. Jh. soll einer der ältesten und bedeutendsten sein – auch wenn bei der Restaurierung 1915 einiges schiefging: Der Altaraufsatz wurde erheblich verändert, fast alle Figuren wurden vertauscht, verändert oder nachträglich „umgetauft". Die üppig verzierte Kanzel stammt aus dem 17. Jh. – ein nettes Detail auf der Kanzelbrüstung ist die im 18. Jh. ergänzte Sanduhr, die die Pastorin oder den Pastor an das Zeitlimit erinnern soll.

täglich 8:00-20:00

Etappe O-7: Bosau – Ahrensbök

19,8 km, 5 Std. 30 Min., ↑ 202 m, ↓ 165 m, ⇧ 25-81 m

0,0 km	⇧ 25 m	Bosau B&B
1,2 km	⇧ 44 m	Kleinneudorf
3,9 km	⇧ 25 m	Brackrade
4,8 km	⇧ 51 m	Hutzfeld BANK
7,2 km	⇧ 39 m	Hassendorf
8,8 km	⇧ 35 m	Abstecher zur Katzburg (0,2 km ⌘)
11,6 km	⇧ 40 m	Picknicktisch vor Sarau
12,3 km	⇧ 33 m	Sarau
17,9 km	⇧ 72 m	Schutzhütte bei Bienenlehrpfad
19,8 km	⇧ 61 m	Ahrensbök BANK

Nach der gestrigen seenreichen Etappe führt dieser Abschnitt durch eine abwechslungsreiche Hügellandschaft mit Feldern und Wäldern sowie einem Feuchtgebiet bei Sarau. Sie wandern über Feld- und Forstwege, Graspfade und kleinere Straßen.

In Bosau gehen Sie den bekannten Weg ein Stück zurück und nehmen die zwischen dem Hotel Strauers und Schwanensee auf Höhe des Fähranlegers landeinwärts führende kleine Straße (Sandlid) Richtung Kleinneudorf, vorbei an der Bushaltestelle „Bosau-Sandlid" (Linie 5516, ☞ Bosau). Bei der Gabelung in Kleinneudorf mit einer weiteren Bushaltestelle (Linie 5516, ☞ Bosau) (km 1,2) folgen Sie der Straße nach rechts Richtung Hutzfeld und in der Rechtskurve vor dem Ortsendeschild dem Feldweg nach links (VJ). Bei der nächsten

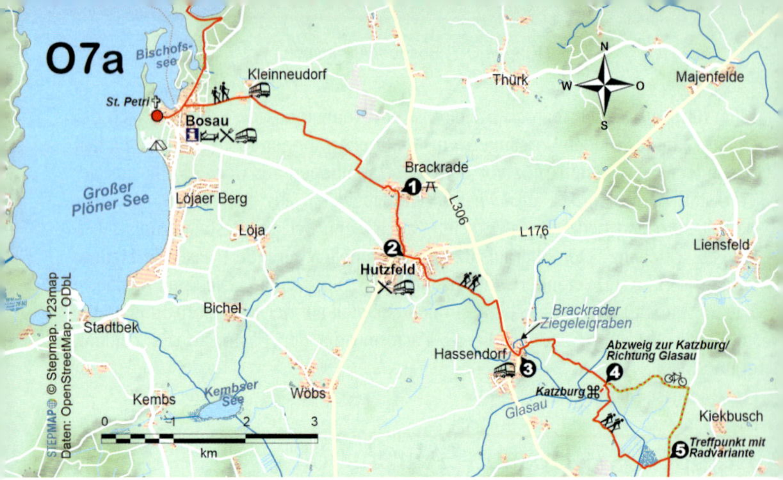

T-Kreuzung geht es nach rechts und nach 120 m bei einer Bank nach links. In Brackrade ❶ (km 3,9) folgen Sie der Straße bei einem Picknicktisch nach rechts (Alter Schulweg). In Hutzfeld biegen Sie bei der Sparkasse links in die Hauptstraße ab, vorbei an der Bäckerei ❷ (km 4,8).

Hutzfeld

800 Ew., 23715

- Gaststätte Schmidt, Zum Sallrögen 2, ☎ 049 45/272 49, Mi-So 17:00-21:00
- Bäckerei Schmidt, Hauptstraße 42b,
  täglich 6:00-12:00, Di & Fr 14:30-18:00, in der Ortsmitte
- Edeka Hutzfeld, Hauptstraße 2a,
  Mo-Sa 7:00-20:00, Dorfladen am Ostrand des Dorfes, 300 m vom Weg
- Haltestelle „Hutzfeldt-Gemeindeverwaltung" bei Edeka, Linie 5516 Richtung Bosau und Hasendorf (☞ Bosau)

Hinter der Gaststätte Schmidt gehen Sie rechts in die Straße Zum Sallrögen. Nach 300 m nehmen Sie bei einer Gabelung vor Hausnr. 25 links den Feldweg, um nach 1,1 km rechts dem Radweg neben der Landstraße nach **Hassendorf** zu folgen. Dort biegen Sie links in die Dorfstraße Richtung Eutin ab, vorbei an einer Bushaltestelle ❸ (km 7,2).

- Bushaltestelle „Hassendorf-Ortsmitte" mit Verbindungen nach Eutin, Bosau sowie Ahrensbök via Sarau, mehrmals täglich, außerhalb von Schultagen überwiegend als Anruflinienfahrt (Anmeldung bis 30 Min. vor Abfahrt, ☎ 045 61/51 11 11),
  www.dbregiobus-nord.de

Am Ortsende von Hassendorf biegen Sie 100 m nach Querung des Brackrader Ziegeleigrabens rechts in die Straße Richtung Katzburg ein (Am Heller), nach 300 m noch einmal nach rechts Richtung Katzburg und halten sich nach 150 m bei einer Gabelung links. 200 m nach einer Hochspannungsleitung nehmen Sie bei einer Kreuzung (km 8,6) rechts den Schotterweg und nach 250 m den rechts abzweigenden Weg Richtung Glasau (weiß-rot-weiße Markierung) ❹ (km 8,8).

🚲 Der folgende Abschnitt ist für das Rad weniger gut geeignet. Daher sollten Sie, statt rechts abzubiegen, lieber geradeaus dem Schotterweg Richtung Glasau folgen (Radschild „3,1 km"). Nach 1,3 km nehmen Sie rechts die Straße (Schulberg) und nach 100 m rechts den Feldweg (Liensfelder Kirchenweg), wo Sie nach 800 m auf die VJ (❺) treffen.

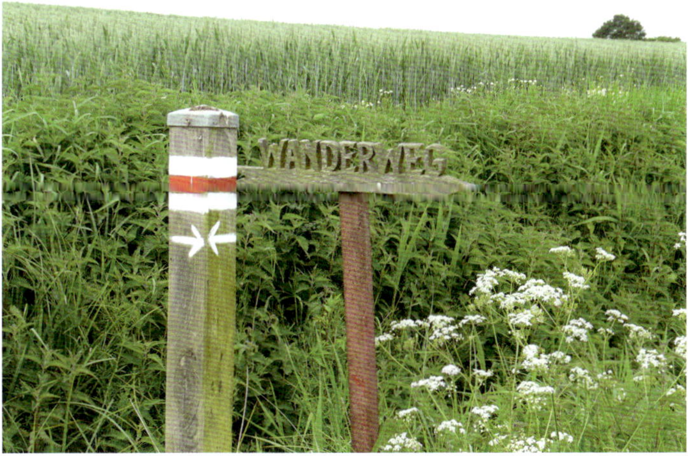

Wiesenweg nach Katzburg

✋ Bei nassem Wetter kann der folgende Abschnitt durch die Glasauniederung feucht bzw. schlammig sein; dann empfiehlt sich die 300 m längere und weniger schöne Radvariante!

Abstecher zur Katzburg (➲ 2 x 0,2 km)
Rechts vor dem Tor ist an der Abzweigung ein Abstecher zu den Überresten der Katzburg möglich, die über eine den Burggraben querende Brücke zugänglich und beschildert ist.

⌘ Die **Katzburg** wurde vermutlich im 9. Jh. zur Zeit der slawischen Kolonisation auf einer erhöhten Fläche in der Niederung als Fluchtburg mit einem Durchmesser von rund 100 m angelegt. Im Norden diente ein Graben, im Süden ein 3 m hoher Wall als Schutz.

Vor dem Tor an der Abzweigung folgen Sie dem Pfad links am Weidezaun entlang – „Betreten verboten" bezieht sich auf die Weide (weiß-rot-weiße Markierung). Rechts ist die Anhöhe der alten Katzburg erkennbar. Nach der Brücke über die Glasau führen Sie die rot-weiß-roten Markierungen rechts über einen Wiesenpfad, der kurz darauf nach links schwenkt und nach einer Linkskurve in einen Feldweg einmündet. 100 m nach einer weiteren Querung der Glasau folgen Sie dem Wiesenweg nach links und erreichen bei einer ⩩ Bank und dem Schild „Wanderweg" ❺ (km 10,8) einen Sandweg (Radvariante), dem Sie nach rechts folgen.

100 m nach Asphaltbeginn biegen Sie rechts in die Kiekbuscher Landstraße ab (weiß-rot-weiße Markierung) und nach der Bushaltestelle bei einem ⩩ Picknicktisch vor dem Haus des Schützenbundes nach rechts in die Plöner Straße.

🚌 Bushaltestelle „Sarau-Siedlung", mit Linie 5515 nach Eutin und Ahrensbök mehrmals täglich, außerhalb von Schultagen überwiegend als Anruflinienfahrt (Anmeldung bis 30 Min. vor Abfahrt, ☏ 045 61/51 11 11), 💻 www.dbregiobus-nord.de

Thing-Platz

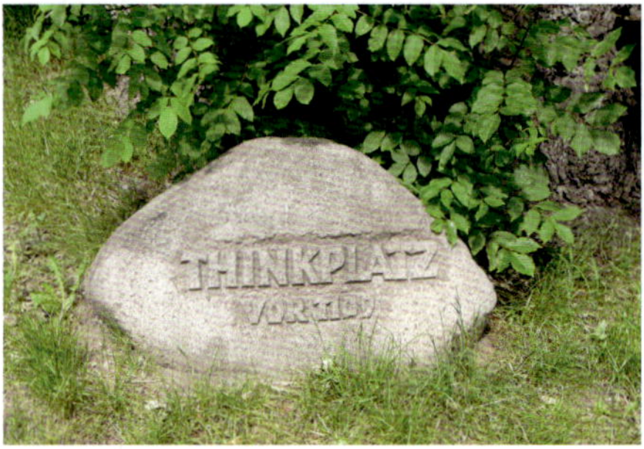

Nach 100 m entlang der Plöner Straße geht es vor einem Waldstück nach links. Sie folgen der Engen Straße geradeaus zur Kirche von **Sarau** bzw. davor dem Thing-Platz und der Thing-Eiche ❻ (km 12,3), die daran erinnern, dass hier bis 1109 Volksversammlungen abgehalten wurden.

✞ Die Kirche von Sarau ist ein einschiffiger Backsteinbau aus dem 17. Jh., der auf den unten bei den Mauern noch erkennbaren Feldsteinfundamenten der romanischen St.-Vicelin-Kirche aus dem 12. Jh. errichtet wurde. Der im 19. Jh erbaute Turm ersetzte den vorigen frei stehenden hölzernen Glockenturm.

Traurige Episode: Fürstengrube-Todesmarsch

Sarau wie weitere Ortsnamen der Umgebung (Ahrensbök, Neuglasau, Dunkelsdorf) erlangten traurige Berühmtheit durch den „KZ-Fürstengrube-Todesmarsch" im Zweiten Weltkrieg: Im Januar 1945 wurde das oberschlesische Außenlager des KZ Auschwitz wegen der nahenden Russen evakuiert: Rund 1.000 Gefangene wurden in einem Todesmarsch nach Gleiwitz und von dort in zwei Wochen per Bahn unter großen Verlusten bei winterlichen Temperaturen von -20 Grad über Österreich und den Harz in das KZ Mittelbau getrieben, wo die verbliebenen 200 Häftlinge in einer Waffenfabrik arbeiten mussten, ehe sie zusammen mit 300 Kriegsgefangenen über Lübeck nach Ahrensbök gebracht und dort in zwei Gruppen geteilt wurden, von denen eine in eine Scheune bei Glasau/Sarau getrieben wurde. Im Mai ging es weiter nach Neustadt in Holstein zur Verschiffung mit der Cap Arcona mit Tausenden weiteren Häftlingen. Die Cap Arcona wurde kurz darauf von Bombern der Royal Air Force versenkt – ein entsprechender Hinweis einer Rot-Kreuz-Delegation in Lübeck hatte die britischen Flugstaffeln nicht rechtzeitig erreicht. In der Region erinnern mehrere Denkmäler an diese Tragödie, etwa in Sarau, Ahrensbök oder Dunkelsdorf.

Sie gehen rechts um die Kirche herum und folgen der Schulstraße südwärts. Das Dorf Sarau endet bei Querung der Trave. Danach verlassen Sie die nach links führende Straße und folgen dem Spurweg geradeaus (Radschild „Ahrensbök 7,4 km"). Etwa 150 m nach Eintritt in den Wald bei einer Infotafel ignorieren Sie den links abzweigenden Weg und folgen dem Hauptweg geradeaus durch eine leichte Rechtskurve und vor dem Ausgang aus dem Wald rechts vorbei an einem Teich. Im und nach dem folgenden

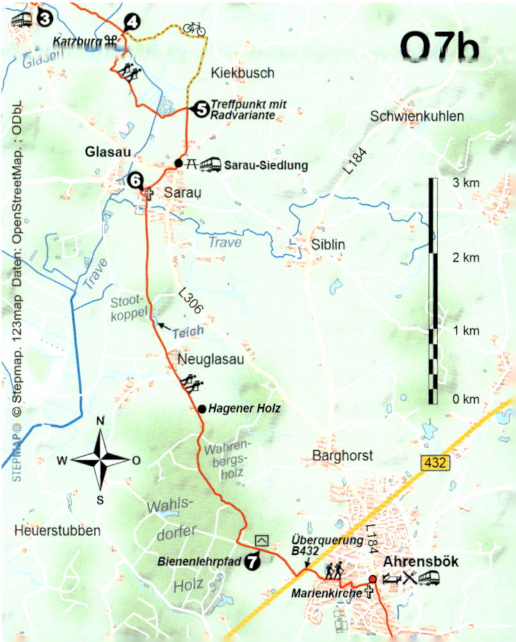

Dorf, **Neuglasau** (km 14,6), geht es geradeaus weiter (Straße Zum Hagener Holz). Nach einem kurzen Abstieg im folgenden Wald (km 16,3) beachten Sie den Weg nach rechts nicht und gehen geradeaus durch eine Linkskurve. Nach 500 m erreichen Sie bei einem Pfahl einen Forstweg und folgen ihm links. Bei der folgenden Kreuzung halten Sie sich links, zur Linken bald begleitet von Infotafeln zu einem Bienenlehrpfad und vorbei an einer Rastgelegenheit ❼ (km 17,9) mit Hütte mit Tisch und Bank.

Kurz nach der letzten Station zum Bienenlehrpfad erreichen Sie links von einem Wasserturm die Segeberger Chaussee (B432) und folgen dem Radweg nach links.

Nach 150 m queren Sie bei einer Asphaltverbreiterung des Radweges rechts die Straße (gelber Pfeil und Pilgerlogo auf Asphalt) und nehmen den um 10 m nach links versetzten, geradeaus führenden Grasweg zwischen Feldern.

Der Pfad mündet bei den ersten Wohnhäusern von Ahrensbök in einen Kiesweg, dem Sie rechts für 10 m folgen, um dann links in die Straße zu biegen (Am Piepenbrook). Nach 120 m wandern Sie in einer Linkskurve der Straße halb rechts (Sackgassenschild) und kurz darauf rechts (Postredder). Bei einer Kreuzung mit Briefkasten geht es links in die Klosterstraße und danach rechts in die Wallrothstraße. Vor dem roten Haus des Pastorats () nehmen Sie links den Fußweg, nach 50 m über eine kleine Metallbrücke. Nach der Brücke folgen Sie dem gepflasterten Fußweg hinauf zur Marienkirche und links an dieser vorbei in die Ortsmitte.

Ahrensbök 8.300 Ew., 23623, BANK

Hotel Ahrensböker Hof, Lübecker Straße 7, ☏ 045 25/12 13,
info@ahrensboeker-hof.de, www.ahrensboeker-hof.de,
DZ etwa € 80, EZ € 50, Gasthof in Ortsmitte,
Restaurant Di-Sa 17:30-22:00, So 11:30-14:00 und 17:30-21:00

♦ Landgasthof Lebatz, Dorfchaussee 32, ☏ 045 25/18 30,
landgasthof-lebatz@hotmail.com, www.landgasthof-lebatz.de,
Gasthof mit 11 Zi im Ortsteil Lebatz, 3 km südwestlich von Ahrensbök, sinnvoll beim Pilgern mit Rad, sonst auch mit Buslinie 5910 erreichbar (Mo-Sa),
DZ € 80, EZ € 45, inkl. F, Küche Do-Di 17:00-22:00

Ev.-Luth. Kirchengemeinde Ahrensbök, Wallrothstraße 7-9, Kontakt: Pastorin Mewes-Goeze, ☏ 045 25/49 39 02, mewes-goeze@web.de,
Ü im Gemeindehaus, 2 Sofas, Dusche, Küche, Ü gegen Spende (€ 5 p. P.)

- Restaurant Olympia, Klosterstraße 3, ☏ 045 25/26 18, www.restaurant-ahrensboek.de, Mi-Mo 17:30-23:30, So auch 12:00-14:00, griechisches Restaurant in Ortsmitte neben der Kirche
- Eiscafé Italia, Lübecker Straße 10, ☏ 049 45/25 32 15, in Sommersaison täglich 10:00-21:00, an der Hauptstraße unterhalb der Kirche
- Supermärkte/Discounter in der Ortsmitte nahe der Kirche
- Radgeschäft mit Werkstatt: Ihr Fahrradprofi, Lübecker Straße 10, ☏ 045 25/47 30, / WhatsApp 01 71/204 40 90, www.ihrfahrradprofi.de, Mi-Fr 10:00-18:00, Sa 10:00-13:00.
- Haltestelle „Lornsenplatz" an der Kirche, mit Linie 5912 nach Lübeck via Curau und Stockelsdorf mehrmals täglich, www.dbregiobus-nord.de

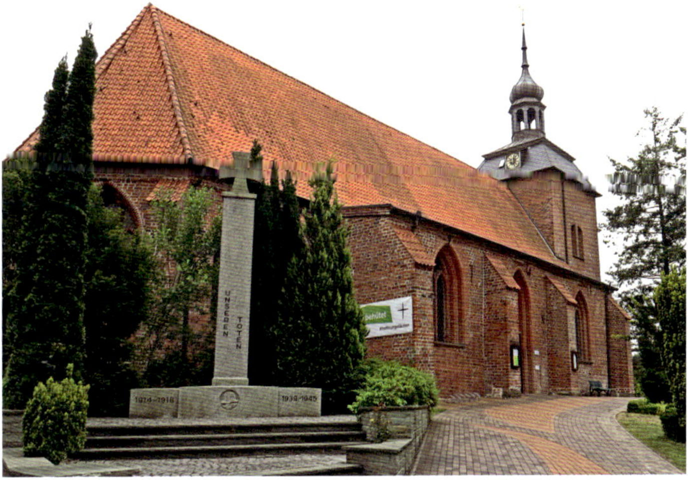

Marienkirche

Die auf eine alte Wallfahrtskapelle zurückgehende gotische **Marienkirche** diente von 1409 bis zu seiner Auflösung 1586 dem Ahrensböker Kartäuserkloster als Klosterkirche. Der barocke Kirchturm wurde 1761 angebaut. Die Innenausstattung bietet Kostbarkeiten wie das 3 m hohe Kreuz an der Südwand aus gotländischem Kalkstein und den Altar mit Kruzifix aus dem 17. Jh.

Etappe O-8: Ahrensbök – Lübeck
(> Via Baltica)

21,5 km, 5 Std. 30 Min., ↑ 109 m, ↓ 151 m, ⇧ 1-74 m

0,0 km	⇧ 61 m	Ahrensbök
1,2 km	⇧ 58 m	Flörkendorfer Teich
3,0 km	⇧ 67 m	Nutztier-Arche Hof Steindamm
5,9 km	⇧ 51 m	Dunkelsdorf
6,4 km	⇧ 37 m	Tisch & Bank, Dunkelsdorf-Bokhof
7,1 km	⇧ 38 m	Denkmal Fürstengrube-Todesmarsch, Dunkelsdorf-Bokhof
9,5 km	⇧ 25 m	Curau
16,9 km	⇧ 33 m	Stockelsdorf
21,5 km	⇧ 19 m	Lübeck B&B

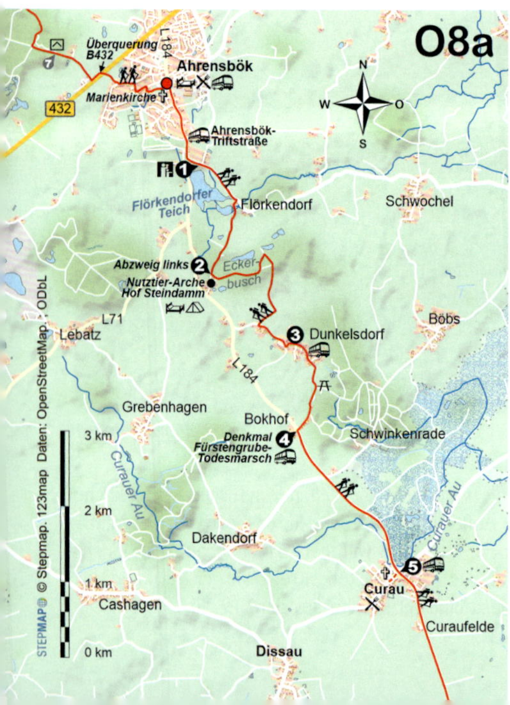

Die Schlussetappe der Ostvariante führt zunächst auf netten, kleinen Wegen nach Dunkelsdorf. Von dort bis nach Stockelsdorf vor den Toren Lübecks ist der Wegverlauf der VJ identisch mit der Lübecker Landstraße – aber eine attraktivere Wegführung ist geplant. Von Stockelsdorf in die Lübecker Altstadt mit dem Pilgerzentrum St.-Jakobi-Kirche schlängelt sich die VJ durch verkehrsarme Nebenstraßen und Grünanlagen.

Von der Marienkirche gehen Sie abwärts zur Lübecker Straße und folgen dieser links in südliche Richtung zum Ortsende nach der Bushaltestelle „Ahrensbök-Triftstraße" (Linie 5912, ☞ Ahrensbök), nach 150 m vorbei an einem Denkmal an den Fürstengrube-Todesmarsch (Info, ☞ Etappe 7). Am Ortsende von Ahrensbök (km 1,1) zweigen Sie links in den Flörkendorfer Weg ab und passieren kurz darauf zur Rechten einen schönen Ausblick auf den künstlich als Mühlen- und Fischteich angelegten Flörkendorfer Teich ❶. Weiter geht es linksseitig am See vorbei, ehe Sie an dessen Ende rechts auf das Gelände einer alten Wassermühle abbiegen und links an dem Fachwerkhaus vorbeigehen, dann über die kleine Brücke und weiter geradeaus auf dem Spurweg. 250 m nach dem Beginn des Asphaltbelages bzw. vor landwirtschaftlichen Geräten ❷ (km 3), die den 100 m vor Ihnen liegende Nutztier-Arche Hof Steindamm ankündigen, folgen Sie dem Spurweg nach links.

Nutztier-Arche Hof Steindamm

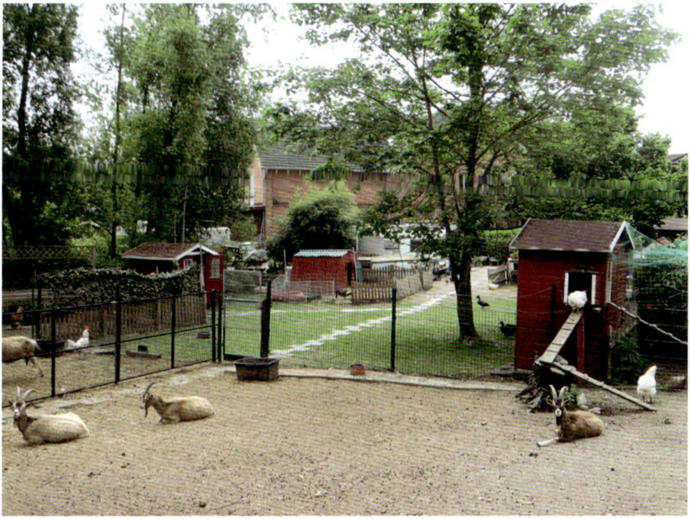

Nutztier-Arche Hof Steindamm, Steindamm 36, 23623 Ahrensbök-Steindamm, ☎ 045 25/784 19 60, 01 72/721 63 12, hofsteindamm@web.de, www.hofsteindamm.jimdofree.com, Andrea Weber und Thorsten Heide vermieten bei ihrer Nutztier-Arche 2 FeWo, bei Verfügbarkeit auch nur für 1 Nacht, Bettwäsche und F sind auf Anfrage möglich, offizielle Pilgerherberge mit Pilgerbuch und ⊙ Stempel, € 7, FeWo ab € 80 pro Nacht, Café täglich 13:00-18:00.

Sie folgen dem Forstweg durch eine Rechtskurve und beachten die linke Abzweigung nicht, wo hinter einem Schlagbaum ein Seeadlerschutzgebiet beginnt. Kurz darauf halten Sie sich bei einer T-Kreuzung vor einem Dorf links und folgen nach einer Linkskurve der Straße durch **Dunkelsdorf ❸** mit seinem ehemaligen Gutshaus, vorbei an einer Bushaltestelle.

🚌 Bushaltestelle „Dunkelsdorf-Ortsmitte", mit u. a. Linie 5912 (☞ Ahrensbök)

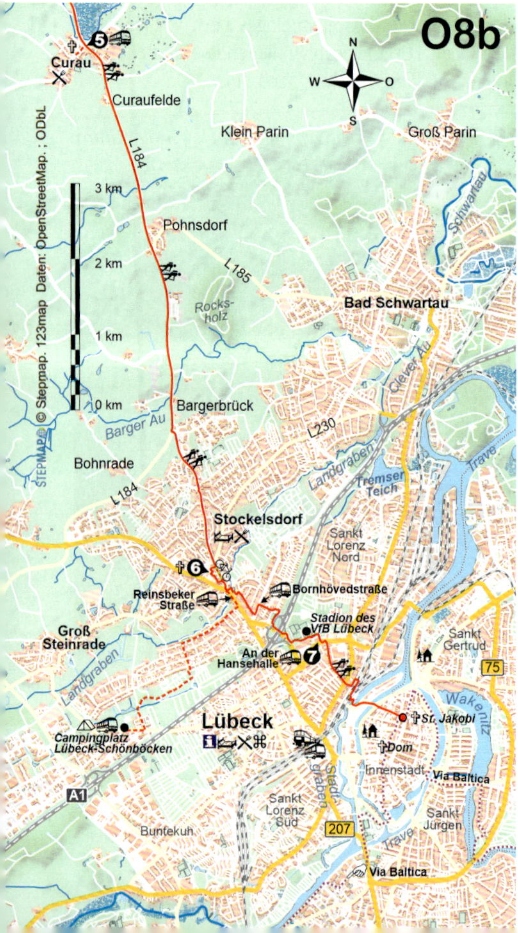

Die Straße führt aus dem Ort heraus, vorbei an ⛩ Tisch und Bank, zur Ahrensböker Landstraße (km 7,1) und der 🚌 Bushaltestelle „Dunkelsdorf-Bokhof" (mit u. a. Linie 5912, ☞ Ahrensbök) sowie einem weiteren Denkmal an den Fürstengrube-Todesmarsch ❹.

Die VJ folgt links der Straße südwärts und damit beginnt eine weniger attraktive Passage der VJ (aber eine Änderung der Wegführung ist geplant!): links für fast 10 km entlang der Lübecker Landstraße L184 auf dem Radweg.

↳ Optional können Sie die Strecke nach Lübeck per Bus zurücklegen (Linie 5912, ☞ Ahrensbök).

Nach 2,5 km liegt rechts vor der 🚌 Bushaltestelle „Curau-Lübecker Landstraße" (mit u. a. Linie 5912, ☞ Ahrensbök) das Dorf Curau ❺ (km 9,5).

Abstecher nach Curau (➲ 2 x 0,1 km)
Nach rechts ist ein kurzer Abstecher nach **Curau** mit seiner Kirche sowie einer – allerdings nur abends geöffneten – Einkehrgelegenheit möglich.

Curau

600 Ew., ✉ 23617, 🏠 ✕ ✞

🏠 Ev.-Luth. Kirchengemeinde Curau, Curauer Dorfstraße 6, Kontakt: Pastor Florian Gottschalk, ☎ 045 05/328, ✉ kg-curau@kk-oh.de, Ü im Gemeindehaus für max. 4 Pers., 2 Klappbetten, Dusche, Küche,
🐕 nach Absprache, Ü € 5 € p. P. oder Spende

✕ Gasthof Hinz, Curauer Dorfstraße 11, ☎ 045 05/57 08 66,
🚪 täglich außer Do 17:00-22:00

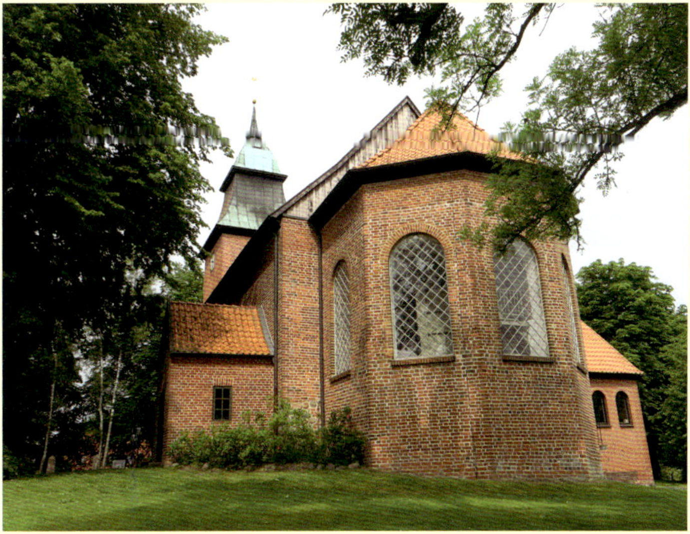

Kirche von Curau

✞ Die jetzige Kirche von Curau – eine einschiffige Saalkirche von 1828 aus Backstein auf Feldsteinfundamenten – gilt als dritte Kirche an dieser Stelle. Auffällig ist das klassizistische Portal an der Südseite.

Beim Passieren des Lübecker Vorortes **Stockelsdorf** bietet sich beim Gebäude der Deutschen Post ein Abstecher nach rechts an zur Stockelsdorfer Kirche ❻ (km 16,8).

🚲 Mit dem Rad ist es einfacher, statt des Abstechers nach Stockelsdorf der Ahrensböker Straße geradeaus zum Hotel Lübecker Hof zu folgen (s. u.).

✞ Die Stockelsdorfer Kirche ist mitsamt ihrer Innenausstattung ausgesprochen jung: Sie wurde 1902 im neugotischen Stil mit schlankem, 40 m hohem Turm errichtet.

meistens tagsüber geöffnet

Sie folgen dem Fußweg links an der Kirche vorbei und durch die Rechtskurve und halten sich nach 30 m vor den Supermärkten links.

Supermärkte/Discounter um die Stockelsdorfer Kirche, etwa Rewe und Aldi (Rathausmarkt)

Weiter geht es über den Marktplatz zurück zur Ahrensböker Straße, wo Sie nach 50 m vor dem Hotel Lübecker Hof eine Straßenkreuzung erreichen (km 17,5).

Hotel Lübecker Hof, Ahrensböker Straße 4-8, ☏ 04 51/49 07 07, https://luebecker-hof.goldentulip.com, 4-Sterne-Hotel mit 113 Zi im Lübecker Vorort Stockelsdorf, Zi ohne F ab etwa € 80

✕ zahlreiche Einkehrgelegenheiten: chinesisches und italienisches Restaurant, Dönerimbiss, Eisbar

Entweder folgen Sie ab hier der VJ mit etwas kompliziertem Wegverlauf, dafür auf überwiegend ruhigen Wegen/Straßen, in die Altstadt oder Sie nehmen einen Bus in die Innenstadt von der 50 m vor Ihnen liegenden Haltestelle.

Bushaltestelle „Reinsbeker Straße“, mit Stadtbus 9 mehrmals stündlich Richtung Grillenweg zum Bahnhof und in die Innenstadt, www.sv-luebeck.de

Die VJ führt hinter dem Hotel Lübecker Hof nach links in den Park und am Parkbeginn bei einer T-Kreuzung nach rechts. Bei der nächsten T-Kreuzung gehen Sie links (Reinsbeker Straße) und gleich darauf nach rechts (Arfrader Straße). Dieser Straße folgen Sie bis zum Ende und biegen dann links in die Friedhofsstraße ab und gleich danach vor der gleichnamigen Bushaltestelle rechts in die Börnhövedstraße. In einer Linkskurve dieser Straße nehmen Sie rechts den gepflasterten Weg, rechts an Garagen vorbei. Nach den Garagen und vor dem Ende der Pflasterung nehmen Sie rechts den asphaltierten Rad-/Fußweg und folgen ihm durch die Grünanlage links von einer Autobahnzufahrt, die Sie nach 200 m bei einer Ampel links queren. Nach der Unterquerung der Autobahn und einer Zufahrt nehmen Sie den links durch einen Park mit dem Stadion des Vfb Lübeck führenden Rad-/Fußweg. Nach Passieren des Fußballstadions vom Verein für Bewegungsspiele (VfB) Lübeck (km 19,5) biegen Sie rechts in die Straße ab (An der Hansehalle) und bei der Hauptstraße (und rechts der Bushaltestelle „An der Hansehalle", mit Stadtbus 3) ❼ nach links, um kurz darauf vor dem Opel-Autohaus die Straße nach rechts zu nehmen (Brockesstraße). Weiter geht es immer geradeaus bis zu einer Straße vor den Bahngleisen (Katharinenstraße), wo Sie sich links halten, um die Bahnanlagen über die folgende Rad- und Fußgängerbrücke zu queren und sich danach rechts zu halten (Radschild „Zentrum 1,9 km"). Kurz darauf geht es über weitere Bahngleise und kurz danach links über den Lübecker Stadtgraben (Radschild „Zentrum"). Nach der Brücke über den Stadtgraben halten Sie sich links, während der Radweg Richtung Zentrum und Holstentor geradeaus weiterführt.

Bei einer T-Kreuzung (vor der Willy-Brandt-Allee) mit links einem Parkplatz und einem Industriegleis folgen Sie links dem gepflasterten Weg zwischen dem Gleis und einem weißen Metallrahmen (links) und der Willy-Brandt-Allee (rechts). Nach der Brücke über die Trave geht es bei einer Kreuzung geradeaus aufwärts auf der kopfsteingepflasterten Engelsgrube in die Altstadt – genau auf die St.-Jakobi-Kirche zu, das Ziel der Ostvariante.

Lübeck

216.500 Ew., 23552, B&B

Tourist-Info Lübeck, Holstentorplatz, 04 51/889 97 00, info@luebeck-tourismus.de, www.luebeck-tourismus.de, nahe dem Holstentor, Mo-Fr 9:00-18:00 und Sa 10:00-16:00 (im Winter /Sommer jeweils teilweise 1 Stunde früher/später), Ostern bis Oktober So 10:00-15:00

Als touristischer Höhepunkt und Messestadt bietet Lübeck eine große Auswahl an Hotels; hier eine kleine Auswahl:

- Hotel Haase, Glockengießerstraße 24, 04 51/707 90 11, welcome@hotel-haase-luebeck.de, www.hotel-haase-luebeck.de, nicht ganz preiswertes, kleines Hotel in einer Nebengasse in der Altstadt mit 7 großen Zimmern mit Tee-/Kaffeeküche in historischem Ambiente, DZ ab € 120, inkl. F
- Hotel Am Mühlenteich, Mühlenbrücke 6, 04 51/771 71, hotel@muehlenteich.com, www.muehlenteich.com. Familiengeführtes Haus am Südrand der Altstadt, DZ ab € 65, EZ ab € 53, zzgl. F (€ 10 p. P., mit Biokaffee), FeWo € 94 pro Nacht

Hotel VIVA, Bei der Lohmühle 25, ☏ 04 51/48 05 30, info@viva-hotel.de, viva-hotel.de, modernes Hotel im Gewerbegebiet mit 52 funktionalen Zi, 200 m vom Weg und 1,5 km vor der Innenstadt, € 15, Zimmer ab € 49 ohne F

♦ B&B Hotel Lübeck, Konrad-Adenauer-Straße 7, ☏ 04 51/90 50-0, luebeck@hotelbb.com, www.hotel-bb.com, modernes Hotel der Kette B&B Hotel am Bahnhof, € 12 (O-Ton Rezeption: „Hunde sind in unserem Haus ebenso willkommen wie die Herrchen/Frauchen"), DZ ab € 60, EZ ab € 50, zzgl. F (€ 8,50 p. P.)

B&B Pension Italia, Reiferstraße 7a, 01 76/23 22 87 33, www.hotelmania.net/hotel/lubeck/pension-italia, günstige private Unterkunft mit 2 Zi, 200 m vom Weg und 1 km vor der Innenstadt, DZ ab etwa € 60

♦ MS Marylou, Kanalstraße 80, ☏ 04 51/40 08 43 20, www.marylou.de, kleines Hotelboot mit 8 Kabinen und Sonnendeck im Klughafen östlich der Altstadtinsel gegenüber vom Biosupermarkt, Kabine als DZ etwa € 100, nur außerhalb der Sommersaison, dann ist das Schiff auf Tour

♦ CVJM Hotel am Dom, Dankwartsgrube 43, ☏ 04 51/399 94-10 (Info) oder -30 (Rezeption), info@cvjm-luebeck.de, www.hotel-am-dom.eu, Hotel des CVJM in der südlichen Altstadt mit einfachen Zimmern und FeWo, mit der Buchung unterstützt man die gemeinnützige Tätigkeit des CVJM (Christlicher Verein Junger Menschen) in Lübeck, DZ etwa € 59, EZ € 49, zzgl. F (€ 9 p. P.)

CVJM Altstadt-Hostel Lübeck, Große Petersgrube 1, ☏ 04 51/399 94 10, info@cvjm-luebeck.de, www.altstadt-hostel.de, günstige und zentrale Unterkunft nahe dem Holstentor, Träger ist wie beim Hotel am Dom der CVJM, Apartment für 2 Pers. ab € 54, Budget-Unterkunft im 8-Bett-Zimmer getrennt nach Frauen/Männer ab € 24 p. P., zzgl. F (€ 6 p. P.)

Rucksack Hotel, Kanalstraße 70, ☏ 04 51/70 68 92, 01 71/261 87 92, piias-rucksackhotel@t-online.de, www.rucksackhotel-luebeck.de, günstig östlich der Altstadt gelegen, EZ ab € 29, p. P. im Mehrbettzimmer ab € 17, zzgl. Bettwäsche (€ 3) und Handtücher (€ 1)

♦ JH Lübeck Altstadt, Mengstraße 33, ☏ 04 51/702 03 99, luebeck@jugendherberge.de, www.luebeck-altstadt.jugendherberge.de, JH mit 88 Betten in zentraler Lage, Ü für DZ € 64, p. P. im Mehrbettzimmer € 27, inkl. F, März bis Oktober

♦ JH Lübeck „Vor dem Burgtor", Am Gertrudenkirchhof 4, ☏ 04 51/334 33, luebeck@jugendherberge.de, www.jugendherberge.de/jugendherbergen/luebeck-burgtor-536, große JH mit 210 Betten etwa 1 km nördlich der Altstadt, Ü für DZ € 64, p. P. im Mehrbettzimmer € 27, inkl. F, ganzjährig

♦ Pilgerherberge bei der Jakobikirche, Jakobikirchhof 5, 01 52/02 88 98 37, info@st-jakobi-luebeck.de, www.st-jakobi-luebeck.de > Pilgerherberge, diese

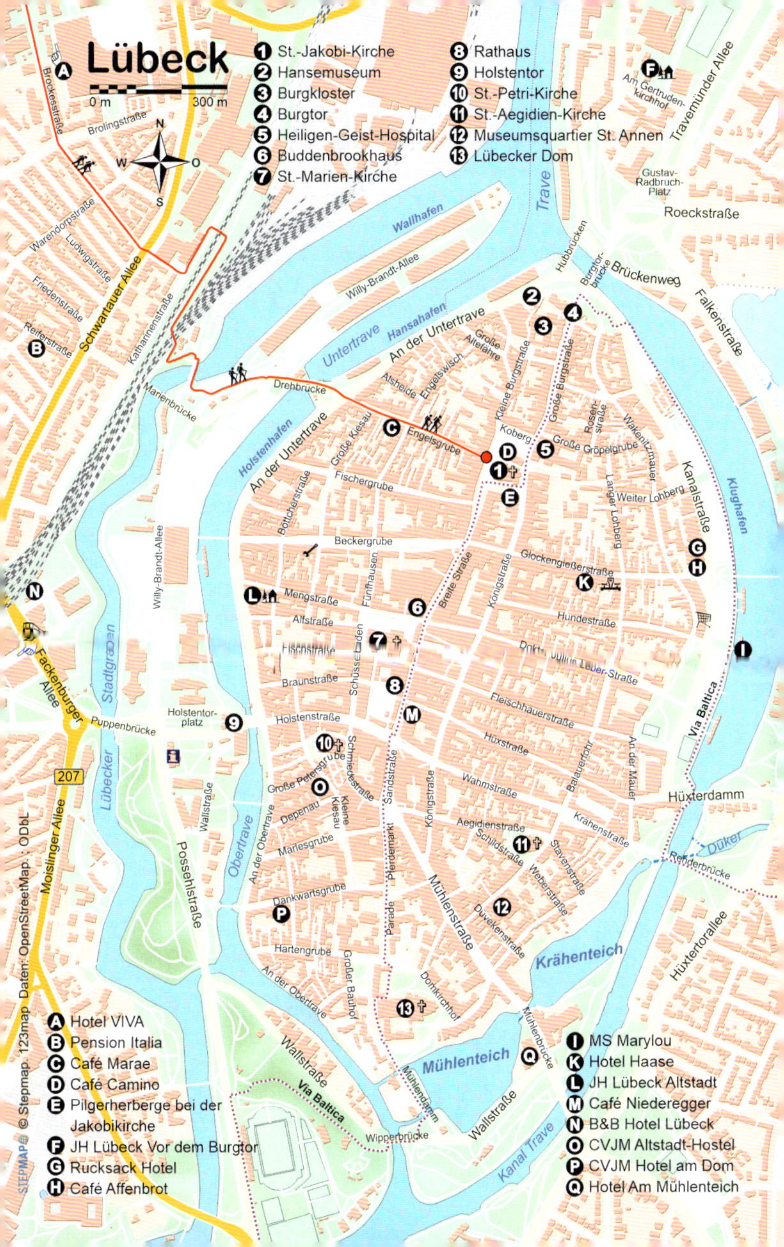
Lübeck
0 m
300 m
N
W
O
S
1 St.-Jakobi-Kirche
2 Hansemuseum
3 Burgkloster
4 Burgtor
5 Heiligen-Geist-Hospital
6 Buddenbrookhaus
7 St.-Marien-Kirche
8 Rathaus
9 Holstentor
10 St.-Petri-Kirche
11 St.-Aegidien-Kirche
12 Museumsquartier St. Annen
13 Lübecker Dom
A Hotel VIVA
B Pension Italia
C Café Marae
D Café Camino
E Pilgerherberge bei der Jakobikirche
F JH Lübeck Vor dem Burgtor
G Rucksack Hotel
H Café Affenbrot
I MS Marylou
K Hotel Haase
L JH Lübeck Altstadt
M Café Niederegger
N B&B Hotel Lübeck
O CVJM Altstadt-Hostel
P CVJM Hotel am Dom
Q Hotel Am Mühlenteich
Brockesstraße
Brolingstraße
Warendorpstraße
Ludwigstraße
Friedenstraße
Reiferstraße
Schwartauer Allee
Katharinenstraße
Marienbrücke
Wallhafen
Willy-Brandt-Allee
Hansahafen
Untertrave
An der Untertrave
Drehbrücke
Holstenhafen
Trave
Am Gertrudenkirchhof
Travemünder Allee
Gustav-Radbruch-Platz
Roeckstraße
Hubbrücken
Burgtorbrücke
Brückenweg
Falkenstraße
Große Altefähre
Engelswisch
Alsheide
Große Kiesau
Engelsgrube
Kleine Burgstraße
Große Burgstraße
Koberg
Rosenstraße
Wakenitzmauer
Große Gröpelgrube
Fischergrube
Böttcherstraße
Weiter Lohberg
Langer Lohberg
Kanalstraße
Klughafen
Beckergrube
Glockengießerstraße
Breite Straße
Königstraße
Mengstraße
Fünfhausen
Alfstraße
Hundestraße
Fischstraße
Schüsselbuden
Braunstraße
Fleischhauerstraße
Via Baltica
Holstentorplatz
Holstenstraße
Puppenbrücke
Fackenburger Allee
Stadtgraben
Willy-Brandt-Allee
Schmiedestraße
Große Petersgrube
Hüxstraße
Wahmstraße
Balauerfohr
An der Mauer
Hüxterdamm
Depenau
Kleine Kiesau
Sandstraße
Königstraße
Krähenstraße
Düker
Marlesgrube
Aegidienstraße
Schildstraße
Stavenstraße
Rehderbrücke
Weberstraße
Pferdemarkt
Mühlenstraße
Dankwartsgrube
Parade
Duvekenstraße
Hüxtertorallee
Krähenteich
Hartengrube
Großer Bauhof
An der Obertrave
Obertrave
Domkirchhof
Lübecker
Wallstraße
Possehlstraße
Moislinger Allee
207
Mühlenbrücke
Mühlenteich
Wallstraße
Via Baltica
Mühlendamm
Wipperbrücke
Wallstraße
Kanal Trave
© Stepmap, 123map Daten: OpenStreetMap ; ODbL
STEPMAP

kleine Herberge für Pilgerinnen/Pilger mit 6 Betten in 2 Schlafräumen, Bad und Küche im Haus, wurde mithilfe der Bauhütte und ehrenamtlichem Engagement eingerichtet. Die Übernachtung gegen Vorlage eines Pilgerausweises kostet € 9,50 p. P.

Campingplatz Lübeck-Schönböcken, Steinrader Damm 12, ☏ 04 51/89 30 90, www.camping-luebeck.de, einziger Campingplatz in akzeptabler Entfernung westlich der Altstadt (➲ 4 km) bzw. des Weges (➲ 3,5 km), Fußweg großteils entlang Grünanlagen, ab Stockelsdorf entlang des Langgrabens und durch die Siedlung Dornbreite; oder mit dem Bus vom/zum Campingplatz (Haltestelle „Schönböckener Hauptstraße“, Stadtbus 2), € 1, kleines Zelt mit 1 Pers. € 14, mit 2 Pers. € 20

Café Affenbrot, Kanalstraße 70, ☏ 04 51/721 93, info@cafeaffenbrot.de, www.cafeaffenbrot.de, Mo-Fr 9:00-21:00, Sa & So 9:00-22:00, alteingesessenes Café/Restaurant nahe dem Traveufer mit vegetarischem Angebot in Bioqualität

♦ Café Marae – Kaffee & Zauberei, Engelsgrube 59, ☏ 04 51/98 95 07 82, www.marae.de, Di-Fr 12:00-18:00, Sa 10:00-18:00, laut Eigenwerbung ein „öffentliches Wohnzimmer“ mit Bio- und vegetarischem Angebot direkt am Weg

Café Camino, Jakobikirchhof 1, 01 78/102 04 34, www.cafecamino.de, Di-So 9:00-18:00, kleines Café direkt an der St.-Jakobi-Kirche, international ausgerichteter Treff für Pilgerinnen und Pilger/Besucherinnen und Besucher aller Kulturen

♦ Café Niederegger, Breite Straße 89, www.niederegger.de, Mo-Sa 9:00-18:00, So 10:00-18:00, sozusagen eine Legende ist das Café mit angeschlossener Marzipanausstellung der bekannten Marzipanmarke Niederegger. Der Firmengründer, Johann Georg Niederegger, wanderte vor 200 Jahren aus Ulm nach Lübeck ein, daher der eher süddeutsch klingende Name.

Biomarkt, Kanalstraße 78-80, www.landwege.de, Mo-Fr 8:00-19:00, Sa 8:00-18:00, am Klughafen des Elbe-Lübeck-Kanals

Das Freibackhaus, Glockengießerstraße 42, www.freibackhaus.de, Mo-Fr 7:00-18:00, Sa 7:00-13:00, nach eigener Aussage „Bio-Vollkornbrot-Pionier“ im Zentrum

Radladen mit Werkstatt: at Fahrräder, Beckergrube 63, ☏ 04 51/798 22 68, www.at-fahrraeder.de, Mo-Fr 10:00-19:00, Sa 10:00-14:00

Haltestelle „Breite Straße“ unterhalb der St.-Jakobi-Kirche, mit zahlreichen Stadtbuslinien; zum Bahnhof/ZOB via Holstentor sind es rund 10 Fahrminuten, www.sv-luebeck.de

Hauptbahnhof Lübeck westlich der Altstadtinsel, 600 m vom Holstentor, mit halbstündlichen Verbindungen Richtung Hamburg und Kiel

Als ehemaliges Haupt der Hanse, mit einem Eintrag in der Liste der UNESCO-Weltkulturgüter und fast 1.000 denkmalgeschützten Gebäuden bietet das im 12. Jh. gegründete Lübeck – trotz erheblicher Zerstörungen im Zweiten Weltkrieg – zahlreiche Sehenswürdigkeiten, deren Beschreibung ein eigenes Buch füllen würde. Daher im Folgenden nur eine kleine Auswahl. Ganz grob lässt sich die von Trave und Wakenitz umgebene Altstadtinsel in den einst von Hansekaufleuten und Handwerkern dominierten bürgerlichen Teil im Norden und den vom Adel (Heinrich der Löwe) unterstützten geistlichen Teil im Süden untergliedern, die beide mit dem Bau einer Hauptkirche wetteiferten: St. Marien und dem Dom (s. u.). Zu den bekanntesten Bewohnerinnen und Bewohnern Lübecks gehörten die Nobelpreisträger Thomas und Heinrich Mann sowie Günter Grass und Willy Brandt, denen in der Altstadt jeweils eigene Museen gewidmet sind.

Stadtmittelpunkt ist das auf das 13. Jh. zurückgehende **Rathaus**, dessen Gemisch aus Baustilen die schrittweisen Erweiterungen erkennen lässt – von der Gotik bis zur Moderne der 1950er. Besonders auffällig ist die Schauwand mit ihren markanten Windlöchern. Im Hansesaal des Rathauses wurden früher die Hansetage abgehalten. Besichtigungen sind nur mit Führungen möglich,

Führungen Mo-Fr 11:00, 12:00, 15:00, Sa & So 12:00, Entgelt € 4

Jakobikirche

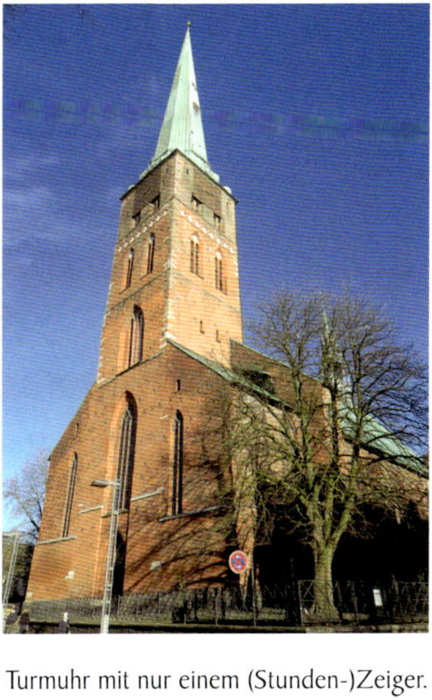

Die in der Mitte der Altstadt auf dem Koberg gelegene **Jakobikirche** ist als eine der fünf evangelisch-lutherischen Hauptkirchen Lübecks dem Heiligen der Seefahrt, Fischerei und Pilgerinnen und Pilger geweiht. Die Jakobikirche liegt am Schnittpunkt dreier historischer Pilgerwege: der Via Jutlandica, der Via Baltica und der Via Scandinavica – hier trafen (und treffen) sich Pilgerinnen und Pilger aus den nördlichen Ländern und dem Ostseeraum. Der jetzige Bau geht zurück auf das Jahr 1300 – nach der Zerstörung der spätromanischen Vorgängerkirche durch den großen Stadtbrand 1276. Im Inneren sind die (drei) Orgeln nennens- und hörenswert: die große beim Eingang, die nördliche Stellwagenorgel und die Richborn-Positiv-Orgel im südlichen Seitenschiff. Ungewöhnlich ist die Turmuhr mit nur einem (Stunden-)Zeiger.

Januar bis April Di-Sa 10:00-15:00, So 10:00-13:00, sonst täglich 10:00-17:00, in den Sommermonaten bis 18:00

✞ Die **Marienkirche** erhebt sich als bürgerliche Backsteinkirche zentral neben dem Rathaus. Das 39 m hohe Gewölbe im Mittelschiff gilt als höchstes seiner Art weltweit. Als Symbol lübisch-hansischen Bürgerstolzes wurde die Marienkirche in mehreren Schritten in folgenden Phasen ausgebaut: 1163 hölzerne Marktkirche, 1200 romanische Backsteinbasilika, 1250 Umbau zur frühgotischen Hallenkirche, 1260 bauliche Anpassungen zur Hochgotik nach dem Vorbild der westfranzösischen Kathedralen. Die 125 m hohen Türme überragen alle anderen Kirchtürme der Stadt und des Landes Schleswig-Holstein – vor allem die „nur" 115 m hohen des Domes (was den bürgerlichen Bauherren sehr wichtig war!). Bekannt ist der im Zweiten Weltkrieg zerstörte, 18 m hohe Fredenbeckaltar des Antwerpener Bildhauers Thomas Quellinus aus Marmor und Porphyr aus dem 17. Jh., einer von einstmals 38 Altären, von dem heute Teile im Chorumgang zu sehen sind.

täglich 10:00-16:00, im Sommerhalbjahr bis 18:00

✞ Der 1247 geweihte und auf Initiative von Heinrich dem Löwen gebaute **Lübecker Dom** ist die älteste der fünf größeren Kirchen Lübecks und die älteste Backsteinkirche im Ostseeraum. Der einstige romanische Dom wurde später zu einer gotischen Hallenkirche mit fast 130 m Länge umgebaut. Im Zweiten Weltkrieg stürzten infolge eines Bombardements und Brands in den folgenden Jahren alle Gewölbe ein und es dauerte Jahrzehnte, bis die Kirche wiederaufgebaut wurde; der gotische Chor war 1997 wiederhergestellt. Eine Ausstellung im Norderturm zeigt das Ausmaß der Zerstörungen. Die vielen Seitenkapellen sind als Grabkapelle für Mitglieder des Domkapitels hergerichtet. Im Hauptschiff nicht zu übersehen ist das 17 m hohe Triumphkreuz von Bernt Notke, der auch die Außenverkleidung des Lettners schnitzte. Von den einstmals 40 Altären des Doms sind heute noch eine Handvoll übrig geblieben.

täglich 10:00-16:00, im Sommerhalbjahr bis 18:00

✞ Die fünfschiffige gotische **Hallenkirche St. Petri** wurde im 15. Jh. nach rund 300-jähriger Bauzeit fertig gestellt. Das im Zweiten Weltkrieg ausgebrannte Gotteshaus wurde erst in den 1980er-Jahren saniert und seitdem als Stadtkirche ohne Gemeinde genutzt, etwa für kulturelle Veranstaltungen, als Café und Tourismusmagnet mit dem Aussichtsturm. Seit 2004 nennt sich die Kirche offiziell „Universitätskirche", wo u. a. wissenschaftliche Vorträge und Debatten angeboten werden. Das vielseitige Nutzungskonzept wird wie folgt umschrieben: „St. Petri ist ein Kirchen-Labor, ein Raum für Experimente in Sachen Ritual, Verkündigung und Dialog."

♦ www.st-petri-luebeck.de, täglich 11:00-16:00

tolle Aussicht aus 50 m Höhe von der Plattform auf dem Turm, täglich 10:00-18:00, im Sommerhalbjahr 9:00-19:00, Eintritt für Turm € 4

Café der St.-Petri-Kirche, Mo-Sa 11:00-17:00

Die Backsteinkirche **St. Aegidien** wurde ab dem 14. Jh. an der Stelle einer Vorgängerkirche erbaut – zunächst mit einem Schiff, das später mit Seitenkapellen zu einer dreischiffigen Hallenkirche erweitert wurde. Das Innere wie Äußere ist weitgehend original erhalten, da die Kirche im Zweiten Weltkrieg kaum zerstört wurde. St. Aegdien gilt als Ausgangspunkt der Reformation in Lübeck mit dem Prediger Andreas Wilms (ab 1523).

Mo-Sa 10:00-16:00

⌘ Das im Jahr 2015 eröffnete **Hansemuseum** dokumentiert am Traveufer 800 Jahre Hansegeschichte mit Lübeck als Haupt dieses im Mittelalter gegründeten Handelsnetzwerks. In die moderne, interaktive Ausstellung wurden archäologische Originalfunde während der Bauarbeiten miteinbezogen. Ein Großteil der Gesamtkosten von rund € 50 Mio. für das Museum inkl. Flächenkauf übernahm

Kloster im Hansemuseum

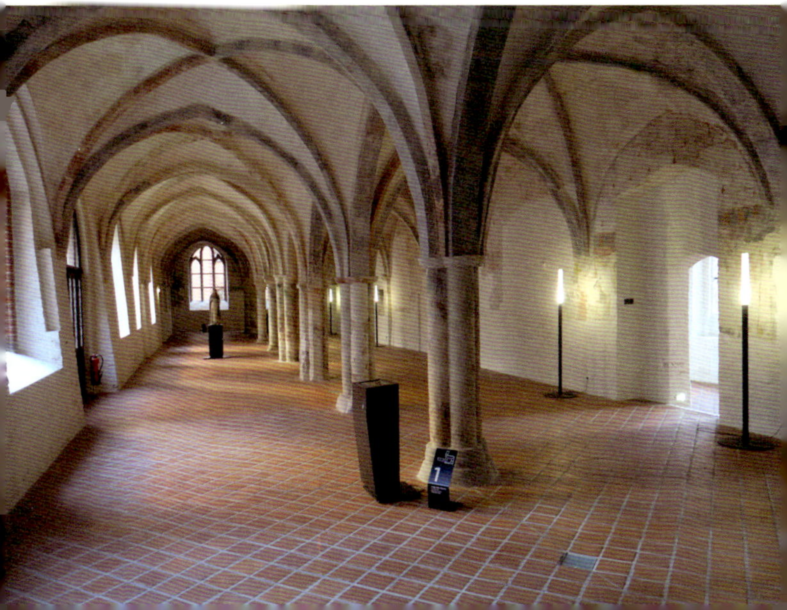

die Possehl-Stiftung des gleichnamigen 1915 verstorbenen Lübecker Kaufmanns. Zum Museum gehört das gotische **Burgkloster** mit Kreuzgang, vom 13. Jh. bis zur Reformation Sitz der Dominikaner und danach als Armen- und Krankenhaus sowie Gericht und Gefängnis genutzt.

♦ 💻 www.hansemuseum.eu, 🚪 täglich 10:00-18:00, Eintritt € 13

schöner Blick von der Dachterrasse des Museums auf die Trave

⌘ Das spätgotische **Holstentor** ist neben dem Burgtor eines von zwei noch erhaltenen der einstmals drei großen Stadttore, die das auf einer Insel gelegene Lübeck schützten. Das zwischen der Altstadt und dem Hauptbahnhof liegende Holstentor hatte früher noch drei Nebentore, die im 19. Jh. abgerissen wurden. Das Holstentor mit seinen beiden markanten, kegelförmigen Türmen ist vielfach abgebildet: als Wahrzeichen Lübecks und den damit verbundenen (Marzipan-) Produkten sowie auf der Rückseite des alten 50-DM-Scheins. Leider haben es die Lübecker Verkehrsplaner und Kommunalpolitiker bis heute nicht geschafft, eine der bedeutendsten touristischen Attraktionen der Stadt autofrei zugänglich zu machen: Der mehrspurige Autoverkehr rund um diese architektonische Perle degradiert das Holstentor zu einer überdimensionierten Verkehrsinsel an der Trave. Im Holstentor informiert ein Museum über die Geschichte der Stadt Lübeck.

♦ 🚪 täglich 10:00-18:00, 💻 www.museum-holstentor.de, Eintritt € 8

⌘ In der Mengstraße 4 erinnert das **Buddenbrookhaus** an die neben Günter Grass bedeutendsten Schriftsteller der Stadt: **Heinrich** und **Thomas Mann**, von denen Letzterer 1929 für seinen ersten Roman „Buddenbrooks" (1901) über das Schicksal bzw. den Verfall einer Lübecker Kaufmannsfamilie mit dem Literaturnobelpreis ausgezeichnet wurde. Als Vorlage diente die eigene Geschichte der Familie Mann, die das Haus in der Mengstraße 4 im 19. Jh. bewohnte. Die Dauerausstellung über die Buddenbrooks und die Manns sowie das Literaturforschungszentrum mit Bibliothek werden bis 2023 modernisiert und durch die benachbarte Immobilie erweitert. Bis dahin wird die Ausstellung im Museum Behnhaus gezeigt, Königstraße 9-11.

♦ 💻 www.buddenbrookhaus.de, 💻 museum-behnhaus-draegerhaus.de,
🚪 Di-So 10:00-18:00, in den Wintermonaten bis 17:00, Eintritt € 8

⌘ Das **Museumsquartier St. Annen** in der St.-Annen-Straße 15 besteht aus dem Museum über das gleichnamige Kloster aus dem 15. Jh. mit der größten Sammlung norddeutscher Schnitzaltäre sowie der Kunsthalle mit moderner Kunst, 2003 erbaut auf den Resten der im 19. Jh. abgebrannten Klosterkirche.

♦ 💻 www.museumsquartier-st-annen.de,
Di-So 10:00-17:00, in den Wintermonaten ab 11:00, Eintritt € 12

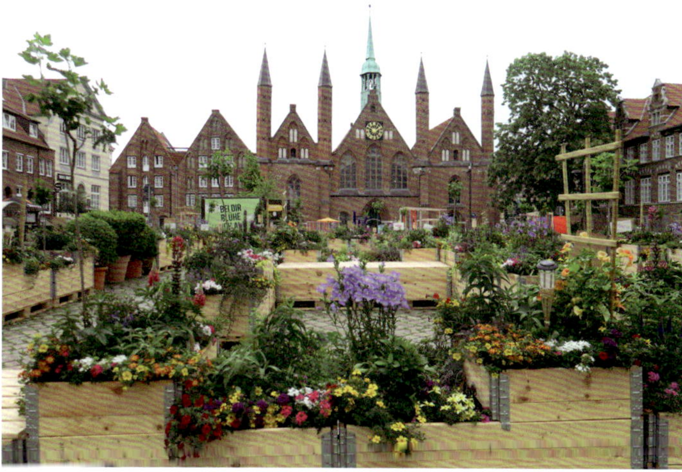

Heiligen-Geist-Hospital vor kulturgrünem Komplimentegarten

⌘ Das neben der St.-Jakobi-Kirche liegende **Heiligen-Geist-Hospital** wurde im 13. Jh. auf Initiative von Kaufleuten als eine der ältesten Sozialeinrichtungen weltweit gegründet. Zum Hospital gehörten mehrere Ländereien, aus deren Einkünften die unter strikten Regeln lebenden Armen und Kranken versorgt wurden, die sich neben den Nahrungsmitteln über das Privileg von acht (!) warmen Bädern im Jahr freuen durften. Seit der Reformation bis heute wird das Hospital als Altenheim genutzt. Die Kirchenhalle mit ihren mittelalterlichen Wandmalereien kann besichtigt werden, genauso wie eine der 6 m² kleinen Wohnräume im Langhaus, die ab 1820 die frei stehenden Bettenreihen ersetzten.

♦ Di-So 10:00-17:00, im Winter bis 16:00, Spende erbeten, bekannte Märkte: im Herbst (freier) Hobbykünstlermarkt, in der Vorweihnachtszeit bekannter (eintrittspflichtiger) Kunsthandwerkermarkt elf Tage lang vor dem 1. Advent (dann keine Besichtigung möglich)

Westvariante von Friedrichstadt nach Glückstadt

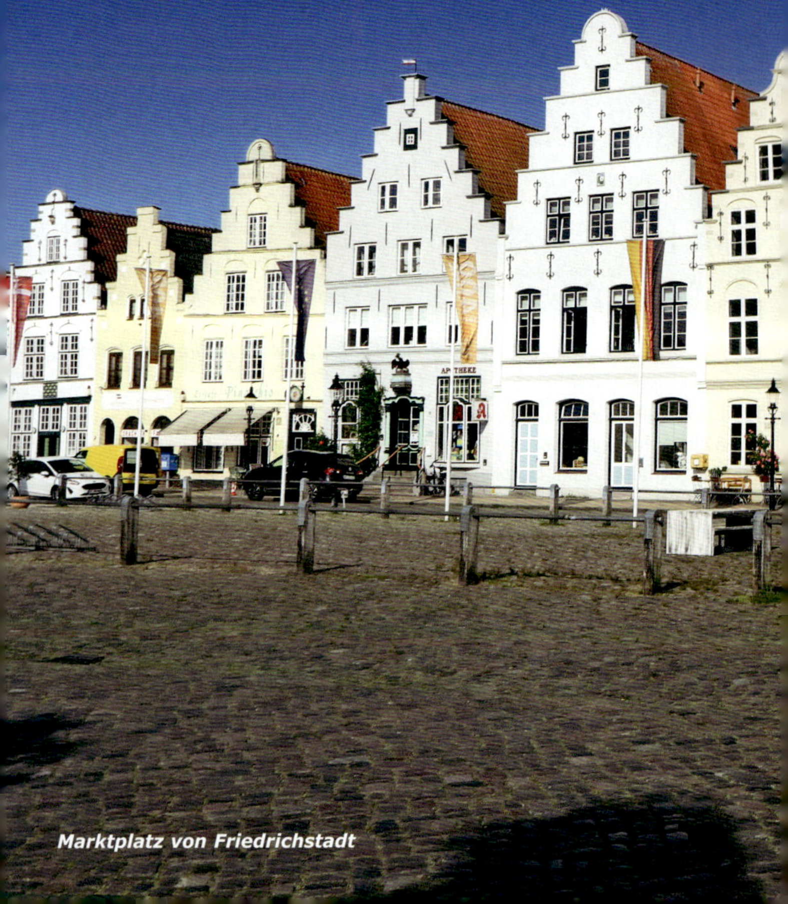

Marktplatz von Friedrichstadt

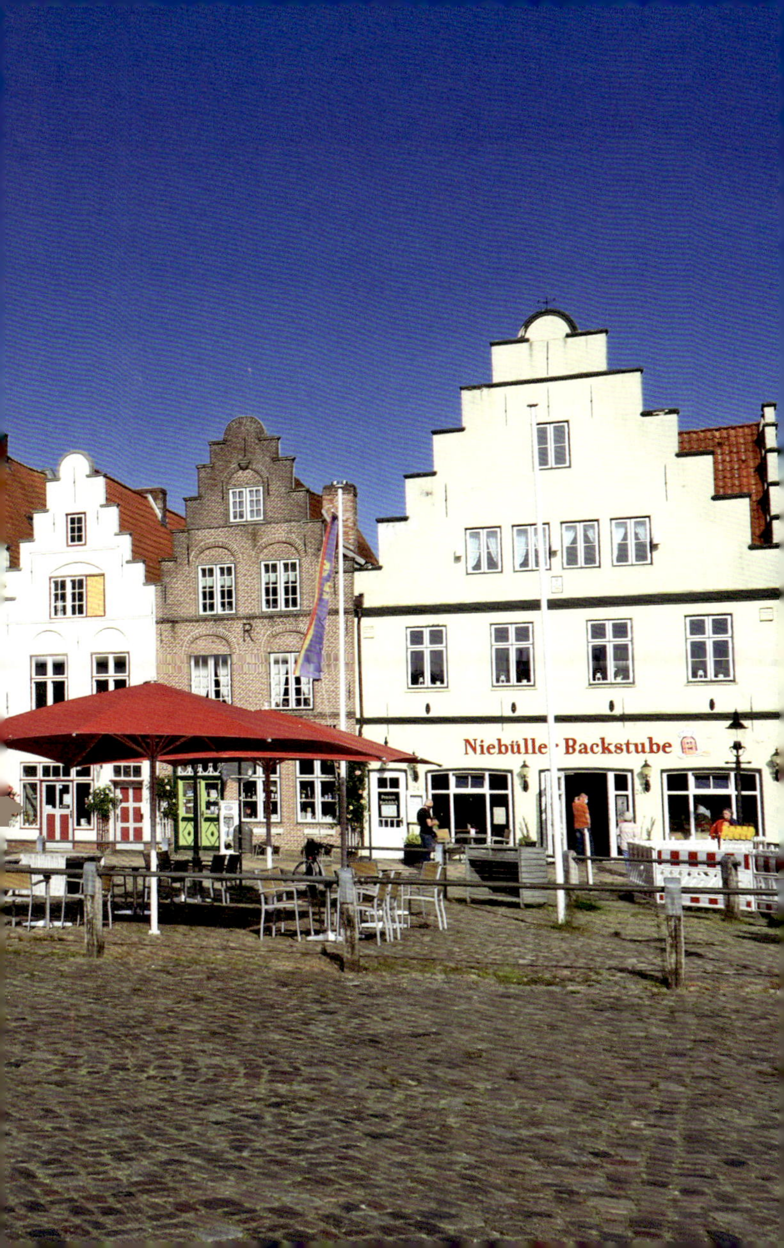
Niebüller Backstube

Von der Eider führt der 2013 eröffnete Dithmarscher Jakobsweg durch eine überwiegend flache Landschaft mit verstreuten Ortschaften und Deichen, Kögen, Strandwällen, Seemarschen, Niederungen, Geesten, Wäldern und alten Steilküsten. Der Weg folgt dem Verlauf eines mittelalterlichen westlichen Handelsweges vom dänischen Holstebro über Ribe nach Hamburg. Eine Verlängerung dieses Pilgerweges ist geplant: durch Eiderstedt und Nordfriesland zur dänischen Grenze und von dort weiter nach Ribe.

Der sogenannte Dithmarscher Jakobsweg beginnt in Friedrichstadt an der Eider. Weitere Stationen sind Heide, Meldorf und Brunsbütttel. Vor Glückstadt trifft die Westvariante an der Stör auf die Zentralroute. Der Dithmarscher Jakobsweg führt überwiegend – radgeeignet – entlang breiterer Wege und kleiner Straßen durch die (flache) Marsch, es sind aber auch einige landschaftlich abwechslungsreiche Passagen am Moränenrücken dabei. Besonders reizvoll sind die zwölf Kirchen entlang des Weges mit ihren (aus statischen Gründen) oft separaten hölzernen Glockentürmen.

Etappe W-1: Friedrichstadt – Lunden

10,6 km, 3 Std., ↑ 30 m, ↓ 25 m, ⇧ 0-8 m

0,0 km	⇧ 2 m	Friedrichstadt, Bahnhof
0,8 km	⇧ 3 m	Friedrichstadt B&B BANK
2,0 km	⇧ 2 m	Eiderbrücke
3,0 km	⇧ 0 m	Abstecher nach St. Annen (0,5 km)
8,6 km	⇧ 1 m	Lehe
10,6 km	⇧ 4 m	Lunden BANK

Vor Beginn dieser Etappe ist ein Besuch des „holländischen" Friedrichstadts ein Muss, ehe die VJ über die Eider vorbei an St. Annen und durch Lehe weiter nach Lunden führt, bekannt für die Grabplatten auf dem Geschlechterfriedhof und den Gänsemarkt.

Die Strecke ist mit Ausnahme eines kurzen Teilstückes zu Beginn zwischen der Eiderbrücke und St. Annen für das Rad geeignet.

Bahnhof westlich von Friedrichstadt mit stündlichen Regionalbahnverbindungen Richtung Westerland und Hamburg

Der Bahnhof Friedrichstadt liegt etwas außerhalb vom Ort; Sie folgen südlich des Parkplatzes dem ausgewiesenen Rad-/Fußweg Richtung Zentrum in östliche

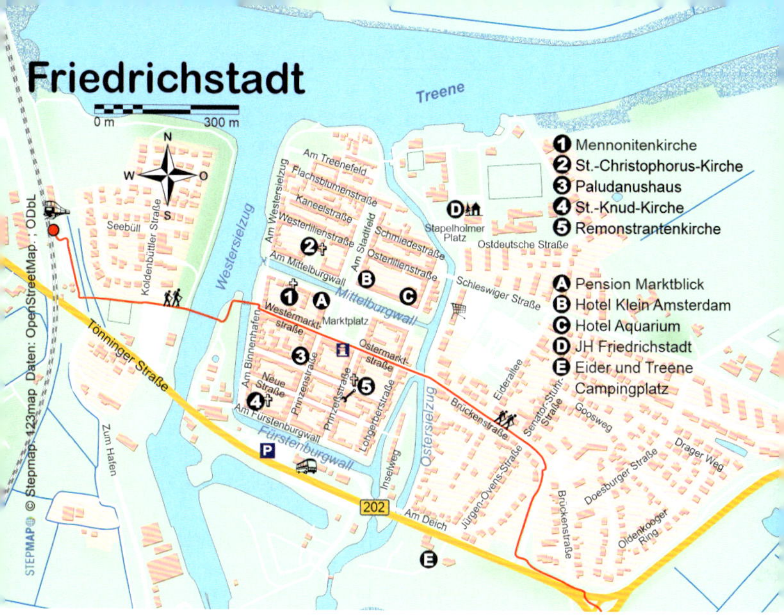

Richtung und erreichen die Altstadtinsel nach Querung der Treene und des Fürs-tengrabens, wo Sie die Westermarktstraße zum zentralen Marktplatz ❶ führt, den Sie geradeaus über die Ostermarktstraße verlassen.

Friedrichstadt

2.650 Ew., ✉ 25840, ℹ 🛏 B&B ⛺ ✕ ☕ 🛒 🔧 ⚕ 📯 BANK ✝ 🚌

ℹ Tourismusverein Friedrichstadt und Umgebung e. V., Am Markt 9, ☎ 048 81/939 30, ✉ info@friedrichstadt.de, 💻 www.friedrichstadt.de,
🚪 April bis Oktober Mo-Fr 10:00-16:00, Sa 10:00-14:00, in den Sommermonaten Sa bis 16:00 sowie So 10:00-14:00

🛏 ✕ Hotel Klein Amsterdam/Holländische Stube, Am Mittelburgwall 28, Friedrichstadt, ☎ 048 81/93 90 29, ✉ hotel@kleinamsterdam.net, 💻 www.kleinamsterdam.net, 2016 saniertes Hotel in Ortsmitte mit modernen Zimmern und benachbartem Restaurant Holländische Stube, DZ ab € 110, EZ ab € 78, inkl. F, 🚪 Küche des Restaurants Holländische Stube Do-Mo 12:00-14:00 und 18:00-21:00

♦ Hotel Aquarium, Am Mittelburgwall 4-8, ☎ 048 81/930 50, ✉ info@hotel-aquarium.de, 💻 hotel-aquarium.de, zentrales Hotel mit Wellnessbereich, 🐕 € 10, DZ ab € 103, EZ ab € 88, zzgl. F (€ 10 p. P.), 🚪 Restaurant täglich 17:00-21:30, Sa & So auch 12:00-14:00

B&B Pension Marktblick, Am Markt 24, ☏ 048 81/938 94 36, marktblick-friedrichstadt.de, Unterkunft in zentraler Lage, DZ ab € 79, EZ ab € 39, inkl. F

JH Friedrichstadt, Ostdeutsche Straße 1, ☏ 048 81/93 62 61, friedrichstadt@jugendherberge.de, friedrichstadt.jugendherberge.de, Jugendherberge mit 116 Betten nordöstlich der Altstadtinseln, 400 m von der Ortsmitte, EZ € 40, Bett im Mehrbettzimmer € 28, inkl. F, ganzjährig außer Woche zwischen Weihnachten und Silvester

Eider und Treene Campingplatz, Tönninger Straße 1, ☏ 048 81/400, info@treenecamp.de, www.treenecamp.de, Campingplatz südlich von Friedrichstadt zwischen Eider und Bundesstraße mit Stellplätzen und Ferienhütten für 1-4 Pers., € 1,50, Zelt € 4, 1 Pers. € 6, Hütte ab € 45, ganzjährig

Edeka, Westermarktstraße 23, Mo-Sa 7:00-20:00, östlich der Altstadtinsel

Fahrradwerkstatt Rainer Dirks, Radgarage in der Kirchenstraße Ecke Prinzeßstraße, gegenüber der Remonstrantenkirche, 01 72/453 47 13, www.radverleih-friedrichstadt.de, diese Reparaturmöglichkeit für den „havarierten Radfahrer“ (O-Ton) wird nur nebenberuflich betrieben, daher gibt es nur kurze Abgabezeiträume: in der Saison Mo-Fr 19:00, Sa & So 13:00 bzw. nach Absprache

Am Ostrand der Halbinsel Eiderstedt, wo die Treene und Eider zusammenfließen, liegt der Luftkurort Friedrichstadt, der mit seinen Kanälen und (zwölf) Brücken ein wenig an holländische Städte wie Amsterdam erinnert.

Friedrichstadt – herzogliche Handelsniederlassung holländischen Zuschnitts

Friedrichstadt wurde 1621 von niederländischen Glaubensflüchtlingen gegründet: Anfang des 17. Jh. wollte Herzog Friedrich III. von Gottorf eine wichtige Handelsstadt als Umschlagplatz für den Nord- und Ostseehandel schaffen – planmäßig rechtwinklig nach holländischem Muster. Dazu lockte er aus den Niederlanden glaubensverfolgte Remonstrantinnen und Remonstranten in die Stadt und gewährte den zumeist kapitalkräftigen Kaufleuten Handelsprivilegien. Friedrichstadt war einst einer der wenigen Orte, in der die Verfassung seinerzeit (17. Jh.) mehreren (sieben) Konfessionen nebeneinander freie Religionsausübung gestattete.

Noch heute ist das Stadtbild von profanen Bürgerhäusern im Stil der niederländischen Renaissance geprägt, besonders am Mittelburgwall, der die Vorderstadt von der Hinterstadt trennt. Einige alte Bürgerhäuser sind noch gut erhalten: Im Paludanushaus von 1637 in der Prinzenstraße 29 lebten einst reiche Weinhändler. Nach Holland versetzt fühlt man sich auch auf dem mit Treppengiebelhäusern und Linden umstandenen Marktplatz mit seinem Brunnenhäuschen.

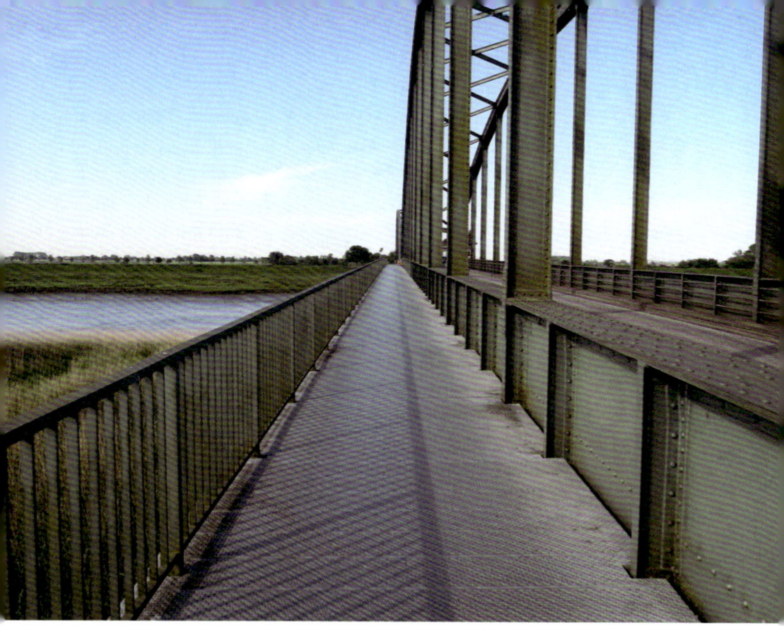

Eiderbrücke

✝ Friedrichstadt hat als „Stadt der religiösen Toleranz" vier bzw. fünf Kirchen verschiedener Konzessionen: Die lutherische **St.-Christophorus-Kirche** am Mittelburgwall 40 mit einem Altarbild von Jürgen Ovens wurde 1643-1649 von J. v. d. Meulen als Saalkirche errichtet. Die auf das Jahr 1624 zurückgehende Remonstrantenkirche in der Prinzeßstraße 26 wurde nach einem Brand 1852-54 in Form einer spätklassizistischen Saalkirche neu erbaut. Die turmlose Mennonitenkirche am Mittelburgwall 21 wird als Simultankirche auch von der lutherischen dänischen Gemeinde genutzt. Die neogotische, ehemalige katholische St.-Knud-Kirche aus gelbem Backstein am Fürstenburgwall 16 geht zurück auf das 19. Jh. und ist benannt nach einem dänischen König aus dem Mittelalter. Die Kirche wurde 2003 entweiht, aber es finden dort als Filialkirche der Husumer Pfarrei St. Knud regelmäßig Gottesdienste statt.

Sie verlassen Friedrichstadt ostwärts über die Brückenstraße, halten sich links, queren die B202 und folgen dem Radweg neben der Hauptstraße südwestwärts über die Eider auf der 1916 als erste Stabbogenbrücke Deutschlands gebauten **Eiderbrücke**, die in der Mitte zur Durchfahrt größerer Schiffe aufklappbar ist.

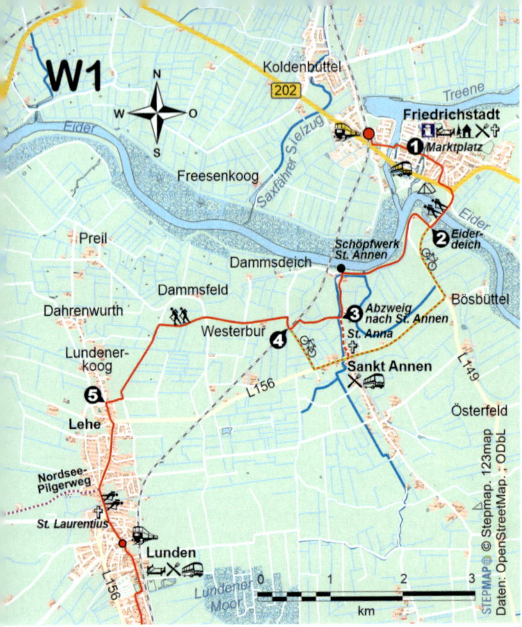

Per Rad geht es geradeaus weiter auf dem Radweg neben der alten B5, nach 1,2 km vorbei am Gasthof St. Annen mit rechts der Kirche. 500 m nach dem Gasthof fahren Sie nach rechts und erreichen kurz vor der Bahnquerung wieder die VJ.

Die Pilgerroute führt rechts auf dem Eiderdeich ❷ weiter, der Zugang ist möglicherweise durch ein Gatter für auf dem Deich weidendes Vieh versperrt, das überwunden werden muss. Nach 1,7 km verlassen Sie den Deich vor dem Schöpfwerk St. Annen links, folgen der Dorfstraße südwärts und biegen nach 500 m rechts in einen Grasspurweg ab ❸.

Abstecher nach St. Annen (➲ 2 x 0,5 km)

Geradeaus führt die Dorfstraße nach 500 m weiter zur Kirche von **St. Annen** mit Gasthof und Bushaltestelle.

Landgasthof St. Annen, Bundesstraße 5, 01 57/92 30 69 20, www.sankt-annen.eu, Mi-So ab 11:30, gegenüber der Kirche

Haltestelle „St.-Annen-Aaskuhlenweg", 200 m weiter westlich an der Hauptstraße, mit Linie 2653 an Schultagen mehrmals täglich von/nach Lunden, www.dbregiobus-nord.de

Die Kirche **St. Anna** wurde um 1500 auf einem Hügel (Warft) erbaut – zum Schutz vor Eiderhochwasser. Allen, die den Bau und das Inventar gefördert hatten, wurde in einer im Jahr 1500 eigens aus Rom geholten Ablassurkunde ein 100-tägiger Ablass gewährt. Eine weitere päpstlichen Urkunde (1507) bestätigte St. Annen das Patronatsrecht, das die vorige Muttergemeinde angezweifelt hatte. Im Innern ist der Altar des Lundener Holzschnitzers Claus Heim im Knorpelbarockstil des 17. Jh. bemerkenswert, die Taufe aus belgischem Stein ist aus der Anfangszeit der Kirche.

Vor der Bahnlinie halten Sie sich rechts, queren die Gleise ❹ und folgen nach 150 m der VJ nach links. Bei einer T-Kreuzung (km 8,1 ab Friedrichstadt-Bf.) halten Sie sich links und am Anfang des Ortes Lehe bei einer Kreuzung rechts, um bei der folgenden Kreuzung mit Briefkasten ❺ links abzuzweigen und kurz darauf der Hauptstraße südwärts zum Etappenziel Lunden zu folgen. In Lunden passieren Sie die markante St.-Laurentius-Kirche und folgen der Friedrich- und Poststraße geradeaus südwärts zum zentralen Gänsemarkt, dem angeblich größten Dorfplatz Schleswig-Holsteins.

Idyllische Marschlandschaft vor Lunden

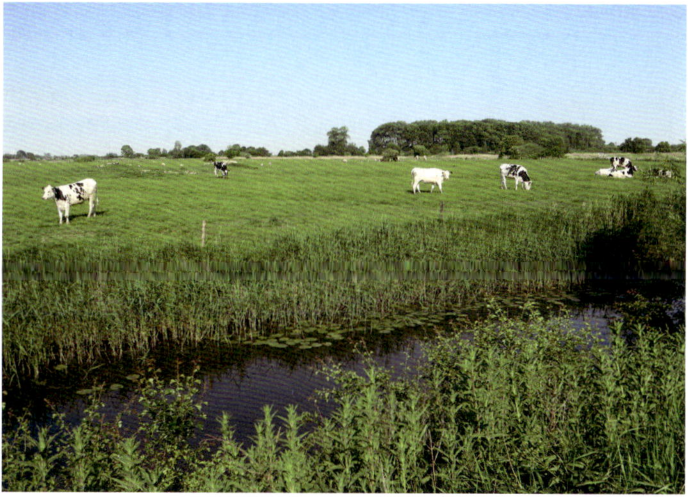

Lunden 1.700 Ew., 25774,

Lindenhof, Friedrichstraße 39, 048 82/407, www.lindenhof1887.de, bestes/teuerstes Haus im Ort mit zeitgemäßen Zimmern, zentrale Lage 150 m vom Weg, , € 8, DZ € 130, EZ € 80, inkl. F,
Restaurant Do-Mo 11:30-13:30 und 18:00-21:00

♦ Dithmarscher Hof Lunden, Am Gänsemarkt 8, 048 82/843, kontakt@dithmarscher-hof-lunden.de, www.dithmarscher-hof-lunden.de, bodenständiger Gasthof in Ortsmitte mit windgeschütztem Biergarten, DZ € 80, EZ € 50, inkl. F, Restaurant Mi-So ab 17:00, Do, Sa & So auch 10:00-13:30

☕ Liebevoll hinterm Deich, Lundenerkoog 1, ☏ 048 82/606 03 33, www.liebevoll-hinterm-deich.de, Mi-So 9:00-18:00, Café mit maritim-modernem Ambiente in einsamer Lage hinterm Deich, u. a. mit Biotee – etwa 1 km westlich von Lunden und daher wohl nur mit dem Rad sinnvoll

♦ Ankes Klöncafé, P.-H.-Kühl-Platz 6, ☏ 048 82/606 00 30, täglich 6:00-19:00, Bäckerei-Konditorei gegenüber der Kirche

Rewe, Koogchaussee 30, am Südwestrand von Lunden, 800 m vom Weg

Bahnhof am östlichen Ortsrand mit stündlichen Regionalbahnverbindungen Richtung Westerland und Hamburg

Gänsemarkt

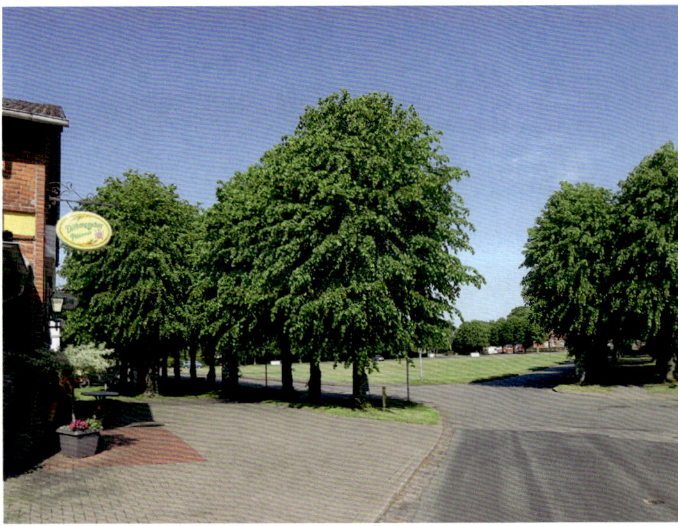

Das 1140 erstmalig erwähnte Kirchspiel Lunden hatte zwischen 1529 und 1559 Stadtrecht und war zu dieser Zeit Hauptort des nördlichen Dithmarschens. Davon zeugen die aufwendig aus Sandstein geformten, bis zu 2 t schweren Grabplatten reicher und bedeutender Familien der Bauernrepublik Dithmarschen auf dem Geschlechterfriedhof rund um die Kirche.

✝ Die romanische **St.-Laurentius-Kirche** (Titelfoto) mit ihrem barocken Holzturm erhebt sich auf dem höchsten Punkt einer alten Dünenkette. Die ältesten romanischen Teile der Kirche gehen auf das 12. Jh. zurück, der gotische Chor wurde 1471 ergänzt. Ein Teil der Kirche wurde bei einem Brand von 1834 zerstört, der sich aus einem nicht genügend gelöschten Holzkohlenfeuer bei der Orgelreparatur entwickelt hatte. Zwei Jahre nach dem Brand wurde der 47 m hohe Kirchturm erbaut. Der größte Teil der Innenausstattung überstand den Brand nicht – mit Ausnahme des 40-armigen Kronleuchters von 1774. Die Orgel sowie Taufstein, Altar und Kanzel aus schwedischem Marmor stammen aus dem 19. Jh.

Etappe W-2: Lunden – Heide

28,1 km, 7 Std. 30 Min., ↑ 97 m, ↓ 89 m, ⇧ 0-16 m

0,0 km	⇧	4 m	Lunden
3,1 km	⇧	1 m	Rehm-Schlichting
4,2 km	⇧	1 m	Rehm-Flehde
6,7 km	⇧	2 m	Hemme
11,7 km	⇧	2 m	Strübbel
14,7 km	⇧	2 m	Neuenkirchen
20,4 km	⇧	1 m	Stellerburg
22,5 km	⇧	8 m	Weddingstedt
28,1 km	⇧	12 m	Heide B&B

Zunächst führt die VJ entlang einer früheren Düne nach Rehm und von dort stellenweise etwas langatmig durch die Marsch nach Hemme und weiter nach Neuenkirchen mit seiner weithin sichtbaren St.-Jacobi-Kirche (14. Jh.). Vorbei am NSG Weißes Moor und der Stellerburg geht es weiter entlang alter Heer- und Handelswege nach Weddingstedt und schließlich nach Heide.

Hinter einem Sportplatz wandern Sie rechts in den Mittelweg, um die zweite Straße nach links zu nehmen (Denkmalsweg). Nach dem Bahnübergang halten Sie sich rechts (Schild: „Boßelplatz"), am Wegende wieder rechts und zweigen vor der Bahnlinie links ab (Am Bahndamm). Nach 300 m queren Sie die Bahnlinie doch (km 3,2), ehe Sie nach 200 m ein weniger schönes Stück nach links erwartet ❶ – 1 km entlang der alten B5 (Radweg).

Haltestelle „Rehm-Abzw. Schlichting" mit Linien 2614 und 2615 Mo-Fr mehrmals täglich Richtung Heide und Tönning via Lunden, www.dbregiobus-nord.de

Bei der folgenden Kreuzung bei der Bushaltestelle „Rehm-Flehde/Alte B5" biegen Sie rechts ab in die Landstraße (Flehder Chaussee) Richtung Wesselburen/Büsum. Nach 2,5 km passieren Sie das Straßendorf Hemme ❷ (km 6,7).

Hemme

490 Ew., 25774,

Tank-Shop, Dorfstraße 40, täglich 5:30-20:00, einzige Einkaufsmöglichkeit im Ort mit kulinarischen Kleinigkeiten

Haltestelle „Hemme-Kirche", mit Linie 2614 Mo-Fr wenige Male täglich zwischen Heide und Tönning, www.dbregiobus-nord.de

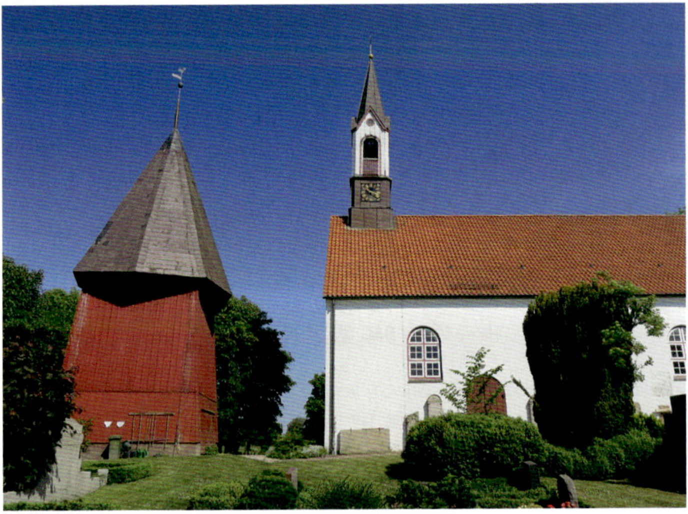

St Marien-Kirche

Die auf einer Warft thronende **St.-Marien-Kirche** ist schon von Weitem sichtbar. Das geweißte Gotteshaus aus Backstein wurde im 14. Jh. als „Eigenkirche" errichtet, d. h., die ansässigen Bauernfamilien finanzierten den Bau und durften dafür den Altar, die Orgelempore und die Stuhlwangen mit ihren Geschlechterwappen verzieren. Das Innere wurde im 17. Jh. üppig ausgestattet, z. B. mit dem Schnitzaltar von 1622. Die Wandvertäfelungen an den Kirchenwänden von 1650 zeigen 121 Darstellungen der biblischen Geschichte. Bekanntester Pastor Hemmes war Gustav Frenssen (von 1892 bis 1902), seinerzeit ein viel gelesener Schriftsteller, der durch seine Nähe zum Nationalsozialismus nach dem

Zweiten Weltkrieg zunehmend kritisch gesehen wurde, allerdings dauerte es noch Jahrzehnte (bis zu den 1980ern), bis viele Frenssenstraßen in Norddeutschland umbenannt wurden.

Sie verlassen Hemme entlang der Dorfstraße, queren die Bundesstraße mit dahinter einem verfallenen Gasthof und erreichen **Strübbel** ❸ (km 11,4).

🚌 Haltestelle „Strübbel", u. a. mit Linie 2612 Richtung Büsum und Heide, etwa alle 2 Stunden, Sa & So als Anruflinientaxi „RUDI" (Anmeldung bis zu 45 Min. vor Fahrt, ☏ 04 81/85 83 81, 💻 www.dbregiobus-nord.de

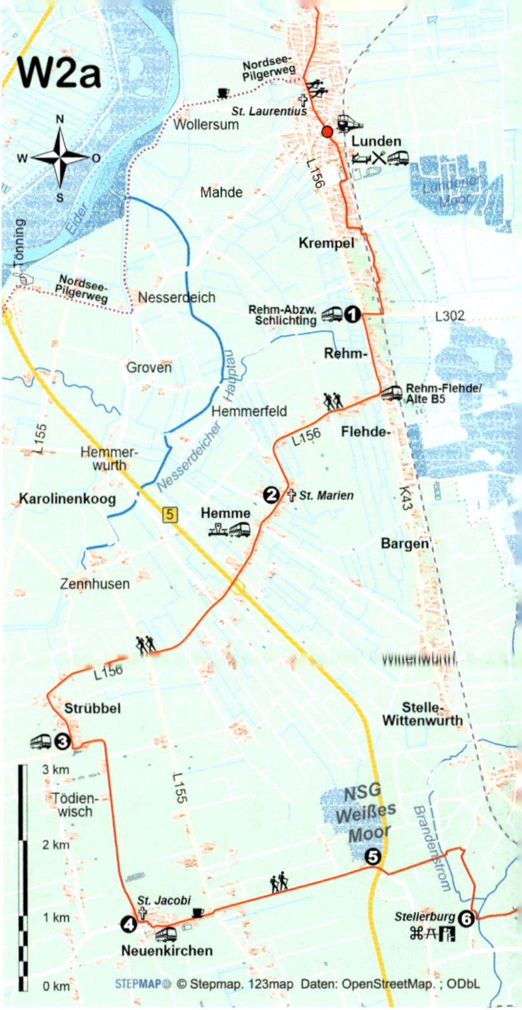

In Strübbel halten Sie sich am Ortsende links und folgen dem Böddinghausener Weg durch die Rechtskurve und weiter nach Neuenkirchen ❹ (km 15,2), wo Sie links die Alte Dorfstraße in den Ort nehmen (Radschild „Stellerburg" 6,2 km).

Neuenkirchen

950 Ew., ✉ 25792, ☕ 🏪 🚌 ✝

☕ 🏪 Lützel's lütter Laden/Kaffee-Station, Hauptstraße 33, ☏ 048 37/348 99 43, 🚪 Di-So 8:00-11:00 und 15:00-19:00, Kiosk mit einigen Bänken im Garten und Kaffee ab € 1, direkt am Weg nach der Kirche

✞ Die im 14. Jh. auf einer Warft erbaute gotische Backsteinkirche **St. Jacobi** wurde wie die Kirche in Hemme in Eigeninitiative wohlhabender Bauernfamilien errichtet, die sich den sonntäglichen Hin- und Rückweg zur 6 km entfernten Kirche in Wesselburen ersparen wollten. Original sind nur die Mauern, nachdem die Kirche im 18. Jh. durch zwei Brände zerstört und 1730 auf den alten Mauern neu erbaut wurde. Das Taufbecken und der Altar sind Werke des Wesselburener Schnitzers Albert Hinrich Burmester aus dem 18. Jh. Der silberne Abendmahlskelch aus dem 14. Jh. wird bis heute verwendet. Am Taufbecken erinnern mehrere dekorative (Jakobs-)Muscheln an den Kirchenpatron. Botanisch interessant ist die Mauerraute außen an der Kirchenmauer, eine in Schleswig-Holstein seltene kalkliebende Farnart.

In Neuenkirchen biegen Sie links auf die Hauptstraße ab und folgen dieser hinaus aus dem Ort, vorbei an der Bushaltestelle 🚌 „Neuenkirchen-Raiffeisenplatz" (u. a. Linie 2612, ☞ Strübbel) und dem auffälligen Gartenkiosk Lützel's lütter Laden/Kaffee-Station zur Linken.

Vor der Überquerung der B5 liegt links das Naturschutzgebiet Weißes Moor ❺, das einzige Marschhochmoor des Landes. Nach der Brücke biegen Sie nach

Ringwall Stellerburg

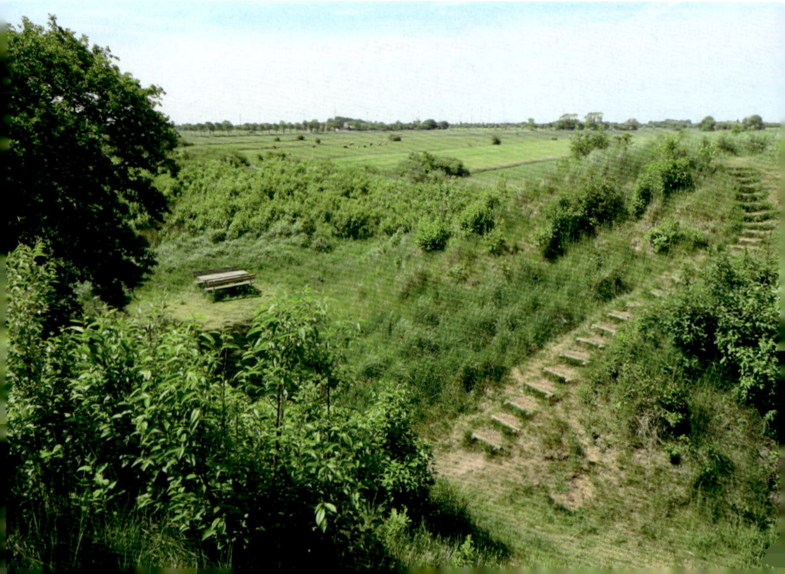

links ab (Radschild „Stellerburg 2,1 km"), halten sich nach einer Linkskurve rechts und bei der folgenden T-Kreuzung mit Stein und Bank wieder rechts (Radschilder „Stellerburg 1,0 km"/„Heide 8,3 km") zur ⌘ Stellerburg ❻ (km 20,9) mit Weitsicht sowie Rastgelegenheit.

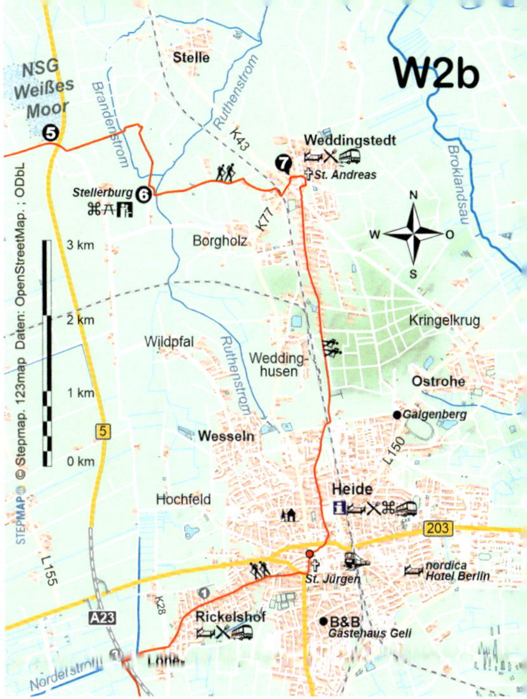

Stellerburg – Schutz vor Wikingern

Die Stellerburg wurde im Frühmittelalter (9. Jh.) von Sachsen an strategisch günstiger Stelle an einem Übergang zwischen Moor und Marsch errichtet, als die Wikinger die Küsten unsicher machten. Ein rund 5 m hoher, sodenbedeckter Ringwall aus Erde sowie Steinen und mit einem hölzernen Brustwehr darüber schützte eine kleine Siedlung von 20 Häusern.

Vor der Burg halten Sie sich links (Radschild „Heide 7,3 km") und folgen der Straße bis Weddingstedt, wo Sie links entlang der Kreisstraße (der ehemaligen B5) die Bahngleise queren und der Straße vorbei an Kolls Gasthof und dahinter einer noch funktionsfähigen und heute für Hochzeiten genutzten Holländerwindmühle aus dem 19. Jh. folgen, die bis 1996 gewerblich in Betrieb war.

Weddingstedt — 2.300 Ew., 25795

Kolls Gasthof, Bundesstraße 5 11, ☏ 04 81/85 05 20, www.kolls-gasthof.de, Gasthof am Bahnübergang, DZ € 90, EZ € 60, inkl. F, Restaurant täglich 11:00-13:30, Di-So 17:30-21:00

Pilgerunterkunft im Gemeindehaus der St.-Andreas-Kirchengemeinde (nur für geführte Gruppen!), Friedhofstraße 5, ☏ 04 81/54 09, weddingstedt@kirche-dithmarschen.de, Waschgelegenheit (keine Dusche)

✕ Kirchspielkrug, Dorfstraße 3, ☏ 04 81/35 33, täglich 17:00-22:00

Edeka Conklin, Steller Weg 2, Mo-Fr 7:00-19:00, Sa 7:00-14:00, Dorfmitte 50 m vom Weg

Haltestelle „Weddingstedt-Schule" mit mehreren Verbindungen Mo-Fr sowie wenige Sa von/nach Heide (Linien 2614, 2615, 2652), www.dbregiobus-nord.de

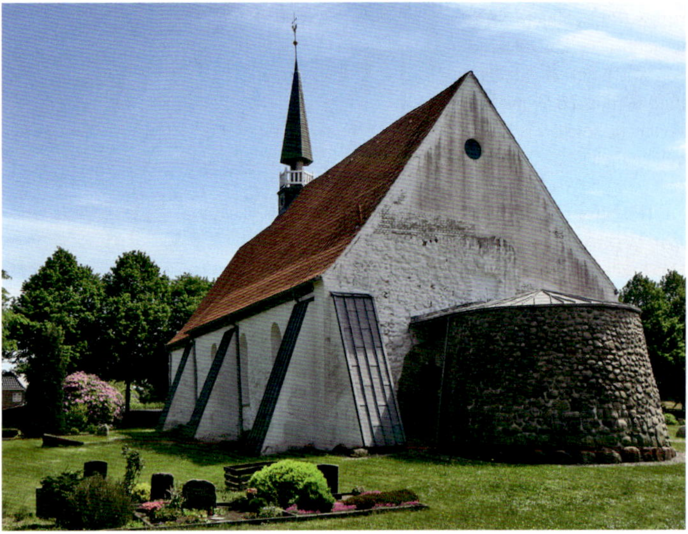

St.-Andreas-Kirche

✝ Die im 12. Jh. aus Feldsteinen erbaute einschiffige **St.-Andreas-Kirche** gilt als eine der ältesten Kirchen Dithmarschens. Der markante Rundturmstumpf diente im 14. und 15. Jh. als Gefängnis und Archiv der Dithmarscher, das bei der für das freie Dithmarschen vernichtenden „Letzten Fehde" 1559 mitsamt den Kirchschätzen und der Dithmarscher Chronik zusammen mit der ganzen Kirche abbrannte, die danach auf den Fundamenten des Vorgängerbaus neu errichtet wurde. In dem 1616 erbauten hölzernen Glockenturm neben der Kirche hängen zwei Glocken: Die ältere (13. Jh.) gilt als älteste Glocke Dithmarschens, die andere (1606) sollte im Zweiten Weltkrieg eingeschmolzen werden, wurde aber vom damaligen Pastor Würtz nach Kriegsende auf dem Glockenfriedhof in Hamburg-Altona entdeckt und zurück nach Weddingstedt überführt.

In der Linkskurve der ehemaligen B5 in Weddingstedt folgen Sie geradeaus der Dorfstraße, die nach einer Rechtskurve beim Kirchspielkrug ❼ auf die von Bäumen umgebene St.-Andreas-Kirche zuführt.

Vom südlichen Ausgang des Kirchfriedhofs geht es rechts entlang der Friedhofsstraße und dann links südwärts auf der Schulstraße (später Alter Landweg) bzw. dem Radweg rechts daneben Richtung Heide. Vor dem Gewerbegebiet von Heide queren Sie rechts die Bahngleise. 700 m weiter links – am Ostende des Sophienweges – liegt der Galgenberg, wo vermutlich 1524 der in Zutphen geborene Reformator Heinrich von Zütphen (1488-1524) hingerichtet wurde, der Luthers Glaubenslehre in den Niederlanden und Norddeutschland verbreitet hatte. Nach der Bahnquerung folgen Sie den Radwegweisern südwärts auf kleineren Straßen Richtung Zentrum, ehe Sie den riesigen Marktplatz von Heide mit der am anderen Ende aufragenden St.-Jürgen-Kirche erreichen.

„Bauernrepublik" Dithmarschen

Das auch heute noch agrarisch geprägte Dithmarschen (v. a. Kohl: fast 1.000 Kohlköpfe pro Ew. jährlich) hat eine lange Tradition als „Bauernrepublik": Durch den fruchtbaren Boden reich geworden, vertrieben die selbstbewussten Bauern im späten Mittelalter die zuvor ansässigen Adelsgeschlechter und später die Dänen. Die Blütezeit der Dithmarscher Bauernrepublik im 15./16. Jh. hatte auch ihre Neider: Am 17.2.1500 konnten sich die zahlenmäßig unterlegenen Dithmarscher in der Schlacht bei Hemmingstedt gegen ein vereinigtes Fürstenheer noch zur Wehr setzen, aber 1559 war mit der Selbständigkeit Schluss, als dänisch-holsteinische Truppen in der „Letzten Fehde" unter Johann Rantzau die Bauern besiegten.

Heide

21.850 Ew., 25746, B&B BANK

Tourist-Information Heide und Umgebung, Markt 37, 04 81/212 21 60, Stadtmarketing@heide.de, www.heide-nordsee.de, Mo-Fr 9:00-17:00, Sa 9:30-13:30

nordica Hotel Berlin, Österstraße 18, 04 81/854 50, info@nordicahotel-heide.de, www.nordicahotel-heide.de, modernes 4-Sterne-Hotel etwas außerhalb des Zentrums, 800 m östlich vom Bahnhof, 1,5 km vom Weg, € 19 (!), DZ ab € 105, EZ ab € 85, zzgl. F (€ 5 p. P.), Restaurant täglich 17:30-22:30

♦ Haus Schulz, Rektor-Marten-Straße 9, www.echt-dithmarschen.de/unterkuenfte-gastgeber > Haus Schulz, 2 FeWo, 400 m östlich vom Bahnhof, FeWo für 2 Pers. für 1 Nacht € 60

B&B Gästehaus Geli, Vereinsstraße 7, ☏ 04 81/68 30 83, ✉ anfragen@gaestehaus-geli.de, 💻 www.gaestehaus-geli.de, hundefreundliche Pension im Süden von Heide, 700 m vom Zentrum, 🐕 gratis, Zimmerpreise auf Anfrage

♦ Garis Pension, Wesselner Chaussee 43, ☏ 04 81/12 47 38 93, 📱 01 72/27 76 54, ✉ zimmer@garis-pension.de, 💻 www.garis-pension.de, einfache Unterkunft nördlich der Innenstadt, 0,2 km vom Weg, Zi ab etwa € 30

♦ Privatpension Lüttenheid, Lüttenheid 31, ☏ 047 25/64 07 43, 💻 www.heide-hostel.de, zentral zwischen Marktplatz und Bahnhof, DZ € 35, EZ € 25

JH Heide, Poststraße 4, ☏ 04 81/715 75, ✉ heide@jugendherberge, 💻 www.heide.jugendherberge.de, zeitgemäße JH nördlich des Marktplatzes mit 141 Betten, spezialisiert auf Musik(gruppen), 🚲, EZ € 38, Bett im Mehrbettzimmer € 28, inkl. F, 🚪 ganzjährig außer der Woche zwischen Weihnachten und Silvester

Pilgerunterkunft in der Kirchengemeinde, Kontakt über das Kirchenbüro: Markt 28, ☏ 04 81/68 91 10, ✉ kirche.heide@kirche-dithmarschen.de, 🚪 Mo-Fr 10:00-12:00. Handtücher, Schlafsack und Isomatte sind mitzubringen, eine Dusche ist nicht vorhanden, gegen Spende für Jugendarbeit.

✕ große Auswahl an Einkehrgelegenheiten rund um den Marktplatz

🛒 Bioladen Prasse, Wesselner Chaussee 40, 💻 www.bioladen-heide.de, 🚪 Mo-Fr 8:00-18:30, Sa 8:00-13:00, im Norden von Heide, 300 m vom Weg. Viele weitere Einkaufsgelegenheiten und Supermärkte, u. a. Kaufland in Marktpassage

🔧 Rad und Service, Hafenstraße 14, ☏ 04 81/618 12, 🚪 Mo-Fr 9:00-18:00, Sa 9:00-13:00

♦ Fahrradwerkstatt Tim Patzer, Kreuzstraße 66, ☏ 04 81/683 78 18, 🚪 Mo-Fr 12:00-18:00

🚆 stündlich Verbindungen in Richtung Hamburg und Westerland sowie Büsum und Neumünster

Heide ist der wirtschaftliche Mittelpunkt der südlichen Nordseeküste Schleswig-Holsteins. Die Dithmarscher Kreisstadt wird vom 158 m hohen Fernsehturm überragt – deutlich höher als der 45 m hohe Wasserturm, der 1902/03 nach einer Typhusepidemie als höchster ehemaliger Wasserturm des Landes errichtet, 1989 außer Betrieb genommen und 2004 saniert wurde.

Heide wurde im 15. Jh. neben Meldorf als weiterer Hauptort Dithmarschens ausgewählt, auf dessen Marktplatz sich alle freien Dithmarscher versammeln sollten. Das waren mehrere Tausend, entsprechend groß wurde der Platz konzipiert: Mit seiner Fläche von 4,7 ha gilt er noch heute als größter unbebauter Marktplatz Deutschlands. An dem historischen Leuchter in der Mitte des Marktplatzes wurden früher die Stadtneuigkeiten ausgerufen. An der Südseite des Marktplatzes

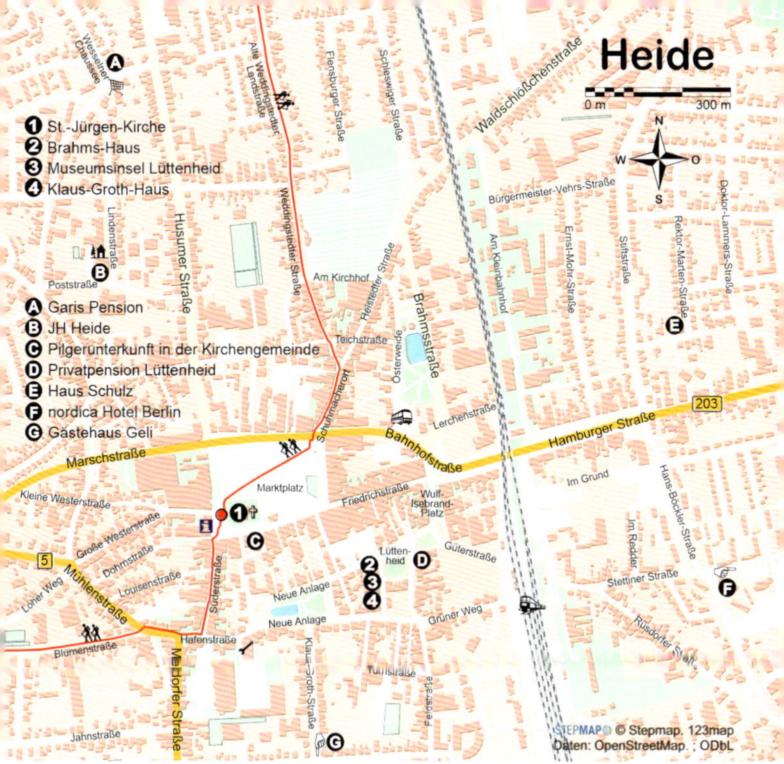

steht das alte Pastorat aus dem 18. Jh., in dem heute das evangelische Kirchenbüro untergebracht ist. Die Touristinfo befindet sich in der Südwestecke des Platzes mit dem St.-Georg-Brunnen davor, benannt nach dem Schutzheiligen der Stadt. Die Tafeln des 1989 angelegten Brunnens illustrieren die Stadtgeschichte.

✝ Die **St.-Jürgen-Kirche** im Südwesten des Marktplatzes wurde 1560 auf den Fundamenten einer zuvor abgebrannten Kapelle von 1435 errichtet, zu erkennen an dem Gemisch von Fels- und Backsteinmauerwerk. 1694/96 erhielt die dem Schutzheiligen von Heide geweihte Kirche mit ihrer wachsenden Gemeinde an der Südseite einen Anbau. Der dreigeschossige Westgiebelturm von 1611 fällt nicht nur wegen seiner Höhe (48 m) auf: Der Baustil – gotisierende Spätrenaissance – ist in Dithmarschen eher selten. Das Innere wird vom mächtigen Barockaltar von 1699 geprägt, dessen Altarbild im Zentrum mit der Kreuzigung Jesus durch den ungewöhnlichen Hintergrund auffällt: die Stadtsilhouette Roms.

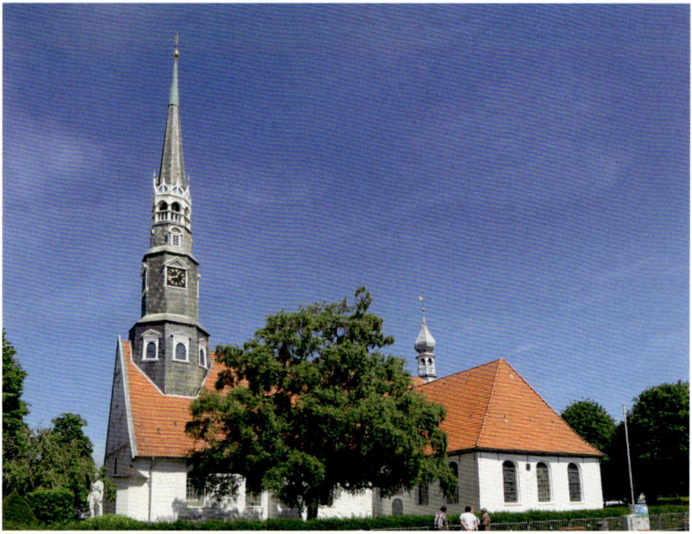

St.-Jürgen-Kirche

⌘ Die 2017 unter Denkmalschutz gestellte **Museumsinsel Lüttenheid** vereinigt in einem ehemaligen Kleinbürger- und Arbeiterviertel das Heider Heimatmuseum mit dem Klaus-Groth-Haus. Das Geburtshaus des niederdeutschen Dichters Klaus Groth (1819-1899) zeigt sein Leben und Werk bzw. Alltag- und Wohnkultur des 19. Jh.

♦ Lüttenheid 40, www.heide.de/bildung-kultur/museumsinsel, Di-Do & So 11:30-17:00, Fr 11:30-14:00, Sa 14:00-17:00, Eintritt € 2,50, kombiniert mit der Museumsinsel € 3,50

⌘ Einen Steinwurf von der Museumsinsel entfernt liegt das **Brahms-Haus**, das Stammhaus der Familie von Johannes Brahms, in dem der bekannte Komponist selbst aber nicht gewohnt hat. Heute hat hier die Brahms-Gesellschaft Schleswig-Holstein ihren Sitz. Das Haus kann besichtigt werden.

♦ Lüttenheid 34, www.brahms-sh.de, Anfang April bis Ende Oktober, Di-Do 11:30-15:30, Fr 11:30-13:30, Sa 13:30-15:30, Eintritt: € 2, kombiniert mit der Museumsinsel € 3,50

Etappe W-3: Heide – Meldorf

16,9 km, 4 Std. 30 Min., 59 m, 61 m, 0-16 m

0,0 km	12 m	Heide B&B
1,7 km	8 m	Lohe-Rickelshof B&B
6,7 km	0 m	Bank am Dellweg
8,3 km	5 m	Abstecher nach Hemmingstedt (0,2 km)
11,3 km	1 m	Dusenddüwelswarft
13,3 km	2 m	Epenwöhrden
16,9 km	10 m	Meldorf B&B (Meldorf-Hafen 4,3 km)

Diese Etappe führt von der jetzigen zur früheren Hauptstadt Dithmarschens: von Heide nach Meldorf. Heide verlassen Sie westwärts und umgehen die Raffinerie in großem Bogen durch die landwirtschaftlich geprägte Region. Hinter Hemmingstedt passieren Sie die Dusenddüwelswarft, wo Dithmarscher Bauern ein Fürstenheer besiegten, und erreichen schließlich Meldorf mit dem schon weithin sichtbaren Kirchturm des „Dithmarscher Doms".

Vom Marktplatz in Heide geht es zunächst südwärts durch die Fußgängerzone (Süderstraße) und an deren Ende nach rechts, um nach 50 m in einer Rechtskurve der Hauptstraße der kleineren Straße geradeaus in Gehrichtung (Blumenstraße) nach **Lohe-Rickelshof** ❶ mit Übernachtungsgelegenheiten zu folgen.

Lohe-Rickelshof 2.100 Ew., 25746, B&B

Dörpshus, Loher Weg 124, 04 81/788 00, www.doerpshus-lohe.de, Gasthof direkt am Weg, DZ € 75, EZ € 42, ohne F, Restaurant Di-Sa 15:30-22:00, So 11:00-21:00

B&B Gästehaus Ivonne, Loher Weg 126, 04 81/719 73, Ivonne-gaestehaus@outlook.de, www.heide-rundum.de > Unterkünfte > Gästezimmer > Gästehaus Ivonne, Unterkunft mit 6 Zimmern und Garten gegenüber dem Dörpshus, DZ € 72, EZ € 37

Haltestelle „Lohe-Rickelshof Kirchenallee" mit mehreren Verbindungen von/nach Heide sowie Richtung Brunsbüttel via Meldorf (Linie 2500, täglich) und Hemmingstedt (Linie 2581, Mo-Sa), www.dbregiobus-nord.de

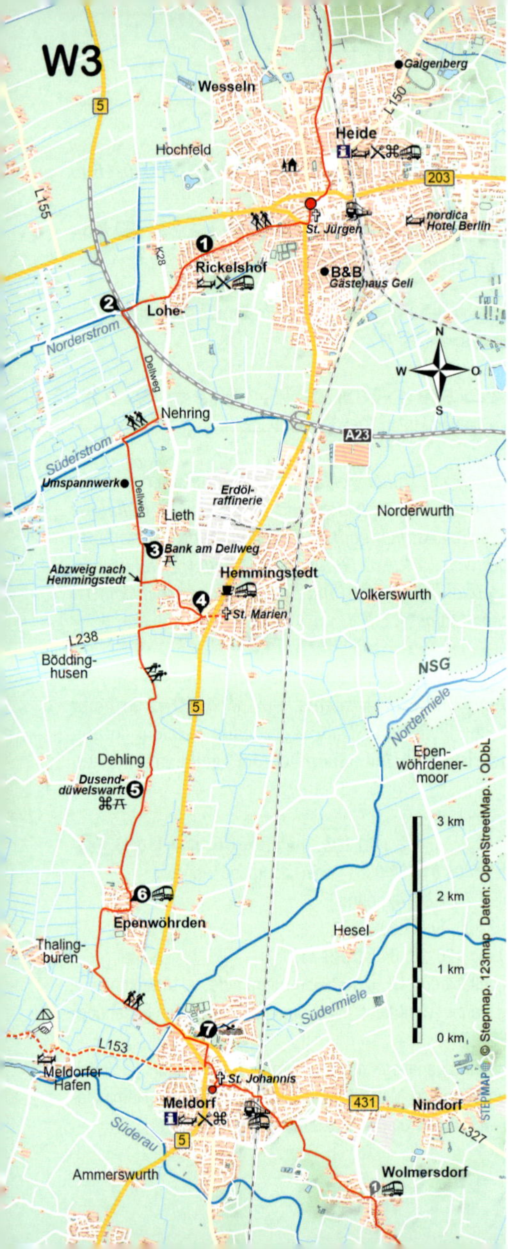

Am Ortsende geht es bei einer Kreuzung mit der Straße Nehren (K28) und einer ⊼ Holzbank geradeaus (Persenweg). Nach Überquerung der Autobahn ❷ biegen Sie links ab und folgen dem später nicht befestigten Weg abwärts, kurz neben der Autobahn und dann weiter südwärts. Bei einem Hof (km 5,3) halten Sie sich links und folgen dem Dellweg links vorbei an einem Umspannwerk (für die umliegenden Windräder). 500 m nach einer ⊼ Bank ❸ biegen Sie bei einer Kreuzung (km 7,2) nach links ab.

Abkürzung ohne Hemmingstedt (➲ 1,4 km weniger)
Wenn Sie auf Hemmingstedt verzichten können/wollen, folgen Sie geradeaus dem Dellweg; Sie sparen dabei 1,4 km und der Weg ist schöner. Nach 600 m erreichen Sie wieder die VJ, die von Hemmingstedt kommend in den Dellweg mündet.

Kurz darauf erreichen Sie Hemmingstedt am Südrand einer Erdölraffinerie.

Ölboom in Dithmarschen

Seit Bauer Reimers 1856 beim Brunnengraben auf ölhaltigen Sand stieß, ist es mit der ländlichen Beschaulichkeit vorbei; der Bodenkundler und Geologe Ludwig Meyn führte mit einfachen Handgeräten die ersten, 25 m tiefen Bohrungen nach Erdöl in Dithmarschen durch, aber zunächst ohne Erfolg, er stieß nur auf bitumenhaltigen Sand – gebraucht als Rohstoff für Asphalt sowie als Schmier- und Leuchtöl.

Ab 1933, als das Deutsche Reich vom Auslandsöl unabhängig(er) werden wollte, begannen tiefe Bohrungen bis unter die Deckschichten eines Salzstockes. Bei den Förderungen in größerem Stil ist in Tiefen bis zu 4 km gebohrt worden, bis die Förderung bei Hemmingstedt 1991 eingestellt wurde. Heute wird in Hemmingstedt nur ein kleiner Teil (etwa ein Drittel) „heimisches" Öl aus der Mittelplate im Wattenmeer raffiniert, dem größten Ölfeld Deutschlands, der Rest kommt via Pipeline vom Hafen Brunsbüttel.

Solar-Schuppendach vor Hemmingstedt

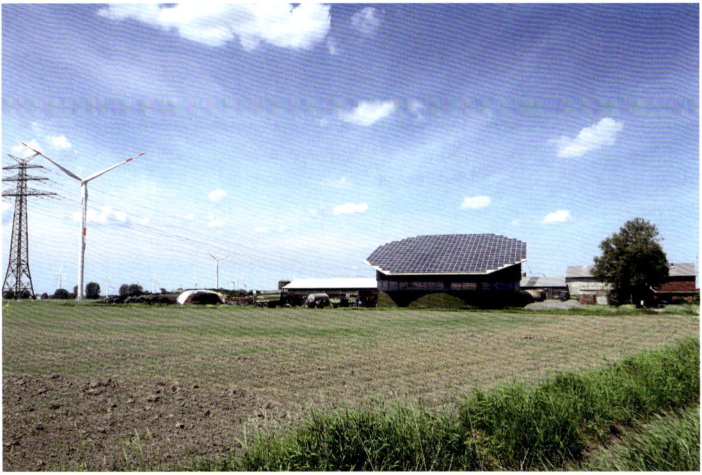

500 m nach dem Ortsbeginn biegen Sie in einer (der zweiten) Linkskurve nach rechts in die Büsumer Straße Richtung Büsum ab ❹ (km 8,3), vorbei an der 🚌 Bushaltestelle „Hemmingstedt-Siedlung" (Abfahrten ☞ s. u., „Hemmingstedt-Büsumer Straße"). Der Pilgerweg berührt Hemmingstedt nur am Westrand, aber ein kurzer Abstecher in den Ort mit Kirche und Cafés ist möglich.

🚌 Haltestelle „Hemmingstedt-Büsumer Straße“ 50 m links an der Büsumer Straße, mit u. a. Linie 2581 Richtung Heide Mo-Sa mehrmals täglich, 💻 www.dbregiobus-nord.de

Abstecher in die Dorfmitte von Hemmingstedt (➲ 2 x 0,2 km)
30 m nach dem Abbiegen in die Büsumer Landstraße nehmen Sie links den Fußweg, der Sie nach wenigen Metern in die Liether Straße führt, der Sie geradeaus in die Ortsmitte folgen. Die St.-Marien-Kirche erreichen Sie nach 300 m kurz nach Querung der Hauptstraße.

Hemmingstedt
2.880 Ew., 25770,

Bäckerei-Café Balzer, Meldorfer Straße 14, ☏ 04 81/626 62, 💻 www.baeckerei-balzer.de, Mo-Fr 5:00-18:00, Sa 5:00-12:00, So 6:00-11:00, Bäckerei-Café 100 m nördlich des Zubringers entlang der Hauptstraße (B5)

♦ Eiderland-Bäckerei/Café, Meldorfer Straße 11, ☏ 04 81/421 15 50, Mo-Fr 8:00-18:00 und Sa 8:00-12:00, direkt am Zubringer an der Kreuzung mit der B5

🚌 Haltestelle „Hemmingstedt/B5“ mit mehreren Verbindungen von/nach Heide sowie Richtung Brunsbüttel via Meldorf (Linie 2500, täglich), 💻 www.dbregiobus-nord.de

✝ Die Kirche St. Marien wurde im 14. Jh. aus Feldsteinen als Wehrkirche erbaut, diente also sowohl als Gebetshaus als auch Schutzzwecken. Im 16. Jh. gehörte sie zu einem nur 15 Jahre bestehenden Benediktinerinnenkloster. Der Altar und die Kanzel gehen auf das Jahr 1560 zurück. Der frühere Holzturm wurde 1958 durch den jetzigen gemauerten Glockenturm ersetzt.

Die Büsumer Straße führt aus Hemmingstedt heraus. 300 m nach dem Ortsende biegen Sie nach links in den Dellweg ab und erreichen nach 2 km ⌘ Dusenddüwelswarft mit Infotafeln sowie Rastgelegenheit ❺ (km 11,3).

Dithmarscher Denkmal Dusenddüwelswarft
An dieser Stelle besiegten die zahlenmäßig weit unterlegenen Dithmarscher (Bauern) am 17.2.1500 ein vereinigtes, 12.000 Mann starkes dänisch-holsteinisches Fürstenheer. Auf einem Hügel links hinter den Infotafeln erinnert ein 25 t schwerer Findling daran. In das im Jahr 1900 errichtete Steindenkmal ist der ehemalige Schlachtruf eingemeißelt: „Wahr di Garr, de Bur de kumt“, was so viel heißt wie: „Pass auf (fürstliche) Garde, der Bauer kommt!“

Sie folgen dem Dellweg weiter geradeaus nach **Epenwöhrden** ❻ mit 🚌 Bushaltestelle (Linie 2500, ☞ Hemmingstedt). Im Ort folgen Sie rechts dem Ohrtweg (Radschild). Am Ortsende geht es links weiter auf einem unbefestigten Fahrweg (Schild: Verkehrsverbot über 9 t). Bei einer T-Kreuzung mit einer Straße (Kirchweg) halten Sie sich links (Radschild „Meldorf 1,5 km“). Vor Meldorf biegen Sie rechts auf die B5 ab und nach 300 m beim Supermarkt Rewe nach links (B431/Büttelsweg). Nach 300 m bzw. 150 m nach dem Schwimmbad zur Linken ❼ geht es rechts in die kleine, bewaldete Straße (Promenade) mit rechts einem parallel verlaufenden Naturlehrpfad. An deren Ende biegen Sie vor der Hauptstraße links in die kopfsteingepflasterte Norderstraße ab, die Sie leicht aufwärts zum „Meldorfer Dom“ im Mittelpunkt von Meldorf führt, dessen Turm schon von Weitem sichtbar ist.

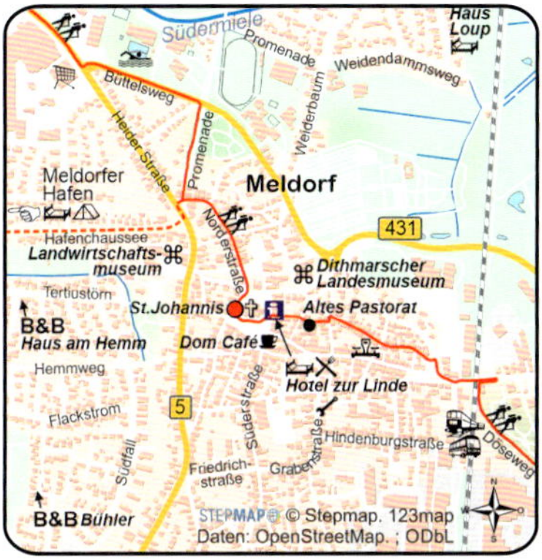

Meldorf

7.240 Ew., 25704, B&B BANK

i Touristinformation Meldorf, Nordermarkt 10, ☎ 048 32/978 00, touristinfomeldorf@mitteldithmarschen.de, www.meldorf-urlaub.de, Mo-Fr 9:00-12:00 und 14:00-17:00, im Juli und August zusätzlich Sa 10:00-13:00

✕ Hotel zur Linde, Südermarkt 1, ☎ 048 32/959 50, info@linde-meldorf.de, www.linde-meldorf.de, Hotel im Zentrum, direkt am Dom, € 10, DZ € 86, EZ ab € 65, inkl. F, Küche täglich 12:00-14:00 und 17:00-21:00

Haus Loup, Boy-Albers-Straße 43, ☎ 048 32/908 40 89, www.echt-dithmarschen.de > Unterkunftssuche. Zimmer & FeWo im Grünen für 2 Pers. 600 m, nördlich des Bf., DZ ab € 30, EZ ab € 25, FeWo für eine Nacht € 110, F nach Absprache möglich (€ 5 p. P.)

B&B Privatzimmer Bühler, Roter Sand 7, ☎ 048 32/85 48, Privatzimmer am Westrand von Meldorf, 800 m vom Weg, DZ ab € 25, ohne F

♦ Haus am Hemm, Tertiustörn 17-19, ☎ 048 32/552 99, haus.am.hemm.meldorf@gmx.de, www.haus-am-hemm-nordsee.de, 4 FeWo in einem 2019 renovierten Haus mit Terrasse am westlichen Ortsrand 600 m vom Weg, FeWo für 2 Pers. und 1 Nacht etwa € 80

Dom Café, Südermarkt 4, ☎ 048 32/34 44, www.domcafemeldorf.de, Di-Fr 9:00-17:00, Sa & So 11:00-17:30, traditionsreiches Café am Dom

Bioladen Viva Naturwaren, Zingelstraße 21, www.viva-naturwaren.de, Mo-Fr 8:00-18:00, Sa 8:00-12:30

mehrere Supermärkte/Discounter, u. a. Rewe am Ortseingang (Heider Straße 32)

Fahrradhaus Szelinski, Grabenstraße 1, 048 32/21 22,
Mo & Di 8:30-19:30, Mi 8:30-12:00, Do 8:30-21:00, Fr 8:30-18:30, Sa 9:00-13:00

stündlich Bahnverbindungen Richtung Heide und Itzehoe

Meldorf gilt als geografischer und geschichtlicher Mittelpunkt Dithmarschens. Das seit dem 9. Jh. existierende „Melindorp" hatte seine Blütezeit ab 1227 als Hauptstadt des Bauernstaates Dithmarschen. Bald danach ging es bergab: Die Regierung zog 1447 nach Heide, Meldorf verlor 1598 die Stadtrechte (die es 1869 wieder erhielt) und der Hafen infolgedessen an Bedeutung.

Meldorfer ‚Dom' St. Johannis

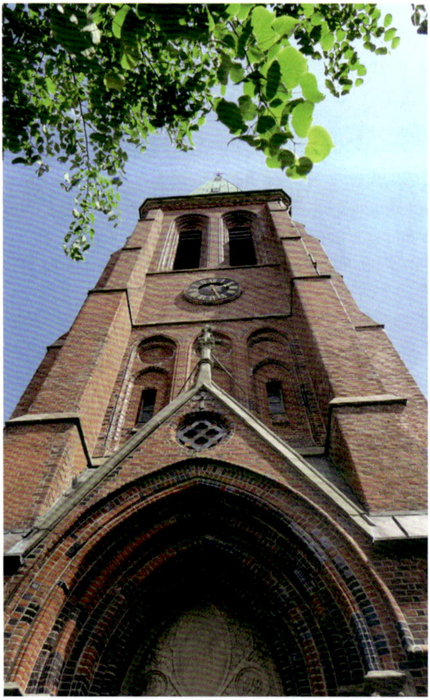

Die ursprünglich gotische **St.-Johannis-Kirche**, auch „Meldorfer Dom" oder „Dom der Dithmarscher" genannt, wurde im Zeitraum 1250-1300 auf einer Geestzunge, die damals direkt an die Nordsee grenzte, aus Backstein erbaut. Der Vorgängerbau aus dem 9. Jh. galt als vierte Kirche im nordelbischen Raum. Nach einem großen Brand im Jahr 1866 wurde die Kirche mit ihren neugotischen Zügen neu errichtet, auch der 59 m hohe Turm wurde neu erbaut. In der Innenausstattung spiegelt sich der Reichtum der ehemaligen Bauernrepublik Dithmarschen mit Meldorf als Hauptort wider: Renaissancechorgitter aus Eichenholz von 1603, Passionsaltar von 1526, Bronzetaufbecken von 1300 und eine hölzerne Statue des Kirchenpatrons Johannes der Täufer. Auf dem Gewölbe des Querhauses sind Malereien aus dem 13. Jh. erhalten. Ein Gemälde im linken Seitenschiff zeigt den Dithmarscher Reformator Heinrich von Zütphen, dessen „ketzerische" Karriere 1524 in Heide auf dem Scheiterhaufen endete. Der Sage nach versteckten Mönche wertvolle Schätze, u. a. Bilder der zwölf Apostel aus purem Silber, in einem unterirdischen Gang zwischen dem Dom und dem jetzigen Hauptpastorat unter der Papentwiete – aus Furcht vor den Folgen der Reformation.

Mo-Fr 10:00-12:00 und 14:00-16:30, Sa 10:00-12:00

⌘ Das **Schleswig-Holsteinische Landwirtschaftsmuseum** informiert mit vielen Originalgeräten nicht nur über Ackerbau und Viehzucht, sondern auch über die Industrialisierungsgeschichte auf dem Dorf. Daneben wird der typische Arbeitsplatz der Landfrau in der Bauernküche, dem Laden oder der Kohlfabrik vorgestellt.

♦ Jungfernstieg 4B, www.landwirtschaftsmuseum-schleswig-holstein.de, April bis Oktober Di-Fr 10:00-16:00, Sa & So 11:00-16:00, von November bis März Sa geschlossen, das Bauernhaus ist in dieser Zeit nicht zu besichtigen, Eintritt € 1

⌘ Das **Dithmarscher Landesmuseum** dokumentiert in vier Gebäuden rund um einen Innenhof die Bauern- und Nordseeküstenkultur (Landgewinnung, Schifffahrt). Im Altbau ist die kulturgeschichtliche Sammlung mit u. a. einer Schmiedewohnung, einem Dorfladen und einer Renaissancebauernstube aus dem 16. Jh. untergebracht. Durch einen Glasgang gelangt man in die Industriezeitabteilung. Rekonstruierte Arbeitsplätze (z. B. Druckerei, Hutmacherei, Arztpraxis, Schulklasse) gehören dazu sowie alltägliche Gebrauchsgegenstände. Zum Museum gehört ein vollständig eingerichteter Dithmarscher Bauernhof. Ein neu gestalteter Themenbereich beleuchtet den Meldorfer Dom bzw. dessen Geschichte.

♦ Bütjestraße 4, www.landesmuseum-dithmarschen.de, Di-Fr 11:00-16:30, So 11:00-16:00, Eintritt € 5

Variante nach Meldorf-Hafen (2 km, bis Campingplatz 4,3 km)
Westlich von Meldorf liegen nahe Meldorf-Hafen weitere Übernachtungsmöglichkeiten, eine sinnvolle Option zumindest für Radpilgerinnen und -pilger. In Meldorf geht es vor dem linken Anstieg zur St.-Johannis-Kirche rechts zur B5, dann vor dem Landwirtschaftsmuseum rechts in die Hafenchaussee, die westwärts aus Meldorf hinausführt. Am Anfang der Gewerbesiedlung Meldorf-Hafen ist das Hotel Dithmarscher Bucht gleich links. Zum Campingplatz geht es in der Rechtskurve der Hauptstraße links in die Straße Ünnern Diek am Deich entlang und nach knapp 2 km links in die Straße Stinteck.

Hotel garni Dithmarscher Bucht, Helgolandstraße 2, ☏ 048 32/71 23, 01 60/99 52 50 48, hotel-elfriede@t-online.de, www.hotel-dithmarscher-bucht.de, Gasthaus am alten Hafen mit Zi und Fewo, Garten, 1,8 km westlich des Zentrums, wegen der Entfernung eher nur für Radfahrerinnen/Radfahrer, DZ ab € 70, EZ ab € 44

Camping Strandvogt, Stinteck 4, ☏ 048 32/602 99 46, www.ferien-achtern-diek.de, wegen der Entfernung von Meldorf (4 km westlich) eine Option für Radfahrerinnen/Radfahrer, € 2,50, Zelt ab € 3,50, 1 Pers. ab € 5, ganzjährig

Etappe W-4: Meldorf – St. Michaelisdonn

15,6 km, 4 Std. 30 Min., ↑ 102 m, ↓ 110 m, ⇧ 2-32 m

0,0 km	⇧ 10 m	Meldorf **B&B** ⌘
3,0 km	⇧ 11 m	Wolmersdorf
7,3 km	⇧ 9 m	Windbergen
10,4 km	⇧ 8 m	Gudendorf **B&B**
11,1 km	⇧ 25 m	Gedenkstätte sowjetischer Kriegsgefangener ⌘
13,3 km	⇧ 8 m	Bank an Teich
14,1 km	⇧ 11 m	Kreuzung in St. Michaelisdonn ⌘
14,7 km	⇧ 8 m	Windmühle „Edda" ⌘
15,6 km	⇧ 2 m	St. Michaelisdonn **B&B**

Die VJ führt in Meldorf zunächst durch das idyllische Klosterviertel und auf altem Kirchweg nach Wolmersdorf. Von dort bis zur Geest bei Windbergen geht es durch eine Moorniederung, ehe der Endmoränenzug zwischen Barlt und St. Michaelisdonn mit aufgeforsteten Dünen und Heideflächen die Bergwertung einläutet.

Sie verlassen den Platz des „Domes" ostwärts, rechts an der Touristinfo vorbei in die kleine Gasse (Papenstraße) und dort links vorbei am auffälligen Fachwerkhaus des Alten Pastorats, in dem heute ein Handwerksladen mit alter Weberei untergebracht ist. Dieses malerische Viertel verdankt seinen Namen – Klosterviertel – dem 1378 gegründeten Dominikanerkloster, das seit seiner Aufhebung 1540 bis zum 19. Jh. als Gymnasium genutzt wurde.

Am Ende der Papenstraße biegen Sie links in die Garten- und gleich danach rechts in die Klosterstraße ab, um am Platz mit der Volksbank rechts zu gehen (Zingelstraße) und nach einer Linkskurve unter den Bahngleisen hindurch. Nach der Bahnunterführung geht es scharf rechts weiter, zunächst links neben den Bahngleisen (Döseweg).

Am Ortsende nehmen Sie vor der Einmündung in die Umgehungsstraße (Sackgasse) links den Pfad in das Wäldchen, parallel zur Straße, und biegen nach 200 m rechts ab, queren die Straße und folgen geradeaus dem Sieben-Brücken-Weg bzw. dem links parallel verlaufenden Fußweg.

🚲 Mit dem Rad können Sie das kurze Stück statt entlang des Waldpfades rechts auf der Umgehungsstraße radeln und dann rechts in den Sieben-Brücken-Weg abzweigen.

Nach 5 Gehminuten nehmen Sie den links

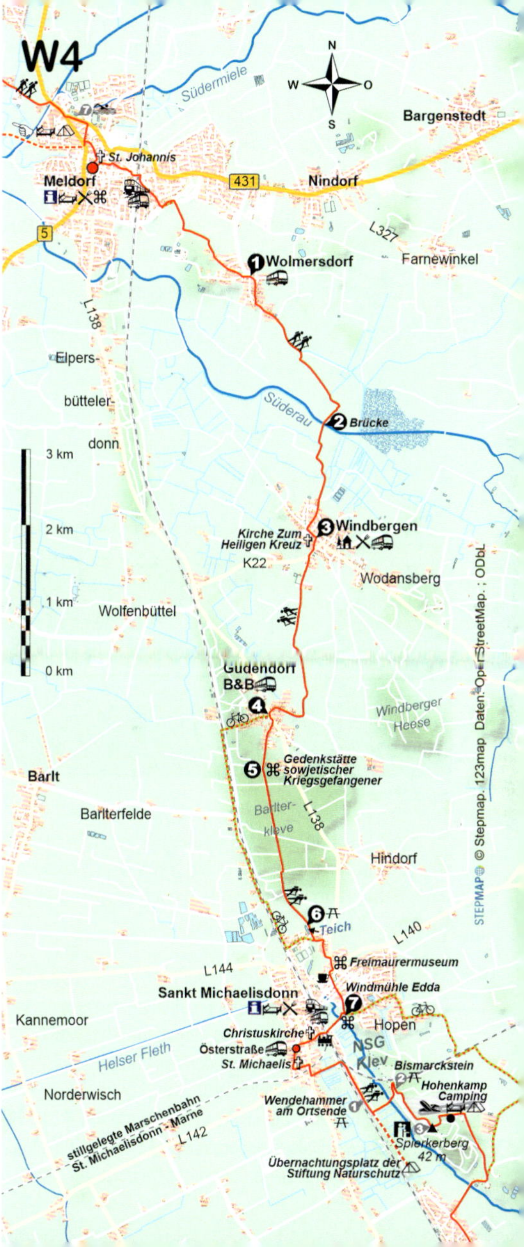

abzweigenden Weg (Radschild, links gepflastert) nach **Wolmersdorf ❶** (km 3,2) mit Bushaltestelle, wo Sie rechts der Hauptstraße folgen (Radschild „Windbergen 4,3 km“).

Haltestelle „Wolmersdorf-Ort“, Bürgerbus 2730, Mo-Fr etwa alle 2 Std. von/nach Meldorf, www.dbregiobus-nord.de

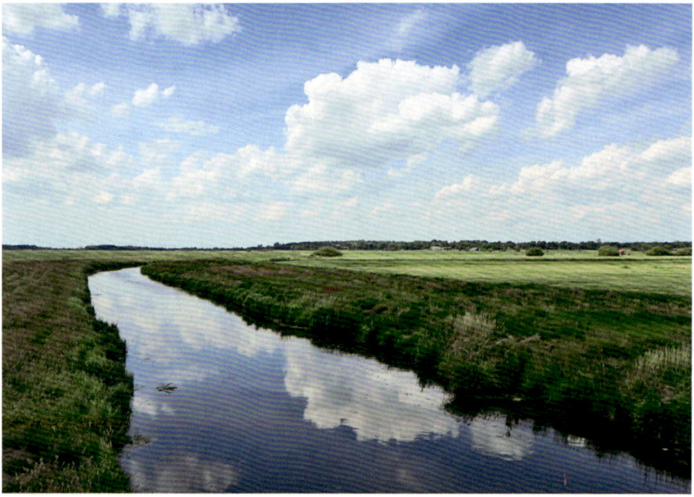

Süderau

Am Ortsende geht es geradeaus auf dem Spurweg (Sackgassenschild) weiter, später Schotterweg. 500 m nach der Brücke über die Süderau ❷ nehmen Sie bei einer T-Kreuzung den Spurweg nach links und erreichen kurz darauf Windbergen ❸ (km 7,3).

Windbergen 790 Ew., 25729

Pilgerunterkunft in der Sporthalle (mit Duschmöglichkeit), Ringstraße, Kontakt über Kirchengemeinde Windbergen: 048 59/567, windbergen-gudendorf@kirche-dithmarschen.de, ⊙ an einer Kette bei der Kirchengemeinde beim WC

Landgasthof Zur Linde, Lindenstraße 4, 048 59/321, www.linde-windbergen.de, Di-So 16:00-22:00, So auch 11:30-13:30, Dorfgasthof etwas östlich der Ortsmitte

🚌 Haltestelle „Windbergen-Ort“, Busverbindungen Mo-Fr mehrmals täglich Richtung Meldorf (2507, 2720) und Eddelak via St. Michaelisdonn (2507), 💻 www.dbregiobus-nord.de

Windbergen ist bekannt für die jährlichen ökumenischen Wallfahrten: Seit 2013 suchen Gläubige verschiedener Religionen das Pilgerzentrum auf.

✞ In der kleinen, 1495 erbauten Wallfahrtskirche Zum Heiligen Kreuz wird über dem Altar eine gekreuzigte mittelalterliche Christusfigur aus dem 11./12. Jh. präsentiert, die vor mehr als 500 Jahren an dieser Stelle im Acker gefunden wurde und an die byzantinische Kunst Konstantinopels erinnert. Bis zur Dithmarscher Revolution 1533 pilgerten viele Gläubige zur Kapelle. Diese Tradition wird seit 2013 mit ökumenischen Wallfahrten zum Heiligen Kreuz wieder fortgesetzt.

In Windbergen folgen Sie der Hauptstraße für 100 m nach links, rechts vorbei an der Kirche mit Friedhof, und biegen dann in die rechts abzweigende Ringstraße ab. Sie folgen weiter den Radmarkierungen, gehen bei der Einmündung in die Bahnhofstraße nach rechts und 50 m danach bei der Gabelung nach links (Gudendorfer Landweg). Kurz vor Gudendorf biegen Sie bei einer T-Kreuzung nach rechts ab und erreichen kurz darauf die Dorfmitte ❹ (km 10,4)

Gudendorf 390 Ew., ✉ 25693, B&B 🚌

B&B Trautchen Busch, Norderweg 4, ☏ 048 59/233, kleine Unterkunft mit 3 DZ, 200 m nördlich vom Weg, alle mit Kühlschrank, außerdem Kochgelegenheit, DZ ab € 39, inkl. F

🚌 Haltestelle „Gudendorf-Ortsmitte“, Busverbindungen ☞ Windbergen

In Gudendorf folgen Sie der Hauptstraße nach links, vorbei an ⛼ Tisch und Bank und der Bushaltestelle, um kurz darauf rechts in die Viethstraße abzuzweigen (Sackgasse, Radschild) und dieser aus dem Ort hinaus und weiter durch Wald zu folgen. Im Wald gehen Sie bei einer ⌘ Gedenkstätte an sowjetische Kriegsgefangene ❺ (km 11,1) auf dem kleinen Waldweg geradeaus, links an der Gedenkstätte vorbei.

🚲 Per Rad können Sie die Waldpassage mit stellenweise kleineren Wegen meiden, indem Sie in Gudendorf vor der Bushaltestelle der Westerstraße nach rechts und weiter den Radwegweisern Richtung St. Michaelisdonn folgen, großteils neben der Strecke der Marschbahn. Am Anfang von St. Michelisdonn biegen Sie links in die Zuckerstraße ab und erreichen kurz darauf wieder die VJ (bei km 13,6).

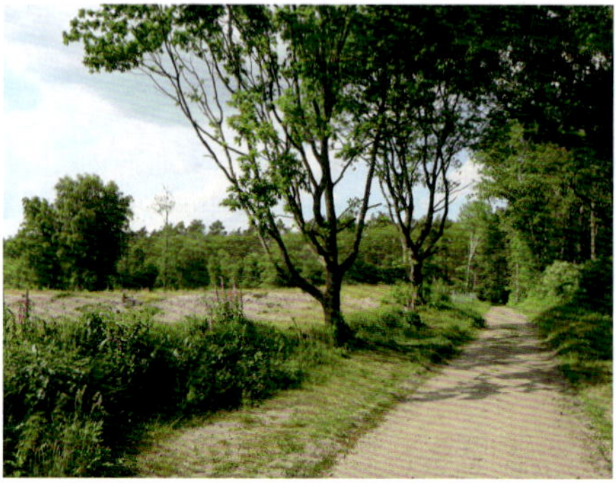

Weg zwischen Gudendorf und St Michaelisdonn

200 m nach einer Bank an einem Teich ❻ (km 13,3) erreichen Sie bei einer T-Kreuzung den Ortsanfang von St. Michaelisdonn (km 13,6) und gehen dort links, um nach 70 m rechts abzubiegen (Radschild) und kurz darauf wieder rechts (Meldorfer Straße), vorbei am Freimaurermuseum. Bei der folgenden Kreuzung biegen Sie rechts in die Burger Straße ab und gleich darauf, vor Verpflegungsmöglichkeiten, nach links (Am Sportplatz).

Café-Bäckerei Andreä, Burger Straße 26, Mo-Fr 5:00-17:00, Sa 5:00-12:00, So 7:00-11:00, hinter der linken Abzweigung

Discounter Netto, Burger Straße 24, hinter der Bäckerei

Am Bebauungsende geht es geradeaus weiter auf dem Spurweg und nach 100 m bei der Windmühle ❼, dem Wahrzeichen von St. Michaelisdonn (Info s. u.), rechts Richtung Ortsmitte. Nach der Querung der Bahngleise passieren Sie den Schuppen der Marschenbahn, wo seit 2004 Draisinenfahrten auf der stillgelegten Strecke angeboten werden (s. u.). Geradeaus führt der Weg vorbei an der Christuskirche in die Ortsmitte von St. Michaelisdonn mit Übernachtungsgelegenheiten.

St. Michaelisdonn

3.400 Ew., 25693, B&B

Tourist-Info St. Michaelisdonn, Bahnhofstraße 26, ☏ 048 53/80 73 05, info@fvv-st-michel.de, www.echt-dithmarschen.de > Urlaubsorte > St. Michaelisdonn, Touristinfo am/im Bahnhof, Mo-Sa 9:00-12:30, Mo-Mi & Fr auch 14:00-18:00

Landhaus Gardels, Westerstraße 19, ☏ 048 53/80 30, info@gardels.de, www.gardels.de, begrüntes 4-Sterne-Hotel in Ortsmitte mit 22 Zi verschiedener Kategorien, DZ ab € 114, EZ ab € 90, zzgl. F (€ 11 p. P.), Restaurant Mo-Sa 17:30-22:00

Der kleine Hans, Westerstraße 15-19, ☏ 048 53/80 30, info@gardels.de, www.kleiner-hans.de, preisgünstigeres Gästehaus des Landhauses Gardels mit modernen und ebenfalls gut ausgestatteten Zimmern, DZ ab € 68, zzgl. F im Haupthaus Gardels (€ 10 p. P.)

♦ Kleines Landhotel Rehedyk, Helser Geestweg 11, ☏ 048 53/881 95 02, www.rehedyk.de, Gästehaus/Pferdehof am westlichen Ortsrand mit 6 Zi und FeWo, DZ € 80, EZ € 60, inkl. F, FeWo € 105 pro Nacht

Etwa 2 km südlich von St. Michaelisdonn gibt es zwei Möglichkeiten zum Zelten (☞ nächste Etappe).

Restaurant/Café Kreativ, Burger Straße 7, ☏ 048 53/650, Mo-Sa 9:00-12:00 und 14:00-18:00, So 14:00-18:00, nahe am Bahnhof

Supermärkte/Discounter (Rewe, Aldi) nahe dem Marktplatz in der Johannssenstraße, 200 m vom Weg

Busse halten neben dem ZOB am Bahnhof auch in der Österstraße in der Ortsmitte, Linien 2507 und 2572 Mo-Fr mehrmals täglich von/nach Brunsbüttel via Eddelak, www.dbregiobus-nord.de

stündliche Regionalbahnverbindungen Richtung Heide und Itzehoe

Begrüntes Landhaus Gardels

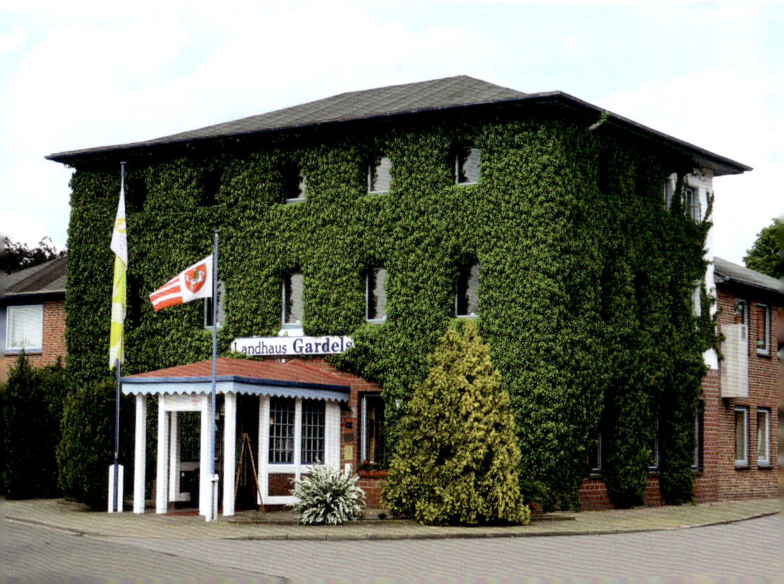

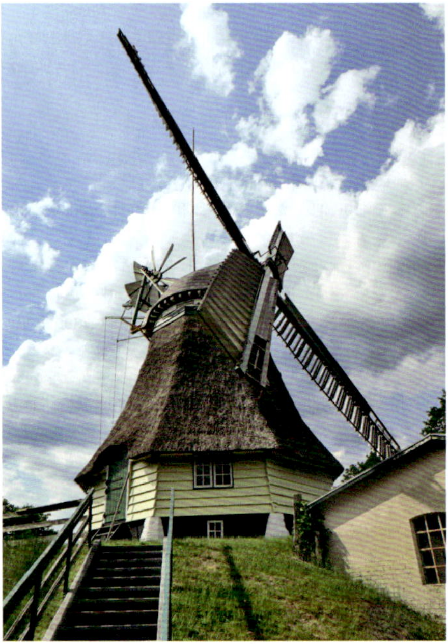

Windmühle – Wahrzeichen von St. Michaelisdonn

St. Michaelisdonn liegt am Rand der hier dicht bewaldeten Geest. Die Endung des Ortsnamens „donn" geht zurück auf eine Düne, die sich als Sandwall einst von hier bis nach Lunden erstreckte. Diese Nehrung entstand 3.000 v. Chr., als die Nordsee bis hier heranreichte. Das Wahrzeichen von St. Michaelisdonn, die 1842 erbaute Holländerwindmühle Edda, wurde 1842 an der Stelle einer früheren Bockwindmühle und davor einer Wassermühle erbaut. Seit 1952 trägt die Mühle den Namen Edda, benannt nach der Schwiegertochter des damaligen Müllers Jürgens. Die 1999 sanierte Mühle ist noch funktionsfähig.

✝ **St. Michaelis** wurde 1610-11 als Saalkirche mit Holzbalkendecke erbaut und 1730 nach Westen erweitert. Der jetzige hölzerne, frei stehende, 14 m hohe Glockenturm ersetzt seit 2017 den 27 m hohen, verklinkerten Vorgängerbau aus Beton, der infolge bauphysikalischer Mängel abgerissen werden musste. Ein Relief über dem Haupteingang von 1979 zeigt den Kampf des heiligen Michael mit dem Drachen, dessen Boshaftigkeit aus Platzgründen rechts statt mit 7 mit 4 Köpfen und darin den Symbolen von Spielkarten dargestellt ist, die schon manche Spielerinnen und Spieler zum Verzocken des eignen Hofes verleitet haben sollen: Kreuz, Pik, Herz und Karo.

Geschlossen, aber der Schlüssel ist nach Pilgerberichten im gegenüberliegenden Seniorenheim erhältlich.

⌘ Das (kaum geöffnete) Freimaurermuseum der Landesloge dokumentiert in einer ehemaligen Schule als einziges seiner Art in Deutschland die Entwicklung der Bruderschaft.

♦ Meldorfer Straße 2, www.freimaurer-museum.de, erste Sa im Monat 15:00-18:00 und nach Absprache

Im Sommerhalbjahr sind regelmäßig Draisinenfahrten auf einem 9 km langen Abschnitt der 1994 stillgelegten Marschenbahn zwischen St. Michaelisdonn und Marne möglich, Reservierungen empfohlen.

♦ ☏ 048 53/80 73 05, www.marschenbahn-draisine.de, Anfang Mai bis Ende August täglich ab St. Michaelisdonn 13:00 und 16:00, Preis für 4er-Draisine hin und zurück € 38

Etappe W-5: St. Michaelisdonn – Brunsbüttel

17,4 km, 4 Std. 30 Min., ↑ 91 m, ↓ 93 m, ⇧ -2-38 m

0,0 km	⇧ 2 m	St. Michaelisdonn B&B ✝
1,7 km	⇧ 3 m	Wendehammer am Ortsende
2,6 km	⇧ 15 m	Bismarckstein
3,4 km	⇧ 30 m	Klev
3,7 km	⇧ 36 m	Hohenkamp B&B
5,6 km	⇧ 1 m	Dingerdonn
7,2 km	⇧ 1 m	Theeberg
8,8 km	⇧ 1 m	Eddelak ✝
12,6 km	⇧ -2 m	Schutzhütte an Braake
17,4 km	⇧ 1 m	Brunsbüttel ✝ ⌘

Kurz nach St. Michaelisdonn erwartet Sie mit einem kurzen Anstieg der „alpinste“ Teil des Dithmarscher Jakobsweges, weil hier die Endmoräne der Saaleeiszeit aus der Marsch herausragt. Vom Spierkerberg bietet sich ein weiter Blick über die weite Marschenlandschaft Dithmarschens. Schließlich geht es am Helser Fleth und an der Braake entlang zum Ziel, dem an der Elbmündung in die Nordsee gelegenen Brunsbüttel, bekannt durch die jüngst erweiterten Schleusen des Nord-Ostsee-Kanals. Offizieller Endpunkt ist die St.-Jakobus-Kirche im alten Ortskern von Brunsbüttel.

Der erste – sehr schöne – Teil dieser Etappe (bis kurz hinter dem Campingplatz bzw. Flugplatz bei km 3,5) ist für „geländegängige" Radfahrerinnen und Radfahrer mit stellenweise Schieben zwar machbar, aber nicht ganz einfach. Eine einfachere Alternative ist der übliche Radweg bis kurz hinter den Campingplatz bzw. Flugplatz wie folgt: Zunächst geht es auf dem Weg der gestrigen Etappe zurück zur Windmühle und weiter geradeaus in den Ortsteil Hopen, wo Sie bei einer T-Kreuzung rechts/südwärts fahren und am Ortsende links. Weiter führt Sie der ausgewiesene Radweg links am Golf- und Flugplatz vorbei, ehe Sie südlich vom Campingplatz Hohenkamp wieder die VJ erreichen.

Von der Ortsmitte in St. Michaelisdonn geht es zunächst entlang der Westerstraße in südliche Richtung und nach der St.-Michaelis-Kirche nach links in die Schulstraße, um an deren Ende der Landesstraße nach rechts zu folgen. Die folgende Linksabzweigung (Kayenweg) führt Sie Richtung Bahnlinie und nach einer Rechtskurve vor den Gleisen endgültig aus dem Ort heraus. Bei einem Wendehammer mit Bank ❶ geht es geradeaus auf einem Schotterweg in den Wald (Heisterbergstraße). Nach 200 m (km 1,9) gehen Sie links über den Moordamm.

Abstecher zum Zeltplatz (➲ 0,8 km)

Wenn Sie, statt links abzubiegen, dem Weg geradeaus folgen, erreichen Sie nach 800 m eine Gelegenheit zum Zelten.

Übernachtungsplatz der Stiftung Naturschutz in einem kleinen Waldstück 1 km südlich von St. Michaelisdonn nahe der Heisterbergerstraße (frei), www.wildes-sh.de/uebernachtungsplaetze > St. Michaelisdonn.
Am Übernachtungsplatz Blick auf das NSG Klev gibt es keine Sitzgelegenheiten, Mülleimer, Wasser oder sanitäre Anlagen. Der Übernachtungsplatz liegt im FFH-Gebiet, Feuer ist nicht gestattet. www.wildes-sh.de/die-regeln

Klev – Trennlinie zwischen Marsch und Geest

Die Heideflächen bei Kleve sind Teil einer vor rund 6.000 Jahren gebildeten Küstenlinie am Geestrand, einer hoch aufragenden Altmoräne der Saalevereisung. Durch Abbrüche des Ufers und Unterspülungen entstand eine Steilküste zur Nordsee mit davor einem Nehrungshaken („Donn") aus den abgetragenen Sedimenten. In den folgenden Jahrtausenden bildete sich die Marsch auf der mittlerweile abgeflachten, rund 30 m hohen Altmoräne. Der durch Aufforstung in den 1950er-Jahren entstandene Wald wird mittlerweile für mehr Artenreichtum umgestaltet. Einige benachbarte Heideflächen werden von Ziegen kurz gehalten. Der Name des Naturschutzgebietes deutet auf die alte Randlage am Meer hin (Klev = Kliff).

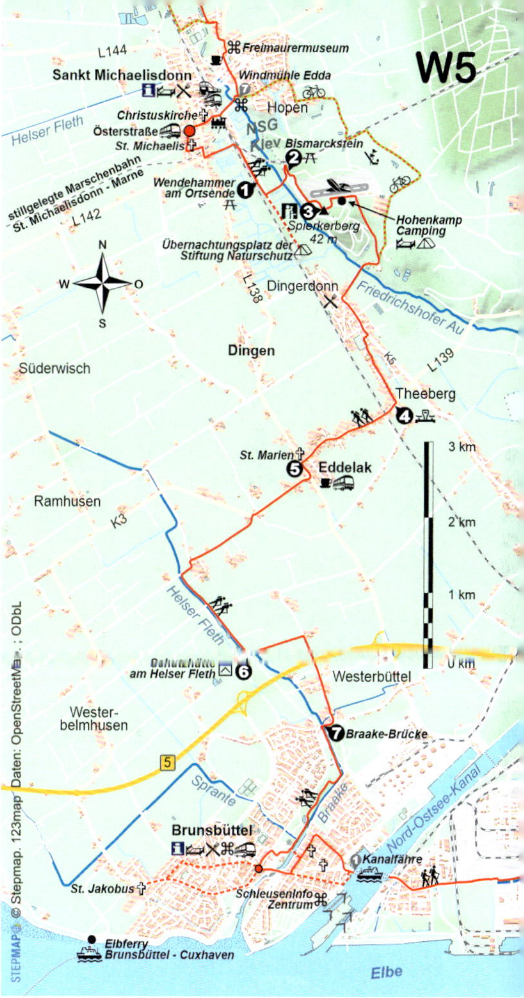

Der Moordamm führt Sie über das geschützte Feuchtgebiet der Friedrichshofer Au, das zu Füßen der bewaldeten Moräne liegt, einer ehemaligen Kliffküste zur Nordsee. Am Waldanfang gehen Sie links aufwärts und nehmen nach 100 m scharf rechts den Waldpfad, vorbei an der Schranke (Markierung: Klever Rundweg, NSG-Schild) und kurz darauf links vorbei am Bismarckstein mit Tisch und Bank ❷. Dieser 25 t schwere Findling wurde beim ersten Ausbau des Nord-Ostsee-Kanals (1907-14) entdeckt und per Schiff, Bahn und zuletzt per Handwinde an den jetzigen Standort verfrachtet.

Weiter geht es entlang des Klever Rundweges rechts am Sportflugplatz vorbei, ehe Sie rechts ein toller Ausblick vom Spiekerberg über die Marsch für die „Strapazen" dieser für Dithmarscher Verhältnisse alpinen Passage belohnt ❸ (3,3 km, ⇧ 30 m). Die VJ führt am südlichen Rand des Flugplatzes und an einem Campingplatz vorbei (km 3,7) und anschließend auf deren Zufahrtsstraße abwärts.

B&B Hohenkamp Camping, Hopen 55, 017 3/14 67 19 0, geislerwalter@gmail.com.de, www.hohenkamp-camping.de, Platz mit 50 Stellplätzen 2 km südöstlich des Ortes an einem Sportflugplatz, um den ein 4 km

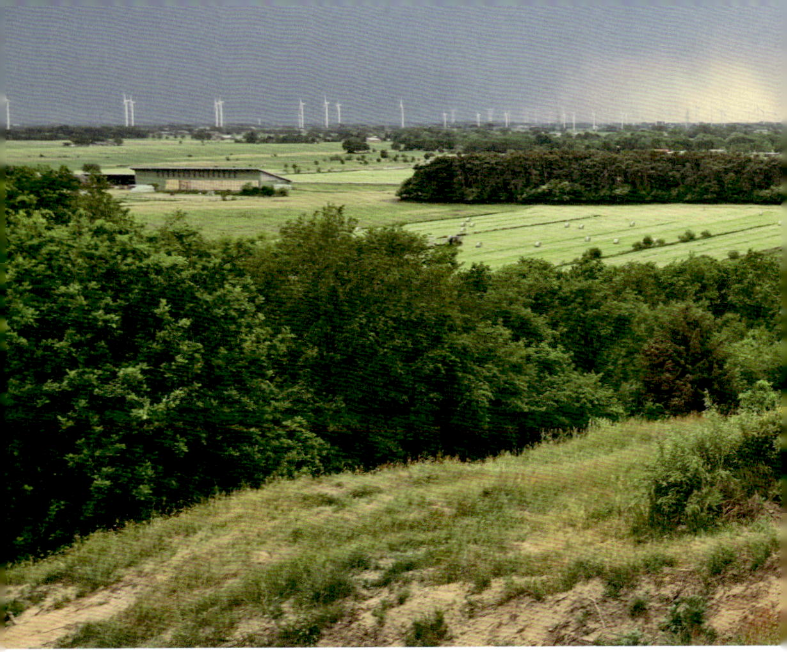

langer Wanderweg führt; im Haupthaus gibt es weitere Unterbringungsmöglichkeiten: FeWo sowie EZ & DZ und dazu eine Einbauküche, O-Ton der Betreiber: „Ansonsten ist Selbstverpflegung angesagt. Getränke sind aber immer vorhanden. Das erste Bier ist frei ...“ 🐈 auf Campingplatz frei, DZ € 30 p. P., EZ € 30 p. P., FeWo € 60, Zelt inkl. 2 Pers. € 10, 🚪 ganzjährig.

✕ Der Gasthof Fliegerklause neben dem Campingplatz ist nur nach Anmeldung geöffnet, ☏ 048 55/85 52.

Kurz nach Querung der Friedrichshofer Au erreichen Sie das Dorf **Dingerdonn**, wo Sie an der Kreuzung mit einem Imbiss der Hauptstraße links folgen.

✕ Mr. Pizzeria Imbiss, Hauptstraße 33a, ☏ 048 55/891 45 10, 🚪 Di-So 11:30-20:30

Anschließend biegen Sie in die vierte Straße nach rechts ab (Schulstraße, Sackgasse) und folgen nach 1 km bei der Kreuzung vor dem Dorfladen in Theeberg ❹ der Landstraße rechts, großteils entlang Bebauung.

🛒 Dorfladen Nahkauf, Theeberg 8, 🚪 Mo-Sa 6:00-20:00, direkt am Weg

Im nächsten Ort, Eddelak, folgen Sie bei der T-Kreuzung der Straße (Süderstraße) nach links ❺ (km 8,8).

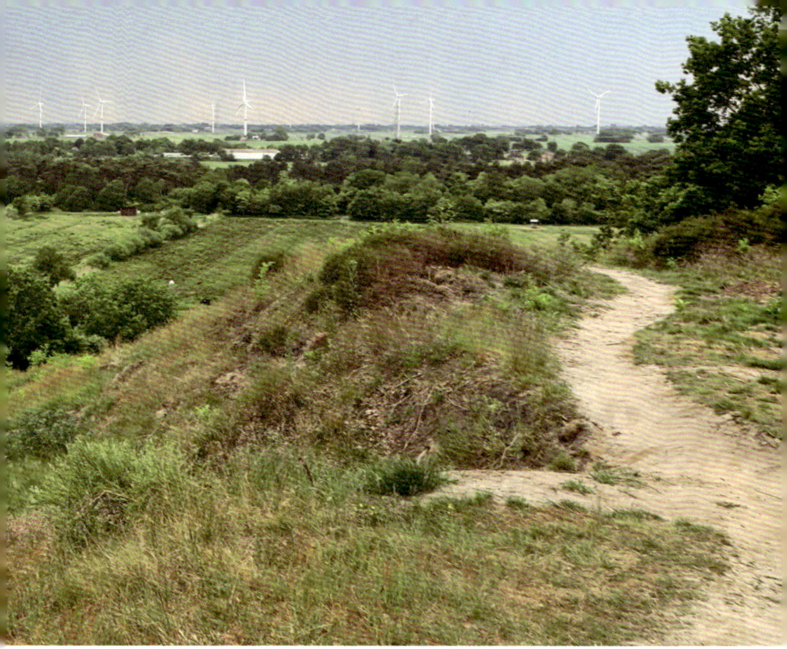

Aussicht vom Spiekerberg am Klev

Eddelak 1.330 Ew., 25715

Bäckerei/Bistro Café Jacobsen, Bahnhofstraße 8, 048 55/50 71 11,
Di-So 5:30-18:00, So bis 19:00

Radladen mit Werkstatt: Feichtenschlager, Norderstraße 14 + 21, 048 55/234,
bfeichtenschlager@t-online.de, www.iq-feichtenschlager.de,
Mo-Sa 9:00-12:00 sowie Mi, Di, Do & Fr 13:00-18:00

Haltestellen „Markt" und „Kirche" mit Mo-Fr mehreren Verbindungen täglich Richtung Brunsbüttel, St. Michaelisdonn und Burg, www.dbregiobus-nord.de

Die St.-Marien-Kirche wurde 1740 in der jetzigen Form als Saalbau mit Tonnengewölbe an der Stelle einer mittelalterlichen Vorgängerkirche erbaut, aus der noch die Erztaufen (13. Jh.) und das Triumphkreuz (1520) stammen. Besonders auffällig ist der 1740 vom Wesselburener Bildschnitzer Burmeister angefertigte Kanzelaltar. Der auf das 17. Jh. zurückgehende, 24 m hohe, hölzerne Glockenturm wurde mehrfach erneuert. Der erste evangelische Pastor – Heinrich Voß – soll übrigens möglicherweise ein Schüler Martin Luthers gewesen sein.

Von der Süderstraße nehmen Sie die erste Abzweigung nach rechts (Behmhusener Straße), die Sie nach 1 km in einem Rechtsknick verlassen, indem Sie geradeaus der kleineren Straße folgen (Radwegweiser). Weiter weisen Radschilder den Weg Richtung Brunsbüttel, wobei Sie sich bei größeren Abzweigungen links halten, ein längeres Stück dem Helser Fleth folgen und danach in einer Linkskurve jenseits vom Gewässer eine ⌂ Schutzhütte passieren ❻ (km 12,7).

Acker-Hundskamille am Wegrand

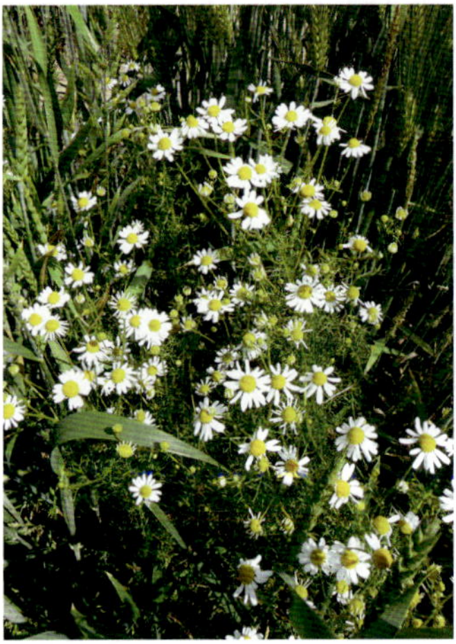

Sie folgen weiter der Straße links vom Helser Fleth und entfernen sich von ihm, um bei der folgenden T-Kreuzung rechts in den Bauernweg zu biegen. Nach der Querung der B5 (km 13,8) erreichen Sie die ersten Wohnviertel von Brunsbüttel und folgen zunächst den Radwegweisern Richtung Zentrum. Bei einer T-Kreuzung (km 14,7) halten Sie sich rechts und queren den Helser Fleth ❼, dessen Wasser hier von der Braake aufgenommen wird. Die **Braake** ist kein natürliches Gewässer, sondern entstand durch einen Deichbruch im Jahr 1717, daher der vom Niederdeutschen Brak (= „Bruch") abgeleitete Name.

Der Rad-/Fußweg führt links weiter auf der rechten Uferseite der Braake . Bei der zweiten Fußgängerbrücke bzw. einem Park (km 16,8) geht es halb rechts weiter auf dem Fußweg, kurz danach rechts auf einem Pfad und dann links in die Eddelaker Straße zur Kreuzung mit der Koog-/Röntgenstraße im Zentrum von Brunsbüttel.

↳ Abkürzung ohne Brunsbüttel

Wer auf Brunsbüttel verzichten und gleich die nächste Etappen anhängen möchte, biegt bei der Fußgängerbrücke (16,8 km) nach links, quert die Braake, und erreicht kurz darauf die Bojestraße nahe der katholischen Kirche Maria Meeresstern und damit wider die VJ (☞ Etappe W-6).

Nach links erreichen Sie die meisten Einkehrmöglichkeiten sowie den weiteren Verlauf (☞ nächste Etappe).

Abstecher zur St.-Jakobus-Kirche (1,7 km)

Den westlichen alten Stadtkern mit der Jakobuskirche erreichen Sie, wenn Sie bei der Kreuzung mit der Koog-/Röntgenstraße im Zentrum von Brunsbüttel rechts abbiegen und westwärts wandern – über die Röntgenstraße, Von-Humboldt-Platz, Kneippweg und weiter auf reinem Radweg. An dessen Ende biegen Sie rechts in die Straße Am Sportplatz ab, dann links in Am Boßelkamp und schließlich rechts in die Sackstraße, die genau auf den Markt mit der Jakobuskirche zuführt.

✝ Die Jakobuskirche wurde 1724 errichtet, nachdem der Vorgängerbau aus dem 17. Jh. 1719 einem Brand infolge eines Blitzeinschlags während einer Predigt zum Opfer gefallen war. Der Holzaltar im Knorpelbarockstil wurde vom dänischen König Friedrich IV. gestiftet, nachdem die ursprünglich für den bereits bestellten Altar vorgesehene Glückstädter Schlosskirche zwischenzeitlich abgerissen worden war. Als Dank wurde ihm die Königsloge eingerichtet, die der König aber nie besuchte. Die Sandsteintafel außen am Ostfenster zeigt ein Relief des hl. Jakobus in Pilgertracht (1684).

Brunsbüttel

12.380 Ew., 25541

Tourist-Info Brunsbüttel, Gustav-Meyer-Platz 2, ☎ 048 52/39 11 86, touristinformation@stadt-brunsbuettel.de, www.schleusenmeile.de, März bis Oktober Mo-Fr 10:00-17:00, Juli und August auch Sa & So 11:00-15:00, November bis März Mo-Fr 10:00-13:00

Schleusenhotel, Koogstraße 67-71, ☎ 048 52/98 80, schleusenhotelgmbh@t-online.de, www.schleusenhotel.de, Hotel mit 25 Zi, 200 m von der Schleuse entfernt, DZ € 90, EZ € 60, inkl. F

♦ Hotel Kleiner Yachthafen, Hafenstraße 16, ☎ 048 52/940 09 33, info@hotel-kleiner-yachthafen.de, www.hotel-kleiner-yachthafen.de, familiengeführtes, modernes Hotel mit 39 Zi, das Hotel wird in manchen Verzeichnissen als hundefreundliche Unterkunft geführt, nimmt auf Nachfrage aber keine Vierbeiner auf, DZ ab € 85, EZ ab € 50, inkl. F

♦ Zur Traube, Markt 9, ☎ 048 52/546 10, info@zur-traube-brunsbuettel.de, www.zur-traube-brunsbuettel.de, Hotel mit 19 Zi am Westrand von Brunsbüttel in traditionsreichem Gebäude am Markt mit der Jakobuskirche, DZ € 85, EZ € 65

In älteren Verzeichnissen bzw. auf manchen Websites wird noch Camping am Elbdeich bei Brunsbüttel angegeben; dieser Platz hat leider 2020 seinen Betrieb eingestellt.

✕ mehrere – internationale – Einkehrgelegenheiten an der Koogstraße

Bioladen Bäckis Bio, Posadowskystraße 2, Mo, Di, Do & Fr 9:00-17:30, Mi 9:00-13:30, Sa 8:00-12:00

mehrere Supermärkte, die meisten im Gewerbegebiet an der Max-Planck-Straße, 100 m vom Weg, sonst nahe der Schleuse Edeka Frauen, Koogstraße 75

Radladen mit Werkstatt: Küstenrad Koogstraße, Koogstraße 1, ☏ 048 52/537 35 55, team@kuestenrad-koogstrasse.de, www.kuestenrad-koogstrasse.de, Mo-Fr 9:00-12:00 und 13:00-18:00, Sa 9:00-13:00

Brunsbüttel bietet mehrere Bushaltestellen, etwa „Röntgenstraße“, „Braake“ oder „Brunsbüttel-Kanalfähre Nord“, mit den vorher genannten Linien aus nördlicher Richtung, ab den beiden letztgenannten Haltestellen täglicher und stündlicher Schnellbus 6600 von/nach Itzehoe, www.dbregiobus-nord.de

Weg durch Brunsbüttel

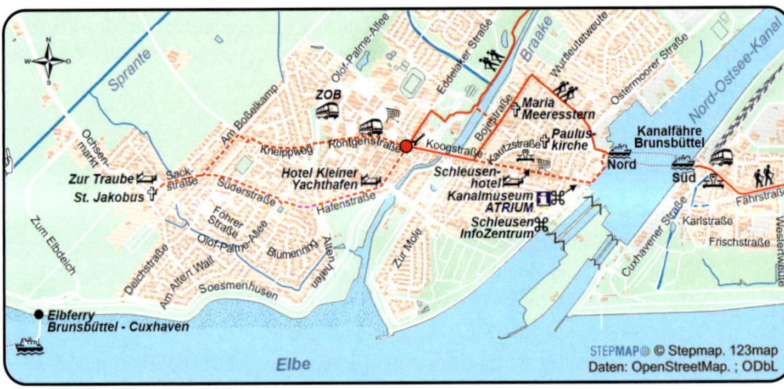

Einst lag Brunsbüttel einige Kilometer vor der heutigen Küste an der Elbe. Nach der großen Flut von 1634 wurde Brunsbüttel an der heutigen Stelle der Altstadt um die Jakobuskirche neu aufgebaut (1679) und zog bei der Erweiterung des Nord-Ostsee-Kanals 1907-14 ostwärts, als das sogenannte „Beamtenviertel“ nach Vorbild der englischen Gartenstädte entstand. Die Gebietsreform von 1970 vereinigte das eigentliche Brunsbüttel, einen Badeort, mit der aufstrebenden Industriegemeinde Brunsbüttelkoog.

✝ Die **Pauluskirche** wurde 1914/15 im neuen Stadtteil nahe dem Nord-Ostsee-Kanal erbaut. Die ursprüngliche Jugendstileinrichtung des Backsteinbaus fiel 1956 der Neugestaltung des Kirchenraumes zum Opfer.

⌘ Das **Heimatmuseum** mit Bildern, Karten, Kunst- und Gebrauchsgegenständen befindet sich in dem 1905 erbauten ehemaligen Rathaus am Markt 4.

♦ 💻 www.museum-brunsbuettel.de, 🚪 Do, Sa, So 14:30-17:30, Eintritt gratis

Als Einfallstor zum NOK hat Brunsbüttel mehrere **Schleusen**, die sich von Besucherplattformen beobachten lassen und gut vermarktet werden: Die alten, 125 m langen Schleusen von 1895 und die mittelalten, 310 m langen von 1914. Eine fünfte Schleusenkammer, eine 360 m lange Schleuse, soll voraussichtlich 2026 fertiggestellt werden – für € 1,2 Mrd. statt der ursprünglich kalkulierten € 273 Mio.

Es gibt zwei Ausstellungen zum Thema:

⌘ Das **Kanalmuseum ATRIUM** dokumentiert den Bau und Betrieb des Nord-Ostsee-Kanals und der Schleuse.

♦ Gustav-Meyer-Platz an der Schleuse, 💻 www.schleuseninfo.de > Kanalmuseum ATRIUM, 🚪 Ende März bis Anfang November täglich 10:30-17:00, Eintritt € 3

⌘ Das **SchleusenInfoZentrum** wurde anlässlich des Neubaus der fünften Schleusenkammer eingerichtet und führt in die (bau)technischen Aspekte des Schleusenbaus ein. Besichtigung nur möglich im Zusammenhang mit (offenen) Schleusenführungen.

♦ Schillerstraße, ☎ 048 52/39 11 86, 💻 www.schleuseninfo.de > SchleusenInfoZentrum/Führungen, 🚪 offene Schleusenführungen Mitte März bis Ende Oktober Di & So 14:00, im Sommer auch Mi & Do 14:00, Dauer: 75-90 Min., € 4,50 p. P.

Abkürzung nach Stade

Wenn Sie bis Harsefeld/Hollenbeck pilgern und den folgenden weniger abwechslungsreichen Abschnitt durch die Elbmarschen (Etappe W-6 und Etappe 10 der Zentralroute) mit Industriegebieten und atomaren Zwischenlagern (Brunsbüttel, Brokdorf, Bützfleth) meiden möchten, wäre die Fahrt mit der seit März fahrenden Elbferry nach Cuxhaven und von dort per Bahn nach Stade eine Option.

⛴ Elbferry Brunsbüttel – Cuxhaven, 💻 www.elbferry.com, moderne LNG-Fähre täglich alle 3 Stunden, einfache Fahrt für Fußgänger € 11, Rad € 4, Fähranleger in Brunsbüttel südöstlich der Altstadt, 1 km von der Jakobuskirche

🚆 Der Bahnhof Cuxhaven mit stündlichen Verbindungen nach Stade ist 1 km vom Fähranleger (Lübbertkai) entfernt, zu erreichen entlang des Alten Fischerhafens.

Etappe W-6: Brunsbüttel – Glückstadt

➲ 28,4 km, ⌛ 7 Std. 30 Min., ↑ 22 m, ↓ 20 m, ⇧ 0-4 m

0,0 km	⇧ 1 m	Brunsbüttel i BANK ✝ ⌘
1,8 km	⇧ 1 m	Brunsbüttel, Kanalfähre Nord
1,8 km	⇧ 1 m	Brunsbüttel, Kanalfähre Süd
3,9 km	⇧ 1 m	Covestro
4,8 km	⇧ 1 m	AKW Brunsbüttel
8,3 km	⇧ 1 m	Abstecher über Deich nach St. Margarethen (➲ 0,3 km ✝)
14,0 km	⇧ 1 m	Abstecher über Deich nach Brokdorf (➲ 0,3 km ✝)
22,0 km	⇧ 3 m	Störsperrwerk, dahinter Zentralroute (➲ 0,7 km Ivenfleth mit ✝)
25,5 km	⇧ 1 m	Elbfähre Glückstadt – Wischhafen (☞ Fortsetzung Zentralroute, Etappen 10-12 in Niedersachsen)
28,4 km	⇧ 2 m	Glückstadt i B&B BANK ✝ ⌘

Diese letzte Etappe der Westvariante – durch den Kreis Steinburg entlang der Elbe – verbindet den Dithmarscher Jakobsweg mit der Zentralroute bei der Elbfähre nach Wischhafen kurz vor Glückstadt. Nach dem Übersetzen über den NOK lässt sich eine 2 km lange Passage auf einem Radweg neben der Hauptstraße durch das Industriegebiet leider nicht vermeiden. Kurz hinter dem ehemaligen AKW geht es rechts zum Elbdeich und entlang des Elbdeichs nach Glückstadt. Für Abwechslung sorgen rechts der rege Schiffsverkehr auf der Elbe und links hinter dem Elbdeich die Dörfer St. Margarethen und Brokdorf. Nach dem Störsperrwerk treffen Sie auf die Zentralroute der VJ.

Der offizielle Wegverlauf der VJ meidet die für Brunsbüttel bekannte Schleusenanlage, indem die Route nach Querung der Braake links abzweigt (Bojestraße), links vorbei an der katholischen ✝ Kirche Maria Meeresstern von 1930 und danach rechts in die Delbrückstraße führt, geradewegs zum Fähranleger ❶ (km 1,8 ab Kreuzung Koogstraße/Eddelaker Straße).

↬ **Alternative Wegführung durch Brunsbüttel** vorbei an Schleusenanlage (➲ 0,7 km weniger)
Wenn Sie ein kurzes Stück entlang des NOK wandern und noch einen Eindruck der Schleusenanlagen mit entsprechenden Ausstellungen (☞ Infos bei gestriger

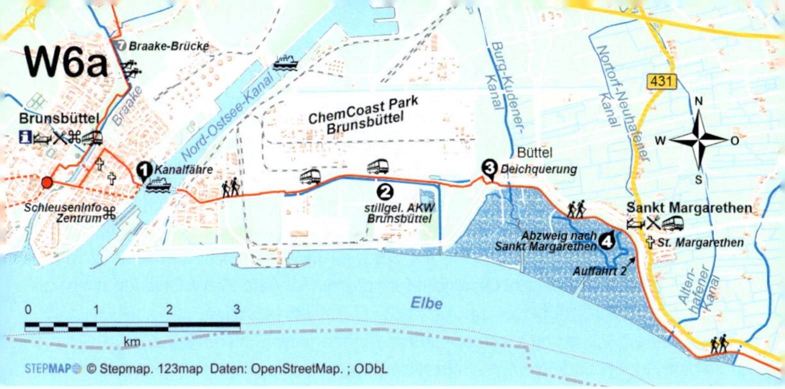

Etappe) bekommen möchten, folgen Sie nach der Querung der Braake der Koogstraße geradeaus zum NOK mit Schleusen und der Touristinfo. Weiter geht es links am NOK zur Fähre, wo Sie wieder auf die reguläre Route treffen.

Kanalfähre Brunsbüttel, täglich durchgehend, gratis, wie die anderen 13 Fähren über den Kanal werden Autos, Räder und Fußgängerinnen und Fußgänger aufgrund einer kaiserlichen Verordnung kostenlos transportiert, damit Bürgerinnen und Bürger nicht zweimal zahlen müssen: für den Bau des Kanals und dessen Querung.

Kurz nach der Fähre erwartet Sie eine kleine Einkaufsgelegenheit.

Gisa's Laden, Fährstraße 8, 01 74/456 73 93, Mo-Do 12:00-14:00 und 16:00-20:00, Fr 12:00-20:00, Sa 16:00-20:00

Die erste Passage nach der Fährfahrt ist monoton und alles andere als ansprechend: Sie folgen dem Radweg an der Hauptstraße entlang durch das in den 1970er-Jahren angelegte, weitläufige Industriegebiet östlich von Brunsbüttel, heute vermarktet als „ChemCoast Park" mit u. a. (rechts) einer Sondermüllverbrennungsanlage (Remondis) sowie dem 2011 stillgelegten Atomkraftwerk (AKW) Brunsbüttel ❷ (km 4,7), das derzeit abgerissen wird.

unterwegs mehrere Bushaltestellen, mit Linie 6606 mehrmals täglich von/nach Itzehoe, www.dbregiobus-nord.de

Brunsbüttel – strahlende Vergangenheit und Zukunft als Industriegebiet?

Ob die Ansiedlung von Industrie in abgeschiedenen Gebieten nachhaltig zu „blühenden Regionen" führt, ist schon länger unter Geografinnen und Geografen sowie Raumplanerinnen und Raumplanern umstritten. In Brunsbüttel entstand in den 1970er-Jahren das größte zusammenhängende Industriegebiet in Schleswig-Holstein mit dem heutigen Namen ChemCoast Park Brunsbüttel. Einer der „Motoren" des Industriegebietes, das AKW Brunsbüttel, wurde 2011 abgeschaltet, ist aber auch nach seiner Abschaltung noch trauriger Spitzenreiter unter allen deutschen Reaktorblöcken hinsichtlich der Zahl meldepflichtiger Ereignisse (510 bis Ende 2020). Das Gebäude soll bis etwa 2023 abgerissen und nicht verwendbarer Bauschutt bei Lübeck deponiert werden. Auf dem AKW-Gelände bleibt bis 2046 ein Zwischenlager für radioaktive Abfälle bestehen. 20 Castrobehälter lagern dort schon seit mehreren Jahren – noch ohne Genehmigung. Diese ist neu beantragt, nachdem eine frühere 2015 vom Bundesverwaltungsgericht für unwirksam erklärt wurde. Die Gemüter der schon an einige großtechnische und umstrittene Anlagen gewohnten Anwohnerinnen und Anwohner (u. a. Sondermüllverbrennungsanlage und Chemiekonzern) beunruhigt derweil ein anderes Großprojekt: Die Planung eines Flüssigerdgasterminals (LNG), in dem amerikanisches Frackinggas in das deutsche Gasnetz gespeist werden soll.

1 km hinter dem AKW ist vor dem Ort Büttel die Uferzone wieder zugänglich (km 5,9): Dazu folgen Sie dem Radweg entlang der Deichstraße nach rechts (Glückstadt 22 km) und queren den Deich ❸. Dem Weg auf der elbzugewandten Seite können Sie bis Glückstadt folgen. Unterwegs gibt es auf der anderen Seite zwei Ortschaften mit Einkehr- bzw. Einkaufsgelegenheiten: St. Margarethen und Brokdorf.

🚲 Mit dem Rad ist die elbzugewandte Seite im Prinzip fahrbar und auf jeden Fall schöner als die landzugewandte. Allerdings wird der Belag kurz nach Brokdorf schlechter, zudem kann Schafskot den Lauf des Rads stören. In diesem Fall können Sie zwischendurch an manchen Stellen – etwa in Brokdorf (km 14) – wieder auf die andere Seite des Deichs wechseln und dort der Straße folgen.

↳ Nach 2,2 km ist in einer Rechtskurve des Deichs ein Abstecher in das hinter dem Deich liegende St. Margarethen möglich ❹ (km 8,3) – per Treppe und kurz danach über eine scharf links abzweigende Deichüberführung.

St. Margarethen

800 Ew., ✉ 25572, 🛏 ⛺ 🍴 🛒 ✝ 🚌

🛏 Hotel Elbmühle, Hauptstraße 26, ☎ 048 58/18 88 04, ✉ info@hotel-elbmuehle.de, 💻 www.hotel-elbmuehle.de, kleines zentrales Hotel garni mit Biergarten im Sommer, DZ € 79, EZ € 59

♦ Hotel Margarethenhof, Dorfstraße 23, ☎ 048 58/188 06, ✉ rezeption@hotel-margarethenhof.de, 💻 www.hotel-margarethenhof.de (Anfang

2021 im Aufbau), kleiner Gasthof mit 18 Zi, 500 m von der Elbe, € 5, DZ € 89, EZ € 59

Pilgerunterkunft im Gemeindehaus, Hauptstraße 9, 048 58/359, e.gru@web.de, WC und kleine Küche vorhanden, auch Zelten auf Wiese möglich, nächste Duschmöglichkeit im Freibad Brokdorf, Schlafsack, Isomatte und Pilgerausweis sowie rechtzeitige Anmeldung sind nötig, p. P. € 3 als Spende.

Klön-Eck, Hauptstraße 15, Mi-Mo 11:00-14:00 und 17:00-0:00, zentral und bodenständig

MarktTreff Mehlert, Dorfstraße 19, Mo-Fr 5:30-18:00, Sa 7:00-12:00, Dorfladen im Zentrum

Haltestelle „St. Margarethen-Schule", mit Linie 6606 mehrmals täglich von/nach Itzehoe, www.dbregiobus-nord.de

Die barocke Backsteinsaalkirche St. Margarethen wurde im 18. Jh. anstelle einer Vorgängerkirche von 1500 erbaut. Auffällig ist die umlaufende Empore. Margarethas Sieg über den Drachen ist über dem Portal und in der Wetterfahne dargestellt.

Elbdeich bei Brokdorf

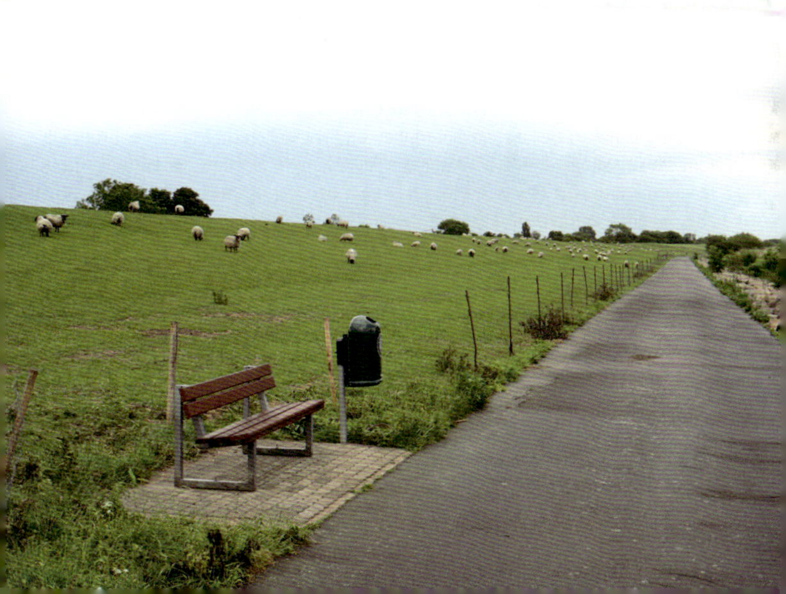

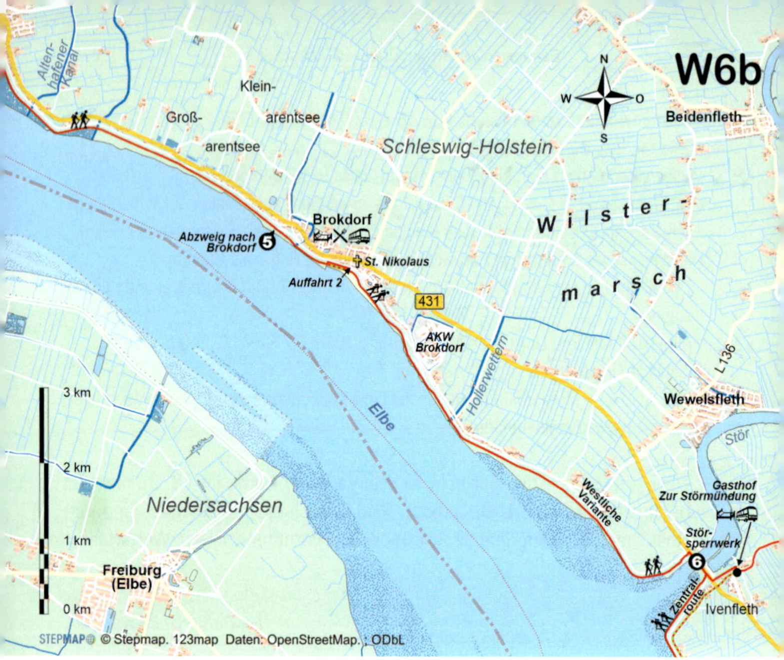

Die nächste Verpflegungsgelegenheit gibt es in Brokdorf, bekannt durch sein Atomkraftwerk und die Anti-AKW-Demos der 1980er-Jahre mit bürgerkriegsähnlichen Tumulten zwischen Polizei und einer breiten Allianz aus Bäuerinnen und Bauern bis hin zu Berufsrandaliererinnen und -randalierern. Mit seiner Bruttoleistung von einstmals 1.480 MW war das AKW lange Zeit eines der leistungsstärksten Kernkraftwerke Deutschlands, das im Zuge des Atomausstiegs Ende 2021 abgeschaltet werden soll.

↳ Die erste von zwei Auffahrten führt beim Hotel Elbblick ❺ (km 14), die zweite bei der Kirche in das Dorf, dazwischen ist über mehrere Treppenaufgänge ein Besuch des Dorfs möglich.

Nach der zweiten Auffahrt mit der Kirchturmspitze hinter dem Deich passieren Sie den Strand von Brokdorf, dessen Badestelle 2020 ganzjährig wegen zu hoher Bakterienbelastung geschlossen war. Nach dem Strand liegt links hinter dem Deich das Gelände des (ehemaligen) AKW (km 16,4), auf dem noch bis 2047 radioaktiver Abfall zwischengelagert werden soll.

Brokdorf 960 Ew., 25576,

Elbblick Brokdorf Hotel Sell, Dorfstraße 65, 048 29/90 00, info@elbblick-brokdorf-hotel-sell.de, www.elbblick-brokdorf-hotel-sell.de, Hotel-Restaurant-Café mit Aussichtsterrasse auf dem Deich und 22 Zi, DZ ab € 72, EZ ab € 46, inkl. F, Mi-So 11:00-22:00

Pilgerunterkunft im Pastorat neben der Kirche St. Nikolaus, Kirchducht 10, 048 29/16 93, e.gru@web.de, WC und kleine Küche vorhanden, auch Zelten auf Wiese möglich, Duschmöglichkeit im Freibad Brokdorf, Schlafsack, Isomatte und Pilgerausweis sowie rechtzeitige Anmeldung sind nötig, p. P. € 5 als Spende.

Nahkauf, Dorfstraße 28d, Mo-Fr 6:00-18:00, Sa 6:00-12:00, Dorfladen hinter dem Deich am Ortsteich, 100 m links von des ersten Treppenaufgangs

Freibad an Diek, Osterende 3a, 048 29/901 60 30, www.brokdorf-elbe.de/tourismus/freibad, Sommersaison täglich 10:00-18:30 mit halbstündigen Pausen um 12:00 und 15:00, Eintritt € 2,50

Haltestelle „Brokdorf-Wendeplatz" hinter dem Hotel Elbblick, mit u. a. Linie 6531 Mo-Fr wenige Male täglich von/nach Glückstadt, www.dbregiobus-nord.de

Die Nikolauskirche geht auf das 14. Jh. zurück. Bei einem schweren Sturm stürzte 1648 der Turm ein und wurde fast 100 Jahre später (1741) durch den jetzigen Holzturm ersetzt, damals mit Holzschindeln, seit 1963 mit Kupferplatten gedeckt. Das Hauptgebäude wurde – ohne Turm – 1763 von Grund auf als Backsteinsaalbau mit Holztonnengewölbe und Kanzelaltar neu erbaut.

Nach einer Linkskurve erreichen Sie die Stör und queren kurz darauf nach rechts deren Sperrwerk ❻ (Seite 282). Hinter dem Störsperrwerk (km 22,2) trifft der Dithmarscher Jakobsweg (Westroute) auf die Zentralroute der aus Edendorf bei Itzehoe kommenden VJ bzw. folgt ihr weiter rechts vom Deich auf der elbzugewandten Seite. Weiterweg nach Glückstadt ☞ Etappe 9; km 21,6

Conrad Stein Verlag

Jakobsweg Via Coloniensis
von Köln nach Trier

Ingrid Retterath
OutdoorHandbuch Band 241
Der Weg ist das Ziel
192 Seiten ▸ 51 farbige Abbildungen
28 farbige Karten ▸ 14 farbige Höhenprofile

ISBN 978-3-86686-628-7

Der Pilgerführer beschreibt den knapp 243 km langen Weg für Fuß- und Radpilger.

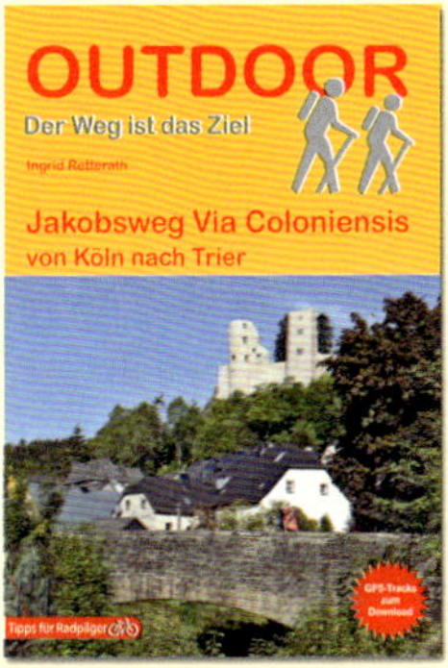

Jakobsweg
Trier – Le Puy-en-Velay

Martin Simon & Ingrid Retterath
OutdoorHandbuch Band 211
Der Weg ist das Ziel
256 Seiten ▸ 47 farbige Abbildungen
34 farbige Karten ▸ 33 farbige Höhenprofile

ISBN 978-3-86686-662-1

>> **Die Kalebasse:** *„Dieser Wegführer ist unerlässlich für alle, die zur Zeit von Trier zum Ausgangspunkt der Via Podiensis in Le Puy wandern wollen."*

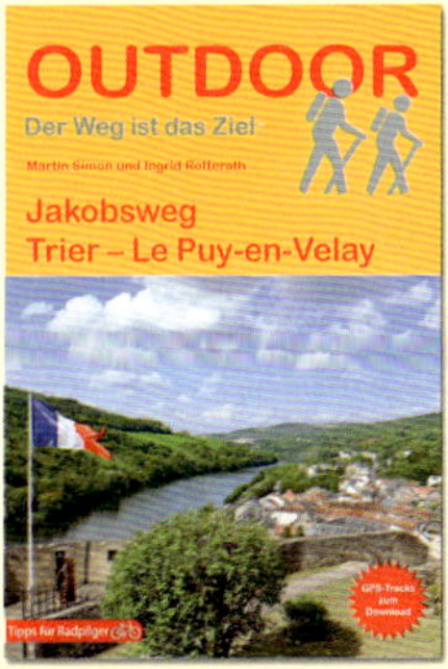

Frankreich: Jakobsweg
Via Podiensis

Hartmut Engel
OutdoorHandbuch *Regional* Band 128
256 Seiten ▸ 77 farbige Abbildungen
56 farbige Karten ▸ 43 farbige Höhenprofile

ISBN 978-3-86686-614-0

>> **GEO Saison:**
„Sehr übersichtlich strukturiert, gute, detaillierte Beschreibung der einzelnen Etappen."

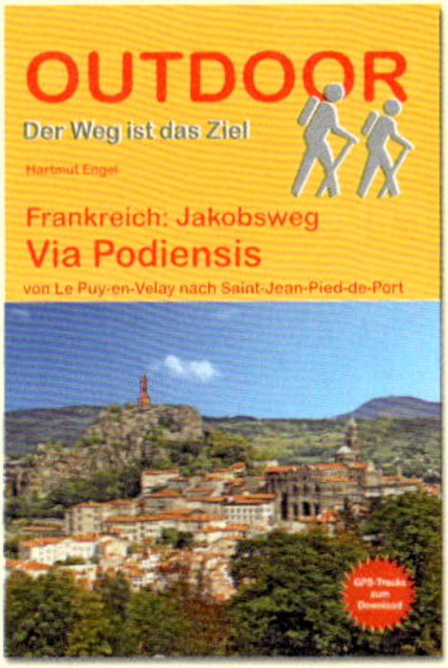

Buchtipps aus dem

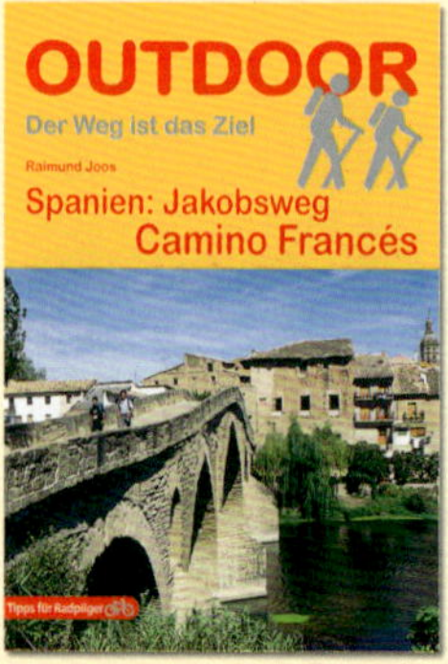

Spanien: Jakobsweg Camino Francés

Raimund Joos
OutdoorHandbuch Band 23
Der Weg ist das Ziel
288 Seiten ▸ 102 farbige Abbildungen
72 farnige Karten und 52 Höhenprofile

ISBN 978-3-86686-424-5

>> **trekkingguide.de:** *„Das Werk aus dem Conrad Stein Verlag ist der Tipp für diese Tour."*

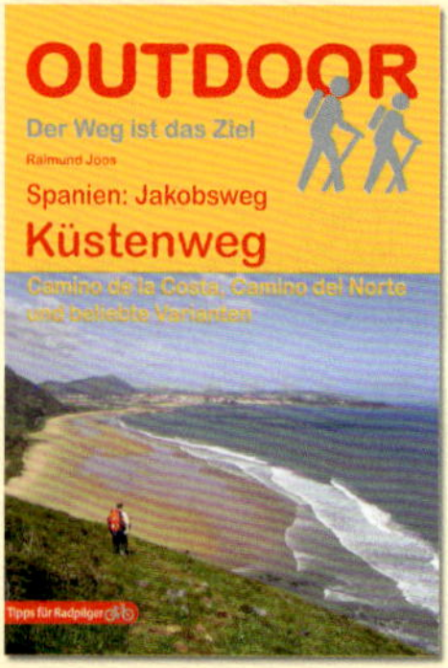

Spanien: Jakobsweg Küstenweg

Raimund Joos
OutdoorHandbuch Band 71
Der Weg ist das Ziel
319 Seiten ▸ 66 farbige Abbildungen
109 farbige Karten und 91 Höhenprofile

ISBN 978-3-86686-405-4

>> **GEO Saison:** *„Mit viel Faktenwissen beschreibt der Autor Raimund Joos den Weg bis nach Kap Finisterre."*

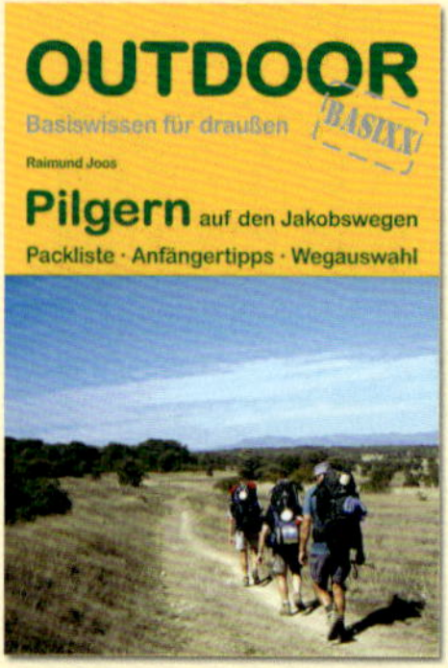

Pilgern
auf den Jakobswegen
Packliste · Anfängertipps · Wegauswahl

Raimund Joos
OutdoorHandbuch Band 197
Basiswissen für draußen
160 Seiten ▸ 43 farbige Abbildungen

ISBN 978-3-86686-394-1

>> **Wandermagazin:**
„Da bleibt keine Frage offen."

Index

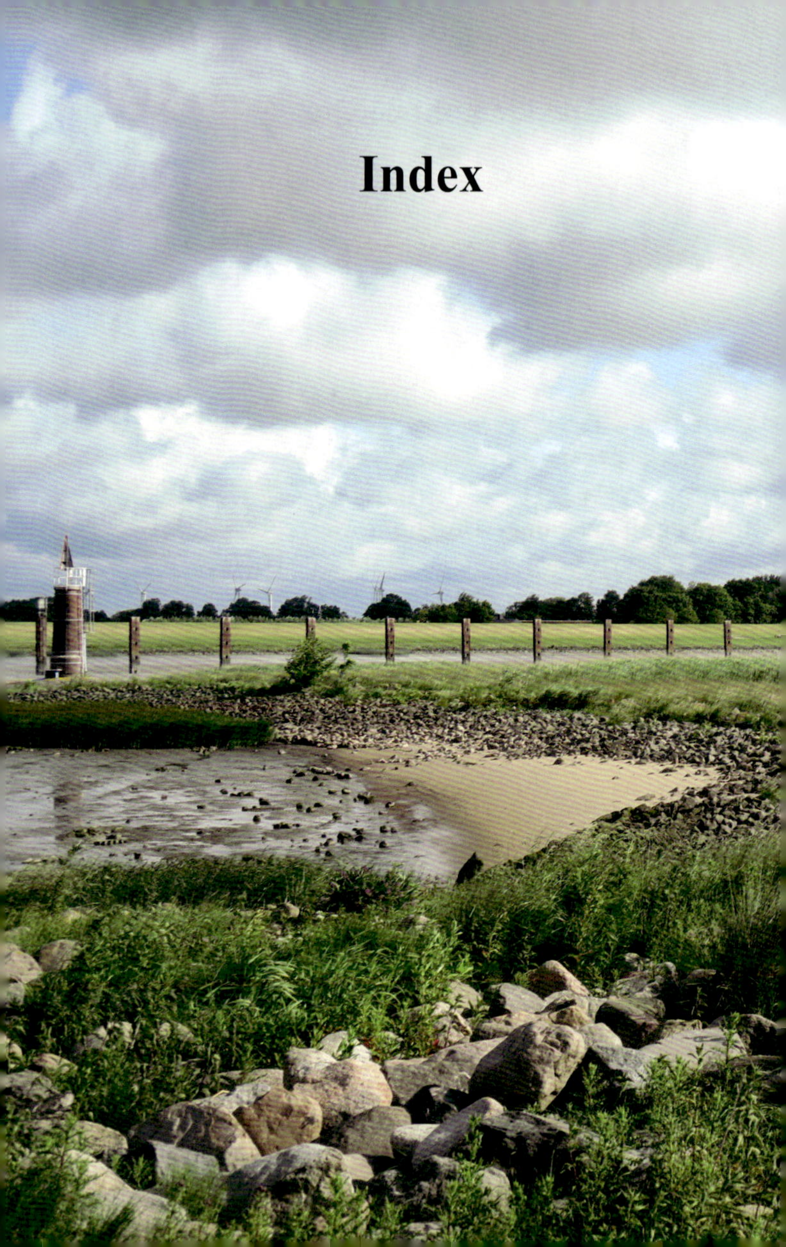

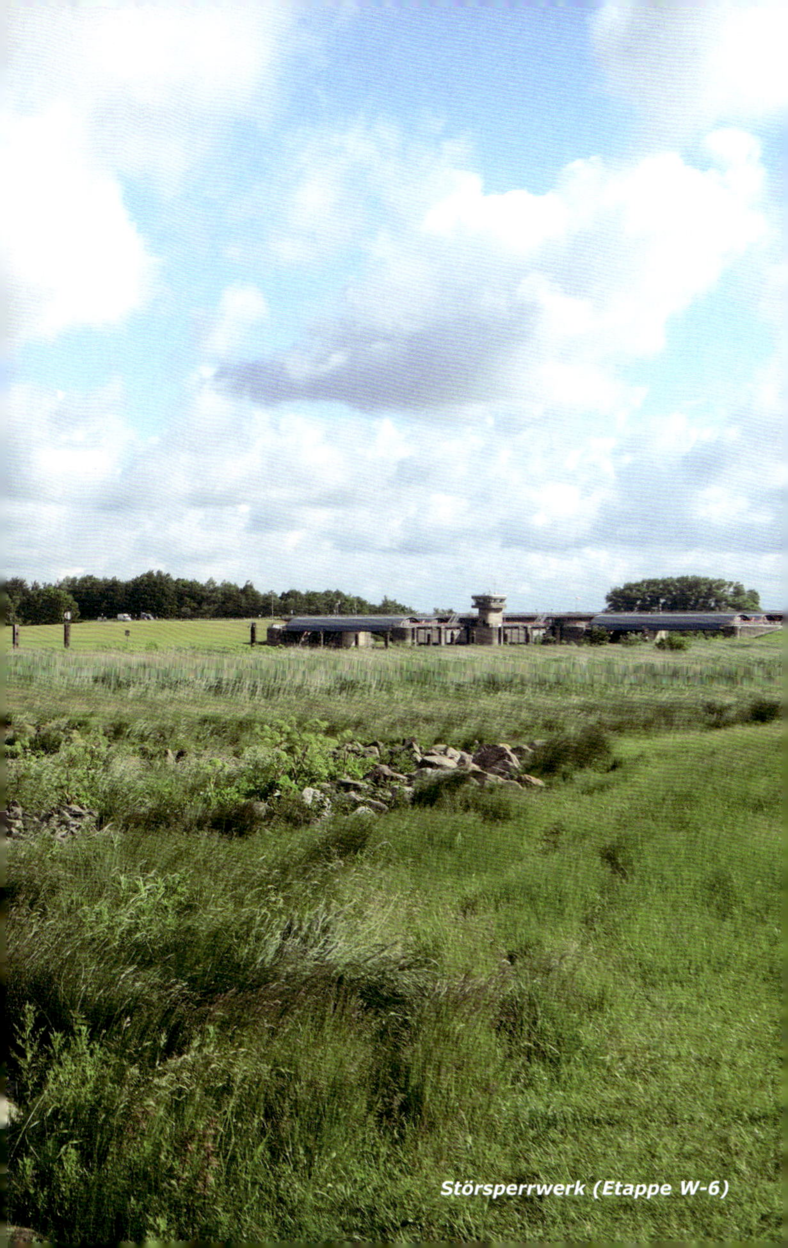

Störsperrwerk (Etappe W-6)

U

V

W

Z